张杰 萧映 主编

写作

高等院校中文专业创新性学习系列教材

北京大学出版社
PEKING UNIVERSITY PRESS

图书在版编目(CIP)数据

写作/张杰,萧映主编.—北京:北京大学出版社,2009.9
ISBN 978 - 7 - 301 - 15822 - 7

Ⅰ.①写… Ⅱ.①张…②萧… Ⅲ.①汉语—写作—高等学校—教材 Ⅳ.①H15

中国版本图书馆 CIP 数据核字(2009)第 167430 号

书　　名	写　作 XIEZUO
著作责任者	张 杰　萧 映　主编
责 任 编 辑	艾　英
标 准 书 号	ISBN 978 - 7 - 301 - 15822 - 7
出 版 发 行	北京大学出版社
地　　址	北京市海淀区成府路 205 号　100871
网　　址	http://www.pup.cn　新浪微博:@北京大学出版社
电 子 信 箱	pkuwsz@126.com
电　　话	邮购部 010 - 62752015　发行部 010 - 62750672 编辑部 010 - 62756467
印 刷 者	三河市北燕印装有限公司
经 销 者	新华书店
	965 毫米×1300 毫米　16 开本　23.75 印张　405 千字 2009 年 9 月第 1 版　2022 年 9 月第 9 次印刷
定　　价	69.00 元

未经许可,不得以任何方式复制或抄袭本书之部分或全部内容。
版权所有,侵权必究
举报电话:010 - 62752024　　电子信箱:fd@pup.pku.edu.cn
图书如有印装质量问题,请与出版部联系,电话:010 - 62756370

《高等院校中文专业创新性学习系列教材》总编委会

主任委员：赵世举　刘礼堂

副主任委员：涂险峰　於可训　尚永亮

委员（按姓氏音序排列）：
陈国恩　陈文新　樊 星　冯学锋　李建中　卢烈红
王兆鹏　萧国政　张 杰　张荣翼　张思齐　赵小琪

《高等院校中文专业创新性学习系列教材》总序

一

这套系列教材的酝酿已有七个年头儿了。2002年我受命担任武汉大学中文系副主任,分管本科教学工作。正值新世纪之初,经济全球化进程日益加快,我国现代化建设全面推进,高等教育也随之迎来了新的机遇和挑战。面对新的形势,如何更好地培养适应时代要求的高素质人才?这已是摆在我们高等教育工作者面前的不得不思考、不能不应对的当务之急。正是在这一背景之下,为了适应人才观和教育理念的发展变化,我与时任系主任的龙泉明教授策划,以汉语言文学专业为试点,从修订培养方案入手,全方位地开展本科教学改革。举措之一,就是大刀阔斧地调整课程体系,压缩通史性、概论性课程,增加原典研读课程和实践性课程,旨在强化学生素质和能力的培养。与此相应,计划编写配套的教材。起初,为了加大原典阅读的力度,配合新培养方案增设的语言文学名著导读系列课程,我们首先组编了《高等学校语言文学名著导读系列教材》,2003年正式出版。与此同时,也酝酿编写一套适应新需要、具有新理念的基础课教材。从那时起便开始思考、调研、与同仁切磋。经过几年的准备,2006年开始系统谋划和全面设计,2007年正式组建了编委会,启动了编写工作。经过众多同仁的不懈努力,今天终于有了结果,令人欣慰。

这套教材是针对现行一些教材存在的问题,根据当今社会对人才的新要求,为培养高素质、创新型、国际化人才而设计编写的。旨在引导学生进行自主学习、创新性学习,养成勤于思考的习惯,强化不断探索的意识,增添勇于质疑的胆略,培育大胆创新的精神。这也是我们把这套教材命名为"创新性学习系列教材"的用意。全套教材共有12种,基本上涵盖了中文类本科专业的基础课和主干课。

客观地说,现有本科基础课教材已是铺天盖地,其中也不乏特色鲜明、质量上乘之作,但从总体上看,适应新时代新需求的优质教材品种不多,相当多的教材由于时代和条件的限制或受过去教育理念的影响,相对于当今人才培养的新需求而言,还存在着一定的局限性和薄弱点。很多同仁感到不少教材存在的比较突出的问题是:

1.重知识传授而轻思维启迪和素质能力培育,主要着眼于将基本知识传授给学生。这恰恰顺应了学生从中学沿袭下来的应试性学习的习惯,容易导致学生只是重视背记教材上的知识要点,仅仅满足于对一些知识的记忆,而缺乏能动思考、深入探究和自我训练,不能很好地消化吸收,内化为素质和能力。

2.习惯于"定于一",兼收并蓄不够,吸收新成果不多,较少提供启发学生思考和进行思想碰撞的不同学术视角、观点、立场和方法的内容,启发性、研讨性、学术性不足,不利于培养学生的思辨意识、研究能力和创新精神。

3.内容封闭,功能单一,较少对学生课外自主研习、实践训练、拓展提高给予足够的引导,更未能对具有较大的学术潜能、更多的学识追求以及创新意识的使用者提供必要的帮助。即使学生有进一步阅读、训练、思考、探索的愿望,在学习了教材之后仍往往茫然不知所措。因此教材的有效使用对象也仅限于较为固定、单一、一般的层次。

显然这些问题与当代人才培养的需要是不相适应的。社会的发展呼唤知识基础好、综合素质高、实践能力强、富于创新精神的人才,而不需要只会死记硬背的书呆子。因此,着眼时代需要,转变教育理念,吸收新的教学成果、学术成果和现有教材的经验,进行教材编写的新探索,是完全必要的,也是必需的。

二

我们这套教材正是针对上述问题,根据时代的需要所做的一种新尝试:在重视知识传授的同时,更加注重引导学生思考,帮助学生拓展,强化学生训练,指导学生探究,激发学生创新,着力将传授知识与提高素质、培养能力、启发智慧融为一体,充分发挥教材的综合功能。

正是从上述理念出发,这套教材的编写主要致力于体现如下特色:

1.注重基础与拓展的有机结合。即在浓缩现行教材重要的基本知识体系的基础上,增加拓展性的内容,给学生提供进一步拓展提高的空间、路径和条件。

2.体现将知识传授与素质提高、能力培养、智慧启迪融为一体的理念。在教材中增加探究性内容和训练性环节,以促使学生发挥能动性和主动性,激发学生积极思考,深入钻研,注重训练,敢于质疑,勇于创新,从而使学生获得能力的锻炼、知识的积累、素质的提高、情感的熏陶和思想的升华。

3.贯彻课内外一体的精神,将课堂内外整体设计,注重课内和课外学习的有机衔接,加强对学生课外学习和训练的指导。除了提供课堂教学所需要的内容之外,还增加了指导学生课外自主学习、自我研讨和自我训练的内容,将教学延伸至课外,实现课内课外的有机结合和优势互补,帮助学生有效地利用课余时间。

4.引导学生改变被动学习、简单记忆的惯性,培养学生进行自主学习、创新性学习的能力和习惯。尽量多给学生一些启发,少给一点成说,把较多的空间留给学生,让学生自己研读,自己咀嚼,自己品味,自己感悟,自我训练。努力构建以学生为主体,以教师为主导,全面调动学生学习积极性和能动性的师生有机互动的新型教学模式。

5.强化文本研读。即浓缩概论性、通史性内容,加大经典原著阅读阐释比重,促使学生扎扎实实地读原典,把学习落到实处,从而夯实专业基础,汲取各方面的营养,获得全面提高。

6.构建立体化教学资源系统。除了纸质教材之外,我们还将研制与之配套的辅助性多媒体教学资源,如适应学生自主学习的电子文献库、专题资料数据库、习题与训练项目库、自我检测系统、多媒体课件、网络课程、师生互动学习平台等,为学生提供形式多样、方便适用、全方位的学习服务。

此外,本套教材也与我们已经编辑出版的《高等学校语言文学名著导读系列教材》互为补充、相得益彰。

本套教材在基本结构上,每章都由以下四个板块组成:

1.基础知识

根据国家有关部门和组织颁布的以及现在通行的各门课程要求,参照全国有影响的各种教材的做法,精选基础性教学内容。本着"守正出新"的原则,去粗取精,提纲挈领,注重点面结合。一方面重视知识的系统性、普适性和知识结构的完整性、科学性,另一方面突出重点问题,深入讲解,并努力吸收较成熟的最新学术成果。此外我们还尽量注意,对于中学讲授过的和其他相关课程有所涉及的内容,一般只作简要归纳和适当拓展与深化,不作重复性铺陈。

2. 导学训练

就本章的课内外学习和训练提出指导性意见，引导学生抓住关键，掌握方法，自主研习，创新学习。主要包括以下内容：

(1) 导学。对本章的学习提出意见和建议，必要时也对主要内容进行归纳，对疑难问题和关键点进行阐释。

(2) 思考题。努力避免简单的知识性题目，着重要求学生从不同角度、不同层面对本章的内容进行爬梳、归纳、提炼和发挥，或就一些问题进行理论思考。

(3) 实践训练。设计了一些让学生自己动手动口动脑的实践性项目，要求学生联系学过的知识去验证、训练、研讨、演绎、发挥。

3. 研讨平台

就本章涉及的若干重要内容或有争议的问题、热点问题提出讨论，旨在强化、深化学生对这些问题的认识，培养学生的问题意识、质疑精神，提高学生的思辨能力和研究能力。主要包括两方面的内容：

(1) 问题概述。就要研讨的问题作引导性的简单概述，包括适当介绍相关的学术史尤其是最新进展，为学生思考提供背景知识，指点方向、路径。

(2) 资料选辑。围绕要研讨的问题选辑一些重要著作和论文中的重要片段，包括立场、观点、视角、方法各不相同的材料和最新学术前沿信息，供学生学习、思考，以丰富学生知识，开拓学生视野，启发学生思维。

4. 拓展指南

介绍有助于本章学习理解的文献资料和有助于进一步深化提高或开展专题研讨的文献资料，不仅包括纸本文献，也包括各类电子文献、数据库和网络资源等，以引导学生广泛而有效地利用各种相关资源进行深入学习和探究。主要包括两方面的内容：

(1) 重要文献资料介绍。选择与本章内容有关的若干种重要文献进行简要介绍，以便学生有针对性地学习。

(2) 其他相关文献资料目录与线索。

以上四个板块中，"基础知识"和"导学训练"是基础部分，主要提供本科生应该掌握的最基本、最重要的系统知识，培养本科生应该具备的素质和能力；"研讨平台"和"拓展指南"两个板块是提高部分，一方面是对基础部分的提高和深化，另一方面也是为进一步学习和研究做好铺垫，指点路径和方法，在程度上注意了与研究生阶段的区别与衔接。主旨是从各科教学入手，引导学生学会怎样自主学习、思考问题、分析问题和解决问题，培养学生的综合素质、研究能力和创新精神。简而言之，提高部分的主要作用是：激发学生兴趣，促使学生学会思考、掌握方法，提高素质和能力。

三

这套教材的编写，是我们整体教学改革的有机组成部分。几年来我们一直慎重其事，不仅注重相关的理论思考，而且努力进行实践探索，同时还积极学习借鉴兄弟院校的经验，不断丰富我们的想法。为了保证编写质量，2007年我正式拿出编写方案之后，多次召开会议进行专题研讨；各部教材也都分头召开了编委会，反复研究具体编写方案，不断深化认识、完善思路、优化设计。因此这套教材是集体智慧的结晶，也是我们教学改革的成果之一。

在编写队伍方面，我们约请了本院和其他部属重点大学的学术带头人或知名教授担任各书主编和主要撰稿人，并组建了总编委会，负责总体把关，各科教材则采取主编负责制，以确保编写质量。

十分感谢北京大学、北京师范大学、中国人民大学、清华大学、复旦大学、南京大学、四川大学、中山大学、厦门大学、西北大学、西南大学、华东师范大学、华中师范大学、暨南大学、华中科技大学、湖南大学、华南理工大学、中国社会科学院研究生院以及上海师范大学、南京师范大学、首都师范大学、华南师范大学、湖南师范大学、新疆大学、北京第二外国语言大学（随机列举）等校同仁的大力支持和积极参与，他们为这套教材的编写奉献了智慧，付出了汗水，增添了光辉。

北京大学出版社为这套教材倾注了极大的热情，鼎力支持，尤其是责任编辑艾英小姐参与了很多具体工作，尽心尽力，令我们感动，在此谨致谢忱！

古言道："苟日新，日日新，又日新。"教材建设是一个需要根据社会发展的要求不断与时俱进的常青事业，探索创新是永恒的。我们编写这套教材，无非是应时代之需，在责任和义务的驱动下，为这项永恒的事业做一份努力。毋庸讳言，作为一种新的探索，肯定还有不少需要改进的地方，我们真诚希望使用本教材的老师和同学提出宝贵的意见，帮助我们不断改进和完善，使之更加适应高素质、创新型人才培养的需要。

赵世举
2009年7月于珞珈山麓东湖之滨

本书各章分工

绪　论	武汉大学	张　杰
第一章	暨南大学	罗执廷
第二章	武汉大学	张　杰
	黄冈师范学院	汤天勇
第三章	武汉大学	张　杰
	黄冈师范学院	汤天勇
第四章	武汉大学	张　杰
	黄冈师范学院	汤天勇
第五章	武汉大学	唐铁惠　萧　映
第六章	武汉大学	唐铁惠　萧　映
第七章	暨南大学	罗执廷
第八章	华中科技大学	王书婷
第九章	武汉大学	张　杰
	哈尔滨师范大学	汪树东
第十章	华中科技大学	王书婷
第十一章	武汉大学	张　杰
	哈尔滨师范大学	汪树东
第十二章	武汉大学	赵广平
第十三章	武汉大学	戴红贤
第十四章	武汉大学	赵广平
第十五章	武汉大学	赵广平

目 录

《高等院校中文专业创新性学习系列教材》总序 …………………（1）

绪　论　我们为什么需要写作 ……………………………………（1）
　　一　写作是人的思维本质的必然体现 …………………………（3）
　　二　写作是人的语言本质的必然体现 …………………………（6）
　　三　写作是人的社会本质的必然体现 …………………………（9）

第一编　写作基础理论概述

第一章　言之有物 ………………………………………………（15）
　　第一节　文本的材料 ……………………………………………（15）
　　第二节　文本的思想 ……………………………………………（23）

第二章　言之有序 ………………………………………………（35）
　　第一节　结构的含义及原则 ……………………………………（35）
　　第二节　结构安排的主要环节 …………………………………（44）

第三章　言之有文 ………………………………………………（56）
　　第一节　书面语言表达的基本特征 ……………………………（57）
　　第二节　书面语言表达的文采之美 ……………………………（62）

第四章　言之有体 ………………………………………………（76）
　　第一节　文体意识与写作 ………………………………………（76）
　　第二节　文本构成要素中的文体差异 …………………………（81）
　　第三节　文体分类 ………………………………………………（87）

第二编　析理性文体写作

第五章　析理性文体概述 ………………………………………（101）
　　第一节　析理性文体的基本特征 ………………………………（101）

第二节　析理性文体的构成、表达与分类 ……………………（105）
　　第三节　析理性文体写作的一般原则和方法 …………………（114）
第六章　评　论 …………………………………………………………（128）
　　第一节　评论文体概述 …………………………………………（128）
　　第二节　知识性评论 ……………………………………………（137）
　　第三节　价值性评论 ……………………………………………（146）
第七章　论　文 …………………………………………………………（157）
　　第一节　论文文体概述 …………………………………………（157）
　　第二节　学术论文写作的一般要求 ……………………………（160）

第三编　审美性文体写作

第八章　审美性文体写作的思维与表达特点 …………………………（173）
　　第一节　文学作为艺术的审美心理特点 ………………………（173）
　　第二节　文学作为语言艺术的审美表达特点 …………………（180）
　　第三节　文学作为语言艺术的独特审美魅力 …………………（185）
第九章　散　文 …………………………………………………………（194）
　　第一节　散文的概念与分类 ……………………………………（194）
　　第二节　散文的写作特点 ………………………………………（201）
第十章　诗　歌 …………………………………………………………（219）
　　第一节　诗歌艺术的本质特征 …………………………………（219）
　　第二节　诗歌的分类 ……………………………………………（225）
　　第三节　诗歌的写作要素 ………………………………………（228）
第十一章　小　说 ………………………………………………………（245）
　　第一节　小说的概念与分类 ……………………………………（245）
　　第二节　小说的写作特点 ………………………………………（251）

第四编　实用性文体写作

第十二章　实用文体概述 ………………………………………………（275）
　　第一节　实用文体的基本特征 …………………………………（275）
　　第二节　实用文体的功能 ………………………………………（278）
　　第三节　实用文体写作的基本原则 ……………………………（280）

第十三章 新 闻 (287)
第一节 新闻的性质 (287)
第二节 新闻的主要类型及其特点 (292)
第三节 新闻写作的基本技法 (297)

第十四章 公 文 (309)
第一节 公文的含义 (309)
第二节 行政公文的沿革 (311)
第三节 行政公文的行文规则 (312)
第四节 行政公文的格式 (315)
第五节 行政公文的类型及其写作要求 (327)

第十五章 调查报告 (343)
第一节 调查报告的概念、种类和作用 (343)
第二节 社会情况调查报告 (349)
第三节 市场经济调查报告 (356)

绪　论　我们为什么需要写作

　　法国启蒙运动的杰出代表狄德罗的写作成就是举世公认的，乃至于马克思在1865年应《社会历史国际评论》之邀撰写的《自白》中，对"您喜爱的散文家"的回答，只有"狄德罗"。当然，狄德罗的写作成就中更为世人所尊重的，是他对写作的意义和价值的理解和追求。他从1750年开始组织编撰著名的《百科全书》，并亲自撰写过1000多个条目。这项倾注了狄德罗全部热情的宏伟的写作工程，从1751年出版第1卷，到1772年出齐全部28卷，历经21年终于完成。恩格斯曾经评价道："如果说，有谁为了'对真理和正义的热诚'（就这句话的正面的意思说）而献出了整个生命，那末，例如狄德罗就是这样的人。"①的确，"启蒙"的原义即是"照亮"，而狄德罗编撰《百科全书》的目的，就是希望把那些被遮蔽的真理"照亮"给我们看。这正体现了狄德罗对作为人类精神文化创造活动的写作的根本意义和终极价值的理解和追求。

　　狄德罗的例子或许已经说明了我们在进入写作课程之初何以要先讨论"我们为什么需要写作"的问题。不过，我们所说的"写作"是作为现代人的一种存在方式而言的，它包括了所有的写作者，而并不仅仅指向狄德罗那样的站到了写作高峰上的人。从这种意义上来说，讨论"我们为什么需要写作"的问题就应当有它更为基本的和普遍的含义。

　　我们可以从马克思所揭示的人的劳动与动物的活动之间的本质区别的角度来说明对所有写作者而言都应当认识到的"我们为什么需要写作"的意义，因为写作正是人的本质的一种最为集中和鲜明的体现。马克思说：

　　　　蜘蛛的活动与织工的活动相似，蜜蜂建筑蜂房的本领使人间的许多建筑师感到惭愧。但是，最蹩脚的建筑师从一开始就比最灵巧的蜜蜂高明的地方，是他在用蜂蜡建筑蜂房以前，已经在自己的头脑中把它

---

① 《马克思恩格斯论文学与艺术》上册，北京：人民文学出版社1982年版，第448—449页。

> 建成了。劳动过程结束时得到的结果,在这个过程开始时就已经在劳动者的表象中存在着,即已经观念地存在着。他不仅使自然物发生形式变化,同时他还在自然物中实现自己的目的,这个目的是他所知道的,是作为规律决定着他的活动方式和方法的,他必须使他的意志服从这个目的。①

马克思所揭示的人的劳动与动物的活动之间的区别就在于,人的劳动是受意识所支配的,因此他能够认识和掌握劳动的规律,并运用这种规律去实现自己的目的。这就是人的本质所在。

从写作的角度而言,对马克思所揭示的这种人类劳动的本质特征的理解,可以有狭义和广义两个层面。狭义的理解是指具体的写作,写作者不仅应当知道他要写什么,而且应当知道他要怎样去写。这其中所包含的写作规律问题,正是写作课的主要内容。广义的理解则是指抽象的写作本身,即人类之所以需要写作和能够从事写作,都是由人之为人的本质所决定的。人通过作为一种精神劳动的写作而实现了自身作为人的本质,这就是我们对马克思所说的人通过劳动而实现了自己的目的的一种广义理解。

这种广义理解的实质正是"我们为什么需要写作"。马克思之所以强调人对劳动的目的性的自觉把握的重要意义,就在于这种把握可以转化为人的一种意志,人只有凭借这种意志才能战胜劳动中不可避免的困难,最终实现目的——人的本质。因此马克思在说了上述那段话后还要特别指出:"劳动的内容及其方式和方法越是不能吸引劳动者,劳动者越是不能把劳动当作他自己体力和智力的活动来享受,就需要这种意志。"②这种情况在写作活动中表现得尤为典型。一方面,我们都特别感谢那些创作出伟大作品的写作者,都希望自己能够成为他们中的一员;但另一方面,写作中不可避免的艰辛与痛苦,又常常令我们浅尝辄止、半途而废,甚至逃之夭夭。这正是我们在进入写作课程之初,先要从人的本质角度去认识"我们为什么需要写作"的原因所在。按照马克思的看法,这个"为什么"作为写作的"目的",应当为写作者所自觉把握,因为它"是作为规律决定着他的活动方式和方法的,他必须使他的意志服从这个目的"。这也就是说,当我们从人的本质角度理解了"我们为什么需要写作"时,也就明白了写作其实是无可逃避的。我们所能够做和应当做的,只能是如何有效地更好地使自己的"意

---

① 《马克思恩格斯论文学与艺术》上册,北京:人民文学出版社1982年版,第66—67页。
② 同上书,第67页。

志服从这个目的",也就是如何有效地更好地通过写作实现人的本质。

具体来说,所谓从人的本质角度认识"我们为什么需要写作",包含以下三方面内容。

一 写作是人的思维本质的必然体现

17世纪的法国思想家帕斯卡尔在他的《思想录》中为我们留下一句名言:"人是能够思想的芦苇。"在他看来,一方面,人只不过是一根苇草,是自然界最脆弱的东西;但另一方面,人又是自然界中最高贵、最伟大的东西,"我们的全部尊严就在于思想"。帕斯卡尔把人的这种"能思想"的能力视为"有似于动物的天性"一般的人的本质,人藉此而可以认识自然万物和自身,而自然万物"对此却是一无所知",因此"人的伟大是那样地显而易见"。[①]

同样的道理,人不仅"能思想",而且必然要寻求思想的表达。此即钟嵘《诗品序》中所谓"气之动物,物之感人,故摇荡性情,形诸舞咏",亦即韩愈《送孟东野序》之所谓"大凡物不得其平则鸣……人之于言也亦然"。林语堂在一篇短文《孤崖一枝花》中说得更明白,"有话要说必说之,乃人之本性",就好像"花只有一点元气,在孤崖上也是要开的"。"能思想"才"有话说",形诸文字便是写作,所以说写作是人的思维本质的必然体现。

其一,我们之所以说写作是人的思维本质的必然体现,首先是因为构成人的思维本质的物质基础的人脑结构,不仅是从猿到人的漫长进化过程的结果,而且也在人类长期思维实践过程中不断得以完善,现代人的大脑结构为我们从事各种类型的写作提供了完美的条件和充分的潜能,等待着我们去开发和使用。

1981年诺贝尔医学生理学奖获得者斯佩里博士通过对"裂脑人"的研究,证明人脑两半球在功能上具有高度的专门化,左半球司抽象思维,右半球司形象思维。但这种专门化又不是绝对的,即左右两半球的分工是协同互补的关系。因为,在正常人脑中,有一条联系两半球的、由两亿根神经纤维组成的"胼胝体",通过它的联系,左右两半球之间传递的神经冲动每秒钟达40亿次之多。由于这种川流不息的信息联系,正常人脑的两半球总是以整体结构发挥其功能作用的。因此,尽管我们在思维和写作时可以根据

[①] 《外国名家散文经典》,武汉:长江文艺出版社2003年版,第20—22页。

需要而采用抽象思维或是形象思维,但不论是偏重于哪一半球的工作,实际上都不可能割断与另一半球的信息交流,而只能是在这种信息交流基础之上偏重于发挥某一半球的优势而已。由此我们也就不难理解在以逻辑思辨为特征的抽象思维及其写作中何以会伴随出现超越逻辑的创造性想象,而在以感性审美为特征的形象思维及其写作中又何以会蕴含难以言诠的深刻哲理。

其二,我们之所以说写作是人的思维本质的必然体现,还在于我们作为人的思维本质的承担者,除了拥有"能思想"的人脑之外,更拥有人类思维活动丰富成果的深厚积淀,这种积淀正是由写作来完成的。

中国有句成语"薪尽火传",讲的就是人的思维本质在写作中得以积淀而不断发展的特点。当年雨果在惊闻乔治·桑逝世的噩耗时,当即写作了《悼念乔治·桑》,用诗意的语言,很好地阐发了人的思维本质必然通过写作而得以"薪尽火传"的性质:

> 那些高大的身影虽然与世长辞,然而他们并未真正消失。远非如此,人们甚至可以说他们已经自我完成。他们在某种形式下消失了,但是在另一种形式中犹然可见……
>
> ……乔治·桑就是一种思想,她从肉体中超脱出来,自由自在,虽死犹生,永垂不朽。
>
> ……
>
> 大地与苍穹都有阴晴圆缺。但是,这人间与那天上一样,消失之后就是再现。一个像火炬那样的男人或女人,在这种形式下熄灭了,在思想的形式下又复燃了。于是人们发现,曾经被认为是熄灭了的,其实是永远不会熄灭。这火炬燃得比以往任何时候更加光彩夺目,从此它组成文明的一部分,从而屹立在人类无限的光明之列,并将增添文明的光芒……①

我们从雨果的字里行间其实能够感受到一种对后来者的期待,那就是后来者在享用先行者的思想遗产的同时,也必然肩负起通过写作而使人的思维本质"薪尽火传"的神圣使命。

其三,我们之所以说写作是人的思维本质的必然体现,最根本的含义还在于所谓人的思维本质就是永无止境地寻求发现,追求创造,而这也就是写

---

① 《外国名家散文经典》,武汉:长江文艺出版社2003年版,第62—64页。

作的生命和价值所在。写作是实现人的思维独创性的一条根本途径。

当我们提出人的思维本质通过写作而实现"薪尽火传"的深厚积淀时，必须明确这种积淀绝非重复，而是应当如雨果所说，"增添文明的光芒"。应当说凡是能够进入"人类无限的光明之列"的写作成果，都必然是人的思维独创性的产物。我们之所以说写作是艰辛和痛苦的，就是因为它是人的这种思维本质的必然体现。徐志摩即曾在他的《猛虎集·序》中感叹道："就经验说，从一点意思的晃动到一篇诗的完成，这中间几乎没有一次不经过唐僧取经似的苦难的。诗不仅是一种分娩，它并且往往是难产！这份甘苦是只有当事人自己知道。"①

写作的这种艰辛和痛苦正是来自人的思维本质所赋予写作的创造品质，"他必须使他的意志服从这个目的"。因此，凡是在写作上取得独创性成果的人，在生活中往往是特别的"孤独"，他只生活在自己思想的世界里，寻求发现和追求创造成为他生活的唯一目的，以至19世纪英国作家奥斯卡·王尔德不无遗憾地说："大作家们的生活是特别地没有趣味：他们完全蒸发在自己的书本里，一点什么都不留给生活。"②19世纪德国哲学家叔本华就是这样。他父亲是商业巨头、大银行家，他家的财产和他所继承的遗产使他完全可以像花花公子一样尽情地享受，但他却偏偏选择了最孤寂的哲学研究，独自一人终其一生。在《人生的智慧》中他写道：

> 一般人是很难完全投身于学术探索而且任凭此种探索充满与渗透进至生命中每个角落，以致完全放弃了其他兴趣的。惟有极高的睿智力，所谓"天才"方能达到这种求知的强度，他能投入整个的时间和精力，力图陈述他独特的世界观，或者用诗或以哲学来表达他对生命的看法。因此他急需安静的独处，完成他思想的作品，所以他欢迎孤独，闲暇是至高的善，其他一切，不但不重要，甚至是可厌的。③

当然，一般人很难做到这种程度。但作为人的思维本质的承担者，我们在拥有人类自然的与精神的进化的完美结晶——使我们能够进行各种思维活动和从事各种写作活动的人脑，同时还拥有人类思想智慧的深厚积淀的基础上，在生活、工作和学习中力图去发现对自然界、人类社会和人自身的某种新的认识或体验，并用写作的形式把它表现出来，这却是我们都可以而

---

① 《徐志摩选集》，北京：人民文学出版社1983年版，第301页。
② 转引自《艺苑趣谈录》，北京：北京大学出版社1984年版，第363页。
③ 叔本华：《人生的智慧》，哈尔滨：黑龙江人民出版社1987年版，第25页。

且应当努力去做的。写作固然是艰辛和痛苦的,但也因此而必然会是幸福和快乐的,因为它让我们真切而具体地感受到人的思维本质的自我实现。用徐志摩的话说:"这份甘苦是只有当事人自己知道。"

二 写作是人的语言本质的必然体现

如同我们可以说人是"思维的动物"一样,也可以说人是"语言的动物"。人的思维的产生与语言的产生是在从猿到人的漫长进化过程中"同步"完成的。它们互为因果,共同奠定了人的本质。

人类有了语言也就开始了写作。当然,最早的写作是以口耳相传的形式进行的,神话和史诗是这种写作形式的代表。

人类创造文字的目的就是为了写作。文字对写作的意义除了最直接地体现在为写作提供记录工具之外,最主要地表现在这样两个方面:

一是文字的发明克服了语言交际在时空上的局限,使得人类历史上产生的一切知识都有可能大量地、系统地流传下来,成为后来者认识和思维活动的逻辑起点。如果没有文字只有语言,人类大脑这个"加工厂"的材料来源只限于个人的直接经验和口耳相传的间接经验,信息量有限,不可能充分发挥它的潜能,当然也就不可能使人类的思维能力不断发展并进而推动社会不断进步了。从这种意义上来说,写作者的任何一种创造性思维活动中都显示着文字的功绩。

二是文字的使用具有统一和规范语言的作用,这使得运用文字表达的写作成果既有着为全民族、全社会成员普遍接受的可能性,也担负着纯洁语言、发展语言,提高全民族、全社会语言运用能力和水平的重任。中国传统写作理论历来十分强调写作者文字修养对写作的重要作用,对此我们却重视不够。我们应当意识到,文字并不只是一种语言的符号,从某种意义上来讲,它是一种语言中最重要的因素。它对语言的统一和规范,乃至一种民族文化的生存与发展,其意义是无论怎样评价都不为过的。汉字的"书同文"即是典型一例。

有了语言才有了思维,有了语言才有了思维的表达——写作。于是,语言的特点往往也就是写作的特点。其中,最主要的是语言的约定俗成性。它包括两层意思:一是就语言的创生而言,它是任意性的,是创造这种语言的那个民族或人群的习惯的产物。二是就语言的使用而言,它具有限定性,否则不可能成为那个民族或人群思维和交流的有效工具。对此,2000多年前的荀子就已经认识到了。《荀子·正名篇》说:"名无固宜,约之以命。约定俗成谓之宜,异于约者,谓之不宜。"西方现代语言学的代表人物索绪尔也提出:"事实上,一个社会所接受的任何表达手段,原则上都是以集体习惯,或者可以说,以约定俗成为基础的。"①

从写作是人的语言本质的必然体现角度来看,语言的约定俗成性对写作的根本意义具体表现在这样三个方面:

其一,语言的约定俗成性决定了语言在为人的不同类型的思维和写作活动提供有效工具的同时,也为这种思维和写作成果的交流提供了有效途径。

语言是由能指与所指构成的。其中,语言的所指同时具有两种性质,即指代事物的抽象本质(概念)和具体事物本身(表象)。这与人脑的结构功能是相对应的。所谓语言的约定俗成性就是在能指与所指之间建立起某种确定性联系,因此我们就可以根据自己的思维或写作的需要,运用语言能指作为工具充分发挥语言所指的相应功能,有效地进行抽象思维及其写作活动,或是形象思维及其写作活动。同时,也正因为这种能指与所指的约定俗成是在一定民族或人群中普遍有效的,借助语言的能指也就可以实现人与人之间思维与写作的有效交流。如同英国哲学家罗素所说:"语言有两种相互联系的优点:第一,它是社会性质的,第二,它对思想提供共同的表达方式,这种思想如果没有语言恐怕永远没有别人知道。"②

其二,语言的约定俗成性不仅使得人的思维和写作及其交流成为可能,也从根本上决定了写作所具有的一种悖论性质,即遵守语言约定的规范性和突破语言约定的创新性。

先说规范性。我们使用语言的方式和类型通常有三种:一是所谓内部语言,即使用者只对自己发出的语言。作为使用者个人的思维工具,它只要达到使用者个人"意会"即可,所以这种语言具有简单、跳跃、不予修饰等特点。二是所谓口头语言,即使用者之间直接通过交谈方式进行交流。它在很大程度上直接依靠现场情境来帮助理解,所以语言本身的逻辑性、修饰性等并不十分突出。演讲、授课等兼有口头语言与书面语言性质,当在例外。三是所谓书面语言,即通过有组织的语言文字写作的文本来表达思想和感情。由于这种语言使用方式没有内部语言中的自我理解和口头语言中的现

---

① 索绪尔:《普通语言学教程》,北京:商务印书馆1985年版,第103页。
② 罗素:《人类的知识》,北京:商务印书馆1983年版,第71页。

场情境等帮助理解,所以它只能按照社会约定的语言规范组织语言表情达意,接受者也只能依据语言的社会约定来理解。这便是为什么世界上任何一种语言(指达到文字形态者)都以其典范性的文本作为语言规范的原因。语言的约定俗成是一种无形的规范,书面语言则使这种规范变得有形了。

再说创新性。语言的约定俗成并不是一成不变,而是一个不断变化发展的永无止境的过程。随着语言使用环境的变化,语言也会不断发生新的变化以适应社会的需要。例如中国近、现代之交社会的巨变带来的白话文运动乃至现代汉语的形成;又如虚拟的网络世界的出现将人们带入一个全新的交流环境,适应这种环境需要的网络语言已经初见端倪。应当强调的是,如同语言的规范性在书面语言中表现得最为典型一样,语言的创新和发展也是通过书面语言的方式为人们所确认的。这方面的例子不胜枚举。就说现在通用的第三人称女性代词"她",古代汉语中是没有的。曾留学法国专攻语言学的刘半农感到随着白话文的兴起,加之译介外国文学的需要,仅一个不分性别的"他"是不够的。于是他在1917年翻译一部英国戏剧时试用了"她",但影响有限;1920年他又特意写作了《教我如何不想她》一诗,后由赵元任谱曲,传唱至今,"她"字也就作为一种新的约定俗成而成为现代生活中广泛使用的一个文字。

其三,语言的约定俗成性是与语言的民族性、地域性联系在一起的,这使得一种语言其实就是一种文化的深厚积淀和鲜明体现;而对语言的使用,特别是写作,从根本上来说是受这种文化制约并使这种文化得以展现的一种方式。

我们通常只把语言视为一种为我所用的思维与表达的工具。然而事实上,语言的约定俗成性所具有的文化性质却意味着,使用一种语言即是在接受这种语言所积淀的民族文化心理的制约,是语言在把我们的思维和表达作为展现其文化特性的工具来"使用"。英国哲学家科林伍德就曾指出:"本族语言是专为表达我们自己的经验而创造的……我们不能用英语谈论一个黑人部落的思想方式与感觉方式,除非我们使他们仿佛像英国人一样思考和感觉。"[1]

正因为语言的约定俗成过程乃是一种民族文化的积淀过程,或者说语言的能指与所指之间关系的确立总是由一种民族所特有的"思想方式与感觉方式"来决定的,所以不仅英国诗人雪莱提出过诗是不可翻译的,而且美

---

[1] 科林伍德:《艺术原理》,北京:中国社会科学出版社1985年版,第8—9页。

国哲学家桑塔耶那甚至认为所有的语言都不可翻译:"词的确切对象在另一种语言中没有同一名称。例如不只'home'(家——英语)或'monami'(我的朋友——法语)这些词不能翻译,而且即使对象相同,体现在一个词汇中的对它的态度也是不能用另一个词来表达的。所以,在我看来,用英语'bread'译不出西班牙语'pan'(面包)的人情味的强度,正如用希腊语'Dios'译不出英语'God'(上帝)的庄严神秘的意义,后一个词绝不是表示一个对象,而是表示一种心情,一种精神状态,更不用说整章的宗教史了。"①

在此并不准备讨论语言可否翻译的问题,只是想说明语言作为我们"存在的家园",从根本上决定了语言的使用是以对文化的理解为基础的。真正要用好语言写好文章,我们就应当而且必须对民族文化有广泛而深入的了解。

三 写作是人的社会本质的必然体现

人不仅是"思维的动物""语言的动物",还是"社会的动物"。人的思维本质、语言本质不仅是与人的社会本质联系在一起的,而且从某种意义上来说,是由人的社会本质所决定的。马克思就此提出:"人是最名副其实的社会动物,不仅是一种合群的动物,而且是只有在社会中才能独立的动物。孤立的一个人在社会之外进行生产——这是罕见的事,偶然落到荒野中的已经内在地具有社会力的文明人或许能做到——就像许多个人不在一起生活和彼此交谈而竟有语言发展一样,是不可思议的。"②正因为如此,马克思强调:"人的本质并不是单个人所固有的抽象物,实际上,它是一切社会关系的总和。"③

正是因为人的存在是一种社会性的存在,从根本上决定了我们需要写作,或者说写作是人的社会本质的必然体现。这可以从三个方面来看:

其一,所谓人的社会性存在,首先意味着人类活动的协同共存性质。社会是由各种错综复杂的结构关系组织而成的,要使它有效运作,有序发展,就离不开写作,尤其是各种实用文章的写作。

例如,被儒家尊为经典、佶屈聱牙古奥难读的《尚书》,其实就是现存最

---

① 桑塔耶那:《美感》,北京:中国社会科学出版社 1982 年版,第 113 页。
② 《马克思恩格斯全集》第 12 卷,北京:人民出版社 1962 年版,第 734 页。
③ 《马克思恩格斯全集》第 3 卷,北京:人民出版社 1960 年版,第 5 页。

早的关于上古时典章文献的汇编,记录了距今 2600 多至 4000 年间虞、夏、商、周时的一些君主的文告和君臣的会议记录等等,内容涉及政治、思想、宗教、哲学、法律、地理、历法、军事等领域,范围很广,是当时处理国家和社会事务的重要文件。它们在当时不仅不难读,而且就像我们今天读报纸看电视一样,是人人都能明白的。《汉书·艺文志》谈到《古文尚书》就说过:"《书》者,古之号令,号令于众,其言不立具,则听受施行者弗晓。"

今天的社会结构较之古代不仅更加复杂,而且涉及面更加广泛。我们已经进入了一个全球化时代,单是从了解信息的角度而言,人们对写作的需求较之以往也更加强烈。可以毫不夸张地说,如果没有了写作,整个社会结构就会停止运作。

其二,所谓人的社会性存在,还意味着人与人之间精神上的相互依存性质。人是需要精神交流的,而维系人与人之间精神交流的基本方式就是写作。

英国现代作家沃尔夫在谈到读书时曾提出:"我们可以确定滑铁卢战役发生在哪一天,但是否能肯定《哈姆雷特》比《李尔王》写得更出色呢?答案只能由每一个人自己去寻找。如果把权威引进了我们的书房,由他来决定念些什么书,怎么念,让他来为我们评断作品的价值,即使这位权威是多么高明,却无异扼杀了读书王国中最可贵的自由精神。在任何其他领域,我们都可能受到法律或习俗的约束,只有在读书的天地里,每个读者都享有充分的自由。"①沃尔夫在此所提到的阅读的自由性和理解的独特性,正是人类通过写作方式来满足精神交流需要的独特魅力所在。人们通过阅读这种最私密化的方式却能充分满足最具有社会性的精神交流需要;这又同时说明了那些优秀的写作成果往往流传千古常读常新的原因所在,那就是新的读者总是带着极富个性内涵的新的需要去与作者进行新的交流,从而赋予作品新的理解。所以说到底,不仅我们需要写作是由人的社会本质的精神交流性所决定的,而且写作成果的生命力和价值也是由它所达到的满足读者精神交流需要的程度所决定的。

其三,所谓人的社会性存在,又意味着人的个性存在从根本上说是其所处的特定社会关系总和的产物。这就是马克思所说的"人是最名副其实的社会动物,不仅是一种合群的动物,而且是只有在社会中才能独立的动物"的含义所在。写作作为人的思维本质和语言本质的必然体现,如前所述,是

---

① 《阅读的艺术》,上海:上海翻译出版公司 1988 年版,第 8 页。

需要具有独创性的。但这种独创性恰恰是建立在人的社会本质基础之上的,是作者所处的那种特定的社会关系总和的产物。这正是我们说写作是人的社会本质的必然体现的更深一层含义。

对此,19世纪法国著名美学家和文艺批评家丹纳就曾在他的《英国文学史》序言中明确提出,进而又在《艺术哲学》中有效运用"种族、环境、时代"的"三因素"说来分析和解释伟大作家和伟大作品产生的原因。他指出,像莎士比亚这样的人,"初看似乎是从天上掉下来的奇迹,从别个星球上来的陨石","好像也是独一无二的人物,前无师承,后无来者",他们的出现似乎只能理解为上帝的恩赐。其实,如果不是孤立地看问题,而是把这些富于独创性的艺术家放回到他所从属的那个社会中去,他的出现就不仅是可以解释的,而且是必然注定的。丹纳说:"艺术家不是孤立的人。我们隔了几世纪只听到艺术家的声音;但在传到我们耳边来的响亮的声音之下,还能辨别出群众的复杂而无穷无尽的歌声,像一大片低沉的嗡嗡声一样,在艺术家四周齐声合唱。只因为有了这一片和声,艺术家才成其为伟大。而且这是必然之事……由此我们可以定下一条规则:要了解一件艺术品,一个艺术家,一群艺术家,必须正确地设想他们所属的时代的精神和风俗概况。这是艺术品最后的解释,也是决定一切的基本原因。"① 其实,不只是丹纳所论述的艺术创作如此,人类历史上一切富有独创性的写作成果都是如此,因为作为写作者的人"是只有在社会中才能独立的动物"。

综合以上从人的思维本质、语言本质和社会本质角度所作的分析和阐释,充分说明写作是人的本质的必然体现。从这种意义上来说,写作作为人的一种存在方式,是我们所无可逃避的。我们所能够做和应当做的,只能是有效地更好地使自己的"意志服从这个目的",也就是有效地更好地通过写作实现人的本质。这正是写作课程以下所要展开的内容。

即使从严格意义上来说,人类写作的历史也已和文字产生的历史一样久远。尽管写作历史源远流长,写作现象丰富多彩,但写作作为人类实现精神交流的一种精神文化创造活动,必然会在写作成果中打上一些具有相通性的思维印迹,这也就是黑格尔所说的那种"作为内在的同一和普遍性而转化为存在"的写作规律。只有这样,人类写作活动所创造的丰富成果中才会存在着某种制约写作活动的"观念性的统一",它"出现在各成员里,作

---

① 丹纳:《艺术哲学》,北京:人民文学出版社1963年版,第5—7页。

为它们的支柱和内在的灵魂"①,从而保证产生于不同时代、地域,具有不同社会、文化背景,使用不同语言写作的文本具有基本的可交流性。

有写作规律的存在,就有对写作规律的研究和认识,即写作学。写作学的历史可以说与人类写作的历史一样久远。在人类写作的历史发展过程中,人类对写作的本质、价值和规律的认识也越来越丰富和深入,同时也越来越自觉地运用这些认识来指导自身的写作实践,推动写作实践朝着更有效地满足人类写作需要的方向发展。从这种意义上来说,写作学对写作的作用,就像恩格斯在谈到作为"人的类特征"的意识活动的发展对人的实践活动所起的作用时所说的那样:"人离开狭义的动物愈远,就愈是有意识地自己创造自己的历史。"②

对大学生而言,学习写作的一项重要内容,就是要能从理论层面认识和把握写作规律,从而将其与自己的写作实践自觉结合起来,在实践中将理论的认识转化为具体的写作能力。

写作学对写作规律的研究通常包括两大部分:一是写作基础理论研究,即研究所有写作活动所共同遵循的那些一般规律和基本要求;二是文体写作理论研究,即研究各种文体类型在遵循写作一般规律和基本要求的同时所各自具有的那些特殊规律和具体要求。本教材将教学内容划分为四个单元:第一编为写作基础理论概述,简要介绍写作活动中应当共同遵循的一般规律和基本要求;第二编、第三编、第四编则分别从析理性文体、审美性文体和实用性文体三个方面,介绍相关文体类型写作的特殊规律和具体要求。

---

① 黑格尔:《美学》第1卷,北京:商务印书馆1979年版,第152页。
② 《马克思恩格斯选集》第3卷,北京:人民出版社1972年版,第457页。

第一编　写作基础理论概述

第一章　言之有物

"言之有物"是中国传统写作理论始终强调的一条基本写作规律。《易传·象传》解释《家人》(卦三十七)即曰:"君子以言有物而行有恒。"清代章学诚《文史通义·文理》也说:"夫立言之要在于有物。"

所谓"言之有物",就是要求文章含有具体而实在的思想内容,能反映出作者实实在在的生活经验及其思考、情感认识等,能给读者以实实在在的收获。与"言之有物"相对的就是"言之无物",即说空话、假话、废话、套话,人云亦云、无病呻吟。写作,不管是作为自由表达个人情感与思想的个人化写作,还是用于人际交流或是用于实际事务、工作的应用型写作,都应该言之有物,否则就失去了表达的价值,也无以满足人际交流或是实际工作的需要。所以,是否言之有物是评价文章价值的最基本的标准。写作如果不能首先达到言之有物的要求,那么它即使在其他方面(比如语言文字)达到很高的水平,也不能算是成功的写作。

言之有物之"物",即通常所说的文本内容,包括材料和思想。以下,我们就从这两个方面分别谈谈使写作言之有物的一般规律和基本要求。

第一节　文本的材料

一、材料的含义与作用

材料,是指被写作者用来提炼和表现文本思想的那些事实、现象、理论、言论、数据等等。对于"材料"应作宽泛的理解。从形态上看,既有理论性材料,如名人名言、俗语、谚语、科学原理、规律、定理、公式等,也有事实性材料,如历史记载、统计数据、实际发生的事件等,还可以是虚构与想象性的,比如神话传说、科学幻想、自编的故事等。

"材料"这个概念有广义和狭义两种理解。广义的"材料"泛指已被写作者关注并意识到具有某种写作价值而予以搜集积累以备选用的一切原始资料，这也被称为"素材"。狭义的"材料"则是专指经过写作者的选择和加工，已使用到文本之中，因而成为文本的构成因素之一的那一部分素材。对写作者来说，既要广泛地积累、储存各种素材以备今后写作之需，又要在写作之时对所积累储存的丰富素材精挑细选，以恰当地用于文本之中。

材料的作用是十分显著的。首先，材料触发写作意愿。往往是在某种偶然的机缘之下，作者受某个或某些素材的刺激而产生想法或情感，于是将之诉诸于文字，写成文章。其次，材料产生写作的主题。文章的主题思想不是凭空产生的，而是来自于对素材的分析、研究或感悟。第三，材料表现主题思想。文章的主题思想，不管是表现为观点、情感、知识、形象还是其他，都需要通过材料来呈现，材料是文章思想的载体。第四，材料充实文章内容。材料是一篇文章内容的物质基础，俗话说"巧妇难为无米之炊"，没有原料就生产不出产品。有很多文章内容空洞，说服力不强，或者感染力不强，原因就在于缺乏足够的材料。

二、材料的积累和搜集

材料是一切写作活动的基础，占有材料是否丰富，往往会直接影响到写作的成败，因此要想写出好文章，首先就要从积累材料做起。对于材料的积累，著名作家茅盾曾这样作过比方："采集之时，贪多务得，要跟奸商一般，只消风闻得何处有门路，有货，便千方百计钻挖，弄到手方肯死心，不管是什么东西，只要是可称为'货'的，便囤积，不厌其多。"材料的积累大致有两种情况：一种是平时点滴积累；一种是现用现搜集。平时积累，就是要养成随时随地留心和记忆材料的良好习惯，这样占有的材料就量多面广，可以为写作提供取之不尽用之不竭的源泉。现用现搜集就是有了明确具体的写作意图而有针对性地去搜集相关材料。综而言之，主要有如下几种积材途径。

1.观察体验。观察是指有意识有目的地关注和了解身边的人、事、物。鲁迅主张"如要创作，第一需观察"，可见其重要性。体验即亲身参与、实践，是深入体验生活。当代作家柳青为了创作反映解放初农村生活的小说，特意安家到农村，一住十五年，与农民同吃同住同劳动，终于写成了那个时代农村生活的史诗《创业史》。

2.调查采访。对于不了解的事情就必须亲自去调查采访。写调查报告、报告文学、新闻这类实用文章往往就离不开调查采访。文学创作有时也需要通过调查采访来获取资料。鲁迅写《阿Q正传》时写到阿Q赌钱就写不下去了。因为鲁迅从未赌过，不知道是怎么个赌法，于是他找来一位工人请教"赌牌九""押宝"这些赌钱的方法。

3. 阅读查找。通过阅读查找可弥补实际经验之不足，可以写出作者所不熟悉的东西。除了阅读书籍、报刊之外，还要善于运用广播、电视、电影、互联网这样的媒体来获得材料。

4. 听说传闻。要留意平时与人谈话所得，还要留心生活中的道听途说。托尔斯泰听一个地方法院的检察官讲了一个"柯尼的故事"，便开始了《复活》的构思；果戈理在和朋友的笑谈中听到彼得堡官场上的一个小公务员失落猎枪的笑话，后来就据此写出了小说《外套》。

每个人在现实生活中常常有着丰富的经历和见闻，可是我们往往对它们不予注意，让它们自生自灭，从而痛失了许多积累写作素材的机会。所以，积累素材最关键的是要做生活的敏感者和有心人，要善于将生活中的点滴经历、见闻转化为感知记忆储存起来，这样随时可以从脑子中调出来运用。此外，为了防止遗忘，还要养成勤记笔记、日记的生活习惯。许多著名作家都有写日记的良好习惯。果戈理被称为"笔记迷"。他的许多小说里写到的俄罗斯风俗习惯、传记故事、民歌谚语甚至菜谱等，都是从他的笔记上抄录下来的。

三、选材的原则和要求

在写作活动中"选材"这一环节十分关键，必须舍得下一番工夫。朱光潜就指出："在作文运思时，最重要而且最艰苦的工作不在搜寻材料，而在有了材料之后，将它们选择与安排，这就等于说，给它们一个完整有生命的形式。材料只是生糙的钢铁，选择与安排才显出艺术的锤炼刻画。"（朱光潜《选择与安排》）选材的基本原则和要求是"切题""真实""典型""新鲜"这四项。

(一) 切题

"切题"是选材的首要原则和基本要求，就是要求所选用的材料完全吻合文章的主题思想。材料是用来说明主旨的，必须围绕写作的主旨来选材。为此，选材时要有勇于割爱的精神，那些与主旨无关或关系不大的材料，再真实、再生动都不能写进文章。否则将不仅无助于文章主旨的表现，还会破坏主旨的集中与鲜明。

一般来说，原始材料往往是芜杂的，包含多种含义，可以作多种理解。因此，在材料的诸种意义内涵之中我们应该尽量从基本义、主导义角度来使用，这才叫做切题。如果只是从材料的次要含义、附属含义角度来使用，往往就不算切题。比如,人们常常拿花木兰的故事作为材料来说明爱国、尽孝、尚武、巾帼不让须眉、英雄主义等主题,这都是不切题的用法。因为从花木兰故事的出处——古代民歌《木兰辞》来看,花木兰是被作为一个"反战""反英雄主义"的形象来塑造的。《木兰辞》开头细腻描写木兰从军前的无奈、犹豫心理,结尾又大写特写辞官归故里之后的合家欢乐,唯独对她在战场十年的功绩一笔带过。这种详略对比的写法无疑明白昭示了作品反战、反英雄主义的思想主题,作为一首民歌,它反映的正是民间对和平而安宁的家庭生活的向往和对功名利禄的轻视这样一种朴素的民间生活理想和价值观。显然,花木兰这一文学形象的主导义并不是宣扬孝道、爱国、尚武之类,在这些意义上使用就显得比较牵强。

要想取材切题,还必须防止原始材料本身所可能引来的悖论。比如,某国有企业的老总专程赴德国为其进修时的导师祝寿,该单位将其写成消息报导,赞扬老总尊师重教、尊重知识和人才。结果,报道出来后却引发职工们对该老总涉嫌"腐败"的猜疑。职工们认为老总出国祝寿的花费很可能是公款,用公款办私事这是明显的腐败;即使老总自掏腰包,他在正常的工作时间出国办私事,也是玩忽职守的违纪行为。这样,一篇原本赞扬性的报道却适得其反,事与愿违。像这样的材料,由于本身歧义丛生,就不是切题的好材料。

(二)真实

"真实"包含"事实""可能""可信"这三种情形。所谓事实,是指历史上确曾发生过、存在过和生活中实有的。"可能"即按照普遍的情理和逻辑,在现实生活中很有可能发生的(尽管不一定是实有)。"可信"则是人们觉得可信的,即便这种事发生的可能性极小,毕竟现实生活中也充满着许多偶然性、巧合等等。

不同类型的文章,在材料的真实性上的要求也不一样。一般说来,文学创作在使用材料时比较自由,"事实""可能""可信"这三种类型的材料都可以,而且,文学创作更强调的是"可能"与"可信"。亚里士多德在《诗学》中就指出:"诗人的职责不在于描述已经发生的事,而在于描述可能发生的事,即根据可然或必然的原则可能发生的事。"[①]也就是说,有时候,事实性材料由于不符合常规情理,不具可信性,也不应该轻易用到文学作品中去。

---

① 亚里士多德:《诗学》,北京:商务印书馆1996年版,第81页。

据史书《三国志》记载,怒鞭督邮,以下犯上本是刘备所为,但小说《三国演义》却把这件事让给张飞来做,因为小说中张飞性格粗鲁莽撞,最适合做这种事,而刘备性格温文谦让,不太像会做这种事。这就是小说对历史材料的创造性使用,是"可能""可信"高于"事实"。甚至有时,"为了获得诗的效果,一桩不可能发生而可能成为可信的事,比一桩可能发生而不能成为可信的事更可取"(亚里士多德《诗学》)。所谓"诗的效果"也就是审美和心灵抚慰的效果,为了弥补人们现实生活中所缺乏的,文学往往就要想象和虚构一些不可能存在的东西,以给读者想象性的满足和安慰,因此科幻小说、神话小说、民间传说、武侠小说等文学类型往往大胆想象和虚构荒诞不经的材料。

应用性的文章材料要符合客观事实,不能弄虚作假,随意编造和设计。因为应用性文章是面对现实,为解决实际中存在的问题而写作的,因而它使用的材料必须是"事实"这个层面的材料。比如新闻报道、公文、历史著作、调查研究报告等的写作都必须使用事实性材料。而介于应用文和文学作品之间的一般性文章,则允许合理虚构一些材料,比如有时找不到合用的材料,临时编造一个,也是可行的权宜之计,但必须合情合理。有时,甚至一些纪实性作品如报告文学、人物传记,都允许编造(虚构)一些非"事实"性材料,但这些材料也多半属于"可能发生的事"。比如美国著名传记作家帕森·威姆斯在为美国第一任总统乔治·华盛顿写的著名传记中就编造了一处无关大局的小故事。他想要说明华盛顿在童年时期就是一个诚实的孩子,于是就编造了一个有名的"小斧子和樱桃树"的故事,说华盛顿少年时用自己的小斧子砍倒了父亲的樱桃树后,主动承认了错误。

(三) 典型

材料不在于多,而在于精,只有典型材料才最有说服力和表现力。以魏巍写《谁是最可爱的人》为例。他深入抗美援朝前线采访,收集到了许许多多英雄事迹,深深地受到感动,决心把这些动人的事迹写出来。在写初稿《自豪吧,祖国》时,用到了20多个生动的例子。结果写出来后,周围的人都觉得不好,因为例子堆得太多,好像记账,哪一个都说得不清楚,不充分。以后写《谁是最可爱的人》时,只从中选择了5个事例,写完后又删掉了2个,最后只剩下3个典型事例:一是松鼓峰战斗,写志愿军战士对敌人的"恨",表现他们的革命英雄主义精神;二是马玉祥火中救朝鲜儿童,写志愿军对朋友的"爱",表现他们的国际主义精神;三是志愿军"吃一口炒面就一口雪"的艰苦而愉快的生活,写他们对祖国的"忠",表现他们的革命乐观主义精神。三个材料,各取一个角度,互相配合,绝不重复,完满地表达了主题:志愿军是最可爱的人。

"典型"包含本质化与普遍性这样两重含义。所谓本质化,就是最能反映事物本质、最能说明问题的材料。所谓普遍性,即所取材料要有大量同类的案例而不是极少数或是孤例,不是偶然性事件、个别化现象、特殊性现象。我们可以用"爱国主义"为例来详加解释。按照列宁所说,爱国主义是人类普遍具有的一种无私奉献的美好情感,它是不讲条件的;按照我们中国的传统说法,叫做"天下兴亡,匹夫有责"。可见,只有兼具这种本质化(自觉、无私)和普遍性特征的材料才是爱国主义的典型材料。按此,许多以屈原、文天祥、郑成功、林则徐等历史人物为例谈爱国主义的文章都不算太典型。屈原是楚国的王族和高官,他劝谏楚王的爱国行为既是他应尽的职责,也难免带有维护自己地位的本然性质。文天祥、林则徐都是朝廷高官,其抗击外敌保家卫国的行为也是一种职务行为。郑成功收复台湾的背景则是由于清朝即将统一全国,他无路可走,只好夺取台湾以作为存身的根据地。他们的爱国行为都与个人利益或职责脱不了干系,都不是"自觉、无私"的最佳代表;更重要的是,作为历史名人,他们毕竟只是凤毛麟角的极少数,不具普遍性。相较之下,曹刿、玄高的故事就更符合典型的标准。春秋时代的曹刿本是一介布衣,可是当他的国家被敌国打败,即将亡国,而国王、高官们束手无策的时候,他挺身而出、毛遂自荐,率军打退敌军(见《左传·曹刿论战》)。当他出面时,好友曾劝阻他说:"彼肉食者谋之,君何与之哉?"意即不在其位,不谋其事,何苦拿生命去冒险?其实对普通百姓而言,国家由谁统治都是一样过日子,所以国家存亡与其利害关系不大。同样的还有春秋时代的郑国商人玄高。当时,秦军试图偷袭郑国,结果在行军途中被郑国商人玄高察觉。玄高立即一面派人向郑国国君送讯,一面送 12 头牛到秦军营中,谎称是郑国国君派来犒劳秦军的。这让秦军以为郑国人已有防备,只好放弃偷袭打算。这个商人是见义忘利,牺牲自己的财物去挽救国家的危亡,是真正的自觉奉献的爱国者。显然,曹刿与玄高的例子既符合本质化要求,又合乎普遍性要求,是用来说明中华民族的爱国主义传统的最典型的材料。可见,选择典型材料并不一定要选择已广为人知的知名案例,因为知名的往往少见,并不具有普遍性;而平凡小事往往因其到处都是而典型。我们要善于"发现"、运用生活中"到处都有"的那些材料。

(四)新鲜

新鲜的材料能激发读者的好奇心,能使写作的价值最大化;而老掉牙的材料不仅让读者失去兴趣,更可能不合时宜,缺乏说服力与感染力。因此,要尽量选择能给人以新鲜感的材料。

首选新近发生的事情或现象。新近发生的事情带有当下的时代气息和社会气息,贴近人们的当下生活,容易为当代的读者接受,这样写出来的文章其现实价值也就更突出。我们要善于运用当下发达的资讯条件,借助网络、报纸等即时性媒体获取可用的写作材料。

也包括新发现或少为人知的材料,比如新的考古发现、新发现的文献资料、旧事钩沉等。这类材料虽然不是新近发生或出现的,但少为人知,对大多数人来说也具有新鲜感。比如,著名杂文家邓拓从班固的《汉书·刑法志》中寻出"秦始皇躬操文墨,昼断狱,夜理书"一句记载,写进了文章《生命的三分之一》中,用来说明古代的大政治家们是怎样珍惜时间的。关于秦始皇,人们熟知的是其暴政,其勤政好学的一面却少为人知。

还包括老材料翻新意。如果换个使用的角度,换个语境,旧的材料也能显示出新的意义。比如"三十六计"和《孙子兵法》故事都是老掉牙的历史故事,可是用这些旧的历史故事作类比材料来谈当今的企业经营管理谋略或者是炒股策略时,就给人以新鲜感。

四、材料的加工与使用

经过精心的分析与选择之后,确定了哪些材料可以进入文章之中。但这些材料并不能原封不动地放在文章中,而是要有所加工与安排。因为原始材料是芜杂的、零散的、粗糙的,缺乏逻辑与条理,或者充满着意义的含混、矛盾之处,必须加以整理提炼,以使其更纯净更合用。具体来说,材料的加工与使用包括如下几个方面。

综合,是指将原本零碎但又性质相同的材料整合在一起,以形成更饱满更典型的材料。著名作家高尔基说:"假如一个作家能从二十个到五十个,以至从几百个小店铺老板、官吏、工人中每个人的身上,把他们最有代表性的阶级特点、习惯、嗜好、姿势、信仰和谈吐等等抽取出来,再把它们综合在一个小店铺老板、官吏、工人的身上,那么这个作家就能用这种手法创造出'典型'来,——而这才是艺术。"这也就是鲁迅所说的:"杂取种种人,合成一人。"鲁迅小说《祝福》中的祥林嫂形象就是这种综合的结果。《祝福》中女主人公祥林嫂的故事情节取自五个生活原型:第一个是鲁迅家的女工王阿花,她受丈夫虐待,从乡下偷偷逃出来到鲁迅家做工,结果丈夫从乡下追到城里要把她抢回去。第二个是鲁迅老家绍兴的一个寡妇"单妈妈",她是寡妇但又有同居的男人,她迷信死后在阴间要被阎王锯为两半,分给两个男人,因此去寺庙里捐门槛。第三个是鲁迅老家一个看坟的女人,因为小儿子在门口剥豆给马熊拖去吃了,她悲伤得哭瞎了眼睛。第四个是鲁迅的一个远房表姐,男家来抢亲,她从后窗爬出,却失足落水,河里恰好泊着男家的船,被捞起来载了去。第五个是鲁迅一个远房的伯母,常常挂了一支长竹竿,神色凄凄惶惶地去访问鲁迅的母亲。上述五个原型的部分故事都被综合在祥林嫂一个人物身上,使其悲惨命运更显得丰满、典型。

　　嫁接,又称移植,就是把发生在另外的人身上或是发生在别的时空背景里的材料借用过来。比如,历史上诸葛亮根本就没干过"草船借箭""空城计"这样的事,"草船借箭"的是孙权。但是为了突出诸葛亮的智慧,罗贯中写《三国演义》就把别人的事迹移植过来安在诸葛亮身上。又如,范仲淹一生从未踏足洞庭湖,但他却写出了著名的《岳阳楼记》,原来他是将自己对鄱阳湖的观察印象移用过来了。

　　增删,就是根据主题表达的需要,对材料进行剪裁或添枝加叶。记叙文体与描写文体需要的往往是细节性的材料,为了使人物形象生动丰满、故事情节曲折生动,往往就需要将原本简单、粗略的材料扩充、添枝加叶、添油加醋,补充一些细节。而有时候原始材料过于芜杂,为了合乎主题就必须只抓住材料的主要方面、主要特点,而省略掉其他次要的方面和特点,这就需要进行剪裁。

　　概括,是指用精炼、简洁的话概括原材料的主要内容。比如议论文中作为论据的材料,以及说明文中用作举例说明的材料一般都要求简明扼要,不可像记叙文中那样仔细铺排、描写,因此要对材料进行概括与浓缩,否则就会使文章枝蔓、累赘。比如孟子的《生于忧患,死于安乐》一开头就举了六个例子:"舜发于畎亩之中,傅说举于版筑之间,胶鬲举于鱼盐之中,管夷吾举于士,孙叔敖举于海,百里奚举于市。"几十个字就概括了6个人的事例,并没有详细叙述各人的事迹。

　　释义,是指在使用材料时,不是机械地照抄照搬,而是解释性、分析性、评说性地引用。这有助于读者对某些较复杂的材料(背景、实质等)的理解,也有助于主旨的说明,防止材料和观点两张皮。比如议论文中论点和材料之间的联系往往并不是一目了然的,这就需要对材料加以说明和解释,以显示其间的逻辑联系。

　　组织,指材料的次序安排、使用技巧等。要将有用的材料按照恰当的逻辑次序编织进文章之中。使用材料时可以根据不同的场合,用多种方法、多副笔墨来表述。比如可以用节录式,也可以用全引式,还可以用转述式用法;可以用庄重的笔调,也可以用轻松活泼的笔法。

第二节 文本的思想

一、思想的含义与作用

"思想"是指通过文本写作所表达出来的某种基本的意旨或倾向。一般来说,写作之前作者大多有个意图与目的:或是为了表达某种思想观念(如议论文),或者想表达某种情感与情绪(如抒情文),或者是传达某种信息或知识(如说明文)。而这些意图落实在文章之中,就成了文本的思想内容,然后读者解读文章就有了对它思想内容的理解。一篇文章,它的文本字里行间所客观呈现的意思可能与作者原初的意图不一样,而各种各样的读者对这篇文章的理解就更可能是五花八门的了。英国谚语所谓"一千个读者就有一千个哈姆雷特"就是此意。哈姆雷特是英国著名剧作家莎士比亚剧中的主人公,这个谚语是说每个读者(观众)心目中的哈姆雷特形象都是不一样的。鲁迅在评价《红楼梦》时也有类似的说法,他说:"一部《红楼梦》,经学家看见《易》,道学家看见淫,才子看见缠绵,革命家看见排满,流言家看见宫闱秘事。"可见,作者之意旨与文本之含义、读者之理解不是一回事。因此,广义的"文本思想"包括上述三种,狭义则只指作者之意。本文主要从写作的角度来谈文本思想,是狭义的用法,侧重于探讨写作意图的生成、确立、表现等问题。

中国传统写作理论历来强调"文以意为主""立意为宗"。明代王夫之说:"无论诗歌与长行文字,俱以意为主。意犹帅也。无帅之兵,谓之乌合。"清代李渔说:"古人作文一篇,写有一篇之主脑。主脑非它,即作者立言之本意也。"这都说明了意旨在写作和文章中的重要地位和主导作用。"意"是一篇文章的灵魂,材料的取舍、详略的处理、结构的安排、表达方式的选择、语言的运用等等都要依据写作意图而定,为意图的实现而服务。由于"意"是文章的统帅,在文章的建构中起着主导的作用,因此写作时就要做到"意在笔先",即在动笔行文之前就要确定好"意",然后才按此行文。

一般来说,"意"的生成有如下几种情况:一是长期积累,自然孕育。即作者在长期的社会生活实践中积累了大量的生活素材,同时也在进行着感悟与思考,经过时间的推移和认识的发展,思想逐渐形成,最终生成写作之

"意"。二是偶然触发，顿悟得之。即是说作者先前并没有什么思想要表达，但因为某种特殊的机缘受到刺激或触动，突然产生某种思想或情感，于是写成文章。三是依据需要，研究得之。即作者有了具体的写作任务之后，有针对性地去搜集材料、分析材料，归纳总结，而形成写作之"意"。无论是以上哪种情形，从根本上说，作者之意（思想）还是来自于生活经验的启发，是作者依据其生活积累和思想积累，感悟、分析与思考的结果。因此，我们要善于从生活、材料中提炼思想，善于运用自己的思维能力来提炼写作思想。比如，对于生活和现实我们要有问题意识和怀疑精神，要有自由思想和独立思考的精神品质，要有多元化思维、辩证思维、创新思维等意识和能力。

二、立意的原则与要求

写作以立意为宗，意的高下优劣决定着文章的价值。要想立意有价值，就应该遵循如下几条基本的原则、标准。

(一) 真诚

古人云："修辞立其诚。"无论是文本中所表达的某种思想认识，还是所表现的某种情感体验，都应该真正出自写作者的思考与感受。从写作活动之本质而言，真正意义上的写作乃是一种自我表达的需要。自我表达，自由表达，"我手写我口""我手写我心"才是写作的理想境界，也唯有如此才可能写出好的文章。很难设想，言不由衷能够写出好文章；也很难设想，一篇虚情假意的文章能够真正打动读者，为读者所接受。但现实中作者们往往是奉命作文，被迫写作，言不由衷，结果就写出了不少说假话、空话、大话的虚伪的道德文章。像2002年全国高考的作文题就曾遭到了许多有识之士的批评，因为这道题摆明了是鼓励考生们说假话骗人。考题中，一位登山者遇到暴风雪，正在寻求自救之时，碰到一个冻僵的人。他该怎么办，是救人还是只顾自己活命？题面上说是要考生在"心灵上"作出选择，其实考生根本就没得选择。因为材料的结尾告诉我们救人者也得到了自救，这就暗示了考生只有一个正确的选择。我们的写作，尤其是大学生这种层次的写作，应该摆脱应试教育的虚伪，从事真正意义上的写作。只要是说真话，说经过自己独立思考和亲身经验过的东西，哪怕是说错了，也有其价值，也能为社会提供一家之言。即使是奉命作文也要尽可能化入自己的思想与经验，而不可故意说假话。

(二) 正确

文章写出来如果给人看或是公开发表，就会对读者和社会产生一定影响,而为了对社会产生积极影响,这样的写作就必须传播正确的价值和信息,即立意要正确。立意正确,包括认知、价值观、道德观等方面,就是要能够正确认识客观事物,传递正面的价值观,引发读者对真善美的追求、对假丑恶的憎恶。像某晚报 1996 年 9 月 9 日发表的一篇题为《垫高约会滚下楼梯——女青年为让男友称心,大伤》的新闻就违背了立意正确的原则。这篇新闻报道说天津某女子与男友首次约会,因自感身材较矮就特意买了一双鞋跟 6 厘米高的皮鞋,不料右鞋跟突然脱落,该女子因此从楼梯滚落,重伤。该报道字里行间充满对受伤女子的揶揄和嘲笑意味,无端否定了人们爱美的权利,这显然传递的是不正确的价值观,不符合人道关怀的精神。

当然,"正确"与否要因时代、地域、社会整体的认识水平与思想倾向而定,此时此地认为正确的,彼时彼地则未必。因此,我们不能被"正确"标准束缚了思想自由与表达自由。在现阶段,只要是不违背现行的法律,不违背公认的社会道德准则,写什么都是可以的,都不能算错。而且,"正确"这个标准对不同文体的要求也是不一样的。如果是实用性、应用性文章,"正确"的标准就比较严格,但对文学创作而言,就几乎可以忽略。许多文学作品的立意往往并不正确,却并不影响它们的文学价值。比如《三国演义》的作者所宣扬的"天下大势,合久必分,分久必合"的"历史循环论",以及"拥刘反曹"的"正统"皇权观就并不符合历史事实和历史规律。当时的魏、蜀、吴三国,曹操统治的魏国才是真正的"三个代表",代表着先进的生产力、先进的文化,代表着当时最广大人民的根本利益。又比如《红楼梦》也宣扬了作者的某些宿命论观念,这不能说是正确的健康的,但也无损于其文学价值。文学作品主要是靠形象、情感来感染人,而不是靠讲道理说服人,因此立意正确与否就不是特别重要。

(三)集中

"意"是统摄全篇文章的总纲,必须单纯集中。古人所谓"立意要纯一而贯摄"(清·刘熙载《艺概》),"文主于意而意多乱文"(清·魏际瑞《伯子论文》)都是这个意思。一篇文章最好只集中表达一个意思,若是贪多,势必导致用笔不集中或者是使文章紊乱。用笔分散就很难把意思说明说深说透,这样写出来的文章就难免浮皮潦草,价值不大、感染力不强。许多人常犯文章主题不集中的毛病,原因往往主要是抓不住关键和要害,什么都觉得重要,结果不分主次、优劣,不作取舍,全部摊出;或是对无益于主题的材料舍不得放弃,觉得这也生动,那也有趣,结果被材料牵着鼻子走,枝节旁生,主题自然不能集中。魏巍在写《谁是最可爱的人》时,"原也想说好几个意思",在初稿中"面面俱到,想告诉人家这个,又想告诉人家那个","结果问题提得不尖锐,不明确,更别说深入地解决问题"(魏巍《我怎样写〈谁是最可爱的人〉》)。后来他只写了一个意思,即志愿军战士是我们最可爱的人,这样主题就集中、深刻了。至于长篇小说等大部头文学作品,虽然往往呈现出"多主题""复调"的面目,但作家在创作时往往还是有其思想重心,还是尽可能力求立意集中的。

(四) 深刻

所谓深刻,是指要揭示事物的本质与真相,反映事物的内部规律,开掘出启人深思的思想意义。要想立意深刻,应该注意以下几个方面:一是要辨源流,循流溯源,弄清来龙去脉,找到问题的根本。二是要析因果,通过因果关系的分析,找出原因,对症下药。三是要顾左右,要从事物之间的联系出发,由此及彼,全面考量,通盘掌握。四是要比异同,要从事物的异同分析之中探究本质,得出意义。

深刻的关键在于不能就事论事,而是要透过现象看本质。比如,某大学珠海学院前后发生两起女大学生被骗钱的案件:这两个女大学生在校外逛街时都遇到一男一女两个青年,两人声称是北京某大学的研究生,随导师来澳门做研究项目,导师先期返京,等到他们做完项目准备回京时,不小心在过澳门关口时被小偷偷走钱包,于是只好向珠海的这位女生求助路费,声称一回到北京即刻还钱。女生信以为真,借出一大笔钱,过后才发现上当受骗。为何这两个女大学生会受骗?表面上看来似乎是因为好心或是单纯,是助人为乐的善良被骗子利用。其实并非这么简单。追根溯源,两个女生之所以肯借钱,是因为骗子亮出的研究生身份,女生以为帮助了他们,可以建立友谊,将来会获得"回报",至少对方有还钱的能力。事实上,许多被骗的事件都是因为被骗者自身"贪心"所致。道出这一点,就能给人们以深刻的启示,让人们少犯错误。

从平凡小事中挖掘出深刻的意义,这是立意深刻的题中之义。这也就是鲁迅所说的,用"显微镜"和"望远镜"看问题。比如穿着打扮,表面上看只不过是日常生活中的小事,可深入挖掘就能从中发现许多深刻的意义。比如从穿着打扮可以看出人的个性、心理动机甚至是人品,从穿着打扮可以看出时代的风尚甚至是政治文明程度。所以莎士比亚说"衣裳常常显示人品",法国小说家法郎士则说:"妇女装束之能告诉我未来的人文,胜过于一切哲学家,小说家,预言家,及学者。"梁实秋也得出"衣裳是文化中很灿烂的一部分"的深刻认识(梁实秋《衣裳》)。而且,我们还可以从今天某些女性的穿着打扮上面看出男权中心的社会文化背景。

立意的深刻不是强自拔高,故作高深,而应当是从事物本身合理分析归纳而出,是以对象本身为基础,以作者的思想认识水平为基础,自然得出。写作者要注意力戒故弄玄虚,不懂装懂,拿经不起推敲的深刻来蒙人。

(五) 新颖

立意新颖,既包括新的认识、新的观点,也包括新的开掘、新的角度。立意新颖首先就是不能人云亦云毫无新见,或者说不能写一些陈旧的老掉牙的意思,而是要努力求新求异,与众不同。立意新颖还意味着要与时俱进。我们写文章要站在时代的前沿,敏锐感应时代的新变。比如关于劳模标准的问题,过去我国各级政府评劳模,往往是评那些工作在生产第一线的普通工人、农民,诸如种粮大户、环卫工人等,因为他们的劳动最苦最累。可是现在评劳模则多是选那些大企业家、科学家,因为他们创造的财富更显著,社会示范作用更明显。前几年曾将姚明评为全国劳动模范,结果引起网友的一片热议,很多思想僵化、陈旧的人还是用过去的观念来看问题,认为不应该评姚明。其实姚明完全有资格被评为劳模,问题只在于在新的时代背景下人们怎样衡量劳动的价值。又比如,我们过去强调勤俭节约,大力提倡生活节俭,可现在为了扩大消费促进生产,则会刺激大家消费,鼓励人们提高生活水准。

三、"思想"的表现

作者的思想在文章中的表现方式是多种多样的,可以直接呈现,也可以间接含蓄地表达。像议论文、说明文以及应用文等的写作往往就是一种直接的呈现,作者的思想意图在文章中直白显露,读者一览即知。而许多非实用性写作比如文学创作则多采用间接暗示的方式来表意。文学创作中作者的思想主要不是观点形态的,而是情感意蕴形态的,因此大都通过形象、情节来含蓄传达。所以恩格斯说,文学作品的倾向"不应该由作者把它特别地点出来",而应该"通过情节和场面自然而然地流露出来"。而且,文学创作中作者思想的表现往往是越含蓄越有艺术魅力。按照接受美学的观点,作者表意越含蓄,就越是能在作品中留下一些"空白点",而这些"空白点"起着召唤读者来参悟和破解的作用,能够为读者留下更多的思考与想象的空间,调动读者阅读时精神参与的积极性,读解出许多作者自己也未曾考虑过的东西,从而大大丰富了作品的意蕴。

直接表意的方式与手法多种多样。作者可以利用文章的标题来表现,可以用主题句在文中表现,也可以用开门见山、卒章显志、铺垫与扬抑法等结构形式来表现,还可以用对比、类比、引申等手法。对比可以强化意思的表达,而类比则可以让人们借助已掌握的知识和道理去获得对未知事物的认识,可达到深入浅出地说理的效果。如鲁迅的《一件小事》将人力车夫这件小事与"所谓国家大事""文治武功"两相对照,看到了劳动人民的神圣和统治阶级的腐朽。臧克家的诗《有的人》就是通过两类人的对比,显示人生的追求和价值的关系。柳宗元的《捕蛇者说》拿赋敛之毒与毒蛇之毒、猛虎之猛来类比,从而得出了"苛政猛于虎""孰知赋敛之毒有甚是蛇者乎"的深刻见解。人人都知道毒蛇和老虎的可怕,但未必都知道赋敛的可怕,一类比,赋敛之重也可逼死人的深刻主题就昭然若揭了。《邹忌讽齐王纳谏》拿个人生活中的事情(比美)与国家政事类比,以说明纳谏的重要性。苏轼的《石钟山记》从游览考察一座山的经历中引申出一个道理:"事不目见耳闻,而臆断其有无,可乎?"

间接表意的方式与手段也是多种多样。比如诗歌多用比兴手法,借助于意象、比喻等手段曲折地表现诗人的意思。《诗经》中的《硕鼠》"硕鼠硕鼠,无食我黍,三岁贯汝,莫我肯顾,逝将去汝,适彼乐土"就是一种隐喻的表意手法。奴隶们不堪奴隶主的剥削与压迫,决心逃亡,他们暗中联络,为了保密就用了隐喻的方式,把贪得无厌的奴隶主比喻为硕鼠。有时候诗歌、散文往往用托物言志的手法来表意,如屈原的《橘颂》表面上是歌颂橘树择地而生的生物特性,实则是寄寓了作者对独立不迁、不因时俗环境而改变自己本性的君子人格的赞颂。小说创作也往往用隐喻、象征等手法来曲折表意。鲁迅的小说《药》就具有强烈的隐喻性。小说中的华、夏两家正是华夏民族(中国)的隐喻,病人华小栓正是中国这个"病人"的隐喻,而治痨病的药方(人血馒头)则是治中国的病(救中国)的药方——革命流血——的隐喻。鲁迅是借这篇隐喻性极强的小说含蓄地表示他的政见,他认为当时的中国已病入膏肓,但救中国的药方不是流血的暴力,而是启民智,聚民。

【导学训练】

一、学习建议

学习本章应掌握选材的基本原则,掌握材料的鉴别、加工、使用的方法,掌握立意和炼意的基本原则和方法,掌握主题表现的基本技巧。重点要理解材料的真实性、典型性的含义,理解立意深刻、新颖的方法。

二、思考题

1. "言之有物"与文章价值的关系。

(提示:言之有物是判定文章价值的最高标准,若言之无物,文章其他方面再好也没多少价值。言"谁"之物?言自己之物,自己的独家经验、自己的独家思想才是最有价值的"物",才能写出最有价值的文章。)

2. 第一手材料与第二手材料在写作上的价值差异,使用时应注意的问题。

(提示:第一手材料指作者亲身经历的事件,或亲自观察、体验、调查采访所得,第二手材料是指通过阅读、耳闻等方式获得的材料。一般来说,第一手材料属于作者的独家资源,一般感受真切,用到文章中会显得真实、生动、新鲜,但未必典型,要多加工;第二手材料容易错讹,需多加核实和鉴别。)

3. 试结合自己的写作经历,思考"立意真诚"的重要性(价值)。

4. 下面这首《别丢掉》表意很含蓄、间接,试认真研读,从中揣摩诗人欲表达的"意"。并请结合这首诗,思考一下间接表现"思想"对文章有何好处。

别丢掉,/这一把过往的热情,/现在流水似的,/轻轻/在幽冷的山泉底,/在黑夜,在松林,/叹息似的渺茫,/你仍需要保存着那真!/一样是月明,/一样是隔山灯火,/满天的星,/只有人不见,/梦似的挂起,/你问黑夜要回/那一句话——/你仍得相信/山谷中留着/有那回音!

(提示:这是现代著名女诗人林徽因写给昔日好友徐志摩的悼亡诗,由于两人的关系的特殊性,诗写得很含蓄。请查阅有关作家的生平背景、创作背景等相关情况,以加深对这首诗的理解。诗人用"真"这样抽象的字眼来表达意思,就把两个人之间关系的性质作了抽象与虚化的处理和界定,不只是爱情关系,也包含了友谊、亲情等更为丰厚的性质。同时,"真"也是一种诗意的抽象,化市井流言蜚语中的风流韵事为一种人类普遍具有、向往的美好情感。)

三、写作训练

1. 提炼主题训练。

国外有两家鞋厂,各派一个推销员到太平洋上某个岛屿去推销本厂的产品。上岛以后,两人各自发回一份电报。一位的电文是:"此岛上的人都不穿鞋子,明天我就回去。"另一位的电文是:"太好了!这个岛上的人都还没有穿上鞋子,我打算长住此岛。"

请根据这个材料,运用多角度思维,提炼出几个不同的写作主题(不少于3个,每个用一句话加以概括)。

2. 下面这则公文是某国有企业向政府主管部门递交的请示,它缺乏具体而实在的材料,请按照"真实""典型"的标准来合理设计、补充材料,以使文章更充实,更具说服力(注意公文格式不变)。

关于建宿舍楼的请示

市房管局：

　　我公司下属的单位多、职工多，老职工更多。过去因无资金从未建过一间职工宿舍。职工的住房非常困难，再不解决就会影响职工的工作积极性。现在公司经过改革，企业有了活力。自去年来，除上缴国家利税外，还有一些盈余。我们准备用这笔钱，以及公司自有地皮，建两栋3门8层的职工宿舍楼。这样既解决了职工的住宅问题，又可以安定职工情绪，激发其工作积极性，促进我公司的各项工作。

　　以上请示，恳请批准。

××公司
二〇〇一年六月四日

　　写作提示：(1)没有职工住房困难的事实材料，应该用具体的数据统计来说明这一情况；(2)何谓"非常困难"？应该有个客观的标准界定，比如无房和人均居住面积不足5平方米。(3)由于是公文，所以应该用概括性、说明性的材料而非具体的叙述型、描写型的材料。(4)应该注意材料的典型性，不要拿鸡毛蒜皮的小事来说，比如职工现有住房交通不便、住房环境卫生差等都不属于"住房非常困难"的典型材料。(5)住房困难的后果，如影响职工工作情绪、工作纪律、人员流失等都应该说明白、说具体，要达到晓之以理、动之以情的说服上级批准的效果。(6)关于建房的具体计划，如占地面积、建筑面积、用地位置等都应该有所交待，以方便上级机关了解情况，作出决定。(7)注意公文的语体，要准确、简洁、平实、庄重。

【研讨平台】

一、材料真实性的鉴别以及"虚构"的真实性问题

　　材料真实是文章的生命。对于某些文章的写作，比如科研论文、应用文章来说更是如此，就如郭沫若所说："材料缺乏顶多得不出结论而已，而材料不正确，便会得出错误的结论。这样的结论比没有更有害。"因此，鉴别所搜集来的材料的真实性就显得非常关键。许多现存的材料是出自前人的编造或者是以讹传讹，我们在使用前一定要多加斟酌——根据其出处看其是否可靠，是否合乎情理与逻辑，否则，当舍弃不用。比如，有一则叫"马克思的脚印"的材料，说马克思为了写《资本论》这部著作，长年累月地泡在大英博物馆的图书馆中，由于天长日久以至于在座位底下的水泥地上磨出了两个脚印。我国学者陈平原感觉这则材料不尽可信：马克思又没有少林和尚的腿功，怎能在水泥地上踩出两个脚印？于是他实地调查取证，结果证明确无其事，在英国从来就没有这种说法，只有苏联、中国等少数社会主义国家才有，是这些国家的人出于神化革命导师的目的而虚构出来的一个故事。其实，像"脚印"这样的故事根本不符合生活的常识，可是过去不少作者不加思考和辨别，以讹传讹，到处转用，弄

出了笑话。

在一般性的文章写作或是文学写作中,都可以虚构材料,但都要注意虚构的真实性问题。文学大多是虚构,但若是现实主义的作品,则其虚构的材料也必须合乎生活的情理和逻辑。比如现代作家许钦文曾写了一篇小说,请鲁迅帮忙修改,小说里面有这样一个情节,说是两个山东人对话,甲问:"您贵姓?"乙答:"……"甲没听清,又问:"是古月胡还是口天吴?"鲁迅一看到这个情节就指出这是编造的,不合乎生活情理。因为山东人发"胡""吴"音是非常清晰的,绝不会发生混淆。一般性的文章虚构材料更要注意可信性,比如事件发生的可能性和概率问题。比如,1998年全国高考作文试题是《战胜脆弱》,结果有不少考生在作文中写到了家人死亡、残疾、得绝症的悲惨事情,说自己亲人得了白血病的某省考生就有几十个。这些作文让阅卷的老师们哭笑不得:白血病这种绝症的发生几率在全世界也只有几百万分之一,怎么一个省就出现了这么多起?有时,虚构材料还要注意符合读者的接受心理。英国学者艾·阿·理查兹指出:真实在于它向我们叙述的事情的可接受性,它的叙述效果所引起的兴趣的可接受性,而不在于它所叙述的故事符合什么人所经历的事实。① 比如,有个作者为了证明写错别字的危害,编造了这样一则古代笑话:有弟兄二人,老大在家种地,老二在外经商。一年,他们的父亲病逝,无钱安葬,哥写信希望弟弟能寄回些钱来。弟弟马上写了回信:"我现在生意很忙,脱不开身,寄钱又来不及;你可先卖了我的她,或者卖了你的她也行。"老大接到弟弟的信,就把弟媳卖了料理父亲的丧事。这个古代笑话显然编得并不高明。父死而子不归就不合孝道,单凭一个错别字("地"误为"她")就轻易卖掉家庭中一个活生生的女子,这更是有悖人情世理。这样不合生活情理的材料如何能够有说服力?

二、立意"新颖"对思维的要求

要做到立意新颖,就要善于运用创新思维。它要求善于打破思维的常规、习惯与定式,另辟蹊径、别出心裁,得出与众不同的新颖看法或感受。它不囿于现有的方法和结论,不迷信教条,不盲从权威,不轻易苟同于别人的认识与见解。创新思维又主要表现为逆向思维和求异思维两种。

求异思维要以事物的多面性与认识的多样性为根据,并不是要刻意地标新立异,不管对错。比如对于汉代王昭君出嫁匈奴"和亲"之事,历史上人们大多同情王昭君的不幸遭遇,骂画师毛延寿徇私舞弊,将昭君故意画得很丑陋,让汉元帝看不中,导致她被迫远嫁异域。但王安石却一反此类陈说,指出王昭君的不幸主要是由于皇帝的有眼无珠,而且王昭君远嫁匈奴未必不是件好事,倘若是留在汉元帝身边,反倒未必有好的下场。且看王安石的《明妃曲》二首:

---

① 参看理查兹:《文学批评原理》,天津:百花文艺出版社1992年版。

明妃初出汉宫时,泪湿春风鬓角垂;低徊顾影无颜色,尚得君王不自持。归来却怪丹青手,入眼平生几曾有?意态由来画不成,当时枉杀毛延寿。一去心知更不归,可怜着尽汉宫衣;寄声欲问塞南事,只有年年鸿雁飞。家人万里传消息:好在毡城莫相忆;君不见咫尺长门闭阿娇,人生失意无南北!

　　明妃初嫁与胡儿,毡车百辆皆胡姬。含情欲说无语处,传与琵琶心自知。黄金捍拨春风手,弹看飞鸿劝胡酒。汉宫侍女暗垂泪,砂上行人却回首。汉恩自浅胡自深,人生乐在相知心。可怜青冢已芜没,尚有哀弦留至今。

　　前一首诗批评汉元帝自己不识美色却怪罪画师,枉杀了他。昭君到了匈奴,思念家乡和亲人,家里人却劝她"既来之则安之",不要对汉朝皇帝抱有幻想。王安石借这首诗批评了统治者有眼无珠、埋没人才,这是发人之所未发。第二首则是说汉朝皇帝还不及匈奴人对昭君好,人生可贵的在于两心相知,既然匈奴对你不薄,你又何必哀伤?"汉恩自浅胡自深"一句摒弃狭隘的民族主义情绪,实在是不同凡响。

　　逆向思维法,就是"反其道而行之"的思维方法,它有意与人们常规的思维"唱反调",往往能见人之所未见。比如竹子,自古以来人们都把它视为有骨气、有节操的象征,许多文人都曾赞咏过它。有的赞其坚韧:"咬定青山不放松,立根原在破岩中;千磨万击还坚劲,任尔东西南北风。"(郑板桥)有的赞其节操:"未出土时已有节,及凌云处尚虚心。"(郭沫若)有的赞其谦逊:"每攀登一次都做一次小结(节)。"而现代科学家丁文江却从竹子的生物习性中有了新的发现,从中提炼出新的意义。他在一首诗中写道:"竹似伪君子,外坚却中空。成群能蔽日,独立不禁风。根细成攒穴,腰柔惯鞠躬。文人多爱此,声气恐相同。"其他如旁观者清与旁观者迷、知足者常乐与不知足者常乐等对立话题,都是运用逆向思维的好例子。逆向思维之所以可行,是因为世间事物往往是复杂的多面体,完全可以从相反的角度来看待。按照辩证法思想,也就是任何事物都呈现出正反两面,此之谓"两点论"。当然,运用逆向思维要因事因题而行,不可脱离实际随意唱反调。

　　换位思维也能产生新颖的立意。人们看问题总是限于某一角度,这就难免偏执,或者是产生见木不见林的狭隘。如果我们变换惯常的立场与角度,对同一个对象就会有新颖的见解。

　　辩证思维法也可以产生新颖的立意。辩证法思想中有一个对立面转化的观点,即在一定条件下,事物的正反两面能够相互转化,好事会变成坏事,坏事也能变好事,所谓"福兮祸之所伏;祸兮福之所倚","塞翁失马,焉知非福"。比如2008年发生了臭名昭著的香港艺人"艳照门"事件,社会上普遍认为这是一件大丑闻,影响极坏。然而坏事也可以转化为好事,因为它打碎了追星族的许多幼稚的幻想,让他们不再盲目崇拜偶像甚至干傻事;它也同时提醒了社会对于媒体暴力和社会责任的关注、对于网络犯罪及其立法的重视,这都是有益的后果。

三、立意"深刻"对思维的要求

立意深刻主要取决于作者丰富的生活阅历和思想能力。两者皆备就能够洞察事物,达情达理。而良好的思维习惯与思维方法能够将生活阅历转化为思想的对象,形成较高的思维能力和水平。因此,立意深刻要从锻炼思维习惯与技巧入手。

要立意深刻,就必须善于运用挖掘法进行思维。这是一种推进思维向深度开掘的思维方法,就是在思路展开以后,层层挖掘、步步深入,由外在现象追溯到本质原因。比如,作家魏巍在朝鲜战场上耳闻目睹了许多志愿军战士的英雄事迹,他深受感动,决心把它们写下来。但仅仅有感动是不够的,为什么要写他们呢?他思考着,我们的战士为什么这么英勇?难道仅仅是因为他们不怕流血牺牲?因为他们都有个人英雄主义的思想?显然不是这样!于是他进一步探寻:我们战士的这种英雄气概是从什么地方来的呢?为了寻找答案,他开了许多座谈会,终于明白了战士们英勇无畏的最基本动力来自于伟大深厚的爱国主义与国际主义的思想感情。通过这样的深入探究,他就把战士的行动与祖国的和平建设、人民的幸福生活联系起来,使主题得到升华,成功地写出了《谁是最可爱的人》。

要立意深刻就必须以理节情,用理性和理智来进行思考,而不是凭情感、情绪来思考。比如2008年发生了中国汶川大地震,地震中出现了一个被骂为"范跑跑"的教师,他公开宣扬灾难面前只顾自己逃生的自私的人生哲学,犯了众怒,以致口诛笔伐不绝,他本人也因此而失业。从情感上讲,他的这种言行确实让我们难以接受,可是从理性的角度来看,"范跑跑"之类言行却也其来有自。"范跑跑"有言论自由,也有行为的自由,自私本来就是人的天性。对"范跑跑"的过度讨伐未必妥当。

要立意深刻还可以运用类比、对比思维。比如,张爱玲说:"女人为了生存而嫁人,本质和妓女没什么两样,不过是批发和零售的关系。"她认为有些婚姻关系"就是长期的卖淫"。她的《沉香屑·第一炉香》中的女主角葛薇龙就感叹说:"她们(指妓女)是不得已,我是自愿的。"妓女之地位与名誉人尽皆知,但某些婚姻关系之中的女性的可怜地位却未必那么明显,这样一类比,就是一种深刻揭示。

【拓展指南】

一、重要文献资料简介

1. 刘勰:《文心雕龙》。

简介:本书是南北朝时期的刘勰著述的一部写作学研究名著,其中创作论部分多处谈到了立意、选材这方面的问题。比如《事类》这一章就专门谈材料的使用问题,以前代大量文章写作为例,提出了"取事贵约,校练务精,捃理须核"等精辟的观点。《隐秀》这一章则谈到了主题思想的提炼、表现等问题,如"夫立意之士,务欲造奇""隐以复意为工,秀以卓绝为巧"等,其所谓的"隐"即表意的隐晦,"秀"即立意的新颖。

2. 马正平:《高等写作思维训练教程》,中国人民大学出版社2002年版。

简介:本书是一部写作学教材,对写作中的思维运用问题所论甚详。其第14、15两章题为"立意思维操作技术训练",讲述立意、炼意的过程中思维运用的方法、要求等问题,可以为学习写作者提供启发。

3. 段建军、李伟:《新编写作思维学教程》,复旦大学出版社2008年版。

简介:本书是一部较新的写作学教材,从"写作思维过程""写作思维形式与文体思维训练"等角度论述写作中的思维问题甚详。研读这些内容可为写作者立意、炼意提供思维启发。

4. 朱行能:《写作思维学》,人民出版社2007年版。

简介:本书是一部谈论写作思维问题的专著,从"写作的思维品质""写作的思维类型""写作的思维方式"等方面详细谈论了写作中所涉及的各种思维活动。这对于写作者学习立意、构思有帮助。

二、一般相关研究资料索引

1. 舒聪:《中外作家谈创作》,山西人民出版社1980年版。
2. 王凯符、张会恩:《中国古代写作学》,中国人民大学出版社1992年版。
3. 戴钦祥:《古代名家论写作》,中共中央党校出版社1995年版。
4. 夏丏尊、叶圣陶:《文话七十二讲》,中华书局2007年版。

第二章　言之有序

文本的构成通常可以区分为三个方面,即"言之有物""言之有序"和"言之有文"。它体现着写作过程的三个环节。

在具体的写作过程中,这三个方面既相互交织地融合于一个统一的写作活动之中,又不排斥它们各自所具有的推动写作活动发展的相对独立的性质和作用,这正是写作过程具有鲜明的阶段性特征的根本原因。在具体的写作活动中,文本构成的三个方面依次呈现为写作过程的三个基本环节,或者说是写作者在写作的不同阶段所要侧重解决的主要问题。这正是我们为什么要将写作学对写作活动基本规律的丰富认识和深刻把握简约化地概括为"言之有物""言之有序""言之有文"这三个方面来谈的依据所在。

在文本构成的这三个方面,或者说写作过程的这三个环节中,"言之有序",亦即文本的结构安排,处于使写作实现由"隐"(写作者的内在思考)到"显"(书面化的阅读文本)的中介转化的关键地位。它上承写作者对文本思想内容的内在思考,经过一系列的结构化处理,使其与书面语言表达的本质要求"接轨",从而下启书面语言表达意义上的"写"的过程,李渔《闲情偶寄》称之为"袖手于前,始能疾书于后"。

第一节　结构的含义及原则

一、结构的含义

结构,原是建筑术语,指的是建筑物的内部构造、间架布局。引用到写作学中来,简单说就是文本内部的组织构造。英国音乐家戴里克·柯克说:"任何一种艺术品的完成都要通过结构或形式。因此,每种艺术都可以和建筑相比较,因为建筑本身就是一种可见的纯形式的体现。"[1]具体而言,结

---

[1] 戴里克·柯克:《音乐艺术》,北京:人民音乐出版社1984年版,第13页。

构是写作者按照思想表达的要求而将所选定的材料妥善地组织成一个符合语言表达要求的有机整体过程中所进行的谋划与安排,以及所采用的一系列手段、方式和方法。它是作品的骨架,是作品的内部关系和内部组织。

上述结构的概念,是基于把作品当成静态的东西来看待而得出的结论。实际上,从作家和作品的关系来看,文学作品的结构其实有两种存在的方式,或者说有两种基本的类型:一是在创作之前就客观地存在于作家的脑子里的一种东西,是作家运思中的结构,可以称之为"未然结构"或"作者结构"。如清代李渔在《闲情偶寄·词曲部·结构第一》中指出:"至于'结构'二字,则在引商刻羽之先,拈韵抽毫之始,如造物之赋形,当其精血初凝,胞胎未就,先为制定全形,使点血而具五官百骸之势。"① 一种是作品完成以后,脱离创作主体,成为独立的客观存在物,那么作品中呈现的组织关系和外在形式就被称为"已然结构"或"文本结构"。

中国古代写作理论对文本结构安排的基本规律和根本要求早就有了明确认识,这就是《周易·艮》(卦五十二)爻辞中所提出的"言有序"。这种认识经历了人类写作实践的反复检验而颠扑不破,一个重要原因就在于它体现了对文本结构安排在写作过程中所处的承上启下、由隐到显的中介转化关键地位的准确把握和深刻揭示。

文本的结构安排之所以要做到"言有序",从根本上说,是由写作及接受活动中思维与表达所使用的基本工具——语言所具有的线性特征决定的。所谓语言的线性特征,是指语言的使用只能以在时间中存在的先后承续的单向度的声音形式呈现并为人所接受和理解。通俗地讲,就是字只能一个一个地写,话只能一句一句地说;字与字之间、话与话之间的线性组合关系,是确定其意义的根本因素。因此,要使阅读者能够接受和理解写作者意欲传达的思想内容,写作者就必须经历一个结构安排的过程,按照语言表达的线性要求预先把要说的意思整理成一个有其内在严密而巧妙的组合关系的线性意义过程,然后才谈得上如何遣词造句、修辞润饰以使其达到好的表达效果的问题。基于此,叶圣陶把结构安排比喻为一种思路的安排。在《认真学习语文》中他说:"思想是有一条路的,一句一句,一段一段,都是有路的,好文章的作者是决不乱走的。"

总之,结构的问题说到底是在为实现写作由内在思想向外在语言的转换奠定基础,如 J. H. 兰德尔所说,"结构是一切意思和意义的基础","没有

---

① 张声怡、刘九州编:《中国古代写作理论》,武汉:华中工学院出版社 1986 版,第 176 页。

结构任何东西都不存在,都不可设想"①,所以有关结构的一切考虑都必然受到语言表达线性特征的制约,也就是说应当做到"言之有序"。例如,文本的思想内容应当划分为几个相对独立的组成部分?它们之间应当按什么次序来展开?其中的主干部分应当放在何处予以突出?次要的或辅助的部分应当如何围绕主干部分发挥作用?应当怎样开篇入题更便于引领下文?应当如何安排各个组成部分之间的起承转合关系而使它们上下连贯、前后呼应、一脉畅通?应当怎样恰到好处地收束全文,既能首尾圆合结构完整,又能言尽而意犹未尽,引导阅读者自己去寻"路"而进?解决好了这些问题,写作者的内在思想才具有了外化为能够被阅读者有效理解和接受的语言文本的可能性和有效性。

二、结构的原则

一个写作者,必须具备良好的结构意识,能够驾驭物质世界和意识世界的各种结构形态,在流动性与静止性、确定性与非确定、线性与非线性、显性与隐性中寻求有序的统一。换言之,"言之有序"就是要求文本的结构安排能够符合语言表达的线性特征所体现的本质要求,使文本思想内容的表现过程具有严密而又灵活的线性表达秩序,其目的在于使阅读者能够依此实现与写作者有效的精神交流。于是,文本的结构安排应当遵循以下基本原则。

(一) 结构安排要符合人类思维活动规律

我们说思维是对客观事物的反映,这包含两层意思:一是说思维的内容应当是对事物客观性质与规律的正确揭示,而不是主观随心所欲的结果;二是说思维的形式也应该反映并且符合事物存在的普遍规律,因为它是人脑对客观事物规律的反映在人类意识中积淀的产物。从这种意义上来说,不论是思维的内容还是思维的形式,都具有全人类性,因为客观事物的存在对全人类来说都是普遍一致的。

指出思维的上述性质,一方面是要说明,人类精神交流的可能性其实就存在于人类的精神活动本身;另一方面是要说明,人类的精神交流尽管可以超越具有民族性和地域性限制的语言符号,例如可以通过翻译来消除语言障碍,但却必须是在遵循正确的思维形式的基础之上才能有效进行的。这

---

① 〔美〕M. 李普曼编:《当代美学》,北京:光明日报出版社 1986 年版,第 146 页。

里所说的结构安排要符合思维活动规律,指的就是结构安排应当与人们普遍遵循的思维形式相吻合,应该反映并且符合事物存在的普遍规律。孙犁在谈到结构问题时说:"作品的结构不单是一个形式的问题,也是内容的问题。因为一篇作品既是描写一个事件,那事件本身就具备一个进行的规律,一个存在的规模。作者抓住这个规律,写出这个规律,使它鲜明,便是作品的基本结构。"只有这样,才能有效实现写作者与阅读者之间的精神交流。

例如,在记叙类文体的写作中,最基本的结构方式总是表现为序幕——开端——发展——高潮——结局——尾声(转化)这样一种逻辑发展关系。尽管不同的写作者对这条逻辑线索上的不同环节可以有详略不同的处理,也可以采用倒叙或平叙等手法来造成某种特定的表达效果,但却不可能从根本上改变作为记叙类文体结构安排基本方式的顺叙性质。这是因为,客观事物的发展本身就是以开端——发展——高潮——结尾(转化)这样一种内在逻辑结构形式普遍存在的,由此而形成的人们认识事物发展变化过程的思维形式也必然具有这种符合事物发展过程和规律的性质,因此当文本结构安排也反映了这种基本性质时,才能够有效地引导阅读者与写作者一道去认识和把握文本中的叙述内容。

同样的道理,议论类文体写作的基本结构方式更是十分鲜明地体现着人们对客观事物的一般认识过程和基本方式,那就是提出问题——分析问题——解决问题。不能提出问题也就谈不上解决问题,而要解决问题就必须采取分析问题的方式,所以这种提出问题——分析问题——解决问题的结构方式作为人们认识活动思维规律的一种体现,自然成为写作者与阅读者进行精神交流的一种有效途径。

至于说明类文体写作的基本结构方式之所以通常都具有鲜明的或空间或时间或逻辑的条理性,根本原因就在于被说明的实体事物或抽象事理存在的本身就具有这种条理性,故而人们认识这些事物或事理的思维活动也就必然具有这种条理性。这样,当说明这些实体事物或抽象事理的文本结构安排也体现出这种条理性时,显然就会因为与阅读者的思维规律相符合而便于阅读者实现对文本内容的有效把握。

(二)结构安排要服从文本内容表现需要

结构安排的最直接也是最根本的目的,就在于使文本思想内容能够获得尽可能好的表达效果。正因为如此,结构安排上的一切考虑,诸如线索与脉络、层次与段落、过渡与照应、开头与结尾,以及内容表现过程中的详略主次和形式安排方面的张弛快慢等等,无不服从于、服务于思想内容表现的需要。如果结构安排不当,文章层次混乱、条理不清、文脉堵塞、上下脱节、前后抵触,作者行文不能顺畅,读者读来吃力,写作者的预期表达效果恐怕也难以实现。李渔对此颇有感触:"尝读时髦所著,惜其惨淡经营,用心良苦,而不得被管弦,副优孟者,非审音协律之难,而结构全部规模之未善也。"日本作家小林多喜二说得更为直接:"正如'结构'两个字的字面含义是盖房子一样,不管你的材料有多么优良,不管你的目的有多么高尚,如果盖得不好,摇摇晃晃,结果是毫无用处的。"王蒙说:"一部小说就像一幢建筑,如果对整体布局,对开头、发展延伸、结束,对主要人物与主要人物的关系,对中心事件或虽无一个中心事件却总会有的一系列小事件因而总会有联结一系列小事件的行动线索,或虽无行动线索却总不能没有的哲理线索或情绪线索,没有一个大致的考虑,没有一个大的总体设计就去写,那是一件不设计就施工的冒险,其结果很可能是建筑坍塌,作品变成混乱的呓语。"①所以,结构安排是否最有利于文本思想内容的表现,应当成为评价文本结构优劣的重要尺度。

例如,《红楼梦》第九十八回写林黛玉之死:

> 当时黛玉气绝正是宝玉娶宝钗这个时辰,紫鹃等都大哭起来。李纨探春想她素日的可疼,今日更加可怜,也便伤心痛哭。因潇湘馆离新房子甚远,所以那边并没听见。一时大家痛哭了一阵,只听得远远一阵音乐之声,侧耳一听,却又没有了。探春李纨走出院外再听时,惟有竹梢风动,月影移墙,好不凄凉冷淡!

显然,作者同情黛玉的可悲结局和宝黛爱情的被毁灭,痛恨以贾母为代表的封建势力的残酷无情,但小说的写作规范不允许作者站出来直接对黛玉的悲剧结局发表议论,于是作者将这种思想情感隐入精心布置的以喜衬悲的结构安排之中,达到王夫之所谓"倍增其哀乐"的强化效果,让读者自己去体验作者内心那种愤怒与哀痛相交织的翻江倒海般的思想情感。鲁迅在他的《祝福》中很明显地借鉴了这种结构方式,在小说的开头与结尾,大力渲染鲁镇迎接新年的热闹气氛,就在这一片喜气洋洋的背景映衬下,祥林嫂却因饥寒交迫而悄然倒下。这种以喜衬悲的布局安排,使作品揭露封建制度、

---

① 王蒙:《漫话文学创作特性探讨中的一些思想方法问题》,引自徐岱《小说形态学》,杭州:杭州大学出版社 1992 年版,第 234 页。

封建礼教吃人本质的思想得到了更鲜明、强烈的揭示。

　　需要强调的是,我们不应当机械地理解结构安排与思想内容之间的服从与被服从关系,正像任何事物的形式与内容都是相互依存融为一体的一样,文本的结构安排与思想内容也是相互依存不可分离的。它们融合为一个整体,而非两种因素的拼凑。结构安排与思想内容的这种相互依存融为一体的性质,往往在写作的修改过程中体现得十分鲜明。写作者修改文本的一个重要原因,就是因为结构安排与思想内容之间存在着某种程度的游离关系,修改的目的正是要使它们得到统一。

　　例如,托尔斯泰写作《复活》,初稿只是想表现社会道德方面的问题,所以采取了按事件发展的顺序直接安排结构的方式,开头先写女主人公玛丝洛娃怎样被诱奸,此后又怎样被女主人赶出去,以至沦为妓女……但随着故事的展开和深入,托尔斯泰越来越意识到这个悲惨的故事不可能与产生它的社会制度相分离,也就是说,它所反映的不仅仅是一个社会道德问题,而且暴露了沙皇制度的腐败与黑暗。伴随着这种认识的深入,与之相应的结构安排当然也要有所改变,于是作者选择了从法庭宣判写起的倒叙结构。这样,作品一开始就从一般的叙事转到对沙皇制度下"法庭的全部荒谬"的揭露上来,鲜明地体现了结构安排与思想内容相互依存融为一体的性质。

(三) 结构安排要具有一定的审美效果

　　作为人的精神创造活动的产物,成功的写作成果对写作者和阅读者来说都会产生一定的审美效果。写作的审美效果更多地来源于文本的形式美。一般来说,构成文本形式美的因素包括结构安排和语言表达两个方面,其中语言表达中的审美效果问题将在"言之有文"一章中进行讨论,这里只谈结构安排中的审美效果问题。文本的结构安排是否能够达到一定的审美要求,从而产生一定的审美效果,对于能否有效实现写作者与阅读者之间的精神交流具有不容忽视的制约作用,因此我们也将"具有一定的审美效果"确定为结构安排所应当遵循的一条基本原则,它包含完整匀称、周严缜密、错综变化三方面内容。

　　其一,结构安排应当做到完整匀称。

　　任何美的事物,形式上都会具有完整匀称的特点。文本的结构安排也不例外。这可以从结构安排的完整性要求和匀称性要求两个方面来看。

　　对文本结构安排的完整性要求,首先体现在文本结构安排的必要环节齐备,有头有尾有中段,首尾圆合,自成一体,没有结构残缺的现象。其次体现在结构安排中的各个环节都具有一种共同的内在统一性,即都是从其所在的局部意义上为实现统一的文本思想的表达而发挥各自不同的作用。这就要求对文本整体结构中各个具体环节的局部安排一定要服从整体表达效果的需要;否则局部各自独立,不能为整体结构的完美和谐发挥积极作用,那么它们本身再好,也没有意义。最后,文本结构的完整性要求还体现在结构安排的各个环节之间都有恰当而巧妙的过渡与照应以使其衔接紧密,从形式上为文本结构的整体感的形成提供保障。

对文本结构安排的匀称性要求,是使结构安排在形式上呈现出各个环节之间和谐关系的根本保证。任何事物,不仅要具有完整的结构,而且其结构内部的各个组织环节也都具有比例匀称、彼此和谐的性质,才会给人带来美感。茅盾说:"结构指全篇的架子。既然是架子,总得前、后、上、下都是匀称的,平衡的,而且是有机的。"并认为"有机性指整个架子中的任何部分,不论大小,都是不可缺少的。少了任何一个,便损伤了整体美,好比自然界中的有机体,吹掉它的任何小部分,便使这有机体成为畸形的怪物"。

对文本结构安排的匀称性要求,首先表现在各个结构环节之间在比例上要适量匀称,不要出现"头重脚轻"、畸大畸小等等情况。比如,一般来讲,文本的开头部分应以精彩之笔迅速将读者引入正文,结尾部分则要能以含蓄之笔既使文本戛然而止,不拖拉,又要让读者有回味思索的余兴。因此,相对全文篇幅而言,开头和结尾所占的篇幅应当小些,而把主要篇幅留给中间部分,即文本的主体部分。对此,中国传统写作理论提出的结构安排上的"凤头、猪肚、豹尾"之说,就鲜明地体现了对文本的各个主要结构环节之间比例关系上的匀称性要求。其次,文本结构安排的匀称性要求还体现在结构安排与内容表达的需要相互和谐、融为一体,既不让内容迁就结构,也不使结构迁就内容,而是达到两者的自然和谐,"行于所当行,止于不可不止",行文中绝无斧凿、拼凑之痕迹。这是写作中很难达到的高境界,当然也正是我们应当努力去实现的高目标。

其二,结构安排应当做到周严缜密。

从美学角度来分析,这里所说的周严缜密包含两层意思。

首先,结构上的周严缜密体现着写作者作为人的精神创造本质,因此所谓文本的形式美,从根本上说是对人的精神创造能力的一种展现和肯定。

我们说好的文本结构安排具有自然和谐的特点,但要说明的是,这种"自然"只是一种比喻。好的文本结构安排总能给人严丝合缝、浑然一体的美感,它是写作者精神创造能力"匠心独运"的产物,但却并无斧凿、拼凑之迹,如同自然天成一般。这正是人所具有的所谓"巧夺天工"的精神创造能力的一种鲜明体现,而一味纯粹地摹写"自然",往往会因为缺乏这种内在的精神创造品性而流于平庸。对此,曹雪芹曾在《红楼梦》第四十二回借薛宝钗之口发表过很好的意见:

> 这园子却像画儿一般,山石树木,楼阁房屋,远近疏密,也不多,也不少,恰恰的是这样。你若照样儿往纸上一画,是必不能讨好的。这要看纸的地步远近,该多该少,分主分宾,该添的要添,该藏该减的要藏要减,该露的要露。这一起了稿子,再端详斟酌,方成一幅图样。

这里说的虽是绘画的谋篇构图问题,但也不妨看做是曹雪芹关于文本结构安排的经验之谈。显然,在曹雪芹看来简单地摹写"自然""是必不能讨好的",只有充分发挥人的精神创造才能,在正确把握自然规律的基础上,经过写作主体周严缜密的构思谋划,才能使文本结构安排浑然一体,如同自然天成一般。

曹雪芹的这种认识,与马克思对人的精神创造本质的论述是一致的。马克思认为,人与动物的本质区别在于动物服从自然,而人则高于自然,因为人"懂得按照任何一个种的尺度来进行生产,并且懂得怎样处处都把内在的尺度运用到对象上去;因此,人也按照美的规律来建造"[①]。这其中也就包含着"按照美的规律"来安排文本结构,使其既周严缜密而又自然天成。

其次,结构中各个环节之间所具有的周严缜密的逻辑关系,既是我们以上所说的建构完整匀称的结构"大厦"的内在框架,也是我们以下将要谈到的结构安排虽错综变化又能不乱阵脚的内在根基。

从结构中各个环节之间所应当具有的逻辑关系的角度来看,对结构安排的周严缜密的要求,首先体现在结构安排中依次展开的各个环节之间必须具有逻辑上的连贯性。古希腊的柏拉图早就指出:"每篇的结构应该像一个有生命的东西,有它所特有的那种身体,有头有尾,有中段,有四肢,部分与部分,部分与全体都要各得其所,完全调和。"[②]不论其所表现的内容如何纷繁复杂、曲折变幻,始终都要一以贯之地体现写作者思路的清晰脉络,

---

[①] 《马克思恩格斯全集》第42卷,北京:人民出版社1979年版,第97页。
[②] 柏拉图:《文艺对话集》,北京:人民文学出版社1980版,第150页。

否则线索一断,各个环节成了"断线的珠子",就既谈不上结构的完整匀称,所谓错综变化也会变得毫无意义。其次,对结构安排的周严缜密的要求还意味着结构中各个环节之间的承接转换关系必须安排细密,令人无懈可击。正如李渔《闲情偶寄》中说:"编戏有如缝衣,其初则以完全者剪碎,其后又以剪碎者凑成。剪碎易,凑成难。凑成之工,全在针线紧密;一节偶疏,全篇之破绽出矣。"的确,写作者如果仅仅根据文本内容表达的要求合理地划分出全文的层次及段落安排,而不善于采用周严缜密的逻辑线索将这些层次及段落的"碎片"或隐或显地"缝"合起来,全文仍然会像一盘散沙一样,形成不了整体感。

其三,结构安排应当做到错综变化。

凡是美的事物都具有一个共同特点,那就是其结构形态具有错综变化的特色;那些形态呆板、结构滞涩的东西,是不可能带给人美感的。文本结构当然也不例外,故而明代董其昌在《画禅室随笔》中特别指出:"文章最忌排行,贵在错综其势。"所谓错综其势,就是要求文本结构富于变化,生动活泼,切不可千篇一律。当然,结构文本贵在变化,但也不能过分雕琢,刻意为之,免得弄巧成拙。作家史铁生说:"多数人的历史都是由散碎、平淡的生活组成,硬要编派成个万转千回、玲珑剔透的故事,只会与多数人疏远;解解闷儿可以,谁又会由之联想到自己平淡无奇的经历呢?"[①]

文本的结构安排要富于变化,首先是指写作者不应当仅仅满足于遵循结构安排的一般原则和共同要求来写作,更需要突出写作的个性化特征,在不违背一般原则和基本要求的前提下,真正从自己独特的构思角度出发,使结构安排体现出写作者的个性化特点。这样就能使不同写作者的结构安排各具特色,富于变化。其次,写作者还应当学习和掌握能够使行文"错综其势"的一些结构艺术手法,例如在如何使文势的发展具有曲折变幻之美,如何使内容的表现具有虚实变幻之美,如何使行文的节奏具有张弛变幻之美等等方面,都有一些特定的结构安排的艺术手法,如果我们善于运用,就能够有效地促使文本结构安排产生错综变化的审美效果。这需要我们多阅读一些相关的写作知识书籍,也需要我们善于从自己的阅读经验中去体验和感悟,当然,更需要把这些知识和感悟融汇到自己的写作实践中去,在实践中培养自己灵活驾驭文本结构的能力。

---

① 史铁生:《几回回梦里回延安》,马尚瑞、金汕、蒋京宁编,见《北京作家谈创作》,北京:十月文艺出版社 1985 年版,第 197 页。

第二节　结构安排的主要环节

一般来说,写作者对文本结构安排的考虑主要有以下几个方面的内容。

一、层次与段落

层次与段落的安排,是结构安排的核心问题。层次与段落安排好了,首先是层次安排好了,文本的基本结构框架也就确定了。因此,有经验的写作者都特别重视这个问题。

(一)层次与段落的含义

层次,也称结构段、意义段,用以区别段落(自然段)。它是指文本内容各主要部分的划分和表达次序的安排。层次安排合理、清晰,文本内容就会表现得脉络分明、气势贯通。可以说,层次安排是结构安排中最重要的工作,它的意义在于从整体上确定全文的逻辑关系。写作前先拟一个提纲,主要就是解决层次安排问题,使写作者对全文的整体布局成竹在胸,这样再去进行各个局部的精雕细刻,就不会出现未经整体布局就"造成一架"又"再筹一架"而可能出现的混乱局面。

段落,就是自然段,代表着作者思想中的一个步骤。它是从文字表达形式上体现文本内容表达过程中的停歇与转换的一种标志,这种标志就是"换行"。如果说层次主要是体现文本内容内在逻辑关系的结构概念,那么段落则主要是表示文本内容外在表现秩序的结构概念。段落安排得适当,既可以使文本内容表现得眉目清晰,也可以使阅读轻松自然。但要说明的是,这里所说的段落,不包括那些具有"换行"标志而不宜视作自然段的情况。例如写作者用以表达某种着重意味的独语段,用来连接上下文的过渡段,为了醒目或减少段落长度而单独安排的引语段,为显示对话关系而分行排列的对话段等等,都只能看做是一种分行,不能认为是分段。

无论何种体裁的文章,写作内容都是向前演进的,这必然涉及内容与方法上的变化。层次和段落便是写作者思维更迭和手法变化的阶段性反映。层次与段落的关系在多数情况下是层次大于段落,一个层次包含几个段落。在一些篇幅短小的文本中层次等于段落,也就是说一个层次采用一个段落的形式来表现。在少数情况下,层次又可能小于段落,如一些只有一个自然段的短文,其中就可能包含几个层次。不论从哪种现象来理解,层次都是表示文本内容内在逻辑关系的结构概念,是仅次于篇的结构单位。一篇文章是由若干层次组成的,而不是由若干段落组成的。强调这一点的目的,是要求写作者树立在动笔之前应当先在宏观上清晰地把握全文逻辑关系的意识。这一方面是因为大学写作课的习作要求写作内容比较丰富,篇章结构比较复杂,能够达到一定的写作水平;另一方面也是为大学生今后进行要求更高、结构更为复杂、篇幅也更大的写作活动培养良好的构思谋篇习惯。从这种意义上来说,我们是在层次大于段落的含义上来使用层次概念的。

(二)层次与段落安排的原则

层次安排的基本原则主要有两条:一是组合部分的不可或缺性,二是组合次序的不可调换性。

所谓层次安排的不可或缺性,是从文本结构布局的整体性要求出发,对每一层次的安排,都要直接围绕全文中心思想表达的需要,使其成为体现全文中心思想的一个不可或缺的组合部分。去掉它,全文中心思想的表达就缺乏其必要的完整性。

所谓层次安排的不可调换性,是从文本结构布局的条理性(由语言表达的线性特征所决定)要求出发,使层次与层次之间的关系既是相对独立的,又是相互联系的;既各自具有其表现内容上的不可替代、不可或缺的性质,相互之间的组合次序又能体现出推进和展现全文内容发展脉络的逻辑必然性。如果将它们之间的排列次序予以调换,就必然造成文本结构布局的混乱。

层次安排的这两条原则也同样适用于段落,但那是在相对于某个层次结构布局要求的前提下对段落而言才是适用的。同时,我们对段落的划分还有两条基本要求,那就是单一而完整,长短要适度。

所谓段落划分要单一而完整,是要求一段文字集中表达一个中心意思,不要把不相关的几个意思放到一个段落里表达。对集中表达的这一个意思,则要求通过句与句或句群与句群之间的某种逻辑组合关系来完整地加以表现,不要这个意思还没说完,又去说另外一个意思,或者把这一个意思拉扯到几个段落中去说。努力使段落安排具有单一性和完整性,是保证各个层次内部结构具有条理性,并进而保证文本整体布局具有条理性的一个重要基础,因此值得我们特别重视。

所谓段落划分长短要适度,主要是从阅读效果方面提出的要求。能够引起人的美感的对象,一般说来都具有结构匀称、各组成部分之间比例协调的特点。文本作为阅读的对象也应该具有这种特点。层次作为表示意义的结构单位,在文本结构中一般没有直接的标志来显示,而段落却具有"换行"的明显标志为读者提供阅读的间歇。因此从文本表达形式匀称、协调的角度来看,很自然地会提出段落划分长短要适度的要求。当然,段落的长短主要是由其所表达的内容多少来决定的,不可能做到各段篇幅等齐划一。但是,经过精心谋划,使各段篇幅的长短安排在一个适度的灵活范围之内,却是可以办到的。这不单纯是为了使文本结构具有美感特征,也是为了更好地表达文本内容。如果段落过长,则内容繁杂,不符合段落划分的单一性要求,读起来眼花缭乱,难以把握;如果段落过于零碎,把一个完整的意思分散到几个段落中去讲,也不符合段落划分的完整性要求,读起来会有一种杂乱无章的感觉。总之,不论是从作者表达的要求来看,还是从读者阅读的要求来讲,段落划分都不宜过长或过短,而应当长短适度。当然,文学作品中经常出现的提示性、着重性语段以及对话语段等等,由于不宜视为自然段,所以也不宜放到上述范围之内来要求。

(三)层次安排的方式

关于层次安排的方式,在以不同表达方式为主的不同文体中,会有不同的表现形态。

例如,在以记叙为主的各种文体中,有以时间的推移为顺序、以空间的变换为顺序、以时空交叉为顺序、以材料性质的分类、以作者的认识和感情发展为顺序、以人物的意识流动为顺序来安排层次六种基本方式。

在以议论为主的各种文体中,有以并列的关系、以递进的关系、以先总后分或先分后总的关系、以比较的关系来安排层次四种基本方式。

在以说明为主的各种文体中,有以事物的空间组合关系为顺序、以事物发展变化的时间过程关系为顺序、以事物功能和特征的主次关系为顺序来安排层次三种基本方式。

总之,层次安排的根本手段是层次之间的一定的逻辑关系。如果我们把各种类型的层次安排中所包含的逻辑关系加以归纳,可以发现所有文本的结构大致不外乎这样三种基本逻辑关系类型,那就是纵向关系、横向关系以及纵横交错关系。

所谓纵向关系类型,是按照客观事物各个发展阶段的先后顺序或客观事理各个侧面层层深入的递进关系来安排文本内容的结构形态。这种结构形态普遍存在于各种文体写作之中。例如在记叙性文体中,它可以表现为依据事件发展过程,人物成长过程,作者观察、感受、认识过程,人物心理活动过程等多种逻辑关系来安排结构层次;在议论性文体中,它可以表现为依据从现象到本质、从原因到结果、从历史到现实等多种逻辑关系来安排结构层次;在说明性文体中,它可以表现为依据事物发展变化的时间过程、事物特征形成的历史源流等多种逻辑关系来安排结构层次。

所谓横向关系类型,是根据文本思想表达的需要,从不同角度、侧面和范围选取若干材料或事件分别进行叙说或论证的结构形态。它的各个层次之间的关系一般来说是并列的。这种结构形态也广泛存在于各种文体写作之中。例如在记叙性文体中可以通过同一时间不同地点或不同时间和地点发生的一些事情来写一个人,或是表现一种思想感情;在议论性文体中,则可以把论证的中心论点分解成彼此并列的几个分论点来分别进行论证,以求得认识的全面性;在说明性文体中,最常见的方式就是以事物的空间组合关系为依据来安排文本结构,或是采取列举说明事物特征的方式来安排文本结构。

所谓纵横交错关系类型,是依据事物发展本身就具有的多样性和复杂性,以及客观事理所包含的多侧面、多层次的性质来安排文本层次的结构形态。它一般有两种具体表现方式:一种是以"纵"为主,以"横"为辅,也就是说其贯穿全文的大层次是依据某种纵向关系来安排的,而在这种纵向发展的每个阶段性"平台"上,则又依据某种横向关系来展开。这种依据横向关系展开的结构部分,就构成了一个纵向的大层次统辖下的若干横向的小层次。另一种是以"横"为主,以"纵"为辅,也就是说其贯穿全文的大层次是依据某种横向关系来展开的,而在这种横向展开的每一个并列的结构"单元"中,则又依据某种纵向关系来安排。这种依据纵向关系安排的结构部分,也就构成了一个横向的大层次统辖下的若干纵向的小层次。无论是哪种方式的纵横交错结构形态,都普遍存在于各种文体写作之中。一个最为人们所熟悉的例子,就是通讯《为了六十一个阶级兄弟》中所采取的以时间顺序(纵向)为主线,穿插叙述同一时间不同地点所发生和进行的种种事情(横向)的方式。

二、过渡与照应

过渡与照应是使文本内容前后连贯的一种重要结构手段。结构安排要求做到布局严密、衔接自然、前后贯通,形成有机整体,这就离不开过渡与照应的有效而巧妙的安排。

(一)过渡的含义与方式

过渡,是指上下文之间的衔接和转换。它在文本结构安排中起着承上启下的作用,使上下相关的两个层次或段落衔接紧密,转换自然,天衣无缝。

自然的过渡往往能够不显痕迹,使作品前后语气同一,让读者的思路顺利地由前至后、由此及彼,而不致发生阻隔和脱节。

需要安排过渡的情况主要有这么三种:一是由开头部分进入主体部分或是由主体部分转入结尾部分,都应有过渡衔接,才能使全文结构严密而完整。二是当文本内容转换时,例如由一个材料、一个事件、一个观点的叙述或论证转入下一个材料、事件或观点的叙述或论证时,一般要用过渡来衔接。三是当表达方式或表现方法变化时,例如由抒情转入叙述或者由叙述转入议论时,通常也应当安排过渡,以使读者的理解跟上写作者思绪的变化,不至于造成阅读理解上的混乱。

常见的过渡方式主要有这么三种:过渡词、过渡句、过渡段。过渡词一般由关联词来承担,如"因此""由此观之""然而""但是""总之""综上所述"等等。这种表示过渡的词语,一般放在下个段落的开头。过渡句一般放在前一段结尾或后一段开头,用以表示一种承上启下的关系。过渡段的作用与过渡句一样,只是它所包含的内容更具体一些,比如对前面的内容加以概括,对后面的内容进行提示。它一般用于两个层次之间的衔接,而且通常是在两个层次之间内容转换幅度较大的情况下使用。

(二)照应的含义与方式

照应,是指前后内容上的彼此配合、关照和呼应。如果说过渡体现的是上下文之间的直接联系,那么照应体现的则是前后文之间的间接联系。合理而巧妙地运用照应,不仅能使全文前后贯通、首尾圆合,而且能使某些关键内容在这种"前呼后应"中得到强化,给读者留下深刻印象或是某种启迪。

常见的照应方式主要有这么三种:首尾照应、照应标题和行文中的前后照应。

首尾照应是使用得最为普遍的一种照应方式,对于增强结构的整体感和突出文本思想都具有重要作用。

照应标题的情况在写作中也经常可见。当标题比较直接和明显地标示了文本思想的含义时,写作者可以在文中某一处或多处来"点题",以便使文本思想得到强调而显得更加鲜明和突出。当标题的含义比较深刻或含蓄时,写作者可以在文本适当处予以点破,便于阅读者更加准确、清晰地理解文本思想。这种照应标题的方式可以称为"解题"。

行文中的前后照应是一种最具有技巧性的结构手法。通常所说的"伏笔""悬念"等等,都属于这种类型。这种照应方式的高妙之处在于,它通过适当地预设伏笔和制造悬念,调动起读者阅读的兴趣,在读者的期待之中伏笔得到呼应,悬念顿然消失时,读者不仅对文本思想有了深刻的理解,而且会在自己的心中把文本的前后内容自觉地联系在一起,从而由读者自己来完成强化文本结构整体感的工作。这种照应方式在叙事性文学作品中得到普遍使用,但要真正达到既能引人入胜,又能出人意外的艺术效果,却是很不容易的。它是最能够体现作者写作功力的重要标志之一。

三、开头与结尾

元代陶宗仪讲过这么一段话:"乔梦符吉博学多能,以乐府称,尝云:'作乐府亦有法,曰凤头、猪肚、豹尾六字是也。'大概起要美丽,中要浩荡,结要响亮。"

开头与结尾,是文本结构中的两个独立层次,而且通常以独立段落的形式出现。由于它们在全文组织安排中处于重要地位,因而受到写作者的格外重视,成为结构安排的一个不容忽视的重要环节。

(一)开头的作用与方式

开头,即起笔,一般所说的文章的开端部分(有别于小说、戏剧情节的开端),指从哪里入手,从什么内容写起,从什么角度切入,这是整篇文章的第一步。

俗话说:"万事开头难。"狄德罗在《论戏剧艺术》中说:"一个剧本的第一幕也许是最困难的一部分。要由它开端,要使它能以发展,有时候要由它表明主题,而总要它承先超后。"有经验的写作者素来重视文章的开头,因为在写作中,一个好的开头能够为全文内容的表达理出头绪,确定基调,笼罩全文,提携文意,便于下文的生发、延展。李渔在《闲情偶寄》中认为:"开手笔机飞舞,墨势淋漓,有自由自得之妙,则把握在手,破竹之势已成,不忧此后不成完璧。如此时此际文情艰涩,勉强支吾,则朝气昏昏,到晚终无晴色,不如不作之为愈也。"

具体来说,开头的作用主要表现在这样两个方面。一是从写作者的角度来看,好的开头就像登上高山而能延揽万物,站到源头而能畅行千里。当然,这种好的开头绝非靠凭空杜撰所能获得,它作为文本内容整体的一个有机组成部分,只能是写作者对全文的构思趋于成熟的产物。正如叶圣陶在《开头与结尾》一文中所说的:"作者在一个字也不曾写之前,整篇文章已经活现在胸中了。这时候,该用什么法开头,开头该用什么样的话,也就派定注就,再不必特地用什么搜寻的功夫。"

二是从阅读者的角度来看,好的开头具有先声夺人、引人入胜的吸引力,并且能够引导读者把握要领,产生强烈的阅读理解欲望。正如李渔在《闲情偶寄》中说的:"开卷之初,当以奇句夺目,使人一见而惊,不敢弃去。"林纾也说:"文之用起笔,所能引人入胜者,正以不自相犯,譬甲篇是如是起法,乙篇即易其蹊径,丙篇是如此起法,丁篇又别有其用心……盖匠心运处,自有不同之同。"(《春觉楼论文·用起笔》)

常见的开头方式多种多样。例如,在议论性文体中,常见的开头方式就有或是直接提出将要论证的基本观点,或是指明论述的范围和对象,或是交代写作的背景和动机,或是借助谈古说今来引出话题等等。在叙述性文体中,常见的开头方式则有或是交代事件背景及发生缘由,或是描绘场面引出事件,或是描绘环境引出人物等等。综观各种具体的开头方式,我们可以把它们概括为两种基本类型,即直接入题和间接入题。

所谓直接入题,也就是通常所说的"开门见山"。这种类型的开头,起笔不作徘徊,或记人,或叙事,或论理,或言情,都能直接入题,使读者看了开头便能马上把握全文内容的基本性质或主要倾向,正所谓开宗明义,朴实无华。

所谓间接入题,形象化的说法叫做"曲径通幽"。这种类型的开头,起笔先要作些铺垫:如写人,先要描绘环境;如叙事,先要发点议论;如论理,先要说个故事,如此等等。总之,写作者总要凭借一些其他的手段作引子,通过巧妙迂回,逐步转入正题。

(二) 结尾的作用与方式

林纾在《春觉斋论文》中有一句话说明结尾的重要性,讲得极好:"为人重晚节,行文重结穴。"的确,从某种意义上来说,结尾的好坏直接关系到写作的成败。结尾的作用主要表现在两个方面:

从写作者的角度来看,好的结尾是全文发展的一个必然归结,对于全面而深刻地展现文本思想至关重要;好的结尾还应当是与开头遥相呼应一气贯通的,对于文本整体结构的完成也是至关重要的。

从阅读者的角度来看,如果说开头的作用在于引人入胜,那么结尾的作用则在于让人留有余味。李渔在《闲情偶寄》中形象地称其为:"终篇之际,当以媚语摄魂,使之执卷流连,若难遽别。"叶圣陶在《开头与结尾》中也说,结尾应当"使读者好像嚼橄榄,已经咽下去而嘴里还有余味,又好像听音乐,已经到了末拍而耳朵里还有余音,那才是好的结尾"。

常见的结尾方式丰富多彩,概括而言主要有这样三种类型:一是总括全文,篇末点题;二是自然收束,事毕言止;三是面向未来,提出希望。不论以哪种方式结尾,都应当做到简洁、含蓄、自然。

【导学训练】

一、学习建议

学习本章,应在写作过程的各个环节中考虑"言之有序"的统摄作用,加强基本概念的识记与理解。重点是把握结构安排的主要环节,最好能够结合不同的文本,认真思索各个环节在内容组织、关系协调、文意贯穿以及作者写作思路前后一致等方面的作用。

二、关键词释义

结构:原是建筑学术语,指的是建筑物的内部构造和整体布局。杜甫诗"新亭结构罢,隐见清湖阴"便是此意。后引用至写作上来,指写作者按照思想表达的要求而将所选定的材料妥善地组织成一个符合语言表达要求的有机整体过程中所进行的谋划与安排,以及所采用的一系列手段、方式和方法。它是作品的骨架、内部关系和内部组织。其重要环节是裁剪和布局。

线索:属于结构的外部形式,指的是把文章的全部材料贯穿成为一个有机整体的脉络。线索相对于脉络而言,是显性的、可见的、有迹可循的。它不仅指示着写作者行文的路向,而且也能成为读者"披文"的导向。

脉络:宋吕本中说:"有形者纲目,无形者血脉。"清方东树说:"章法形骸也,脉所以细束形骸者也。章法在外可见,脉不可见。"这里的脉,也就是我们所说的脉络,即意念关系,属于结构的内部构造,指的是写作者写作过程中的思维运行路线。

错综其势:明董其昌《画禅室随笔》卷三:"文字最忌排行,贵在错综其势,散能合之,合能散之。"指文章的结构宜错综变化,文势要曲折变幻,内容表现要虚实变幻,行文节奏要张弛变幻,不要平铺直叙和平直推进,讲究参差、起伏、交错、顺逆。

三、思考题

1. 什么是结构?写作者在安排结构时为什么要做到"言之有序"?

2. 结构安排的原则有哪些?选一篇自己熟悉的优秀作品,具体分析其结构安排中是如何体现这些原则的。

3. 过渡和照应方式有哪些?结合所学,分析具体的作品是如何进行过渡和照应的?

四、实践训练

1. 结合所学,尝试分析马尔克斯小说《百年孤独》和鲁迅小说《狂人日记》的开头在文本结构安排中的重要作用。

提示:加西亚·马尔克斯的《百年孤独》是拉美魔幻现实主义代表作,可结合小说开头叙述时间的开放性、事件的预设、出发的形象、叙述基调等方面分析其在结构上的意义;《狂人日记》是鲁迅的第一篇白话小说,可从批判色彩与感伤情调、独特的人物形象、叙述时间的包容、历史感、寓言意味等方面分析其在结构上的作用。

2. 结合所学,尝试分析沈从文小说《边城》的结尾在文本结构安排中的重要作用。

提示:《边城》是沈从文的代表作。沈从文写作时曾经将结尾的最后两个分句的顺序颠倒过,显然没有现在的结尾好。可从写作者的美学思想、文本整体风格以及读者的阅读期待等层面分析其在结构安排上的重要作用。

【研讨平台】

一、起承转合

提示:"起承转合"语出元代杨载的《诗发家数》,本是中国古典诗歌的结构之法,后来被广泛运用到词、曲、赋、散文和小说之中,成为一个争议颇多的概念。

1. [元]杨载《诗发家数》(节选)

夫诗之为法也,有其说焉,赋比兴者,皆诗制作之法也。然有赋起,有比起,有兴起。有主意在上一句,下则贴承一句,而后方发出其意者;有双起句,而分作两股以发其意者;有一意作出;有前六句俱散缓,而收拾在后两句者……大抵诗之作法有八:曰起句要高远,曰结句要不着迹,曰承句要稳健,曰下字要有金石声,曰上下相生,曰首尾相应,曰转折要不着力,曰占地步。盖首两句先须阔占地步,然后六句若有本之泉,源源而来矣。地步一狭,譬犹无根之潦,可立而竭也……律诗要法,曰起、承、转、合。破题或对景兴起,或比起,或引事起,或就题起。要突兀高远,如狂风卷浪,势欲滔天。颔联或写意,或写景,或书事用事引证。此联要接破题,要如骊龙之珠,抱而不脱。颈联或写意写景,书事用事引证,与前联之意,相应相避,要变化,如急雷破山,观者惊愕。结句或就题结,或开一步,或缴前联之意,或用事,必放一句作散场。使如剡溪之棹,自去自回,言有尽而意无穷。

2. [明]王楫《诗法指南》(节选)

夫作诗有四字,曰:起承转合是也。以绝句言之,第一句是起,第二句是承,第三句为转,第四句为合。以律诗言之,有破题(首联),即所谓的起也;有颔联,即所谓承也;有颈联,即所谓转也;有结句,即所谓合也。

3. [清]叶燮《原诗·内篇上》(节选)

而所谓诗之法,得毋平平仄仄之拈乎?村塾中曾读千家诗者,亦不屑言之。若有更进,必将曰:律诗必首句如何起,三四如何承,五六如何接,末句如何结;古诗要照应,要起伏。析之为句法,总之为章法。此三家村词伯相传久矣,不可谓称诗者独得之秘也。

4. 马正平《高等写作思维训练教程》(节选)

中国古代写作学关于写作原理的最高成就应该是关于文章章法的"起、承、转、合"的模型理论。"起、承、转、合"能够给学写文章的人提供一个从无话可说到有话可说的文本内容结构的思维操作模型。

"起、承、转、合"的思维模型,最先形成于汉语诗歌的韵脚格律中:第一、二、四句押韵,第三句不押韵。后来作为绝句写作的内容、情感的基本逻辑,第一、二、四句渲染某种基本情调、意思,第三句则又开一笔,转向另外的情调、意思。这样,强化了渲染那种基础的情调、意思,而第三句则反衬了作品的基础情调、意思。例如李白的《朝发白帝城》:

朝辞白帝彩云间,千里江陵一日还。
两岸猿声啼不住,轻舟已过万重山。

第一句的诗意是清新美丽欢快的情调、意思,这是"起";第二句便重复着这种明丽欢快的情调、意思、节奏,这是"承";第三句则宕开一笔,转到愁怨凄厉的情调、意思和节奏上去,和一、二句的情调、意思形成强烈的反差、对比,这是"转";最后一句又回到第一、二句清新明丽欢快的情调、意思、节奏上去,这便是"合"。文章通过"起、承、转、合"的过程,基本形成了一种文章主题、立意的感觉界域。

八股文、桐城古文的文章内容结构规范就是以这种思维模型为基础建立起来的。

"起、承、转、合"的章法结构思维模型,反映了文章写作思维的基本规律,因此,即使到了现代写作中,仍然为作家自觉或不自觉地作为规律来遵循。

(北京:中国人民大学出版社2002年版,第23—24页)

二、张弛

提示:张弛,本是客观世界的普遍现象。运用到写作中来,是指在结构文章时讲究急缓相间、节奏鲜明,充分满足阅读者审美心理的期待。

1.《礼记·杂记下》(节选)

张而不弛,文武不能也;弛而不张,文武弗为也;一张一弛,文武之道也。

2. 姜耕玉《叙事与节奏:奇正 张弛 起伏——艺术辩证法之一》(节选)

张与弛、起与伏,是从时间速度与空间幅度上揭示生命节奏及其美的格式和规律的艺术辩证范畴。起伏和张弛联系在一起,张弛也表现为起伏,起伏之中包含有张弛。不同的是,张弛更能形容变化速度和紧张氛围,起伏则更直接标志情节矛盾的变化和发展的状态。我们认识张弛之道、起伏之理,不能停留在艺术叙事或情节发展过程中有张有弛、波澜起伏的结构布局上,同时还要看到张中有弛、弛中有张与起中有伏、伏中有起的艺术表现技巧的精妙之处。张弛变化,时而金戈铁马、雷震霆击,时而凤管鹍弦、光风霁月。然而,正如刘大櫆所说:"文章最要节奏,譬之管弦繁奏中,必有希声窈渺处。"从金戈铁马之中也能听到抒情短曲,从雷雨中也能看到光风霁月;残漏之滴,更能烘托惊马乱弛,于无声处,更能透视惊雷霹雳。这种张与弛、起与伏的辩证艺术,大致见诸节奏序列的内在联系与抑扬的表现手段两个方面。

(《东南大学学报》2002年第3期)

三、凤头、猪肚、豹尾

提示:此为一种戏曲结构章法的术语。语出元曲作家乔梦符,元人陶宗仪载入《辍耕录》中。后来逐渐引申开去,成为文章的一种重要结构方法。

1. [元]陶宗仪《辍耕录·卷八》(节选)

乔孟符吉博学多能,以乐府(按,指散曲)称。尝云:作乐府亦有法,曰凤头、猪肚、豹尾六字是也。大概起要美丽,中要浩荡,结要响亮;尤贵在首尾贯穿,意思清新。苟能若是,斯可以言乐府矣。

2. [清]施补华《岘佣说诗》(节选)

起处须有嶙嶒之势,收处须有完固之力,则中二联愈形警策。如摩诘"风劲角弓鸣,将军猎渭城",倒戟而入,笔势轩昂。"草枯"一联,正写猎字,愈有精神。"忽过"二句,写猎后光景,题分已足。收处作回顾之笔,兜裹全篇,恰与起笔倒入者相照应,最为整密可法。

3. 林纾《论起笔与收笔》(节选)

领脉不宜过远,远则入题时煞费周章;着手不宜太突,突则转旋处殊无余地。

若机轴之变换,尤当体认古人着手之处。试看大家文集,所能引人入胜者,正以不自相犯。譬甲篇如是起法,乙篇即易其蹊径,丙篇是如此起法,丁篇又别有其用心。……盖匠心运处,自有不同之同。故不善于文者,墨守老法,一篇既如此着笔,于是累篇皆同;分以示人,颇自见异,及刻为专集,一披览即已索然。

为人重晚节,行文看结穴。文气之势,趋到结穴,往往敝懈。其敝也非有意,其懈也非无力,以为前路经营,费几许大力,区区收束,不过令人知其终局而已,或已有为敝懈之气所中者。即读者也不甚注意,大抵注意多在中坚,于精神团结处击节称赏,过后尚有余思;及看到末路,以为事已前提,此特言其究竟,因而不复留意。乃不知古人用心,正能于人不留意处偏自留意。故大家之文,于文之去路,不惟能发异光,而且长留余味,其最擅长者无若《史记》。

【拓展指南】

一、重要文献资料简介

1. 周振:《文心雕龙注释》,北京:人民文学出版社1981年版。

简介:本书是《文心雕龙》注释方面的代表作之一,有助于读者阅读《文心雕龙》。

2. 吴应天:《文章结构学》,北京:中国人民大学出版社 1989 年版。

简介:文章学的专著,作者力图弄清语言、文章与思维的区别与联系,阐明文章的结构规律。本书是了解文章结构规律的重要资料,具有较高的学术价值和指导意义。

3. 朱振国:《文章的结构的把握》,北京:语文出版社 1993 年版。

简介:本书介绍了文章结构的原则、文章结构的内容、文章的结构和思路、一般文体的结构、文学体裁的结构,是研究文章结构的比较翔实的参考资料。

4. 黄家雄:《新闻写作结构与技巧》,北京:新华出版社 1998 年版。

简介:本书内容包括:新闻的外部结构与技巧;新闻的内部结构与技巧;新闻结构的整体设计与技巧;新闻的媒介结构与技巧等。所论细致客观,实例说明力强,内容深入浅出。

5. 李文衡:《文学结构论》,兰州:敦煌文艺出版社 1999 年版。

简介:本书是了解或掌握文学结构形式的重要参考资料。

二、一般相关研究资料索引

(一) 著作

1. 李渔:《闲情偶记》,北京:中国戏剧出版社 1959 年版。
2. 乔治·贝克:《戏剧技巧》,北京:中国戏剧出版社 1985 年版。
3. 刘安海:《小说创作技巧描述》,武汉:华中师范大学出版社 1988 年版。
4. 郑明俐:《现代散文构成论》,台北:大安出版社 1989 年版。
5. 王笠耘:《小说创作十戒》,北京:人民文学出版社 2001 年版。

(二) 论文

1. 王剑:《文章结构:生命的图式》,《河南师范大学学报》1995 年第 5 期。
2. 李同福:《文章的内结构与外结构》,《写作》1995 年第 3 期。
3. 杨永红:《文章结构"线索"三题》,《中山大学学报论丛》1998 年第 1 期。
4. 张春:《要能够把握文章的结构层次》,《南京师范大学文学院学报》1999 年第 12 期。
5. 张佐邦:《文学作品的四层次结构理论》,《思想战线》2000 年第 6 期。
6. 薛世昌:《文章结构单位的称呼需要系统化》,《写作》2001 年第 4 期。
7. 张则桥:《运用全息理论观照文章的结构生成》,《写作》2002 年第 3 期。
8. 刘俐俐:《一个有价值的逻辑起点——文学文本多层次结构问题》,《南开学报》2005 年第 2 期。
9. 孙莉:《关于应用文开头与结尾写作方法的归类与分析》,《牡丹江大学学报》2008 年第 4 期。
10. 薛世昌:《文章段落的"橄榄型结构"》,《写作》2008 年第 13 期。

第三章　言之有文

从某种意义上来说,所谓写作能力,归根结底是一种语言运用的能力。因为写作者的一切思考与谋划,无论是关于文本思想和材料的还是结构安排的,都要最终通过"写"来落实并得以表现。"写"的过程就直接表现为语言运用的过程。无论是文学的写作,还是非文学性的写作,"语言是第一的"①。高尔基说:"文学创作的技巧,首先在于研究语言。"②正因为如此,培养和提高语言表达能力自然也是培养和提高写作能力的一个重要环节,而对语言表达能力的考察当然也是评价写作成败的一项基本的和重要的内容。

怎样的语言表达才算是好的语言表达呢?孔子曾经从两个层面提出过自己的看法,那就是:从基本的要求而言写作者先要能"说"清楚;再从更高的要求而言写作者还要能"说"得漂亮。

首先,在《论语·卫灵公》中孔子提出:"辞,达而已矣。"所谓"达"有二义:一是传达,即要求语言能准确反映说话者本意;二是畅达,即要求语句通顺流畅。在今天看来,"辞达"主要属于消极修辞范畴。

其次,在"达"的基础上,孔子还认为语言应当有一定的文采,不光是把意思说清楚,还要使表达更生动、灵活,说得漂亮,从而更具有征服力,让人不得不接受。当然,孔子的这个意思不是正面提出的,并且是有明确所指的。

据《左传》记载,春秋时期鲁襄公二十五年,即公元前548年,郑国攻打了陈国。当时晋国是诸侯盟主,不同意郑国攻打陈国,于是,郑国派子产身穿戎服去晋国进献攻打陈国的战俘。由于子产善于言辩,巧于辞令,言辞有理有利有节,使晋国最终接受了郑国的战利品,承认了郑国攻打陈国的事实。孔子在听说这件事后感慨地说;"《志》有之:'言以足志,文以足言。'不

---

① 《贾平凹谢有顺对话录》,苏州:苏州大学出版社2003年版,第241页。
② 高尔基:《论文学》,北京:人民出版社1978年版,第321页。

言,谁知其志？言之无文,行而不远。晋为伯,郑入陈,非文辞不为功。慎辞哉!"孔子虽不赞成郑国恃强凌弱的行径,也不赞成晋国的无原则行为,但他确实从这件事中看到了"文以足言"的重要作用,故而提出了"言之无文,行而不远"的重要命题。也就是说,在排斥为错误目的服务的前提下,孔子是积极主张"言之有文"的。这个"文",就是指文采。在今天看来,"言之有文"主要属于积极修辞范畴。

以下,我们就先从语言交流的"辞达"的层面,谈一谈文本写作中书面语言表达的基本特征;再从语言交流要"言之有文"的更高层面,谈一谈文本写作中书面语言表达的文采之美。

第一节　书面语言表达的基本特征

写作是一种运用书面语言形式将写作者运思谋篇的思维成果外化为具有阅读交流功能的文本的活动。人类语言交流的有效性首先是建立在交流双方共同遵循的基本规则基础之上的,这在运用语言的规范化形态——书面语言所进行的阅读交流活动中表现得更加突出。因此,要使"写"的内容能为阅读者普遍理解和广泛接受,就应当了解和掌握书面语言表达的一些共同规律和基本特征。从保证阅读交流的有效性角度来看,书面语言表达的基本特征主要体现在这样三个方面,即准确、畅达和简洁。

一、准确

陆机在《文赋》序言中将自己所感受到的写作障碍概括为:"恒患意不称物,文不逮意。"这实际上是从反面提出了成功的写作应当同时具备两个基本条件,一是写作者的认识要正确,二是写作者的表达要准确。显然,在陆机看来,写作者即使有了正确的认识,如果不能进行准确的表达,仍然会导致写作的失败。正因为表达的准确性如此重要,所以梁启超在《作文教学法》中特别强调,写作"最低限底的要求,是'该说的话——或要说的话不多不少的照原样说出,令读者完全了解我们的意思'"。

要"令读者完全了解我们的意思",从宏观来看是要正确安排文本的结构关系,从而使文本思想得到鲜明的表现;从中观来看是要遵循语法和逻辑来组织语句,从而保证写作者所要表达的意思能够通过正确的语言形式得到准确的表现;从微观来看是要正确选择词语,使用最能恰当地表达写作者意思的那"一个"词语来进行写作,这是保证语言表达准确的基础。关于文本的结构安排问题已在上一章进行过讨论,关于语句的组织应当遵循语法和逻辑的问题拟在下面的"畅达"小节中再行讨论,这里主要谈一谈用词的准确性问题。

不论是思维活动本身,还是思维内容的表达,都是在概念的基础上进行的,而概念又以词语作为其存在和使用单位。故此,朱光潜才要特别强调:"寻思必同时是寻言,寻言也必同时是寻思。"从这种意义上来说,"想清楚"与"说清楚"应当是统一的。例如,毛泽东在《在延安文艺座谈会上的讲话》中有这样一段话:

> 他们抗战,我们是赞成的;如果有成绩,我们也是赞扬的。但是如果抗战不积极,我们就应该批评;如果有人要反共反人民,要一天一天走反动的道路,那我们就要坚决反对。

这段话所要表达的意思就很清楚,尤其是"赞成""赞扬""批评""反对"几个词语,把对统一战线中各种不同的同盟者的态度,表达得十分准确。这当然是与毛泽东对这一问题的深思熟虑密切联系在一起的。

但是,"想清楚"并不直接等于"说清楚",它只是"说清楚"的必要条件。在由"想清楚"到"说清楚"的过程中,语言方式已经发生了变化,即由作为思维工具的内部语言,转化为作为表达和交流工具的书面语言,这就要求写作者必须遵循"约定俗成"的语言使用规范恰当选词,使自己所意识到的内容能准确地传达给读者。以下几点应该引起我们的注意:

其一,要注意辨析词义。

准确地理解词义是进行准确表达的基础,这就要求我们平时注意积累,每当在阅读中接触到自己不熟悉的词语时,应当及时予以掌握以备写作时选用。同时,我们还要特别重视同义或近义词的辨析,这也是进行准确表达所必然要求的。对于同义或近义词语在词义上的差别,一般可以从这样三个方面来辨析:一是在使用范围大小上的不同;二是在语意轻重上的不同;三是在适用对象上的不同。

其二,要注意区分词的褒贬色彩。

在汉语词汇中,大多数词属于本身不附带感情色彩的中性词,如鼓动、结合等等,但也有一部分词在具有其确定含义的同时附带有一定的感情色彩。那些带有赞许、肯定色彩的词,称为褒义词,如"鼓舞""团结"等等;那些带有贬斥、否定色彩的词,称为贬义词,如"煽动""勾结"等等。不注意区分词的褒贬色彩,褒词贬用或贬词褒用,是造成写作中表达不准确的一个重要原因,应当引起我们的充分重视。

其三,要注意掌握词的搭配关系。

单独的一个词,就其本身而言,无所谓用得恰当不恰当的问题;只有在进入一定的语言环境,与其他词相互配合,发生搭配关系时,才产生用得恰当不恰当的问题。因此,注意正确地掌握词在进入句子之后与其他词语的配合关系,是保证写作者能够以正确的语言形式进行准确表达的重要条件。怎样才能正确地安排词语之间的搭配关系,这主要可以从两个方面来加以注意:一是根据语法习惯来安排词的搭配。许多词语之间的搭配关系是在人们日常使用过程中约定俗成了的,对此,我们在平时应当注意掌握,在写作时才能正确使用。二是要注意根据语法特征来安排词的搭配。词是划分成各种类型的,如名词、动词、形容词等等,每一类词都有自己的语法特点,这些语法特点直接规定了词语搭配中的一些基本规则,对此,我们必须遵守,而不能违反。

二、畅达

李渔《窥词管见》中说:"'一气如话'四字,前辈以之赞诗,予谓各种文词,无一不当如是。如是即为好文词。""一气则少隔绝之痕,如话则无隐晦之弊。"只有写作的语言"少隔绝""无隐晦",行文方能行云流水,自然流畅,随物赋形。苏轼这样说自己的散文创作:"吾文如万斛泉源,不择地皆可出。在平地,滔滔汩汩,虽一日千里无难。及其与山石曲折,随物赋形,而不可知也。所可知者,常行于所当行,常止于不可不止,如是而已矣!其他,虽吾亦不能知也。"(《文说》)文学的语言与非文学的语言一样,都要求表达的明白晓畅,否则,阅读者就不能准确理解写作者所要表达的思想。比如,有些人写学术论文,纯属在词语堆砌、术语扎堆上自我舞蹈;有些文学写作者没有利用好方言资源,文章中尽是文字疙瘩一坨坨。当然,语言表达的自然流畅,与写作者的语言基本功关系密切。老舍在《多练基本功》中说:

> 下功夫把话写通顺了,也是基本功,也是很重要的基本功。它和戏曲赏练嗓子、翻跟头一样。演员不练嗓子,怎么唱戏呢?武生不会翻跟头,怎么演武戏呢?文学创作也是一样,语言不通顺,不可能写出好文章。有些人,确实有一肚子生动的人物和故事,他向人谈讲时,讲得很热闹;可是一写出来,就不那么动人了,这就是因为在语言方面缺乏训练,没有足够的表达能力。

由此可见,要想使自己的语言表达得流畅,需要经常性的语言训练。对语言"能加工尽管加工,直加到再不能加为止"(赵树理语)。实质上,行文畅达与准确表达的逻辑前提一样,都要求写作者首先要"想清楚"。单纯从"写"的角度来看,行文畅达的宏观效果体现在文本结构安排所具有的逻辑性质之中,即全文的各个组成部分都被和谐一致地统一成一个有机整体,这在上一章已经讨论过;其微观效果则体现为语句通顺流畅,读起来没有滞塞之感,也不感觉"拉杂"。它需要写作者行文造句要合乎语法和逻辑:

其一,要使语句通顺,首先应当做到句子结构完整。

句子的结构成分有主语、谓语、宾语、状语、定语、补语。一句话,在通常情况下,起码应当有主语和谓语。有时候,一些必要的连带成分也绝不能缺少,否则会造成语句不通的情况。当然,在一定条件下,句子的某些成分是可以省略的;但如果不符合省略条件而任意省略,致使句子缺少某些必不可少的成分,造成语句的结构残缺,显然就不可能有效地表达出写作者的意思了。例如有这样一句话:"李自成乘着敌人惊慌,接着又射一箭,从那个走在前边的小校的喉咙穿过,登时倒下马去。"由于这句话偷换了主语,造成主语残缺,读起来就感到别扭和费解。应当在"从那个"之前加主语"箭",在"登时倒下马去"之前加主语"小校",这样才能令读者读得顺畅,写作者所要表达的意思也才真正说清楚了。

其二,要使语句通顺,还必须使词句的排列次序合理。

汉语是一种十分重视语序的语言。一句话中,语词的排列次序直接关系到语意的表达,因此必须依照汉语的习惯和逻辑要求来安排,否则句子就不通顺,语意的表达也会受到损害。同时,句子之间的排列次序也必须要有逻辑性,否则会造成语意的混乱,也就不会有通顺流畅的阅读效果。

其三,要使语句通顺,还有一个需要注意的问题,那就是一句话中句式要单一,不要杂糅。

在写作中,一种意思可以有多种说法,可以采用不同句式来表达。例如,要表达"爱国"这个意思,可以说:祖国啊,母亲!(感叹句)可以说:国家兴亡,匹夫有责。(祈使句)也可以说:我爱祖国。(陈述句)但是,在说一句话时,只能使用单一句式来表达,不能将两种或多种句式杂糅在一起,因为那样会造成句子结构的混乱,语句当然也就不可能畅达了。那么,怎样正确地使用句式呢?就是写作者要善于随时根据表达内容的需要,灵活选用适当的句式,从而使写作的整个语言表达过程既富于变化,又自然流畅。

三、简洁

简洁就是用精练的语言表达出尽可能丰富的内容,而且要让人读得通,看得懂。从保证阅读交流的有效性角度来看,语言表达的简洁既是语言表达准确和畅达的必然结果,也是其必然前提。这三者相互关联,共同构成书面语言表达的基本特征。语言表达如果不具有简洁性特征,意即在表达过程中夹杂大量杂乱信息的干扰,这显然既不可能准确表达写作者的思想,也难以使语句通顺,行文畅达。因此我们也可以说,对语言表达的简洁性要求,是写作者将自己所要表达的思想明确而有效地传达给阅读者的一条基本途径。应当注意的是,强调语言表达的简洁,并不等于提倡字数越少越好。如果不顾需要地一概追求用字少,甚至把该用的词、句也省去,以致造成意思的表达含糊不清,那就失去了语言表达的根本目的和作用。语言表达简洁与否,主要是看能否在有限的语言篇幅中表达出尽可能丰富的思想内容。如果单纯只是用字少,篇幅短,而表达的内容也很少,那仍然算不得简洁。

怎样做到语言简洁呢?这需要在以下两个方面进行努力:

首先,对自己所写的内容一定要有深切透彻的理解,能够真正抓住本质的东西来写,这样就能以少总多,有概括性。同时,在对所写内容有深切透彻理解的基础上,对所写内容的安排,也应当在行文之前有个整体的考虑,先写什么,后写什么,都要预先作出安排,以避免行文中的重复啰唆。

其次,尽量做到用最简洁的形式把要说的意思直接表达出来,使语言包含尽可能丰富的实际内容,不要一提笔就兜圈子,绕弯子,制造废话。当然,这并非是在反对写作中适当地铺垫逗引。写作者表达思想的基本方式无非直说和曲说两种。曲说就是间接表达。它通过种种铺垫逗引技巧,将阅读者召唤和引领到特定的理解和体验的精神空间,让阅读者自己去认识和感悟某种思想和情感。从这种意义上来说,写作中的铺垫逗引应当是一种具有明确目的性和结构效果的写作行为,因此它的每一个环节和步骤都被赋予了特定意义,并由此而在全文结构整体中承担着具体的责任。这种有特定意义和具体作用的铺垫逗引,与那种"装腔作势,空话连篇"的卖弄之词是有本质区别的。要避免写作中的空话和废话:一是在选材上要紧扣思想表达的要求,不写与思想表达无关或关系不大的内容;二是在用词造句上力求准确、畅达,不可无话找话,宁可短些,但要精些;三是按鲁迅的要求去做,"写完后至少看两遍,竭力将可有可无的字、句、段删去,毫不可惜"。

第二节　书面语言表达的文采之美

文采是文本语言表达形式所显示出来的一种审美特征。一定的形式总是在与一定的内容相结合时才是有意义的,因此对文采表现形态的考察不应当成为一种纯形式的观照,而必然要与它所负载的文本内容相关联,否则就会失去其意义。这是我们在讨论文采的表现形态时应当具有的一个基本前提。正因为文本内容的丰富多彩和各具特色,因而与之相适应的文本语言表达形式的绰约风姿也是风情万种,难以尽述的。但从分析与综合相结合的角度来看,作为一种基本的写作规范,我们对文采的认识与把握也还是有规律可循的。那就是:就语言表达的媒介手段而言,文采表现为声韵美和辞藻美;就语言表达与思维内容表里相融浑然同一而言,文采表现为感性美和理性美;就语言表达的风格特色而言,文采表现为朴素美和华丽美。

一、声韵美与辞藻美

如果不考虑兼具书法艺术特性的文本写作情况,语言作为一种表达媒介,主要是依靠一定的声音形式来传达一定的思想情感,因此,具有特定的声音和意义,就成为语言作为一种表达媒介的根本特征。这种特征被写作者加以有效利用,具有了一定的文采,就表现为语言表达的声韵美和辞藻美。

先说声韵美。王力说:"中国古典文论中谈到的语言形式美,主要是两件事,第一是对偶,第二是声律。"[①]汉语表达是以音节作为基本结构单位的,每个音节都是特定声、韵、调的结合体。因此,如果在写作中通过词语的选择和句式的安排,使音节的组合适当匀称,并注意音节组合中声韵的协调和声调的配合,就能使语言表达在声音形式上产生一定的美感效果。就像老舍在《关于文学语言的问题》所说:"好文章不仅让人愿意念,还要让人念了,觉得口腔是舒服的。"语音的选择,实际上是外界事物在写作者心灵上的情感回声,也是写作者情绪传达的有效修辞,正所谓"喜则气满声高,悲则气沉声缓,爱则气缓声柔,憎则气足声硬,急则气短声粗,冷则气少声淡,惧则气提声抖,怒则气粗声重,疑则气细声粘,静则气舒声平"。从这种意义上来说,所谓声韵美,就是指写作者恰当地利用和发挥语言的声音特性,

---

[①] 王力:《王力文集》第19卷,济南:山东教育出版社1990年版,第280页。

使语言表达具有一种音节匀称、声韵和谐、节奏优美的表达和阅读的审美效果。

音节匀称是造成语言声韵美的一个重要方面。现代汉语词汇中双音节词占大多数，单音节词也往往结合成双音节的词或词组来使用，这使得汉语的语句表达中双音节的词或四音节的词组使用得比较普遍。如果善于有效利用这种语言特点，通过对词语的选择和句式的安排，尤其是适当使用对偶和排比，就能造成音节匀称、声音和谐的效果，并且使语言表达形式具有独特的节奏感和韵律美。例如毛泽东在《改造我们的学习》中的一段文字就可以使我们感受到这种效果：

这两种人都凭主观，忽视客观实际事物的存在。或作讲演，则甲乙丙丁、一二三四的一大串；或作文章，则夸夸其谈的一大篇。无实事求是之意，有哗众取宠之心。华而不实，脆而不坚。自以为是，老子天下第一，"钦差大臣"满天飞。这就是我们队伍中若干同志的作风。这种作风，拿了律己，则害了自己；拿了教人，则害了别人；拿了指导革命，则害了革命。

声韵和谐、声调配合是造成语言声韵美的又一个重要方面。现代汉语的音节一般是由声母、韵母和声调构成的，并且一般来说，一个汉字的读音就是一个音节。因此，在写作中如能注意词语的选择和配置，使字与字之间在读音上显示出声韵的配合和声调的交错应和，就能使语言表达具有一定的音乐性和韵律美，读起来朗朗上口，悦耳动听。

如果不考虑以韵语为其基本形式的诗歌写作，单就以散行语言形式所进行的写作活动而言，写作中的声韵配合最鲜明、最集中地体现在双声或叠韵词语的使用上。例如像参差、慷慨、踌躇等，属于双声词；像从容、灿烂、逍遥等，属于叠韵词；而像意气风发、汹涌澎湃、小巧玲珑等，则是由双声叠韵复合而成的。写作中适当选用这种性质的词语，既朗朗上口，又悦耳动听，可以有效地提高表达效果。

汉语是一种有声调的语言。南朝齐梁之间，就有人把汉语分为平、上、去、入四声。后来语音不断发展变化，"入派三声"，古代入声调类在现代汉语普通话中已经消失，而平声则分为阴平和阳平，故现代汉语声调仍为四声，即阴、阳、上、去。古代汉语将平声称为平声，将上、去、入三声合称仄声；现代汉语将阴平和阳平称为平声，上声和去声称为仄声。平声响亮，较长；仄声低沉，较短。在写作中适当运用这两大类声调变化的配合，可以形成语音抑扬顿挫的丰富变化,提高表达效果。

再说辞藻美。人与人之间通过语言进行精神交流,就是用语音表示意义。语言可以分出大大小小的有意义的片断,即语言的意义单位。词是能自由运用的最小的意义单位,或者说是能自由运用的最小的音义结合体。词所表示的意义是在一种语言的形成和发展过程中约定俗成的结果,因此能够为使用这种语言的人们所共同感悟和理解。这正是语言能够成为人与人之间交流思想感情的工具的根本原因所在。在写作活动中,尽管写作者可以通过特定语境而赋予某些词语新的含义,但从根本上来说,词语的含义是固有的,写作者只有在充分认识和掌握它的基础上,根据自身表达的需要,对词语进行选择,以求"文能逮意"。写作中常常出现的所谓"语言的痛苦",根源就在于"文不逮意"。从这种意义上来说,写作能力高低的一个重要评价尺度,就是看写作者拥有词汇量的多少。卓有成就的写作大家所具有的一个共同特点,就是拥有丰富的词汇,因而才能在写作中表现出对语言驾轻就熟、任意驱遣、信笔挥洒的大家风范。我们所说的辞藻美,不是指那种以堆砌辞藻为能事的小家子气象,而是指写作者在拥有丰富词汇的基础上,既能运用语言进行准确表达,又能使这种表达由于语词选择的"天宽地阔""游刃有余"而上升到一种生动活泼的自由境界,从而不仅能使读者准确理解作者所表达的意思,而且还能对读者形成一种强烈的感染力,使读者"身不由己"地不得不接受作者的思想。

辞藻美的表现形式是多种多样的。最基本的是通过对词语的巧妙选用而使文意的表达显得丰富而生动。在这方面,我国古代诗文写作中有过许多"炼字"的故事,为我们提供了大量值得借鉴的范例。

辞藻美的又一种表现形式在于通过一定的修辞,最大限度地发挥词语的表现能力,以增强语言的感染力。所谓修辞,就是选择最恰当最完美的语言形式以收到最好的表达效果。广义地讲,词语的锤炼,句子的选择,修辞格的运用,都属于修辞。不论哪种修辞方式,都具有充分发挥词语表现功能的作用。仅以词语锤炼中对声音的锤炼而论,其中对叠音词语的恰当运用就是写作者用来强化词语的表现力,增强语言感染力的一种重要手段。这方面最典型的例子,莫过于李清照《声声慢》词的开头三句:"寻寻觅觅,冷冷清清,凄凄惨惨戚戚。"这一连串叠音词语的使用,把作者南渡之后那种饱经忧患、孤独无依的心境刻画得真切而深刻,历来为词家所推崇。"高而促的音易引起筋肉及相关器官的紧张,低而缓的音易引起它们的弛懈安适。……有些声音是重浊阴暗的,容易使人联想起忧郁的情绪。"①

辞藻美不应当被看做是一种孤立和个别发挥作用的审美因素,真正的辞藻美来源于语词的恰当使用与文本的整体表达效果的相互融合。也就是说,辞藻美应当存在于文本表达的整体和谐之中,其作用在于更有效地加强文本表达的整体感染力。毛泽东在《星星之火,可以燎原》一文的结尾所写的一段文字,就很能显示辞藻美的这一特征:

> ……我所要说的中国革命高潮快要到来,决不是如有些人所谓"有到来之可能"那样完全没有行动意义的、可望而不可即的一种空的东西。它是站在海岸遥望海中已经看得见桅杆尖头了的一只航船,它是立于高山之巅远看东方已见光芒四射喷薄欲出的一轮朝日,它是躁动于母腹中的快要成熟了的一个婴儿。

在这段文字中,作者以他特有的诗人气质和深厚的语言修养,为我们描绘了一幅雄伟壮丽的图画。这幅画的每一笔都堪称精彩之笔,词语的选用准确而又生动,更重要的是它们都被充分融合到一种整体的表现力和感染力之中,所以其整体表达效果就显得特别强烈,这是每个读者都不难体会到的。

二、感性美与理性美

语言在承担人与人之间精神交流的中介作用时,有着具象性与抽象性相统一的性质。语言在负载抽象含义的同时,也能唤起接受者相应的表象记忆,这正是语言为什么既可以作为抽象思维的基本载体,也可以作为形象思维的基本载体的根本原因。在写作活动中,需要表达的思想内容有偏重于形象思维的,也有偏重于抽象思维的。好的语言表达的一个鲜明特征就在于写作者能够根据不同的写作需要,有意识地侧重发挥语言的具象性功能或抽象性功能,达到语言表达与思想内容表里相融浑然同一的效果,从而使文本语言表现出鲜明的感性美或理性美。

先说感性美。所谓语言表达的感性美,是指不论叙述、描写还是抒情,都能使阅读者产生"身临其境"的真切感。正如王国维在《人间词话》中所说的:"大家之作,其言情也必沁人心脾,其写景也必豁人耳目。"语言作为一种以表征事物的间接性和概括性为其本质特征的符号,本身并不直接具有感性特征。要使语言表达具有感性美,需要写作者具备特殊的语言运用

---

① 朱光潜:《朱光潜美学文集》第2卷,上海:上海文艺出版社1982年版,第115页。

能力,这突出表现在以下两个方面:

一是善于选择形象感强的词语。语言本身是不具有形象性的,但语言有唤起使用者或接受者形象感的功能。这是因为概念作为语言符号的"能指",在人的头脑中并不是孤立的,而是常常伴随相关的表象一起存在。金开诚在《文艺心理学论稿》中根据概念与表象的关系将词语分为两大类:"第一类概念(语词)与有关的表象联系比较紧密,那些表象本身也比较清晰而稳定,因此人们使用或接触这类概念(语词)时,比较容易引起对有关表象的联想,也就是说容易产生一定的形象感。第二类概念(语词)与有关的表象联系不紧密,那些表象本身也比较模糊而游移,因此人们使用或接触这类概念(语词)时,比较不容易引起有关表象的联想,也就是说不容易产生形象感。"①显然,要使语言表达具有感性美,就要求写作者善于从第一类语词中进行选择。这类语词的共同特点是概念所反映的对象具有形、音、色、味等等可以为阅读者的审美经验直接感知的性质,因此特别容易引起阅读者相应的表象记忆。

二是善于运用技巧强化语言的形象感。英美新批评派理论家马克·肖莱尔曾说过:"现代批评已经证明,只谈内容就根本不是谈艺术,而是谈经验。只有当我们谈完成了的内容,即形式,即作为艺术品的艺术品时,我们才是作为批评家在说话。内容即经验与完成了的内容即艺术之间的差别,就在技巧。"②的确,从某种意义上来说,正是技巧的恰当运用,赋予了本身并不具有形象性的语言符号以能够唤起阅读者强烈的表象活动和相应的感性体验的功能。例如《水浒传》第三回描述鲁智深拳打镇关西的一段:

> 鲁达……扑的只一拳,正打在鼻子上,打得鲜血迸流,鼻子歪在半边,却便似开了个油酱铺:咸的,酸的,辣的,一发都滚出来……提起拳头来就眼眶际眉梢只一拳,打得眼棱缝裂,乌珠迸出,也似开了个彩帛铺的:红的,黑的,绛的,都滚将出来……又只一拳,太阳上正着,却似做了一个全堂水陆的道场:磬儿,钹儿,铙儿,一齐响。

这段描述的特色之一,是作者选择了形象感很强的词语,奠定了唤起读者相应的表象活动和感性体验的基础。特色之二,就是语言技巧的运用。首先是比喻,一连三个比喻,把不是发生在读者眼前的事,与读者马上想象得出

---

① 金开诚:《文艺心理学论稿》,北京:北京大学出版社1982年版,第70—71页。
② 转引自张隆溪:《二十世纪西方文论述评》,北京:三联书店1986年版,第43页。

的事联系起来。同时,这三个比喻的安排又和通感手法的运用巧妙结合起来,分别写成读者的味觉、视觉、听觉可以感受到的东西,从而调动了读者的多种感觉功能参与对形象的感知,使读者想象中"复活"的形象画面有声有色有味,不仅清晰,而且生动,又具有很强的立体化效果。

再说理性美。所谓语言表达的理性美,是指写作者在表述抽象思维成果时,其语言形式所具有的与文本理性内涵表里相融的和谐效果。基本的表现形态有两种:一是对文本理性内涵的表述准确而清晰;二是对文本理性内涵的表述过程具有严密的逻辑性。要做到这两点,需要写作者具备相应的语言运用能力,这突出表现在以下两个方面:

一是善于选择含义最确切的词语。就表述抽象思维成果的基本要求而言,无疑要求写作者对词语的选择更多地来自于上述两种语词类型中的第二类。不仅如此,写作者还应当对同样属于较高抽象程度的有关词语进行更细致的选择,因为近义词语的大量存在是任何一种语言都无法消除的一种普遍现象。如就增强语言表达的感性效果而言,近义词语的大量存在应当说是一件好事,因为它可以使写作者有更丰富的选择对象,以造成语言的生动变化;但相对于语言表达的理性效果而言,如果不能选择含义最确切的词语,而是使用近义词来表达,就意味着有使理解变得模糊甚至产生歧义的可能性,这与抽象思维的精确性和严密性要求显然是相悖的。因为,既然是近义词语,就意味着彼此在概念的内涵和外延上存在着程度不同的差异性。因此,要使语言表达与文本理性内涵表里相融,首先必须做到选用含义最确切的词语。正如叶圣陶在《认真学习语文》中所说的:"用词怎么用得正确、贴切,需要比较一些词的细微差别。这是很要紧的。比如与'密'配合的,有'精密''严密''周密'等词,粗看起来,好像差不多,要细细辨别,才辨得出彼此的差别。'精密'和'周密'有何不同,'精密'该用在何处,'周密'该用何处,都要仔细想一想,想过了用起来就有分寸。如果平时不下功夫,就不知道用哪一个才合适。"

二是善于使语言表述过程具有最严密的逻辑效果。抽象思维的一个鲜明特征就在于它的严密的逻辑性。与此相应,构成语言表达理性美的一个重要特征,就在于应当使语言的线性表述过程也体现出与人的抽象思维形式相吻合的严密逻辑效果。在这方面,李斯的《谏逐客书》堪称典范。

战国末年,秦国强大,韩国为使秦国消耗国力,不能对韩国用兵,使水工郑国来秦,劝秦大兴水利。此事被秦发觉后,宗室大臣皆言于秦王嬴政曰:"诸侯人来事秦者,大抵为其主游间于秦耳,请一切逐客!"秦王接受建议,于公元前 237 年下令逐客。楚国人李斯也在被逐之列,于是上书劝谏。秦王读罢这篇《谏逐客书》,幡然悔悟,收回成命,并派人追回已经上路的李斯,恢复其客卿之职。这篇文章的鲜明特色就在于以事实为基础,既慷慨陈词,又逻辑严密,丝丝入扣,层层推进,把秦王"逼"到不得不承认逐客之错的"绝境"。试读该文的第二段:

> 昔缪公求士,西取由余于戎,东得百里奚于宛,迎蹇叔于宋,来丕豹、公孙支于晋,此五子者,不产于秦,而缪公用之,并国二十,遂霸西戎。孝公用商鞅之法,移风易俗,民以殷盛,国以富强,百姓乐用,诸侯亲服;获楚、魏之师,举地千里,至今治强。惠王用张仪之计,拔三川之地,西并巴、蜀,北收上郡,南取汉中,包九夷,制鄢、郢,东据成皋之险,割膏腴之壤,遂散六国之从,使之西面事秦,功施到今。昭王得范雎,废穰侯,逐华阳,强公室,杜私门,蚕食诸侯,使秦成帝业。此四君者,皆以客之功。由此观之,客何负于秦哉!向使四君却客而不内,疏士而不用,是使国无富利之实,而秦无强大之名也。

读这段文字,我们很难不为李斯雄辩滔滔、慷慨陈词的声韵之美所感染;但更能打动人心的,无疑是行文中严密的逻辑效果。嬴政是一位不只要守成更要创业的君主,于是李斯极有针对性地选择了秦国由一个边鄙小国发展成有统一天下实力的强国的历史中起到过重要作用的四位君主的成功范例,这四个范例包含的共同特征在于"皆以客之功",但在具体论述时又有侧重点的不同:写缪公用客卿,重在广纳人才;写孝公用客卿,重在变法治国;写惠王用客卿,重在四面扩张;写昭王用客卿,重在打击豪门。通过这种角度的变化,形成一种多方论证的逻辑效果,将客之有功于秦的方方面面作了全面而清晰的论述,从而使得"向使四君却客而不内,疏士而不用,是使国无富利之实,而秦无强大之名"的反证推理显得有理有据,催人猛省。不要说像嬴政这样有雄才大略的人,就是任何一个具有正常逻辑思维的人,面对李斯这番丝丝入扣、层层推进的滔滔雄辩,也很难不承认逐客之错。

三、朴素美与华丽美

写作的表现对象、文体样式、目的要求等等的不同,写作者的语言习惯、思维方式、审美爱好等等的不同,阅读者的理解习惯、接受期待、趣味时尚等等的不同,都会直接或间接地影响写作者对语言的选择运用,从而在这些因素的综合作用下,使文本表达呈现出一定的语言风格。概括而言,文本的语言风格可以划分为朴素美和华丽美两大类型。

先说朴素美。所谓语言表达的朴素美,是指由于行文的朴实、简洁,语言不尚雕琢而形成的一种"清水出芙蓉,天然去雕饰"的"淡抹"效果。朴实和简洁是构成语言朴素美的两个基本因素。

老舍曾在《人物、语言及其他》中指出:"文字不怕朴实,朴实也会生动,也会有色彩。齐白石先生画的小鸡,虽只那么几笔,但墨分五彩,能使人看出许多颜色。写作时堆砌形容词不好。语言的创造,是用普通的文字巧妙地安排起来的。"的确,好的语言表达,往往并非是作者用华美或生僻的文字造就的,而恰恰是一些日常惯用的字眼,经作者的匠心独运,便产生一种新奇的效果,令人觉得妥帖而有韵味。"作家运用语言不能光捡美丽的词句去堆砌、排列。……只有朴素的,合乎情理的,充满了生气的,用最普通的字写出普通人的不平凡的现实的语言,包含了复杂生活中的各种情愫,才能使读者如置身其间,如眼见其人,长时间回声萦绕于心间。"(丁玲《美的语言从哪里来》)诸如陶渊明"采菊东篱下,悠然见南山"的"见",贾岛"鸟宿池边树,僧敲月下门"的"敲",类似的例子可以说是不胜枚举的。

当然,一味的朴实也成就不了语言表达的朴素美。不加节制、不予提炼的一味"朴实",往往是造成语言表达啰唆无味的重要原因。因此,朴实只有在与简洁相结合时,才会产生生动的美感。这正如托尔斯泰在《致安德烈耶夫》中所提出的那样:"简洁——是美的必要条件。"当然,简洁也并非单纯指字数少、篇幅短,语言的简洁是相对于含义的丰富而言,即所谓"言约而意丰",或"言有尽而意无穷"。司马迁写《史记·封禅书》,记载汉武帝祭神求仙场面,详详细细数十事,洋洋洒洒三千言,其结尾却不过区区六字:"然其效可睹矣!"于朴实、简洁的语言之中,蕴含着耐人寻味的深意。

再说华丽美。所谓语言表达的华丽美,是指通过对语言的适度修饰所形成的一种美辞佳句华彩纷呈的"浓妆"效果。积极修辞和适度繁复是构成语言华丽美的两个基本因素。

积极修辞就是通过各种修辞格的恰当运用来加强语言表达的美感效果。例如杜牧在《阿房宫赋》中,就通过夸张与比喻相结合的方式进行描写。其描写阿房宫的华丽建筑:"盘盘焉,囷囷焉,蜂房水涡,矗不知乎几千万落。长桥卧波,未云何龙?复道行空,不霁何虹?"其描写阿房宫的奢侈生活:"明星荧荧,开妆镜也;绿云扰扰,梳晓鬟也;渭流涨腻,弃脂水也;烟斜雾横,焚椒兰也;雷霆乍惊,宫车过也;辘辘远听,杳不知其所之也。"通过这种积极修辞,使语言具有了强烈的装饰效果。

语言表达的繁复效果是通过语言的多角度、多层次的渲染、铺陈、阐释，不仅能够淋漓尽致、详密无遗地表达丰富的思想内容，而且使人获得一种繁而不乱、复而不冗的审美感受。例如，南朝宋代鲍照在《登大雷岸与妹书》中对在大雷（古地名，在今安徽望江境内）所见山水景物的描写，就极具多角度铺陈的繁复效果。我们不妨试读其中一段，可窥其一斑：

> 南则积山万状，负气争高，含霞饮景，参差代雄，凌跨长陇，前后相属，带天有匝，横地无穷。东则砥原远隰，亡端靡际。寒蓬夕卷，古树云平。旋风四起；思鸟群归。静听无闻，极视不见。北则陂池潜演，湖脉通连，苣蒹攸积，菰芦所繁，栖波之鸟，水化之虫，智吞愚，强捕小，号噪惊聒，纷物其中。西则回江永指，长波天合，滔滔何穷，漫漫安竭？创古迄今，舳舻相接。思尽波涛，悲满潭壑。烟归八表，终为野尘。而是注集，长写不测，修灵浩荡，知其何故哉！

在介绍了朴素美与华丽美的基本含义之后，有两点需要强调。其一是朴素美与华丽美之间的关系不应是对立的，而应是统一的。这不仅是指两者的根本目的是一致的，都是为了有效地表达文本内容，而且指两者可以在同一文本中交错运用，使文本语言的表现力更加丰富。鲁迅在《雪》中分别对"江南的雪"与"朔方的雪花"所作的描述，就有华丽与朴素之别。其二是在朴素美与华丽美之间不应简单地以优劣论之。从古至今的写作理论中普遍存在一种倾向，即肯定朴素而贬抑华丽。其实，不论朴素还是华丽，只要既符合文本内容的表达需要，又能增强文本内容的表现力，就都应当予以充分肯定。反之，不顾内容要求，一味追求朴素或是一味追求华丽，都不可能达到与文本内容表里相合的自然境界。如果说一味追求华丽会造成繁采寡情结果的话，那么一味追求朴素又何尝不会造成浅陋无味的结果呢？还是清人吴德旋在《初月楼古文绪论》中说得好："作文岂可废雕琢？但须清雕琢耳。功夫成就之后，信笔写出，无一字一句吃力，却无一字一句率易；清气澄澈中，自然古雅有风神，是一家数也。"

【导学训练】

一、学习建议

语言是写作的第一要素。学习本章，需要掌握书面语言表达的基本特征及文采之美。尤其是，学习写作者不仅要厘清各种文体的语言特征和风格，还要通过深入生活、有效阅读寻找新的语言资源。

二、关键词释义

言之有文：《左传·襄公二十五年》云："仲尼曰：志有之；言以足志，文之足言。不言谁知其志。言之无文，行而不远。"一是指学问和思想的传达，需要借助语言的修辞功能，也就是"辞达"；二是指表情达意的语言要有技巧性和表现力，富有文采。

文从字顺：语出韩愈《南阳樊绍述墓志铭》"文从字顺各识职，有欲求之此其躅"，本是韩愈提出的关于散文语言特点的主张。今指写作者驾驭书面语言的能力：一是用词恰当、熨帖，符合作者表达情感与思想的需要；二是语句顺从畅达，文气贯通，能很好地把作者的情与思表达出来，没有任何含混、错乱和扭结之处。

语言的牢笼：语出美国学者弗雷德里克·詹姆逊《语言的牢笼》一书。后现代主义哲学认为语言并不能反映和创造现实；语言是主体的基础，主体只有通过语言才能言说自我；不是主体操纵语言，而是语言操纵主体。尤其是在科技高度发达的今天，语言以其无所不在、空前强大的威力吞噬着主体，成为难于突破的牢笼。

三、思考题

1. 要达到书面语言表达的准确性要求，从词语使用的层面来看，应当特别注意哪些方面？
2. 要做到行文畅达，从语言的角度来看，应当注意什么？
3. 怎样做到语言简洁？

四、实践训练

1. 书面语言表达的文采之美是每个言说者的共同追求，请从自己阅读过的优秀作品中选择一篇，从一个方面或多个方面对其所具有的文采之美进行赏析。

    提示：每个欣赏者都有自己的"美文"标准。欣赏美文之时，要多角度，甚至可以逐层剖析肢解；但也要整体观照，感悟文章的文采之美。

2. 综合所学，尝试分析下行政公文、科技论文与文学作品在语言运用与风格上的异同。

    提示：比较异同，一定要结合文体要求和文化语境。

3. 请分析朱自清和俞平伯同名之作《桨声灯影里的秦淮河》在语言运用上的差异。

    提示：同是写秦淮河的名篇，各有块垒。可从笔法、行文路线、修辞、语言风味等方面考虑其语言运用上的差异。

【研讨平台】

一、本色

提示：本色由刘勰率先提出，从论诗语言开始，发展到论戏剧语言，成为文学批评常用术语。

1. [梁]刘勰《文心雕龙·通变》(节选)

今才颖之士刻意学文,多略汉篇,师范宋集,虽古今备阅,然近附而远疏矣。夫青生于蓝,绛生于蒨,虽逾本色,不能复化。桓君山云:"予见新进丽文,美而无采;及见刘扬言辞,常辄有得。"此其验也。故练青濯绛,必归蓝蒨;矫讹翻浅,还宗经诰。斯斟酌乎质文之间,而隐括乎雅俗之际,可与言通变矣。

2. [清]黄宗羲《南雷杂者手稿、胡子藏院本序》(节选)

诗降而为词,词降而为曲。非曲易于词,词易于诗也,其间各有本色,假借不得。近见为诗者,袭词之妩媚,为词者,侵曲之轻佻。徒为作家之俘剪耳。余外舅叶六桐先生,工于填词,尝言语入要紧处,不可着一毫脂粉,越俗越家常,越警醒。若于此一恶缩打扮,便涉分该婆婆,犹作新妇少年,正不入老眼也。至散白与整白不同,尤宜俗宜真,不见着一文字,与扭捏一典故,及截多补少作整句。锦糊灯笼,玉镶刀口,非不好看,讨一明快,不知落在何处矣。

3. 周作人《本色》(节选)

写文章没有别的诀窍,只有一个字曰简单。这在普通的英语作文教本中都已说过,叫学生造句分章第一要简单,这才能得要领。不过这件事大不容易,所谓三岁孩童说得,八十老翁行不得者也。《钝吟杂录》卷八有云:"平常说话,其中亦有文字。欧阳公云,见人题壁,可以知人文字。则知文字好处正不在华绮,儒者不晓得,是一病。"其实平常说话原也不容易,盖因其中即有文字,大抵说话如华绮便可以稍容易,这只要用点脂粉工夫就行了,正与文字一样道理,若本色反是难。为什么呢? 本色可以拿得出去,必须本来的质地形色站得住脚,其次是人情总缺少自信,想依赖修饰,必须洗去前此所涂脂粉,才会露出本色来,此所以为难也。想了半天这才丢开绿筠潇碧等语,找到一个平凡老实的竹轩,此正是文人的极大经验,亦即后人的极好的教训也。

(《周作人散文》(二),张明高、范桥编,中国广播电视出版社1992年版,第483—484页)

二、信、达、雅

提示:"信、达、雅",作为文章翻译的标准由严复率先提出。那么,就其具体阐释而言,对于我们书面写作的语言运用,不也是一个有益的标杆吗?

1. 严复《天演论·译例言》(节选)

译事三难:信、达、雅。求其信已大难矣! 顾信矣不达,虽译犹不译也,则达尚焉。海通以来,象寄之才,随地多有,而任取一书,责其能与于斯二者,则已寡矣! 其故在浅尝,一也;偏至,二也;辨之者少,三也。今是书所言,本五十年来西人新得之学,又为作者晚出之书。译文取明深义,故词句之间,时有所慎到附益,不斤斤于字比句次,而意义则不倍本文。取便发挥,实非正法。什法师有云:"学我者病"。来者方多,幸勿以是书为口实也!

2. 梁启超《佛典之翻译》(节选)

译事之难久矣;近人严复,标信达雅三义,可谓知言。然兼之实难,语其体要,则惟先信然后求达,先达然后求雅。

3. 王泽龙《文章语言的真善美——信达雅》(节选)

近代严复提出的翻译语言"信、达、雅"的原则,也堪为写作文章运用语言美学准则的经典概括,并正与当今我们追求的真、善、美的基本精神暗合。它们三者各有丰富的内涵,其间又存在着一种渐次升高的层级系统性。文章语言应当以真(信)为基础,包括语言表述要和运思成果高度相符,运思成果要和客观实际事理高度相符的相关层面;应以善(达)为核心,包括通畅和新异、繁复和简洁、鲜明和婉转的辩证要求;应当以美(雅)为上品,包括感性美和理性美、华丽美和朴素美、阴柔美和阳刚美的不同范畴。只有这样,文章语言才有根基,有功用,有品位。

(《河南教育学院学报》2003 年第 3 期)

三、言不尽意

提示:"言不尽意"是中国古代"言意之辨"的重要内容之一。也许正是这种难以厘清的言意关系,为我们的写作,尤其是文学写作增添了很多的魅力。

1.《周易·系辞上》(节选)

子曰:"书不尽言,言不尽意;然则圣人之意,其不可见乎?"子曰:"圣人立象以尽意,设卦以尽情伪,系辞焉以尽其言,变而通之以尽利,鼓之舞之以尽神。"

2. 庄子《庄子·天道》(节选)

世之所贵道者,书也。书不过语,语有贵也。语之所贵者,意也,意有所随。意之所随者,不可以言传也,而世因贵言传书。世虽贵之,我犹不足贵也,为其贵非其贵也。故视而可见者,形与色也;听而可闻者,名与声也。悲夫! 世人以形色名声为足以得彼之情。夫形色名声果不足以得彼之情,则知者不言,言者不知,而世岂识之哉!

3. 冯友兰《我的读书经验》(节选)

中国有句老话说是"书不尽言,言不尽意",意思是说,一部书上所写的总要比写那部书的人的话少,他所说的话总比他的意思少。一部书上所写的总要简单一些,不能像他所要说的话那样啰嗦。这个缺点倒有办法可以克服。只要他不怕啰嗦就可以了。好在笔墨纸张都很便宜,文章写得啰嗦一点无非是多费一点笔墨纸张,那也不是了不起的事。可是言不尽意那种困难,就没有法子克服了。因为语言总离不了概念,概念对于具体事物来说,总不会完全合适,不过是一个大概轮廓而已。比如一个人说,他牙痛。牙是一个概念,痛是一个概念,牙痛又是一个概念。其实他不仅止于牙痛而已。那个痛,有一种特别的痛法,有一定的大小范围,有一定的深度。这都是很复杂的情况,不是仅仅牙痛两个字所能说清楚的,无论怎样啰嗦他也说不出来的,言不尽意的困难就在于此。

(《阅读的欣悦》,金元浦编,北京:中国人民大学出版社 2004 年版,第 176 页)

4. 童庆炳《文学语言论》(节选)

文学语言是文学赖以栖身的家园。但并非任何语言都能成为文学的家园。在这里作家们遇到了困难。最常见的现象是,作家们常常感到,自己想说的很多很多,可实际说出的却很少很少。德国作家歌德说泄气话:"那试图用文字表达艺术经验的做法,看来好像是件蠢事。"高尔基更是大喊大叫:"世界上没有比语言的痛苦更强烈的痛苦了。"而在中国的先秦时期,就提出了"不可言传"和"言不尽意"的问题。庄子在《天道》中说:"世所贵道者,书也。书不过语,语有贵也。语之所贵者,意也。意有所随,意之所随者,不可以言传也。"值得注意的是,在文学创作的语言表达中所遇到的问题,与庄子所遇到的问题非常相似。所以陆机、刘勰以后的文论,对"言不尽意"的命题一直十分注意。在陆机、刘勰那里,已深深感到正是语言的"征实"性与审美体验的丰富性之间的距离,造成了文学创作中"言不尽意"这种困境。

"言不尽意"的困境给作家带来了大显神通的机会。我们古人苦于"言不尽意",提出了超越语言的理想,而其思路和实践则与现代心理学息息相通。

寄意于言外,就是古人提出的超越语言的理想。刘勰首先在《文心雕龙·隐秀》篇提出:"文外之重旨"和"义主文外,秘响旁通,伏彩潜发"的主张。所谓"文外之重旨""义主文外",即追寻"言外之意"。这一思想可以说是刘勰的一大发现。他认识到"言征实而难巧",于是就想到是否可以在提炼语言的基础上,使意义产生于语言之外,就好像秘密的音响从旁边传来,潜伏的文采在暗中闪烁。这样一来,不但"言不尽意"的困难被克服了,而且可以收到以少总多、余意无穷的效果。所以,从"言不尽意"到"义主文外",可以说在思想上实现了一次飞跃。在刘勰所开辟的这一超越语言的思路上,后人多有发挥与补充。如唐代司空图就直接提出了"韵外之致"和"味外之旨"的重要命题。(司空图《与李生论诗书》)这里特别要提到的是宋代著名诗人梅尧臣的见解,他曾对欧阳修说:"诗家虽率意而造话亦难。若意新语工,得前人所未道者,斯为善也。必能状难写之景,如在目前;含不尽之意,见于言外,然后为至矣。"(欧阳修:《六一诗话》)他认为"作者得于心,览者会于意,殆难指陈以言也。"但通过景物、形象的真切描写,还是可以"略道其仿佛"的。以上所述,是我们的古人解决文学语言与审美体验疏离、对立的思路,即以语言去写景状物,从言外去追寻所要表达之意。

(《学习与探索》1999年第3期)

【拓展指南】

一、重要文献资料简介

1. 郜元宝:《在语言的地图上》,上海:文汇出版社1999年版。

简介:本书共分三辑:第一辑门外谈言、第二辑二十今人志、第三辑文海杂语。作者结合具体的文类或作家,探讨了语言方法化后的混乱问题,值得写作初学者参考。

2. 海德格尔著、孙周兴译:《在通往语言的途中》,北京:商务印书馆2004年版。

简介:本书是海德格尔后期的一部重头著作。对西方传统形而上学语言观和技术语言的弊端进行了深刻的批判,认为诗性语言即为本性的语言。这对想逃脱日常语言和工具语言牢笼的文学爱好者来说,不失为福音。

3. 王汶成:《文学语言中介论》,济南:山东大学出版社 2002 年版。

简介:本书建构了语言作为作者—世界—读者之中介的理论,并广泛运用于诗歌、小说、戏剧与散文的语言研究中,言之有据,是文学语言研究方面重要的参考资料。

4. 谭学纯:《文学和语言:广义修辞学的学术空间》,上海:三联书店 2008 年版。

简介:本书从文学和语言的角度聚焦广义修辞学,思考在语言转向的背景下中国文学语言研究的话语场建构问题:从"认识如何可能"转向"语言表达如何可能"。

二、一般相关研究资料索引

(一) 著作

1. 徐中玉:《写作与语言》,上海:上海教育出版社 1984 年版。
2. 陈望道:《修辞学发凡》,上海:上海教育出版社 1984 年版。
3. 杜夫海纳:《美学与哲学》,北京:中国社会科学出版社 1985 年版。
4. 凯塞尔:《语言的艺术作品》,北京:中国社会科学出版社 1986 年版。
5. 鲁枢元:《超越语言——文学言语学刍议》,北京:中国社会科学出版社 1990 年版。
6. 唐跃、谭学纯:《小说语言美学》,合肥:安徽教育出版社 1995 年版。
7. 高万云:《文学语言的多维视野》,济南:山东文艺出版社 2001 年版。

(二) 论文

1. 魏博辉:《哲学语言与日常语言》,《中国人民大学学报》1995 年第 3 期。
2. 徐明娥:《公文语言美学特征初探》,《云南师范大学学报》1996 年第 4 期。
3. 王培基:《文学语言性质综论》,《青海社会科学》1997 年第 3 期。
4. 王一川:《近五十年文学语言研究札记》,《文学评论》1999 年第 4 期。
5. 吴国柱:《公文语言运用问题研究》,《学术论坛》2000 年第 5 期。
6. 李锐、王尧:《本土中国与当代汉语写作》,《当代作家评论》2002 年第 2 期。
7. 贾平凹:《关于语言》,《当代作家评论》2002 年第 6 期。
8. 弗朗西斯·哈斯克尔:《艺术与政治语言》,《新美术》2004 年第 1 期。
9. 王泽龙:《文章语言的主要特点辩说》,《四川大学学报》2004 年第 1 期。
10. 陈剑晖:《论散文的诗性语言》,《江海学刊》2004 年第 2 期。
11. 杨树夏:《应用文语言与文学语言差异及其差异性因素分析》,《内蒙古师范大学学报》2004 年第 6 期。
12. 贾平凹:《关于文学语言》,《西安建筑科技大学学报》2005 年第 1 期。
13. 张黎、张常信:《文学语言就不需要规范吗》,《文艺争鸣》2006 年第 6 期。
14. 张卫中:《汉语文学语言欧化的可能与限度》,《兰州学刊》2006 年第 7 期。
15. 吴怀仁:《论写作中文本语言表现的多层次结构模式》,《山西师大学报》2007 年第 4 期。

第四章　言之有体

众所周知,任何文体的写作,都包含一些相通共有的基本因素,都遵循一些普遍有效的基本规律。但是,当我们将这些基本因素和基本规律落实到具体的写作活动中时,就会发现它们必须经过一种有效的整合才会具有相应的实践价值,并以文本的形态表现出来。这种能够对所有文本写作相通共有的基本因素发挥整合功能的因素,就是文体。

文体对写作的整合和统摄功能包含两层意思:一是文体意味着对被纳入其中的文本共性因素提出了相应的特殊要求,二是只有当这些共性因素都具有了相应的特殊性质,它们之间才会形成一种相互融合而不是相互游离的关系,这样才会有以特定文体形态存在的写作文本的产生。

关于"言之有体"对写作所具有的这种整合和统摄功能,刘熙载《艺概》就曾提到:"老子曰:'言有宗。'墨子曰:'立辞而不明其类,则必困矣。''宗'、'类'二字,于文之体用包括殆尽。"于是,刘勰在《文心雕龙·熔裁》中明确将"言之有体"的问题放在了写作中第一需要考虑的位置:"是以草创鸿笔,先标三准:履端于始,则设情以位体;举正于中,则酌事以取类;归余于终,则撮辞以举要。"周振甫如此解释:"因此要写好文章,先定出三个准则:第一步,根据情理来决定体制(文体);第二步,根据内容来选择事例;第三步,选择文辞来显出要义。"[①]由此可见中国古代写作理论对"言之有体"的重视。

第一节　文体意识与写作

一、文体概念

所谓文体,一般包括体式或风格两种含义。《宋书·谢灵运传》:"自汉至魏四百余年,辞人才子,文体三变。"这指的是体式。南朝梁钟嵘《诗品》:

---

① 周振甫:《文心雕龙选译》,北京:中华书局1980年版,第175页。

"宋徵士陶潜诗,其源出于应璩,又协左思风力,文体省静,殆无长语。"这显然是就风格而言。前人论述文体,有时对这一概念的双重含义不加区别,使立论陷入混乱。如南宋严羽《沧浪诗话》中论"诗体"时,其一曰:"《风》《雅》《颂》既亡,一变而为《离骚》,再变而为两汉五言,三变而为歌行杂体,四变而为沈、宋律诗。"其五曰:"又有古诗,有近体,有绝句,有杂言……"这是就体式而立论。而其二则言:"以时而论,则有建安体……齐梁体……盛唐体……江西宗派体……"其三又言:"以人而论,则有……陶体……太白体……东坡体……"其立论有时代的、流派的、个人风格的,显然有些混乱不堪。

我们所说的文体,专指文本体式。它是写作活动中有效实现文本构成各要素之间有机融合的一种整合机制。文体既是对文本形式的一种特定要求;也是对文本内容的一种特定要求,并且是对它们之间最终实现有机融合的一种特定要求。任何一种文体,都是在人类写作实践的历史过程中逐步形成和完善的,有如语法规则一样,是"约定俗成"的结果。成熟的文体,无不代表着文本构成各要素之间的一种相互作用、浑融一体的和谐关系。破坏了这种和谐,便失去了这种文体的"文体感",给人以面目全非的感觉。

中国古代写作理论对文体在写作活动中的意义和作用有十分全面的认识。刘勰提出:"是以草创鸿笔,先标三准:履端于始,则设情以位体;举正于中,则酌事以取类;归余于终,则撮辞以举要。"这其中有两点值得我们重视:一是他强调了写作过程中内容与形式的不可分离性,即体式的选择与思想内容的确立是紧密相连的。这就如同马克思所说的那样:"如果形式不是内容的形式,那么它就没有任何价值了。"[①]二是他指出了文体概念的动态性特征。在具体的写作实践过程中,文体并不仅仅只是一种静态的、等待文本内容与之适应的形式规范,而应当是贯穿整个写作过程的一种创造性因素,要由它来统摄和协调文本构成各要素之间的相互关系。刘勰在《文心雕龙·附会》中说:"夫才童学文,宜正体制,必以情志为神明,事义为骨髓,辞采为肌肤,宫商为声气;然后品藻玄黄,摛振金玉,献可替否,以裁厥中,斯缀思之恒数也。"

刘勰对文体概念的上述认识,对现代的文体研究仍然具有十分重要的意义。有论者就曾在总结 20 世纪 80 年代新兴的小说文体研究的特点时认为,其一,这些小说文体研究者并不在内容与形式相割裂的意义上谈论形体

---

① 《马克思恩格斯全集》第 1 卷,北京:人民出版社 1956 年版,第 179 页。

因素,而是把形式的形成过程同时看做是内容展开的过程,始终是在二者相互融洽、相互作用的意义上来认识和探索文体的生成与构成。其二,这种文体研究并不限于作品的既定形式,它还包括作品的生产方式,属于一个涵盖着从创作准备到创作结果整体过程中的许多艺术创作问题的动态研究系列。① 比较之下,刘勰的论述与今人的研究之间,可资借鉴的因素是显而易见的。

二、文体意识

文体意识,指的是写作者和阅读者对文体现象及其本质特征的规律性认识与自觉运用。

"意识一开始就是社会的产物,而且只要人们还存在着,它就仍然是这种产物。"②文体意识当然也不例外,它的形成、完善和发展,都是以人类写作实践的历史为前提的。刘熙载提出:"老子曰:'言有宗。'墨子曰:'立辞而不明其类,则必困矣。''宗'、'类'二字,于文之体用包括殆尽。"就说明早在先秦时期,人们对文体的重要作用已经有了比较笼统、模糊的认识。到曹丕写《典论·论文》时,人类写作实践经验的历史积淀已相当丰厚,人们对文体现象的认识开始由经验性的把握上升到理性的全面分析和研究。曹丕提出了"文本同而末异"的观点,并举例说明不同文体在表现手法上的不同要求。这是中国古代文体研究的开山之作。并且,当时的"建安七子"等人大多专攻某一文体,并能够形成个人独特的文体风格。这种"文体的自觉",显然是文体意识强化的必然结果。西晋挚虞的《文章流别论》,则将文体意识由辨析而深化为"寻根"。到南朝梁时刘勰的《文心雕龙》,集前人研究之大成,并经过他个人的天才创造,以二十篇的宏大篇幅,详尽探讨了当时的各种主要文体的写作规律,并将"位体"摆在了写作"三准"第一的位置。至此,在中国传统写作理论中"文章以体制为先"(宋代倪思语)的观念便牢牢地树立起来。

如果说文体意识的形成和发展主要来源于人类写作经验的历史积淀,那么它的强化则主要来自人的主体意识的觉醒和加强。文体意识的强弱往往是写作者主体意识强弱与否的鲜明标志之一。

人的主体意识,主要指人类对自身在自然界、社会及历史发展过程中的

---

① 白烨:《小说文体研究概述(一)》,《文艺报》1987 年 6 月 6 日。
② 《马克思恩格斯选集》第 1 卷,北京:人民出版社 1972 年版,第 35 页。

地位与作用的自我认识。在自然界、社会及历史发展过程中,人类始终居于主导和支配的地位,其作用表现为能够征服和创造一切。正是在这种意义上,马克思提出人从本质上来说是自由的。他说:

> 诚然,动物也生产。……动物的生产是片面的,而人的生产是全面的;动物只是在直接的肉体需要的支配下生产,而人甚至不受肉体需要的支配也进行生产,并且只有不受这种需要的支配时才进行真正的生产;动物只生产自身,而人再生产整个自然界;动物的产品直接同它的肉体相联系,而人则自由地对待自己的产品。动物只是按照它所属的那个种的尺度和需要来建造,而人却懂得按照任何一个种的尺度来进行生产,并且懂得怎样处处都把内在的尺度运用到对象上去;因此,人也按照美的规律来建造。①

写作活动是人类精神生产活动的一项重要内容。一定的文体反映着人们对一定的精神生产活动对象的内在规律性的高度概括,这一点在文体结构方式上表现得尤为明显。文体作为一种形式规范,就意味着它是一种"尺度",写作者正是根据精神生产活动对象的"种"的不同,来选择不同的"尺度",并在整个写作过程中"处处都把内在的尺度运用到对象上去",以此来规范文本诸要素之间的相互关系,以达到诸要素之间的和谐一致,从而"再生产整个的自然界",即以观念形态出现并为写作者所主宰了的客观世界——文本。

恩格斯在《致斐·拉萨尔》中谈到人物性格描写时曾提出:"一个人物的性格不仅表现在他做什么,而且表现在他怎样做。"同样的道理,我们可以这样说,写作者创造才能的实现与否或实现的多少,不仅表现在他写什么,而且表现在他怎样写。怎样写的首要问题,如刘勰所说,当推文体。写作者是否能够自觉重视文体在写作中的重要作用,与写作者的主体意识是否增强密切相关。

三、文体意识与写作

施畸《中国文体论》认为:"创作文章,如不论体类,其势犹无轨之火车,失缰之骏马,虽在天才,不免危殆。"文体意识与写作之间,存在着以下三种基本联系:

---

① 《马克思恩格斯全集》第 42 卷,北京:人民出版社 1979 年版,第 96—97 页。

一是通过培养和强化文体意识,可以更有效地指导写作实践,使写作者自觉地"处处都把内在的尺度运用到对象上去",写出高质量的成果来。这主要是就文学创作者及各类专业写作者而言,比如林语堂的"闲适体"散文、汪曾祺的散文化小说等等。

二是通过培养和强化文体意识,可以更准确、恰当地品评、分析、研究写作成果。这主要是就批评家、理论家、写作研究者而言的。在这方面,马克思和恩格斯分别对拉萨尔的历史剧《弗兰茨·冯·济金根》进行的批评,是一个光辉的范例。正由于马克思和恩格斯对悲剧文体有着深刻理解,其对作品所进行的分析和提出的批评,才显得那样中肯。

三是从接受美学的观点来看,文学写作活动的流程包括创作活动与接受活动两个基本环节,而作者、作品和读者是这一过程中不可缺少的三个基本要素。因此,增强读者的文体意识,可以更好地实现作者的创作意图和作品的潜在价值,完成文学创作这种特殊的"对话过程"。读者文体意识与文学创作之间的这种联系的基本精神,同样也适用于其他写作领域。

以上三个方面,在培养和强化文体意识这点上是一致的,区别在于文体意识与写作的联系是直接的还是间接的。现代的文体研究关心和探讨的中心问题,是上述第一方面的内容,即如何培养和强化写作者的文体意识,实现"文体的自觉",从而使写作者能够"自由地对待自己的产品"。至于二、三两个方面的内容,所反映的文体意识与写作的联系是间接的,更多地分属于批评学、接受学范畴。

需要强调的是,文体意识的培养与强化,并不意味着墨守成规。随着社会、历史的发展变化,写作的对象和内容都会起相应的变化,因而必然要与传统的文体形式发生摩擦,打乱旧的和谐。这时,人们的文体意识会向两方面发展:要么"改良",完善传统;要么"造反",抛弃传统。完善传统,即以保持旧有体式为前提,重新调和文本各要素之间的关系。近代梁启超在《饮冰室诗话》中曾就此发表过如下见解:

> 过渡时代,必有革命。然革命者,当革其精神,非革其形式。吾觉近好言诗界革命,虽然,若以堆积满纸新名词为革命,是又满洲政府变法维新之类也。能以旧风格含新意境,斯可以举革命之实矣。苟能尔之,则虽间杂一二新名词,亦不为病。不尔,则徒示人以俭而已。

梁启超的意见,就是在保留旧形式的基础上,经过调整,求得内容与形式的新统一。抛弃传统,就是改变旧有体式,以新的形式去适应新的内容。新文体的创制需要长时期的摸索,不可能一蹴而就。中国新诗的写作,自五四迄今尚未形成能够为人们普遍接受的审美规范,就是一例。

指出上述情况的目的,旨在说明文体意识应当具有开放性品格,它要随着写作对象——社会生活的发展变化而不断更新。所以,注意文体变化的新动向,把握文体发展的新趋势,不断调整文体意识与写作实践之间的关系,是文体研究中的一个重要课题。

第二节 文本构成要素中的文体差异

如上文所述,我们在实际的写作中处理那些构成文本的基本因素时,既要认识和把握它们所具有的对所有写作都普遍有效的基本规律,也要能够辨析和领会它们在特定文体写作中所具有的特殊性质和要求。这就是我们现在所要讨论的文本构成要素中的文体差异问题。

一、"言之有物"中的文体差异

"言之有物"之"物",即通常所说的文本内容,包括文本材料和思想两方面因素,所以需要分开来谈。

(一)文本材料中的文体差异

所谓文本材料中的文体差异,即强调在写作中对材料的选用要注意不同文体的具体要求,只有这样,被写入文本中的那些材料才能真正作为文本构成因素之一而与其他构成因素融合成一个有机整体。

在不同类型的文体写作中,对材料的选用和表现要求是不尽相同的。例如,在新闻写作中,除了特别强调材料的真实性之外,还特别强调材料的时效性,即一定要是新近发生的事情,否则就不成其为"新闻"了。当然,新闻写作中也需要采用一些过去发生的事情作为写作材料,但那一般是作为背景材料进行处理,并不构成新闻的主体。在理论文章的写作中,除了特别强调材料的真实性、典型性之外,还特别强调材料的真理性和权威性,这当然主要是指那些被用作论据的理论形态的材料,它们应当是为人们的实践所证明是符合事物本质和规律的科学认识,否则便不具有论据的作用。另外,在理论文章的写作中,不论是事实形态的材料还是理论形态的材料,其表现方式都应当是简要概括式的,而不应当进行详细叙述或说明,否则会造成喧宾夺主的局面,丧失其作为论据的意义,影响以致湮没中心论点的表达。在实用写作中,材料的选用则要特别讲究实用性和针对性,能够为读者提供"立竿见影"的认识对象,其表现方式也应当力求重点突出,不搞面面俱到,否则会令读者不得要领或无所适从。

文学写作中的"材料"包含的广义概念和狭义概念在文学创作中又被区分为"素材"和"题材"两个概念。"素材"与广义的"材料"概念是可以通用的;"题材"与"材料"之间有着本质性的区别(本书上一章《言之有物》已有论述)。

"题材"概念的特殊性可以说是不同文体写作中材料具有文体差异性的鲜明反映。认识和把握题材的特点,我们在文学写作中就应当做到,一方面要注意正确理解材料的真实性要求,在对真实的生活现象进行取舍加工提炼改造的过程中,力求反映出生活本质的真实;另一方面,在表现方式上要注意强化材料的感性特征,通过在审美想象和艺术虚构中创造文学形象的方式表现作者的思想情感,力戒抽象的说教。这些,不论是对叙事性作品的写作还是抒情性作品的写作,都是适用的。

(二)文本思想中的文体差异

我们之所以要把文本思想定义为"通过文本写作的主要内容所表达出来的某种总体性的、基本的意旨或倾向"这样一个宽泛的、不确定的,可以容纳多种理解的概念,就是由于在不同文体的写作中,文本思想具有鲜明的文体差异,呈现出不同的存在形态。有观念形态的,也有情感形态的;有直接形态的,也有间接形态的。认识和把握写作中文本思想的不同表现形态,不仅有利于我们全面理解文本思想的含义,而且也有利于我们深入认识文体对写作活动的整合和统摄功能,因为文本思想在写作中所呈现的不同形态正是文体特性的鲜明体现。例如:

在新闻写作中,其文本思想主要是某种理性的认识,但却并不在文本中直接表现。文本直接表现的内容是作者所报道的某个新闻事实,它要求绝对的客观真实,当然不允许作者把个人见解掺和其间。但是,作者可以根据他所希望表达的某种思想意图的需要,在报道对象和角度的选择、新闻写作技巧的选用上适当斟酌,以此来间接地体现和实现作者的写作意图。

在理论写作中,其文本思想也主要是某种理性的认识,它以论点的形式在文本中直接提出,并通过组织一定的论据进行严密的逻辑论证,而最终得以确立。因此可以说,在理论写作中,文本思想是以观念的形态和逻辑推论的方式直接得以表现的。

在文学写作中,其文本思想往往被称作主题。文学写作中的主题是一个内涵比较复杂的概念,因为它既可以是包含深刻理性内容的,也可以是充满浓郁感情色彩的,当然还可以是理性与情感相互交织的。在文学写作中,主题所具有的理性内涵往往并不构成文本的直接表现内容,这与新闻有相似之处,但不同之处却是本质性的:新闻是通过对事实与技法的选择来间接地表现作者的主观意图;文学则是通过作者的想象和虚构来创造一个"第二自然",以此来象征、暗示或是寄寓作者对生活的感受、认识和评价。

在实用写作中,其文本思想一般也表现为某种理性的认识,并且也是由文本直接表现出来,这与理论写作是一致的。实用写作在表现文本思想方面与理论写作的文体差异在于,它的写作目的主要在于告知,而不是像理论写作那样在于论证,所以它主要不是靠逻辑推理的方式,而是采用陈述解说的方式来实现文本思想的直接表现的。

二、"言之有序"中的文体差异

写作中的"言之有序",主要是文本的结构安排问题。不同文体对文本的结构安排都有各自的特殊要求,其中有些往往可以从文本的结构形态上直观地表现出来。结构安排只有适应这些文体特点,接受文体形式制约,才能写出合乎文体规范的文本。

例如新闻(消息)的结构就是由标题、导语、主体、背景(穿插安排)和结语几个部分组成。如果单纯从叙事的角度来看,这种结构安排明显带有叙事的重复性,这是一般记叙文写作所力求避免的;所以新闻虽然是以叙述为主要表达方式的一种文体,但其合乎文体要求的结构形态显然与一般记叙文的结构形态存在明显的文体差异。

再比如科技论文的结构通常是由绪论、材料与方法、观察与结果、讨论、总结、图片与说明、参考文献、外文摘要这样几个部分组成,前五项是正文内容,后三项为论文附件。这种结构形态与我们所熟悉的社会科学学术论文写作的结构形态显然也是大不相同的。

至于像同属于文学创作领域之中的不同文体的写作,同样也在结构安排上鲜明地呈现出不同文体的特点。例如诗歌要求分行分节,戏剧要求分幕分场,电影电视要求分镜头组接(蒙太奇)等等。当然,这些以结构形态呈现出来的文体差异或者说文体特点,并非单纯的形式要求,而首先是由其文体内容表现的独特性所决定的。因此,写作时只有因体制宜,使文本的结构安排符合相应的文体要求,才能够有效地实现文本内容与形式的完美统一。

三、"言之有文"中的文体差异

中国传统写作理论十分重视"言之有文"中的文体差异问题,甚至将其视为文体划分的一种基本依据,特别强调文体与语体(语言风格)的统一。例如曹丕的《典论论文》中就提出:"盖奏议宜雅,书论宜理,铭诔尚实,诗赋欲丽。"这一类的论述在曹丕之后不仅延绵不断,而且区分越来越细密,成为古代文体研究中的一个重要分支。对此,我们不再赘述。

我们需要强调的是,在注意到不同文体具有其相应的、不同的语言风格的同时,更应当注意区分对不同文体的语言运用所提出的一些共同要求中包含着的文体差异。

首先,对不论什么文体的写作,在语言使用上都会有一个共同要求,那就是语言的准确性,也就是"信"。不过,写作中的这种准确性要求的具体内涵是因体而异的。

例如,理论写作的特点是以抽象的、理性的逻辑推论的方式来使某种观念得以确立,而这种逻辑的运行是建立在有效的概念运用的基础之上的,因此理论写作中对语言的准确性要求在很大程度上指的是概念使用上的科学性。如果我们要写一篇论述新闻报道的客观真实性的论文,显然就不能使用"题材"而只能使用"材料"概念。

同样的道理,由于实用写作一般是建立在人类已有观念,亦即通常所谓"常识"的基础之上的,所以对实用写作中语言表述的准确性要求也是以概念使用上的科学性为基础的。但同时,由于实用写作的根本目的在于实现对某项具体内容的告知,所以对实用写作中语言表述的准确性要求还包括释义上的唯一性,即不得有多种解释,哪怕是科学所允许的。这种情况在经济和法律类文书制作中表现得最为明显。

至于文学写作,也同样特别强调语言运用的准确性。莫泊桑就曾回忆福楼拜在指导他写小说时是如何强调语言的准确性的:

> 他还告诉我这样的真理:全世界上,没有两粒沙,两个苍蝇,两只手或两只鼻子是绝对相同的,所以他一定要我用几句话就把一个人或一件事表现得特点分明,并和同种其他的人同类其他的事有所不同。
>
> 他说:当你走过一位坐在他门口的杂货商的面前,一位吸着烟斗的守门人的面前,一个马车站的面前的时候,请你给我画出这杂货商和这守门人的姿态,用形象化的手法描绘出他们的包藏着道德本性的身体外貌,要使得我不会把他们和其他杂货商其他守门人混同起来,还请你

只用一句话就让我知道马车站有一匹马和它前前后后五十来匹是不一样的。

……

不论一个作家所要描写的东西是什么,只有一个词可供他使用,用一个动词要使对象生动,一个形容词使对象的性质鲜明。因此就得去寻找,直到找到了这个词,这个动词和形容词,而决不要满足于"差不多",决不要利用蒙混的手法,即使是高明的蒙混手法,不要利用语言上的诙谐来避免上述的困难。①

由此观之,福楼拜对文学语言准确性的要求,与理论写作、实用写作对语言准确性的要求,存在着由于思维内容、思维方式的不同而带来的本质性的文体差异:

一方面,对写作者而言,理论写作、实用写作对语言准确性的要求,主要针对的是写作者理性认识的明确和表达的到位;而文学语言准确性的要求,主要针对的是写作者对生活的感性把握的具体和表达的独特。另一方面,对阅读者而言,理论写作、实用写作对语言准确性的要求,主要针对的是阅读者的理解能力,其效果是尽量具体地确定阅读者理解的可能性;而文学语言准确性的要求,主要针对的是阅读者的想象能力,其效果是通过具象的描摹,唤起阅读者相应的审美想象,从而在阅读者自己的想象之中重新完成文学形象的创造。在这里,文学语言准确性的独特魅力就在于,它的描写既让人感觉到是那样的准确,甚至是唯一的,不可移易一字;但同时,由于它作用于阅读者的审美想象而不是抽象理解,所以这种准确就不是在用明确清晰的理性概念来尽量具体地确定阅读者理解的可能性,而是要用它来撞开阅读者想象创造的大门,产生出"一千个读者就有一千个哈姆雷特"的审美效应。

其次,对不论什么文体的写作,在语言使用上都还会有一个共同要求,那就是语言的简洁性。当然,由于文体不同,写作中的这种简洁性要求的具体内涵也是存在差异的。

例如,对理论写作而言,语言的简洁在内容上表现为对问题认识深刻,论述问题不绕弯子,不兜圈子,能够单刀直入,直逼要害;在形式上则体现为揭示事理极富逻辑性,条理清晰,顺理成章,让人一目了然。对实用写作而

---

① 《文学理论学习资料》上册,北京:北京大学出版社1982年版,第548—549页。

言,语言的简洁在内容上表现为尽可能简明扼要,便于阅读者把握要领;在形式上,实用写作大量采用条款化的表达方式,尽量省略衔接、过渡性语言,这既便于阅读者把握要领,也便于其遵照执行。

至于文学写作,虽然也同样十分强调语言运用的简洁性,但其简洁性的具体内涵就有自身的鲜明特点。理论写作、实用写作都是直接诉诸阅读者的理解,所以其语言的简洁体现为能够运用尽可能少的文字直接把尽可能复杂的事情或道理说得清楚明白。文学写作则是直接诉诸阅读者的审美想象和情感体验,所以其语言的简洁体现为能够运用尽可能少的文字去调动阅读者的审美想象和情感体验。这当然不是说文学写作不能传达深刻的思想,而是说文学写作所意欲传达的深刻思想是包含在文学形象之中的,即所谓"立象以尽意"。文学写作的优势,就在于它几乎可以语不涉"意",而又能够让人在对文学形象的审美想象和情感体验中去感悟这"意"之所在。这正是文学写作对语言的简洁性要求的更深一层含义,正所谓"状难写之景如在目前,含不尽之意见于言外"。

最后,语言要生动通常也是不论什么文体的写作都会提出的一种对语言运用的要求。与对语言的准确性、简洁性要求一样,写作中对语言的生动性要求的具体内涵也是因体而异的。

例如,理论写作中的语言生动,就不是指语言的通俗化或形象化,因为"书论宜理"。理论写作中语言运用的生动性,从根本上来说,是由语言表述形式的严密而流畅,与其所表达的认识内容的深刻而透彻相互结合,共同形成的一种令人茅塞顿开、酣畅淋漓之感。对实用写作而言,其语言的基本特色在于平实,即所谓"铭诔尚实"。实用写作通常使用通俗但却简洁、朴实而又流畅的语言,将需要告知的内容准确、清晰地传达给接受者。然而,平实并不等于平淡,好的实用写作同样会令我们获得一种语言的生动感。这是因为,实用写作是一种最直接地与接受者现实日常生活相联系的文体类型,在它那种通俗但却简洁、朴实而又流畅的语言表达中,适时地传达着生活中正在发生的新颖变化,以及我们需要及时了解的新鲜知识,正是这种平实的语言与鲜活的信息相互结合,形成了实用写作所特有的语言的生动性。

至于文学写作,语言的生动性几乎就是它的"专利",不是说"诗赋欲丽"吗?不过,这只是对文学写作语言生动性的一种表层理解。从根本上来说,文学语言作用的对象是审美想象,所以判定文学语言生动与否的关键,不在于书面语言本身是否"丽",而在于它能否有效地充分调动阅读者的审美想象活动。不能有效地调动阅读者审美想象的作品,即使华辞丽句堆砌满纸,也毫无生动性可言;能够有效地调动阅读者审美想象的作品,即使字面平淡如"床前明月光",也能令我们在审美想象中获得生动的美感。这正是文学写作所特有的语言生动性的真实含义所在。

第三节 文体分类

一、文体分类应当具有统一的科学依据

文体分类与文本(文章)分类是分属两个逻辑层面的概念。文本分类即确定文本的文体归属,如从许多文学作品中区分出小说、散文等等。文体分类则是较文本分类更高一个层面的概念,它是一项将具有某种相似性的不同文体集合起来的工作。例如现在通行的记叙文、议论文、说明文、应用文或新闻类、文学类、理论类、应用类等文体划分方式,都属于文体分类。

社会生活的日趋繁复必然带来文体的日益增多。对此,如不进行必要的归纳分类,既不能实现对文体现象的整体把握,也不利于深刻认识每一具体文体的性质和作用。以简驭繁,实现对文体现象的宏观把握,是文体分类的目的。曹丕将奏议、书论、铭诔、诗赋八体分作四科而论之,已经带有文体分类的萌芽意识。刘勰提出文笔说,则是文体分类的最早实践。从南宋真德秀首创以门系类法,直至清末曾国藩分十一类于三门,反映出前人对文体分类重要性的充分认识。五四以后写作学论著中所涉及的分类方式,则基本上都属于文体分类性质。

如何实现科学的文体分类,是现代写作学研究中的一项重要课题。通过对以往文体分类经验教训的总结与反思,我们认为进行文体分类必须具备下述两个前提条件:

其一,文体分类必须建立在对各类文体最深刻本质特征的把握的基础之上。

国学大师黄侃在《文心雕龙札记·颂赞第九》中论及古代文体时曾说:"详夫文体多名,难可拘滞,有沿古以为号,有随宜以立称,有因旧名而质与古异,有创新号而实与古同,此唯推迹其本原,诊求其旨趣,然后不为名实玄纽所惑,而收以简驭繁之功。"这些情况在古代文体中确实非常普遍。例如序体,最初的含义是指那些评价文本内容的文字,像《毛诗序》等;但到了晋

代,开始出现一种赠序,如傅玄《赠扶风马钧序》、潘尼《赠二李郎序》等;到唐代这种新文体经过人们大量采用,尤其是经过几位大家如李白、韩愈、柳宗元等人的运用,变得成熟并十分盛行。韩愈的《送李愿归盘古序》,甚至被苏轼誉为"唐代第一篇文章",因此人们往往以韩愈为这种文体的创立者。清人姚鼐编《古文辞类纂》时,特立赠序一类。曾国藩编《经史百家杂钞》,却又将其并入序跋类中。临别赠言性质的文体与序跋文混为一类,就显得不伦不类。现代文体现象较古代复杂得多,更需要"推迹其本原,诊求其旨趣"的深入辨析,以求准确把握文体的实质,而不为表面现象所迷惑。文体分类的依据就在于找到不同文体实质中存在着的某种共同性。因此,对文体实质的深刻准确把握,实际上是为保证文体分类的科学性奠定基础。

其二,文体分类应当具有统一的科学依据。

叶圣陶很早就在《作文论》中提出:"分类的事情有三端必须注意的:一要包举;二要对等;三要正确。包举是要所分各类能包含该事物的全部分,没有丝毫遗漏;对等是要所分各类性质上彼此平等,绝不能以此涵彼;正确是要所分各类有互排性,决不能彼此含混。"①当然,绝对满足这三条要求的精确的文体分类事实上是不可能实现的,因为精确总是与模糊相对而言,绝对的精确并不存在。现代文体特征的多重性,决定了文体之间集合方式的多样性,这必然给分类带来困难。但是,在追求对事物特征精确把握过程中出现某些模糊现象,这种模糊由于其本身已被纳入人的意识领域,对人来说才有了认识价值;而脱离精确的模糊则永远只能是模糊而已,因为其本身并未进入人的意识领域,对人来说当然也就不具有任何意义。这正如马克思、恩格斯所说的:"意识在任何时候都只能是被意识到了的存在。"②因此,绝对精确尽管不可能实现,却可以成为人们认识活动追求的目标。从这个意义上来说,叶圣陶所提出的三条要求,应当引起我们的充分重视。这三条要求的核心,就是分类依据应当统一。

二、文体分类的科学依据应当是人的意识功能

古人有将文体分为辞命、议论、叙事、诗赋四门者(真德秀),有将文体分为著述、告语、记载三门者(曾国藩),这些分类方式因缺乏统一的分类标准,因而带有很大随意性,无规律可循。现代人常常"根据表达方式的不

---

① 中央教育科学研究所:《叶圣陶语文教育论集》,北京:教育科学出版社1980年版,第366页。
② 《马克思恩格斯选集》第1卷,北京:人民出版社1972年版,第30页。

同,把文章分为记叙文、议论文、说明文三大类。这样,有些文章,如日常应用的有固定格式的文章,在三大类之外,于是又另立实用文一类,与上面三类平列而为四类"①,这当然也谈不上标准的统一,虽是目前较为普遍使用的一种方法,但明显带有"不得已而为之"的意味。

寻求统一的分类标准,是人们长期探索的一个重要课题。较早的做法是试图以表达方式来作分类标准,但这已如上述,很难涵盖全部文体。目前较为流行的另一种分类方法,是将全部文体划分为新闻、理论、文学、应用四大类。这是从文体形态和社会作用相统一的角度来进行分类的,标准统一,也基本上能涵盖全部文体。但这种分类方式存在着一个不可否认的弱点(也是其他分类方式的一种通病),那就是忽视了科学归纳的终极目的。科学之所以需要采用归纳的方法,目的在于通过归纳发现或是证明现象中潜藏的深刻本质。上述分类方式从根本上来说还只是一种经验的集合,并未真正达到理性认识应有的深度,因为它还不能鲜明揭示文体存在的价值。

我们认为,科学的文体分类的依据,应当是人的意识功能。这是因为:

首先,从"文章是客观事物的反映"这一角度来看,写作的客观基础是人的社会生活;但从文本是人类脑力劳动的产物这一特点而言,写作的客观前提则是人的意识功能。写作从本质上来说是人类意识活动的表现形态之一。忽视社会生活固然不对,因为它违背了唯物论的反映论原则;但生活又并不等于文本,从生活到文本之间有一个"反映"过程,而恰恰是这样一个关键环节往往为我们所忽视。现代思维科学的研究之所以引起人们普遍的关注,其重要原因之一,就在于"思维科学的建立将使科学体系结构更加合理。从科学体系的结构看,马克思主义哲学是关于自然、社会和思维的一般规律的科学。过去,自然科学、社会科学的研究都为哲学的发展作出过贡献。但由于思维科学没有形成,科学体系的整体结构中就缺少一个重要部分,推动哲学发展的科学基础也缺少了一个重要来源"②。这就是导致以往对唯物论的反映论作出简单、机械解释的一个重要原因。现代思维科学的发展,使我们有可能真正将写作及文体现象作为一种精神现象,而不是当做一般社会现象来对待。

其次,在从生活形态转变为文本、文体形态的整个写作过程中,人的意

---

① 张寿康主编:《文章学概论》,济南:山东教育出版社1983年版,第66页。
② 《当代新学科手册》,上海:上海人民出版社1985年版,第49页。

识功能担负着统摄双方的重要作用。作为高度完善、高度有组织的特殊物质——人脑的机能,意识是人所特有的对客观现实的反映。当然,相对于社会存在而言,意识是第二性的,"不是人们的意识决定人们的存在,相反,是人们的社会存在决定人们的意识"①。但人的意识除了具有上述社会制约性这一特点之外,还同时具有另外两个基本特征:自觉性和能动性。人在日常生活、学习和工作实践中反映客观现实时,表现出极大的自觉性和能动性,这是区别人的意识与动物心理的一个根本标志。不论是接触社会生活,还是进行写作,人始终处于主体的主动、自觉的地位;与此紧密相联,人的意识活动具有极大的能动性。它不仅能够透过现象把握本质,深刻地反映现实,而且能够通过人的实践活动来改造客观现实,创造新的"现实"。正如列宁所说:"人的意识不仅反映客观世界,并且创造客观世界。"②这种创造性的表现方式——物化形态是多种多样的,文本、文体现象便是其中之一。人们通过其意识功能自觉地把握纷繁复杂的社会生活,也通过意识功能自由地创造出纷繁复杂的文本、文体现象。这就是意识功能的统摄作用。只有从这个角度出发,我们才有可能真正把握住文体现象的"总纲","纲举目张",对文体进行科学分类。

三、意识功能的三种基本方式与文体的三大类别

"整体,当它在头脑中作为被思维的整体而出现时,是思维着的头脑的产物,这个头脑用它所特有的方式掌握世界,而这种方式是不同于对世界的艺术的、宗教的、实践—精神的掌握的。"③这是马克思在谈及"政治经济学的方法"问题时说过的一段话。马克思将它与艺术的、宗教的、实践—精神的方式相提并论,共同构成人类掌握世界的四种基本方式。其中,宗教的方式作为一种特例,姑且不予讨论。其他三种方式,正是人的意识功能得以实现的三种基本途径。

以人的意识功能得以实现的三种基本途径——人掌握世界的三种基本方式为依据进行文体分类,既能实现分类依据的统一,又能直接、鲜明地体现文本价值,揭示出纷繁复杂的文体现象之间的内在联系。同时,这样的分类也有助于写作者从思维规律的角度把握文体特征,加强文体意识,提高文

---

① 《马克思恩格斯选集》第2卷,北京:人民出版社1972年版,第82页。
② 《列宁全集》第38卷,北京:人民出版社1959年版,第228页。
③ 《马克思恩格斯选集》第2卷,北京:人民出版社1972年版,第104页。

体使用的自觉性。在这一思想指导下,我们将全部文体现象概括为实用(认知)性文体、析理性文体、审美性文体三大类别。

(一)实用(认知)性文体

认知,指人们感知、认识世界,获得知识,解决问题等一系列认识过程中的心理活动。马克思所说的人对世界的实践—精神的掌握方式,强调的是人的意识对客观世界反映的直接性,也即人对世界的认知。它不同于理论的方式通过思辨来掌握世界,也不同于艺术的方式通过审美来掌握世界,它通过人与客观世界的有目的的接触(实践,例如记者进行采访),使客观世界与人的意识储备(精神,主要指实践主体已有的知识积累、知识结构、思维方式等)之间形成直接联系,在主体感知、掌握客观世界发展变化情况的同时,直接作出相应的情感评价和价值判断,实现人对世界的认知。

人们通过这种意识活动方式所获取的思想内容写成的文本,就构成了认知性文本。它包括通常所说的新闻、说明、应用等方面的文本。这类文本,虽分属于众多的具体文体,表现形式多种多样,但却有一个共同特征将它们连接在一起,那就是告知作用。作者写作的目的在于将自己对客观世界的了解和判断及时告诉读者,使读者能以间接的方式来实现对世界的实践—精神的掌握。因此,这类文本是人们获取各种信息的重要来源,具有很强的实用性质,所以我们称之为实用性文本(文体)。

(二)析理性文体

析理,即分析事理,其目的在于把握事物的内在规律,以理论的方式实现人对世界的掌握。如果说认知主要是一种判断,是一种把握知识的能力的话,析理就主要是一种推论,是一种发现原理的能力。它通过各种抽象思维方法,寻找构成事物整体性的种种内在联系,以及这些联系的发展规律,使人们从内在本质上掌握这个世界。

人们将析理活动获得的结果——理论,通过一定的书面形式表述出来,这就构成了析理性文体。它包括通常所说的评论、学术论文等等。这类文体的共同特点在于直接运用概念、判断、推理的逻辑方式进行写作,具有思辨色彩。"思辨,借助概念进行思维(理论思维)。这个术语有两个意义:一般的思维方法(抽象思维、概念思维)和哲学推论方法。"[①]这里主要指推论方法。思辨对于析理性文体具有两方面意义:其一,只有经过思辨过程,才

---

① 布劳别尔格、潘东主编:《新编简明哲学辞典》,长春:吉林人民出版社1983年版,第225页。

能使阅读者理解写作者所给出的结论。那种只讲结论不进行推论,或是不能进行真正具有逻辑性的推论的文本,算不上真正的析理性文体。所谓"以理服人",严格地讲,就是以析理——推理服人。其二,理论的独特价值往往并不表现在结论本身,而表现在独特的思维途径、方法。因此,析理性文体中的思辨过程,往往最能体现出写作者的创造才能和鲜明个性。

(三) 审美性文体

审美,即人对美的对象的欣赏。对马克思所说的艺术地掌握世界的方式,可以有两种理解:从广义而言,凡是通过一定的实践活动,使人的本质力量能够通过活动对象体现出来,或是得到对象的确证,就意味着人对世界的艺术掌握,他从精神上占有了活动对象。"我在我的生产中物化了我的个性和我的个性的特点,因此我既在活动时享受了个人的生命表现,又在对产品的直观中由于认识到我的个性是物质的、可以直观地感知的因而是毫无疑问的权力而感受到个人的乐趣。"[①]从狭义而言,艺术地掌握世界的方式,专指人们通过艺术作品的创造或欣赏活动来实现自身本质力量的对象化。就艺术家来说,他的创作应当成为个人独特精神世界的物化过程,如同普希金的诗句所说的那样:"为自己建立一座非人工所能建立的纪念碑。"就欣赏者而言,他的享受来自于欣赏"对象只能是我的一种本质力量的确证,也就是说,它只能像我的本质力量作为一种主体能力自为地存在着那样对我存在,因为任何一个对象对我的意义(它只是对那个与它相适应的感觉说来才有意义)都以我的感觉所及的程度为限"[②]。

审美意识的核心是审美感受。它指的是人们在欣赏美的自然、艺术品和其他人类产品时所产生出的一种愉快的心理体验。这种心理体验是人的内在心理生活与审美对象之间交流或互相作用的结果。审美感受的获得与人的审美趣味、审美能力、审美观念、审美理想等等密切相关。艺术家不仅具有很强的审美感受能力,而且还具有相应的审美表现能力。运用一定的文本形式将自己的审美感受表现出来,就构成审美性文体。审美性文体作为人类运用艺术方式掌握世界的结晶,有它不同于其他文体类别的鲜明特征,例如超功利性特征、感性(形象)特征、情感化特征等等。这些我们将在谈到审美性文体写作的思维与表达特征时再作具体介绍。

---

① 《马克思恩格斯全集》第42卷,北京:人民出版社1979年版,第37页。
② 同上书,第125页。

【导学训练】

一、学习建议

学习本章,在对基本概念熟识的基础上,须重点了解文体分类、文体意识与写作之间的联系,尤其是能够分析"言之有体"对"言之有物""言之有序""言之有文"的统摄和整合作用。

二、关键词释义

跨文体:是指写作者在特定的创作过程中打破传统文体学的写作范式,实现文体的跨越与联姻,甚至吸收一些非文学因素来结构作品,具有一定的表演性与实验性的写作方式。跨文体写作突破了传统文体限制,"在文体混成、形象衍生、诗意缝缀和异体化韵中展示新的意义表示可能性,从而深化和拓展了中国现代汉语文学的美学境界"(王一川《倾听跨文体学潮》)。

淡化文体:是指写作者在创作过程中有意识地突破文体既定框架和写作范式,实现超越文体局限却又符合审美心理的一种自由的、开放的写作方式。淡化文体,并非不要文体,而是在熟稔文体的规范、语体、风格基础上的一种放逐。

本同末异:语出曹丕《典论·论文》:"夫文本同而末异。"所谓"本同",是指各种体式的文章写作的基本原理相同。所谓"末异"是指各体文章的具体写法和表现形态相异。

三、思考题

1. 什么是文体?什么是文体意识?文体意识与写作之间有哪些联系?
2. 为什么需要进行文体分类?以人的意识功能作为文体分类依据的原因何在?
3. 举例说明实用性文体、析理性文体、审美性文体在对语言准确性、简洁性、生动性要求中存在着的文体差异。

四、实践训练

1. 选择几篇不同文体的文本进行比较分析,说明"言之有体"对"言之有物""言之有序""言之有文"的统摄和整合作用。

提示:具体剖析文章,思考各类体式规范下的材料、结构与语言的不同,并从整体上把握单一文体中材料、结构与语言的融合。

【研讨平台】

一、文体

提示:对文体的认识、界定、分类,《尚书》就已开始了。但真正将文体放在写作中第一需要考虑的位置的是刘勰。后来者继续研究文体,成就了文体学这一门学问。

1. [梁]刘勰《文心雕龙·熔裁》(节选)

凡思绪初发,辞采苦杂,心非权衡,势必轻重。是以草创鸿笔,先标三准:履端于始,则设情以位体;举正于中,则酌事以取类;归余于终,则撮辞以举要。

2. [明]徐师曾《文章明辨序》(节选)

夫文章之体裁,犹宫室之有制度,器皿之有法式也。为堂必敞,为室必奥,为台必四方而高,为楼必狭而修曲……夫固各有当也。苟舍制度法式,而率易为之,其不见笑于识者鲜矣,况文章乎!

3. 王泽龙《写作表述要则论略》(节选)

文体是实现意旨的基本格局,表述也不能不受文体的约束。这种格局是由无数人长期的写作实践建构起来的,表述只有遵循它,才是合规律,也才能合目的。从两大部类文体来看,实用文体的表述虽然也有美的要求,并不排斥一定的文采,但总的来看,形式相对固定,语言质朴,作用于人的理智,重实用;文学作品则对美感有着强烈而特殊的要求,虽然也有质朴的成分,但总的看来,形式富于变化,语言优美,作用于人的情感,超实用。语言学上把以语言交际功能为依据而建立的语言风格类型,叫做语体。根据文体的要求不同,书面语体可以分为政论语体、科技语体、公文事务语体和文艺语体四个变体。政论语体在语言表述上以逻辑性和形象性的有机结合为基本特征。它往往要大量地运用政治术语,根据特定内容需要适当选择具有感情色彩、描绘色彩的词语和科技术语、古语词;注意语调、节奏等语音手段的运用,以增强感染力;句式多样,结构严密而又富有变化;有限制地运用比喻、比拟等积极修辞手法,以加强形象性。科技语体则要语言表述准确、严谨、简洁。多用具有单义性和系列化特点的术语以及图表符号,多用含有扩展成分和关联词语的复句,基本运用消极修辞手法,句子结构严密,语意表达排斥含蓄和言外之意,是其风格的基本特点。公文事务语体要求语言表述明确、简要、严谨。多运用公文习惯用语,用词力求表义准确,意义单一,也排斥含蓄和言外之意,一般不用修辞格,不用或少用口语词、俚俗语词;句子结构完整、周密;还有一些固定程式。这些是公文语体风格的基本特征。文艺语体在语言表述上最基本的特征是形象性,同时讲求语言的生动性和凝练含蓄、丰富新颖。语言材料、表现方法的运用,有明显的广泛性;以选用全民通用的词语为主,同时适当运用其他语体的和非标准语的词语;句法灵活多变,各种句式都可采用,但以短句为主,多省略、紧缩、倒装句;重视使用各种语音手段和积极修辞手法,并使其在美学功能的原则下形成有机统一的整体。诚然,共时地看,上述语体相互之间也会有一定的渗透性;历时地看,某种语体还会有一定的变动性,然而,作为写作者具体的语言表述,更需要注意的还是语体对外的排斥性和语体自身的稳定性。

(《河南教育学院学报》2007年第3期)

二、诗文酒饭

提示:诗与文的体制迥异,早有研究者注意,并进行了相关的探讨。最典型的属清代吴乔的"诗文酒饭"说,在形象的比喻中让人感觉到文体之间的差异。这对我们认知文体的范畴大有裨益。

1. [清]吴乔《围炉诗话》(节选)

问曰:诗文之界如何? 答曰:意岂有二? 意同而所以用之者不同,是以诗文体制有异耳。文之词达,诗之词婉。书以道政事,故宜词达;诗以道性情,故宜词婉。意喻之米,饭与酒所同出。文喻之炊而为饭,诗喻之酿而为酒。文之措词必副乎意,犹饭之不变米形,啖之则饱也。诗之措词不必副乎意,犹酒之变尽米形,饮之则醉也。文为人事之实用,诏敕、书疏、案牍、记载、辨解,皆实用也。实则安可措词不达,如饭之实用以养生尽年,不可矫揉而为糟也。诗为人事之虚用,永言、播乐,皆虚用也。……李杜之文,终是诗人之文,非文人之文;欧阳之诗,终是文人之诗,非诗人之诗。

2. [元]刘祁《归潜志》(节选)

文章各有体,本不可相犯欺。故古文不宜蹈袭前人成语,当以奇异自强。四六宜用前人成语,复不宜生涩求异。如散文不宜用诗家语,诗句不宜用散文言。律赋不宜犯散文言,散文不宜犯律赋语。皆判然各异。如杂用之,非惟失体,且梗目难通。

3. [清]刘熙载《艺概·诗概》(节选)

文所不能言之意,诗或能言之。大抵文善醒,诗善醉。醉中语亦有醒时道不到者。盖其天机之发,不可思议也。

三、新文体

提示:"新文体"肇始于近代学者梁启超。于今虽然有些历史陈迹的意味,但其求新求变之文体思维,值得后来者效仿。

1. 梁启超《清代学术概论》(节选)

启超夙不喜桐城派古文,幼年为文,学晚汉魏晋,颇尚矜炼。至是自解放,务为平易畅达,时杂以俚语、韵语及外国语法,纵笔所至不检束。学者竞效之,号新文体,老辈则痛恨,诋为野狐。然其条理明晰,笔锋常带感情,对于读者,别有一种魔力焉。

2. 胡适《五十年来中国之文学》(节选)

这种文字在当日确有很大的魔力。这种魔力的原因约有几种:(1)文体的解放,打破一切"义法""家法",打破一切"古文""时文""散文""骈文"的界限;(2)条理的分明,梁启超的长篇文章都长于条理,最容易看下去;(3)辞句的浅显,既容易懂得,又容易模仿;(4)富于刺激性,"笔锋常带感情"。

(选自《胡适说文学变迁》,上海:上海古籍出版社1999年版,第106页)

3. 谢明香《将创作主体的文学感受作为文学阐释的基础》(节选)

"新文体"从异域体验辗转而来,逐渐跟本土紧密融汇起来。仔细加以分辨的话,它有以下鲜明的特征:在形式变革上,新文体使古文从雅变俗,从深变浅,打破了古文形式语言的约束;在内容上,它视野开阔,着眼于世界范围的新事物、新思想,并大量运用新的名词概念,关注时事,具有超前意识;在结构上,它讲究逻辑,旁征博引,洋洋洒洒，反复论证，严密清晰，不故作摇曳跌宕之姿；从语言文字来看，平易畅达，文辞优美，它力求通俗流畅，说理透彻而不避繁复，采用半文半白的语言，并杂以俚语、口语、谚语及"小说家语"，同时还大量吸收外来语，引入日本及欧美的词语、语法，以扩大文字的表现力，从而打破古文、骈文、八股文的体式格调的严格界限，做到"骈散一体"；从风格来说，它感情丰沛，"笔锋常带感情"，滔滔雄辩，极具震撼力。如《少年中国说》《呵旁观者文》等，画面绚丽，文采飞扬，恣肆热烈，朗朗上口。寄希望于朝气勃发之青年，使中国雄立于世界。它完全打破了传统的古文的束缚，灌注了思想解放的精神和作者内心的热情，造就了新的文风。无疑，在古代散文向现代散文推进的过程中，它起到了对中国散文传统中古文义法的反拨与冲击等功效。

(《首都师范大学学报》2005 年第 3 期)

【拓展指南】

一、重要文献资料简介

1. 张德禄：《语言的功能与文体》，北京：高等教育出版社 1955 年版。

简介：本书既有文体学理论的历史追溯，又有文体特征、文体分类的理论与方法的论述，且从语言变体的角度研究文体的发生，是写作学研究的重要参考资料。

2. 徐师曾：《文体明辨序说》，北京：人民文学出版社 1962 年版。

简介：本书是对吴纳《文章辨体序说》加以研究的基础上进行修订撰辑而成，是我国古代文体论的集大成之作，具有丰富的辨体思想和辨体意识，是写作学重要的参考资料。

3. 童庆炳：《文体与文体的创造》，昆明：云南人民出版社 1994 年版。

简介：本书既有中国古代文体论的历史回顾，又有西方文体论的历史回顾，并对文体问题作了系统的、全方位的考察。作者构思严整，立论新颖，说理透彻，视野开阔，比较得当。本书是了解文体学知识的重要参考资料。

4. 陶东风：《文体演变及其文化意味》，昆明：云南人民出版社 1994 年版。

简介：本书从语言学与文化学的角度探讨了文体与文化的关系，阐释文体演变的文化心理内涵，是写作者和研究者对文体学进行了解的重要参考资料。

二、一般相关研究资料索引

(一) 著作

1. 薛凤昌：《文体论》，北京：商务印书馆 1931 年版。
2. 吴调公：《文学分类的基本知识》，武汉：长江文艺出版社出版 1982 年版。
3. 金振邦：《文章体裁词典》，长春：东北师范大学出版社 1986 年版。
4. 钱仓水：《文体分类学》，南京：江苏教育出版社 1992 年版。
5. 朱广贤：《中国文章分类学研究》，北京：民族出版社 2000 年版。

(二) 论文

1. 俞东明:《戏剧文体与戏剧文体学》,《浙江大学学报》1996 年第 1 期。
2. 云惟利:《小品散文类别研究》,《北京大学学报》1997 年第 2 期。
3. 丁柏铨:《新闻文体写作规律初探》,《江苏社会科学》1998 年第 1 期。
4. 陆炜:《试论戏剧文体》,《文艺理论研究》2001 年第 6 期。
5. 乔内尔:《学术研究论文的文体规范》,《外国文学研究》2003 年第 1 期。
6. 谷海慧:《现代随笔的文体命名及内涵刍议》,《四川大学学报》2004 年第 6 期。

第二编 析理性文体写作

第五章　析理性文体概述

"析理性文体"既是一个高度概括的文体概念,也是一个现代性的文体范畴,它指以辨析(证明、反驳)为主要表达方式,运用概念、判断、推理等逻辑手段,阐发作者对事物的理解和认识,表明其观点、见解、主张的一类文章著述。我们"发明"这一提法①,意在将古今中外那些不同于审美性文体和实用性文体的各种评、议、辩、说、论等文本涵括和统一起来,以使理论探讨与学术交流能够在共同一致或相互理解的话语平台上展开。本章在这一认识下,对析理性文体的特征、表达、类型、写作的一般原则等问题作点初步的探讨分析。

第一节　析理性文体的基本特征

在"文体"的语境中,析理性文体是相对审美性文体、实用性文体而言的一种文体类型,其性质在与二者的关系中生成显现。不过析理性文体并不像实用性文体(如新闻报道、调查报告、通知、信函等)以及一定的审美性文体(如诗歌、戏剧文学等)那样具有表象上相对明确的体式或特征,让人可以从外观上加以认知掌握;对它的界定主要是着眼于它的内容的特殊性。当然,内容的别具一格或独树一帜,这也是一切文体相互区别的基本根据,否则不同文体若是内容相同而只有形式上的差异,就好比电脑和算盘用以解决同一道数学题、牛拉犁和拖拉机用来耕作同一块地,它们之间就有价值论上的高低优劣的区别,从而一者(高级、优秀的)便可以取代另一者(低级、劣等的)。此外,析理性文体在语言形式和表达方法等方面亦具有它自身的一定个性。我们学习析理性文体的写作,首先应当了解认识它的普遍性质、一般特点、基本构成。

---

① 据《昭明文选》语"论则析理精微",又刘勰《文心雕龙·论说》"是以论如析薪,贵能破理"而来。

一、以言理为根本

任何一种文体都有它自己的特殊内容,从内容决定形式的意义上讲,文体的外在感性"体式",可谓不过是一定内容的感性显现或文字呈示。一般说来,我们能够认定,审美性文体的内容在于言"情",实用性文体的内容重在言"事",而析理性文体的内容则主要在言"理"。清代学者叶燮曾以"理、事、情"三者来概括界定宇宙万物的本体,并认为文章写作正是以此三者为对象:"曰理、曰事、曰情三语,大而乾坤以之定位、日月以之运行,以至一草一木一飞一走,三者缺一,则不成物。文章者,所以表天地万物之情状也。"① 我们在这里,是将理、事、情看做不同文体内容的中心以及相互区别的根据。不过这样看问题,并不意味着说,每种文体都是由某种单一的因素贯注全体:言理的,决不涉及其他;言情的,单纯是情;言事的,只有其事。"根本"者,仅是指某种因素在一事物中占主导或支配地位,它决定着一事物的性质。这也就是古人常常说的"文以意为主","意犹帅也"。意之帅者,在审美性文体中即是情,在实用性文体中便为事,在析理性文体中则是理。从辩证法可知,任何一种事物作为一个统一体,其内部都有着对立不同的多种因素,只是相对占主导或支配地位的因素说来,其他因素是作为手段性的从属性的东西存在,服从和服务于那占主导或支配地位的中心性的因素。从而当不同因素的地位发生根本变化,一事物的性质也就改变了。

析理性文体以言理为本质规定,这里所谓的"理",在现实中是相对感性具体事物而言的形上存在,它与中国传统理论所说的作为人们行为准则的"道"、西方哲学标举的支配事物运动的"逻各斯",性质抽象同一,是指客观事物的本质、根源、法则、运动规律等。从写作角度说来,"理"就是作者在各种事实或材料中发现的、予以证明阐释的观点或思想。对"理"本身又可以作出各种性质的区分和类型的界划,如可分为关于自然的、社会的,或属于自然科学的、社会科学的、人文学科的,还可以划出知识论的、价值论的或学术性的、思想性的,等等,但不论是什么性质或类别的理——真理、原理、道理、定理、公理、哲理、法理、伦理、事理、常理,它们都是一定事物之共性、普遍性、本质、根源、运动规律在人的头脑中反映的产物,具有一定的客观性和必然性,从而在一定的意义上讲,它是可以重复的,或能够为人们的实践所检验和证明的。换言之,凡不可重复或经不起实践检验的,就称不上

---

① 叶燮:《原诗》三。

是理。

而人类之所以要发现、探索、认识、宣扬、传播"理",就在于人只有遵理而动,依理办事,据理作为,才可能不为假象和偶然的东西所迷惑,有效地解决实际生活和工作中遇到的问题,才可能化解各种矛盾,克服和战胜困难,赢得自由,实现人生预定的目标。据此我们也能够明白,以言理为本事的析理性文体的创作具有怎样重要的社会功用和价值。从历史和现实中我们无不能看出,科学家、思想家们发现、揭示、证明的理,都是以一定的文本形式记载下来,通过其传播而得以让广大的人民了解认识和接受的。在这个过程中,以言理为内容中心的文体也因此生成了其相对确定的规范性。不过,理并非直观可见,它总是"隐藏"在现象事物的背后,因此对于写作者,只有首先发现和把握理,在头脑中形成关于理的明确观念,才有可能进入析理性文体的写作过程。

二、理在材料之外

析理性文体的析理,是通过一定的材料来展开和完成的,其理与所运用的材料之间的关系,从性质上讲,可以说是"帅"与"兵"、"主"与"从"的对立统一。此"一"之谓,就是"兵"或"从"——统一于"帅"或"主",即材料完全服从服务于理的需要、调遣、安排,其本身并无独立自足性,也正因为此,材料才可能与理构成一个有机整体。在这点上,析理性文体的理与材料的关系,是同审美性文体的主题和题材的关系完全一样的。正像清代学者王夫之所说,不论诗与文"俱以意为主。意犹帅也,无帅之兵谓之乌合"。但是,从表现方式来看,析理性文体的理并非"寓于"其材料之中,恰恰相反,它是在材料之外自足地存在着,往往是以一句话或一段陈述表现出来,或至少可以让人们从文本中加以概括转述。所以它与材料之间不是隐与显、里与表、内与外之相辅相成,而是并立的相互支持、相互印证的关系。这与审美性文体的主题与题材的关系截然相异。在后者,主题是寓于题材之中,有如盐溶于水,体匿味存,或似"羚羊挂角,无迹可求",也即它不能用概念化的语言来明确表述,亦不可能穷尽之。或者说它的形象化题材决不是什么作者先行确立的主题思想的图解;主题与题材的关系是你在我之内,我在你之中,二者有机交融,不可分割,即古人所谓的"互藏其宅","不分涯界"。因此,一部审美性作品的主题就会因读者的眼光之不同而不同,如西方人所说的:"有一千个读者就有一千个哈姆雷特。"而在前者,其理往往是以明确的语言在材料之外加以表述,其意单一确定而不能作出多解,或者说读者对之的不同理解必然存在着是非正误的区别,若有一千种认识则必然有999种是不符合其旨的。如毛泽东的《改造我们的学习》一文,开篇第一句:"我主张将我们全党的学习方法和学习制度改造一下",即明确地提出了其所要分析论证的理(主张),可称作是"主题先行"。又如《过秦论》,通过列举大量的实际材料,最后总结提出:秦之亡在于"仁义不施"。其言理话语独立构成并与材料相并立,无须读者去思考推测,也不会产生歧义。所以,对于析理性文体,删除了其材料,其所言之理依然存在,或者说其理是可以从文章中抽离出来的。而其材料之用只在于证实、阐明、解释其提出的观点,以使之具有事实的和逻辑的说服力,而不是要化解和隐藏其理于自身内部,造出一个像艺术作品那样的感性鲜活、意义无穷的生命体。当然,肯定析理性文体所言之理在材料之外,决不意味着说其理不是从材料中得出的。没有事实根据、非来自一定材料的"理",只能是主观臆想或歪理邪说。理的独立和"先行"是说明,从经验中得来的东西,若不扬弃感性个别,抽绎为理性观念,就谈不上是理。

三、语言具有逻辑性、抽象性、概括性

析理性文体是对具体事物作理性的探讨分析或概念认定,它表达的是作者对个别不同事物的本质、共性、一般性、普遍性的理解认识(论文),对具体事物的判断评价(评论),并且同时必给予原因、根据、理由的说明。对象的超表象具体、超个别偶然以及主体的从理性出发,即决定了析理性文体的语言必然是富于逻辑性、抽象性和概括性的。所谓"逻辑性",是指其语言表述严密,语意明确单一,语句理脉贯通,以及遵守语法规则等。所谓"抽象性",是指其语言不描绘具体事物,一般没有声色嗅味之联系于人的感觉的性状,它是直接诉诸人的思维理性的。所谓"概括性",亦为语言的概念化,即"收万于一",言简意赅,同时还包括其用语之讲求书面化,力避口语和方言等等。析理性文体语言的这些特点显示了它与审美性文体语言的根本区别。审美性文体是以抒情或讲述故事为主,它要构建具体时空,描绘感性事物,塑造个性化的人物形象,因而其语言总是具体独特的,同时充满或带有情感意味;它即使要表达某种思想意识(倾向性),也是"意在言外"或寓于感性事物的个性化描写刻画之中。这就使审美性文体的语言总是显得意义迷离模糊或蕴藉丰富而至于不可穷尽。所以审美性文体的语言恰恰否定抽象化、概括化,也决不强调表达的准确性和逻辑性,并且它往往有意打破传统的表达规范,将事物陌生化、象征化、主观化,或者违反和颠覆

语法规则,追求"自成一家"的话语风格。当然,析理性文体强调、讲究语言的逻辑性、抽象性和概括性,并不意味着它排斥表述的生动和独特,否定文情并茂或情理交融。应该说,只是在文采与严谨、生动与准确、传情与达理不能兼得时,好比鱼与熊掌要选择其一,析理性文体坚持严谨、准确、理性,以突出其析理的客观性和严肃性,据此达到以理服人的目的。

第二节 析理性文体的构成、表达与分类

对文体的构成研究,是对从属于一种文体的不同文本作抽象同一性的分析认识。一般而言,一切文体总不外是由"言说什么"(观点)、"用什么言说"(材料)、如何言说(方法)这三方面的因素所构成,只是在不同的文体中,对这三个方面是以不同的概念范畴来界定之。而分类研究则正相反,它是对从属于一种文体的不同文本作具体差异性的归纳认识。分类需要确定着眼点和标准。着眼点和标准不同,其作出的分类就不一样。本节即对析理性文体这方面的问题作一探讨。

一、构成要素

析理性文体的写作,不仅必然要表达作者对一定对象事物的理性认识,表明作者的一定看法主张,而且总要运用一定的材料来阐述证明如此认识或主张的理由。阐述证明的过程,也就是论证的展开。所以一个完整的证明,亦即析理性文体的构成,包含了论点、论据、论证三个基本因素,就像审美性文体是由主题、题材、创作方法三要素所构成一样。这些因素在析理性文体中扮演着不同的角色,担负着不同的任务。

所谓论点,即作者在文本中所要辨析、阐述、证明的观点,或要表达、宣扬的看法和主张。在逻辑学上,论点就是真实性需要加以证实的判断,所以又可称作论断。一个文本的论点,并无数量的规定,它可以是一个,也可以不止一个。但文本所要解决的问题必须是统一而明确的。因此当论点不限于一个时,就有中心论点和分论点的区分安排。分论点之间可以是并列的,也可以是递进的关系,只是它们都服从和围绕中心论点来设置。论点在析理性文体中的位置,可在标题上,可在文章的开头,可在文章的结尾,也可在文章的中间,还可由几个分论点总结归纳而成。也就是说,它可以在文章的任何位置出现,或者说它总是被安放在文章的一定位置上,可以让人清晰地看出。但从实际来看,更多的文章是在开头部分就提出论点。论点和论题

有一定区别,论题是所要证明或反驳的问题,它规定和限制着文章的论述范围和论述的重点。论题有时就概括地写在文章的题目上,如《师说》《谈读书》《青年运动的方向》《"友谊"还是侵略?》等。而对所论问题作出肯定或否定的认识、评价的,则是论点。

所谓论据,即证明论点的材料、凭证、依据。可以作为论据的材料是多种多样的,主要有"事实论据"和"理论论据"两类。理论论据如思想家、学者的言论,自然科学的原理、定理,国家法律、国际公约,以及人们耳熟能详或广为流传的谚语、格言、警句、典故、传说等等;事实论据如历史和现实中发生的事件(成功的经验和失败的教训)、调查报告、各种统计数据和自然现象、生活常识等等。此外,在复杂的析理性文本中,对所论述的部分说来是分论点的,对全文的中心论点说来,则还同时起着论据的作用。

而所谓论证,即是由论据推出所要证明的论点是真或所要反驳的论点为假的过程或形式,它通常是一连串不同推理形式的复合。论证的方法常用的有以下三种:

1. 归纳法。这是从个别到一般的论证方法,即从一些个别或特殊的事实现象中得出一个一般性的结论。如司马迁的《报任安书》写道:"盖文王拘而演《周易》;仲尼厄而作《春秋》;屈原放逐,乃赋《离骚》;左丘失明,厥有《国语》;孙子膑脚,《兵书》修列;不违迁蜀,世传《吕览》;韩非囚秦,《说难》《孤愤》;《诗》三百篇,大抵贤圣发愤之所作也。此人皆意有所郁结,不得通其道,故述往事,思来者。"从八个具体事例中,得出一般性结论:凡垂名后世之人,都是身处逆境、情意郁结而无以实际排遣,所以著书立说,写成不朽之作。归纳法可以先举事例再归纳结论,亦可先提出结论再举事例加以证明。后者又称为例证法。如毛泽东的《新民主主义的宪政》一文①,在讲到"顽固分子"时说道:"顽固派,他们总有一套计划,其计划是如何损人利己以及如何装两面派之类。但是从来的顽固派,所得的结果,总是和他们的愿望相反。他们总是以损人开始,以害己告终。"就这个结论,毛泽东引用了古今中外一些例子来加以证明:(1)张伯伦过去一心一意想的是搬起希特勒这块石头,去砸苏联人民的脚,但从德国和英法的战争爆发的那一天起,张伯伦手上的石头却砸到自己的脚上了。而且直到现在,这块石头还是继续在砸张伯伦。(2)袁世凯想砸老百姓的脚,结果砸了他自己,做了几个月皇帝就死了。(3)段祺瑞、徐世昌、曹锟、吴佩孚等等,他们都想

---

① 《毛泽东选集》(合订一卷本),北京:人民出版社1964年版,第695页。

镇压人民,但是结果都被人民推翻。这些历史事实的例子,是作为对论点的证明。

2. 演绎法。它是从一般到个别的论证方法,即用某些公认或至少是论辩双方共同接受的一般性认识、原理、公理、道理,推导出某个个别性或特殊性的结论。演绎法有三段论、假言推理、选言推理等多种形式,其中最重要和运用较多的是三段论。三段论由大前提、小前提和结论三部分组成。如毛泽东的《为人民服务》一文中有段著名的论述:"为人民的利益而死,就比泰山还重;替法西斯卖力,替剥削人民和压迫人民的人去死,就比鸿毛还轻。张思德同志是为人民利益而死的,他的死是比泰山还要重的。"这段话中就包含了一个完整的三段论演绎法。"为人民的利益而死,就比泰山还重",可以说是人民大众和一切革命者所公认的普遍道理,是论据,是大前提;"张思德同志是为人民利益而死的",是已知的判断,是"小前提";而"他的死是比泰山还要重的",则是结论,也是论点。

3. 比较法。比较论证是由个别到个别的论证方法。它又可具体分为两类:一是类比法,这一方法是将在性质、特点某些方面相同或相近的不同事物加以比较,从而引出结论。如毛泽东的《愚公移山》一文,就是将中国革命与愚公移山的寓言故事相比较,根据二者的类似点,说明要想取得革命的胜利,推翻压在中国人民头上的三座大山,就必须像愚公一样率领子孙挖山不止。如此才能感动"上帝","唤起工农千百万,同心干",完成中国革命的任务。另一是对比法,即通过性质、特点在某些方面相反或对立的不同事物之间的比较来证明论点。如欧阳修在《朋党论》中,为了说明"为人君者"应当"退小人之伪朋,用君子之真朋"的道理,就运用了对比法:"尧之时,小人共工、驩兜等四人为一朋,君子八元、八恺十六人为一朋。舜佐尧,退四凶小人之朋,而进元、恺君子之朋,尧之天下大治。……周武王之臣,三千人为一大朋,而周用以兴。后汉献帝时,尽取天下名士囚禁之,目为党人。及黄巾贼起,汉室大乱……唐之晚年,渐起朋党之论,尽杀朝之名士……而唐遂亡矣。"这里,将纳用真朋或君子之朋而天下治,与无真朋或弃真朋则天下乱而亡相对比。

除了上述三种方法以外,析理性文体用到的还有引证法(引用理论、数据等)、因果分析法(剖析论点和论据之间的逻辑关系)、反证法(从相反或否定方面看问题)、归谬法(假定对方论点正确以推导出一个荒谬的结论,从而证明自己的论点)等等。比较而言,析理性文体运用的归纳法和演绎法,类似于审美性文体采用的顺叙和倒叙的叙事方法,是基本的、主要的、不可或缺的,而比较法、引证法、因果分析法、反证法、归谬法等等,则近似于叙事方法的插叙,并不能单一地构成全篇。这也就是说,析理性文体总不外是、必然是或先列举事实现象然后引出某种认识(摆事实为主),或先提出某种认识再以事实现象证明之(重在讲道理),其他的均从属于此二者之一。只是在这里,"先"与"后"仅仅是逻辑上的,而非时间的次第关系。由此我们也能看出析理性文体与审美性(叙事)文体具有的显著差别。

二、表达方式

析理性文体总要表达作者对一定事物的认识发现,对一定事物的是非、正误、好坏等等的判断评价,只是这种表达有直接和间接、正面和反面之方式上的区别。一般说来,析理性文体的表达方式有立论和驳论两种。

1. "立论",就是作者运用一定的论据和论证方法从正面来证明自己的论点是真理的表达方式。立论的展开过程是运用概念、判断和推理等逻辑形式,对于对象事物进行具体分析和综合概括,揭示对象事物的本质,从而确立论点。如毛泽东的《实践论》,旨在阐述辩证唯物论对认识和实践的关系——知和行关系的看法,其所要确立的中心论点就是文章结尾所作出的结论:"通过实践而发现真理,又通过实践而证实真理和发展真理,从感性认识而能动地发展到理性认识,又从理性认识而能动地指导革命实践,改造主观世界和客观世界。实践、认识、再实践、再认识,这种形式,循环往复以至无穷,而实践和认识之每一循环的内容,都比较地进到了高一级的程度。这就是辩证唯物论的全部认识论,这就是辩证唯物论的知行统一观。"围绕这一论点,全文分几个方面或层次展开阐述。首先对"实践"的概念作出了界定,指出马克思主义者认为人类的生产活动是最基本的实践活动,同时说明,人的社会实践还有阶级斗争、政治生活、科学和艺术等多种形式。其次探讨了人们的社会实践对人们的认识具有的重要意义,即只有人们的社会实践才是人们认识外界的真理性的标准。再次揭示了人的认识随实践而由浅入深、由感性而理性的能动发展过程,肯定了依据实践基础而科学地改造过的理性认识,乃是更深刻、更正确、更完全地反映客观事物的东西。最后论述了认识从实践始,经过实践得到了理论的认识,还须再回到实践去。这四个方面可以说分开来看是分析,各有其论点,但总体上前后衔接,层层递进,作为特殊的论据而与中心论点或全文论题紧紧相扣,形成对实践与认识的关系之综合观照,充分有力地证明了辩证唯物论的真理性。又如,培根的

《论学问》,从正面阐述了对"读书为学"的目的和方法的认识。论题本有两个基本论点,然二者的内在联系不言而喻。作者分出两个自然段,先直接提出了自己关于读书目的和意义的论点:"读书为学的用途是娱乐、装饰和增长才识。"然后接着阐述自己对如何读书的方法问题的认识。如说到"有些书可供一尝,有些书可以吞下,有不多的几部书则应当咀嚼消化"等等。这里,说明了目的的重要意义,自然要谈到实现目的的手段、途径;而明确了方法的问题,显然就能通过实践去亲身体会目的的价值。所以这两方面既各自相对独立,又内在一以贯之,完整地论证了全文的论题。

2. 驳论,则是作者运用一定的论据和论证方法来揭示、反驳他人谬见以肯定自己论点的表达方式。驳论要解构错误的认识或主张,必须抓住错误的认识或主张之要害根本,找出其实质性、关键性的东西,即所谓"射人先射马,擒贼先擒王",而不要在细枝末节问题上纠缠,或四面出击,平均用力,面面俱到。此外作者本人还应具有真理之见,实际掌握了可靠的事实根据。驳论的表达方式因作者的着眼点或采取的策略不同而可分出三种类型。

(1)反驳论点,即直接反驳对方论点本身的片面、虚假或谬误。这是驳论中最直接亦往往最有效的一种方式。因为论点的错误是要害,论据和论证是为错误的论点服务的。驳倒了错误的论点,好比打蛇打七寸,对方的论据、论证方法也就自然成为虚弱无力或荒谬不实的东西,不攻自破。如韩非子的一篇短论:

桓公解管仲之束缚而相之。管仲曰:"臣有宠矣,然而臣卑。"公曰:"使子立高、国之上。"管仲曰:"臣贵矣,然而臣贫。"公曰:"使子有三归之家。"管仲曰:"臣富矣,然而臣疏。"于是立以为仲父。霄略曰:"管仲以贱为不可以治国,故请高、国之上;以贫为不可以治富,故请三归;以疏为不可以治亲,故处仲父。管仲非贪,以便治也。"

或曰:今使臧获奉君令诏卿相,莫敢不听,非卿相卑而臧获尊也,主令所加,莫敢不从也。今使管仲之治不缘桓公,是无君也,国无君不可以为治。若负桓公之威,下桓公之令,是臧获之所以信也,奚待高、国、仲父之尊而后行哉? 当世之行事、都丞之下征令者,不辟尊贵,不就卑贱。故行之而法者,虽巷伯信乎卿相;行之而非法者,虽大吏诎乎民萌。今管仲不务尊主明法,而事增宠益爵,是非管仲贪欲富贵,必暗而不知术也。故曰:"管仲有失行,霄略有过誉。"①

这里作为正文的第二自然段,就是对霄略的论点"管仲非贪,以便治也"进行反驳。韩非子认为,奴婢(臧获)奉君王之令昭卿相,本无人敢不听从,无须获得高、国、仲父之尊而后行。若管仲之治不依靠桓公,就是不要君王,而没有君王就谈不上什么治。且当今官员下达征令,并不论尊贵卑贱,只要依法行事,人们就信服。管仲不敬君王又不懂法,却要高官厚禄,若不是贪欲富贵,就一定是愚昧无知。所以"便治"之论,根本站不住脚。在文章结尾,作者亦明确提出了自己的论点:"管仲有失行,霄略有过誉。"这里我们可以明显看出,对方的论点与其论据之间并不存在必然的、可靠的关系,因此驳倒了其论点,其论据"管仲以贱为不可以治国,故请高、国之上;以贫为不可以治富,故请三归;以疏为不可以治亲,故处仲父"也就成了别有所图、掩饰实情的假话,或纯属无稽之谈。

(2)反驳论据,即揭示对方论据的错误,以达到推倒对方论点的目的。因为错误的论据只能引出或得出错误的论点;论据无实,论点则不过是空中楼阁或虚妄之言。如毛泽东的《"友谊"还是侵略?》一文,就运用了反驳论据的方法。文章首先如实录下了当时美国国务卿艾奇逊致杜鲁门总统一封信中的话,其中心论点是,美国一直在加深着对中国的友谊。而其"证据"则是:"例如用庚子赔款来教育中国学生,在第二次世界大战期间废除治外法权,以及战时和战后对中国的大规模援助等等。美国始终维持并且现在依然维持对华外交政策的各项基本原则,包括门户开放主义,尊重中国行政和领土的完整,以及反对任何外国控制中国等等,这是有案可稽的。"毛泽东针对其"证据",一一作出了澄清事实真相的反驳:

"美国是最早强迫中国给予治外法权的国家之一,这即是白皮书上提到的中美两国有史以来第一次签订的一八四四年的望厦条约。就是在这个条约里,美国除了强迫中国接受五口通商等事而外,强迫中国接受美国人传教也是一条。……美国在这些事业上处心积虑地经营了一百零五年,据说都是为了加深'友谊'。

"参加八国联军打败中国,迫出庚子赔款,又用之于'教育中国学生',从事精神侵略,也算一项'友谊'的表示。

"治外法权是'废除'了,强奸沈崇案的犯人回到美国,却被美国海

---

① 《韩非子·难一》,见《韩非子直解》,杭州:浙江文艺出版社2000年版。

军部宣布无罪释放,也算一项'友谊'的表示。

"'战时和战后的对华援助',据白皮书说是四十五亿余美元,据我们统计是五十九亿一千四百余万美元,帮助蒋介石杀死几百万中国人,也算一项'友谊'的表示。

"……"①

所有这些历史事实说明,艾奇逊列举的证据是颠倒是非、歪曲真相的,其所谓美国一直在加深对中国的友谊的论点,不过是一派谎言。即毛泽东尖锐指出的:"艾奇逊当面撒谎,将侵略写成了'友谊'。"

(3)反驳论证,即主要是揭露错误论点和论据之间在逻辑关系上的混乱和荒谬,如大前提、小前提与结论的悖反,对方各论点之间相矛盾等等。例如著名的"自相矛盾"的寓言故事:"楚人有鬻盾与矛者,誉之曰:'吾盾之坚,物莫能陷也。'又誉其矛曰:'吾矛之利,于物无不陷也。'或曰:'以子之矛,陷子之盾,何如? 其人弗能应也。"这就是反驳论证的方法。再如,毛泽东在《历史唯心观的破产》②中举出艾奇逊提出的一个观点:中国之所以发生革命,是因为中国的人口太多,"使土地受到不堪负担的压力。人民的吃饭问题是每个中国政府必然碰到的第一个问题,一直到现在没有一个政府使这个问题得到了解决"。其中心意思是,人多饭少,就会引发革命。对此毛泽东反驳道:"革命的发生是由于人口太多的缘故么? 古今中外有过很多的革命,都是由于人口太多么? 中国几千年以来的很多次的革命,也是由于人口太多么? 美国一百七十四年以前的反英革命,也是由于人口太多么? 艾奇逊的历史知识等于零,他连美国的独立宣言也没有读过。华盛顿杰弗逊们之所以举行反英革命,是因为英国人压迫和剥削美国人,而不是什么美国人口过剩。俄国人所以举行二月革命和十月革命,是因为俄皇和俄国资产阶级的压迫和剥削,而不是什么人口过剩,俄国至今还是土地多过人口很远的。蒙古土地那么广大,人口那么稀少,照艾奇逊的道理是不能设想发生革命的,但是却早已发生了。"这是用客观事实来说明,从"人口太多"的前提,并不能得出"发生革命"的结论,或者说革命发生的原因,决非就在于人口太多。艾奇逊的论证背离事实而不合逻辑。

对上述三种驳论类型,严格说来,并不能作孰优孰劣的分析评价。一篇驳论文本应当运用哪种类型,必须从实际出发,根据对方错误认识的要害关

---

① 《毛泽东选集》(合订一卷本),北京:人民出版社1964年版,第1394页。
② 同上书,第1398页。

键或最薄弱的环节来决定。当对方的错误认识主要在论点,也即其论据即使为真,也不能支持其论点,就应当采用驳论点的方式;当对方的错误认识集中在论据,也即其论据本身是假,其论点是建立在被歪曲的事实之上,就应当运用驳论据的方式;当对方的错误认识明显表现在论证方面,也即其论证违背逻辑法则,则应当选用驳论证的方式。此外,从实际来看,许多驳论文本往往并用几种方式,以达到"入木三分",令对方"体无完肤"的驳斥效果。所以,"方式"的划分只是相对的。

同样,立论和驳论这两种表达方式在实际写作中也常常紧密结合,相互为用。在立论性文本中有时也批驳谬误,在驳论性文本中,批驳的同时亦正面阐明自己的观点。或者说,有的文本是"立"中有"破",有的文本是"破"中有"立",还有的可以分为立论和驳论两部分,先"立"后"破",或先"破"后"立"。因此界定一个文本是立论性的还是驳论性的,是据其侧重于"立",还是侧重于"破"而定。

三、类型划分

在中国古代,从先秦时代(甚至更早)起就产生了具体的析理性文本,并作为一种特殊的文章体式真正确立。当时的"诸子散文"虽然反映了不同阶级和集团的利益,但都具有充实的思想内容和高超的析理表达能力。清代姚鼐曾说过:"论辩类者,盖原于古之诸子,各以所学著书诏后世。孔孟之道与文,至矣。"后来随着社会生活的发展和写作者的探索追求,又不断有新的体式被创造出来,由此逐渐形成了相对确定和被后人普遍认同的一些文体规范。清末的龙伯纯在其所著《文字发凡》中,将析理性文体分出了 26 个子目:议、论、说、解、辨、义、赞、箴、铭、戒、约、规、喻、题、跋、奏、弹、表、状、礼、书、对、连珠、原笺、释。这里有些在今天看来是应归于审美性或实用性文体的。我们仅简介以下几种:

1. 论。这是一种以抽象析理或议事为主而带有是非善恶之价值评价的文体。按《说文》:"论,议也"。《昭明文选》亦谈道:"论有两体,一曰史论,乃忠臣于传末作议论,以断其人之善恶。如《史记》后的太史公曰……二曰政论,则学士大夫议论古今时世人物或评经史之言,正其谬误。"《文心雕龙·论说》云:"论也者,弥纶群言,而精研一理者也。"属于这一文体的有《朋党论》《纵囚论》《辨奸论》《管仲论》《六国论》《过秦论》《深虑论》《豫让论》《蔺相如完璧归赵论》等等。

2. 原。追本溯源的意思,是对某种理论、主张、政治制度、社会习俗等作发生学或本体论的考察、探讨的文体,具有较强的理论性。如韩愈的《原毁》、黄宗羲的《原君》、叶燮的《原诗》等。

3. 辩。辩明是非,鉴别真伪之义。这种文体以批驳一个错误论点或辨析某些事实为文章中心。如韩愈的《讳辩》、柳宗元的《桐叶封弟辩》等。

4. 说。议论说明一类文本的总称,与"论"十分相近,但与今天所谓的"说明文"不同,它主要是阐释事物的本质或人们行为活动应遵循的准则规范。明代吴讷的《文章辨体序说》云:"说者,释也,解释义理而以己意述之也。"如《师说》《马说》《杂说》《少年中国说》《捕蛇者说》《黄生借书说》等等。

当然,中国古代还有大量的并未标明其文体类型而实际属于析理性文体范畴的篇章著作,如早期的《论语》《老子》《大学》《中庸》一类,以及后来的各种诗话、词话、曲话、艺概等等。

在西方,则一般没有根据特殊的言说对象来确立特定的理论文本体式的写作,人们普遍采用的是散文化的体裁,除了早期出现的"对话"体外。现代析理性文体的写作,像中国古代那样在标题上明确标示出文体特征或类别的已经很少见到,或者说有所标示的也并不意味着其言说的就一定是某种特殊对象。析理性文体的这种发展,应该说反映了其体式的特点主要决定于其内容,虽然形式方面的因素不能完全忽略。

对文体的分类,可谓是介于具体文本的解读与总体文本的特性界定之间的概括归纳认识。这一分类因采用的根据或标准之不同而可以多种多样。一般说来主要有着眼于形式、内容、形式与内容的统一这三者。

从析理性文体而言,着眼于形式(语言、体裁、篇幅)的,我们可以分出"诗性化文体"和"散文化文体"、长论和短论、文章和著作等几种。如中国古代的诗论、词论、曲论、文论等,大多是运用诗的语言乃至诗的格式写成,而西方和现代的理论文本则普遍采用散文化的体式。

再就内容角度观之,以其论点是否具有意识形态性为标准,可以分出"知识论文体"和"价值论文体"两种。所谓知识论文体,即其论点没有个人的、党派的、民族的、国家的等等思想倾向性,不对言说对象作特定集团立场上的肯定或否定评价的一类写作。如以自然事物为研究对象的科学论文,以社会事物的客观运动规律为认识对象的社科论文,以宇宙各种事物之共性本质为探讨对象的哲学论文等等。而价值论文体则正好相反,它不仅理性地分析对象,更重要的是对于对象作出思想性或意识形态性的"评价",代表着一定的人群来判断认定对象事物的是非、善恶、美丑等等。如关于时事、政治、人们行为、文学艺术等的评论著述。对此我们可以简言之,知识论文体就是学术性或学问性的,价值论文体则主要是涉及一定人群利益的或意识形态性的。此外还可分出"立论式文体"和"驳论式文体"等。

最后从形式与内容的统一方面来看,我们大体可概括分出"评论"与"论文"两类。评论作为内容以评价事物为主的文体,一般在形式上没有严格的学术规范性要求,而论文探讨的是普遍性真理,相应地在形式上通常讲求严谨、规范以至格式体裁的大体一致,如它往往需要写出内容摘要、关键词、注释、参考文献等等。评论又可以作进一步的划分,如可分为政治评论、经济评论、科技评论、思想评论、文艺评论、体育评论等等。论文亦然,其还可以分为学术论文、毕业论文,或者科技论文、哲学论文等。

当然,上述的划分主要是理论上的,在现实中,一个文本从形式到内容都可能具有多重属性和特点,以至很难对之作出泾渭分明、非此即彼的确切认识。同时,我们运用的概念词语,本身就有着多重含义,如"评论""议论",既有价值论、思想性评价的意义,又有知识论、学术性研究的含义,从而以之来界定一个文本的所属体式,则难以让人明晓它是学术性的文本,还是思想性的文本。

第三节 析理性文体写作的一般原则和方法

析理性文体的写作可以说是为社会进行思想或知识的生产,而只有那些显示出一定价值和令人信服的精神产品,无疑才称得上是"思想"或"知识"。我们所谓的析理性文体的写作原则,就是在这一高度和意义上来探索、认识、提出的。这里的问题细究起来丰富繁多,同时不同类型的析理性文体还有着各自的特殊规律和要求,在此我们仅谈谈最一般的问题。

一、以创新为根本

析理性文体的价值,从总体和根本上讲,就在于向社会提供新思想、新知识,也就是人们尚未发现、知晓、弄清、认识、理解、掌握的那些真理、道理、事理、原理等等。判断一个析理性文本价值的高低,即是看其向人们提供了多少新见之理,该理对于人们向世界的广度和深度进军有多少助益,能够解决多少理论问题,产生多少实践成果,对思想发展、文化建设、学术进步、知识增长有多少贡献。如果一个作者只是嚼他人嚼过的馍、炒现成饭、老生常谈、鹦鹉学舌、流于一般的泛泛而论、简单或低水平地重复他人,哪怕写作技巧再高超,写出的东西也毫无价值,其降生就是死亡。

析理性文体的创新意义很丰富,至少有以下一些内容:

1.发现新事物。从"未知事物"的意义上讲,所谓发现新事物包含了对新近出现的事物的发现和对已有事物的新发现这两层意思。从辩证法可知,宇宙事物是在相互作用中生成、发展、变化的,处在永恒的既有规律性、必然性又有自由性、偶然性的运动过程中,同时宇宙广大无边,宏观无限,微观无限,往古无限,未来无限。这决定了对任何一个时代的人们说来,其未知的世界总是远远大于已知的世界。发现和揭示未知事物,即能够丰富、扩大人们对宇宙的认识,向人们的实践提供指南,或引起人们的注意重视,以便深入探索或实际利用、解决之。

例如,12世纪的阿拉伯医生艾伯拉尔-纳费什(Ibnal-Nafis)首次发现,每个人拥有固定量的血液,以固定方向绕其身体循环。后来17世纪的英国医生哈维再次发现了这一点。这一研究成果为人们充分了解人和动物的生理学开辟了新的途径。又如,19世纪的德国物理学家赫兹在用莱顿瓶放电的实验中发现了电磁波,并测定了它的波长和频率,确定其传播速度等于光速。这一发现对早先麦克维斯提出的电磁场理论给予了有力的真理性的证明。在社会生活领域,19世纪达尔文在地质考察中,从地质构造看出了地层的演变,在古生物化石的发掘中,发现了现存生物与古生物的联系,在动植物区系的调查中,看到了相邻地区又密切相似的动植物类型,等等,他据此提出进化论——"物种是逐渐变化的"进化论,揭示出地球上生命事物的动态性质。尽管进化论本身在科学家们之间仍有争议,但没有一名主流科学家怀疑这样一个事实:老的物种在死亡、新的物种在生成。

2.提出新观点。观点是人们对自然或社会事物的因果关系、发展规律、是非曲直或优劣高下的看法。观点的创新,如对事物本质的新认识,对时代历史发展的新见解,对事件、现象、形势或人物的新评价等,或来自经验事实,或基于实验室实验,或依据逻辑推论,或代表了一定人群的意志等等,但只要能够自圆其说,具有建设性,能接受实践的检验,都可以开阔人们的视野,启迪人们的思维,或更新人们的观念,使人们逐步接近真理,减少分歧而增加共识。

如波兰天文学家哥白尼于16世纪初提出的"日心说",推翻了古希腊托勒密的"地心说",这一新观点被普遍视为是天文学的一次伟大革命,它使自然科学从此开始从神学的束缚中解放出来。又如,传统的马克思主义者认为社会主义只能实行单一的公有制和计划经济,邓小平同志大胆地提出社会主义也可以搞多种所有制和市场经济这一崭新的观点,其创见深刻地改变了人们的思想意识,有力地推进了中国的改革和走向现代化的进程。再如1978年5月11日《光明日报》发表的《实践是检验真理的唯一标准》一文,提出了关于识别和认定真理的独特见解,这在当时中国的政治气候下,如一声惊雷,振聋发聩,引发了一系列重大的事件,对人们解放思想,清算"文革"极"左"思潮的余毒起到了重大的作用。

3.创立新方法。人们认识和掌握事物、分析和解决问题的原则、途径、程序、工具、手段等,也就是方法。一定的方法是为一定的目的服务的,没有方法,则什么目的都不可能实现。毛泽东说过:"我们不但要提出任务,而且要解决完成任务的方法问题。我们的任务是过河,但是没有桥或没有船就不能过。不解决桥或船的问题,过河就是一句空话。"创立新方法,其实是人们为了实现新的目标,或是要解决既往方法所未能、不能很好解决的问题。因此它有助于提高人们对事物的认识,增强人们解决现实问题的能力。新方法有很多内容,如新的研究法、新的表达法、新的计算法、新的操作法等等。

如奥地利生物学家、普通系统论的创始人贝塔朗菲于20世纪40年代提出了认识生命有机体的整体性原则,其基本意思是:整体大于各孤立部分的总和。从这一原则来看,生物分子水平的功能和属性的简单相加,不等于细胞水平的功能和属性,如同每个家庭的功能和属性的简单相加,不等于全社会的功能和属性。贝氏的这一从研究生命现象中创立的新方法,后来被诸多学者广泛运用于从自然到社会各个领域的研究中,形成了风靡世界的波澜壮阔的系统论思潮。又如在管理学方面,20世纪60年代美国管理学家杜拉克针对个人目标与组织目标的矛盾,提出了目标管理方法,把组织需要与个人需要结合在一起。该方法的科学有效性为人们普遍认可,在全世界得到了应用,取得了良好的效果。再如,弗洛伊德创立的精神分析法,不仅在临床诊断和治疗精神疾病方面卓有成效,而且用于文化和艺术研究中,也能使人看到一些新问题,得出富有说服力或启示意义的结论。

4.构建新体系。所谓"新体系",一是指将分散的知识加以整合,形成具有内在逻辑联系的理论系统,另一是指根据事物的发展和人们对事物的新认识,突破原有理论的局限,创立新的理论体系。例如,西方近代以前,物理学中的力学知识是分散的、零星的,牛顿在开普勒、伽利略等人工作的基础上,结合大量实验,总结概括出宏观低速机械运动中最本质的规律:牛顿运动三定律以及万有引力定律,从而把原先分散的力学知识纳入一个体系之中,形成了有严密逻辑性的经典力学。又如,毛泽东将马克思主义与中国革命的具体实践相结合,建立了指导中国新民主主义革命从发展农村根据地到取得全国胜利的思想体系——毛泽东思想。

总之,析理性文体写作的创新,概括言之,就是言前人所未言,道前人所未道,建前人所未建,以破旧推陈、开拓进取为要义和旨归。

二、论点鲜明、论据确凿、论证严谨

析理性文体的写作不是以事示人,也不是以象迷人或以情动人,而是要以理服人。这首先就要求作者必须做到旗帜鲜明地亮出自己的论点,肯定什么,否定什么,赞成什么,反对什么,要直截了当、言之凿凿、态度明朗、一针见血,而不能模棱两可、似是而非、含混不清、转弯抹角、费人思量。

因为,从写作的角度说来,作者只有"成竹在胸",对所论对象有清晰的理性认识,明确自己要分析、论辩、反驳、评说什么,才能为材料的取舍树立一个标准,知道哪些材料是可用的,哪些材料应当放弃,还需要搜寻和补充什么材料,才可能思考应当运用什么方法来论证,如何谋篇布局才恰当,从而才可能使文本成为思理一脉贯通的统一体。再从读者接受方面来看,一篇析理性文本只有论点鲜明,包括表达准确,直达读者的理性,使读者确知其所论所证是什么理,才谈得上令其接受和信服。

例如恩格斯的《论权威》一文,论点鲜明突出:不论是政治国家还是社会组织、社会革命,都一样"需要权威"。全文即围绕这一论点针对无政府主义者们反对权威的言论展开论证。其文章之能鞭辟入里,在总体上有强大的理论说服力,毫无疑问是与作者论点的鲜明突出有直接关系的。论点模糊,让人不知所云,哪怕旁征博引,洋洋万言,也只能是无的放矢,决无什么说服力可言。又如黄宗羲的《原君》,在文章中明快无讳地提出其论点:"为天下之大害者,君而已矣!"读者持其理而观其论,如顺藤摸瓜、探囊取物,无不了然于心。

析理性文本写作要达到以理服人,除了论点要鲜明,还必须使用确凿可靠的论据。所谓确凿可靠,从"事实论据"说来,就是所举生活现象必须是客观事实,不能模糊不清或来自道听途说,更不能是凭空构想或随意编造的,同时它还应具有普遍概括性或典型代表性,或是属于经验的常识范围的。如《论权威》中举出的现代经济关系中各个分散的活动愈来愈为人们的联合活动所代替,工厂里生产工序、劳动时间、材料分配等必须让个人意志服从统一安排,革命就是用非常权威的手段强迫另一部分人接受自己的意志等,就是一个个具有典型代表性的事实论据。它们能够有力地说明,权威虽然是指"把别人的意志强加于我们","又是以服从为前提的",但它的普遍存在和发生作用却是必然的,是不以任何个人的意志为转移的,不论我们喜欢还是厌恶它。又如墨子的《非攻》所举事例:"今有一人,入人园圃,窃其桃李,众闻则非之,上为政者得则罚之。此何也? 以亏人自利也。至攘人犬豕鸡豚者,其不义又甚于入人园圃窃桃李。是何故也? 以亏人愈多。苟亏人愈多,其不仁兹甚,罪益厚。"以凡人皆知的生活常识作为论据,所以无可怀疑。如果说,事实可以有真象和假象、偶然的个别的和普遍的典型的、难以觉察的和尽人皆知的,那么作为论据的确凿可靠的事实,则只能是真相和具有普遍性、典型性以及人所共知的。

再从"理论论据"来看,所谓确凿可靠,就是引用他人的话语要出处翔实,包括不能断章取义,同时具有权威性。如《实践是检验真理的唯一标准》一文中,开篇提出怎样区别真理与谬误的问题,作者首先引用了马克思的一段论述:"人的思维是否具有客观的真理性,这并不是一个理论的问题,而是一个实践的问题。人应该在实践中证明自己思维的真理性,即自己思维的现实性和力量,亦即自己思维的此岸性,关于离开实践的思维是否具有现实性的争论,是一个纯粹经院哲学的问题。"以伟大思想家的真知灼见作为论据,即可靠可信。又如毛泽东的《一个极其重要的政策》一文,引用了孙悟空化为小虫钻入铁扇公主肚子里将她打败的神话故事,来说明精兵简政后我们的党有如孙悟空一样,身体变得瘦小,但却更为强大坚实,有利于轻装上阵、克敌制胜。《西游记》的故事可以说是家喻户晓、妇孺皆知的,引借过来喻说精兵简政之理,既贴切生动,也因其含有的经典权威性而能强化所论之理,易于人们理解接受。

论证严谨,就是论证的展开要紧扣论点,同时使论据与论点之间的关系合于逻辑原则。论证的方法与逻辑推理的形式密不可分,一种论证方法就是某种逻辑推理形式的具体运用。所以,论证严谨而合于科学,也即合于逻辑,合于人们认识事物的规律。而只有这样,论证才是有力的。再换言之,严谨的论证如同健康的人具有坚实硬朗的骨骼,它能使灵魂性的论点、血肉性的论据因其而有机结合、和谐统一。反之,一篇文章若论证粗疏、逻辑混乱、偏离事实、前后矛盾,就好比人患了软骨病或骨折、骨断,即使论点可取、论据无疑,总体上亦无法立起来。

对此,从论证的方法具体说来,一篇文章如运用归纳论证法,则不仅要准确选取具有同一性的事例,而且由之得出的一般结论要与其事例之间有必然的联系,不能随意提高或扩大,防止以偏概全,使真理超出事实范围。

例如,在很长一段时间里,人们看到的天鹅是白色的,鱼是用鳃呼吸的,金属是沉于水的,于是通过归纳推理得出结论:"所有天鹅都是白色的","鱼都是用鳃呼吸的","金属都沉于水"。但是后来,人们在澳洲发现了黑色的天鹅,在南美发现了不用鳃呼吸的肺鱼,在科学实验中发现了不沉于水的金属(钠、锂),上述结论就被否定了。这里,如果我们对所得结论加以一定限定,如说"大多数天鹅是白色的"或"世界大多数地区的天鹅是白色的",则一般结论与经验事实相符合,就能够成立了。

若运用演绎论证法,作者所根据的一般原理即大前提就必须正确可靠,所得结论要与大前提有确切的包含关系,做到"顺理成章""水落石出";而不能主观行事,"中途变卦",偏离前提,置换概念。而要保证前提的正确可靠,就应以普遍公认的真理或道理、凡人皆明的生活常识、从历史或现实事实中获得的经验或教训为前提。

如毛泽东在《五四运动》一文中鲜明地指出:"知识分子如果不和工农民众相结合,则将一事无成。革命的或不革命的或反革命的知识分子的最后分界,看其是否愿意并且实行和工农民众相结合。"①这一认识在文中是作为结论从一个大前提推导出来的。其大前提是:"中国民主革命的完成要依靠一定的社会势力。这种社会势力就是工人阶级、农民阶级、知识分子和进步的资产阶级,就是革命的工、农、兵、学、商,而根本的革命力量是工农,革命的领导阶级是工人阶级。如果离开了这种根本的革命力量,离开了工人阶级的领导,要完成反帝反封建的民主革命是不可能的。"从当时的时代背景来看,这无疑是中外历史上人民革命用血的经验教训所刻写的铁的事实,是一切真正的革命者所认同的真理或道理。而上述结论性认识即是属于此一前提的固有之义。所以前提的可靠和推论的严谨,保证了结论性认识的无可置疑。

再就类比论证法谈谈。类比作为一种从特殊到特殊的论证方法,可以说最富有创造性,在科学研究以及析理性文的写作中有着广泛的运用,发挥了重要的作用。运用类比论证必须准确抓住相比对象之间的共通属性,同时要确定已知对象各个属性之间存在着紧密联系,即具有"相干性",从而

---

① 《毛泽东选集》(合订一卷本),北京:人民出版社1964年版,第522页。

以此为中介,来推论相比对象之其他属性的类似,也就是未知对象的其他属性同样与相比的属性之间有着相干性。若不是这样,一属性与它属性本分别属于不同的领域,相互没有联系,那么类比就不过是牵强比附或不伦不类,得出的结论就不可能令人信服。

如西方曾有一个关于上帝存在的证明:我们怎能不相信有上帝呢?我手上的表能准确地告诉我现在是何时何分。为什么呢?因为它内里的各零件巧妙地相互合作。由这手表的精巧设计我们可得知它有一个设计者——一个灵巧的钟表匠。现在你睁眼看清楚我们身处的这个宇宙。宇宙呈现的设计不是比手表精巧亿万倍吗?星宿运行不息,四季井然交替,生物在自然环境中表现出优良的适应能力。即使不谈以上而只看人体,人类身体呈现的精妙构造也会令当今最优秀的设计师目瞪口呆而深感望尘莫及。这些令人叹为观止的设计不正提示宇宙有一个设计者吗?这伟大的设计者会是谁呢?当然就是上帝。这里显然是运用了类比论证,比较钟表与宇宙万物而得出两者的相似点:各有精良的设计。由此再推论出两者也有另一相似点:各有一精良的设计师。但是这个结论正违反了类比论证要求的"相干性"原则。制作出精巧手表的钟表匠,是有个体生命的人,是父母所生,这种属性与他能制作出手表并没有因果关系,因此我们从精巧的手表与精妙的宇宙大自然之间的相似性,绝不可能推出有一个所谓设计师上帝的存在。因为,上帝若是存在,他就应当像人间的钟表匠一样,有生有死、有父母,而非什么至高无上、自因自果、永恒存在。换言之,钟表匠制作出手表若与他的生命属性有相干关系,类比推出的上帝就同样应有如此属性。所以,这个类比证明的结论只能是幻想的产物,充其量只能看做是艺术性的比喻。

三、结构完整、层段分明、理路清通

析理性文体的结构是其理性化内容的组合构造,是作者思路的凝定外现。不论哪种类型的析理性文本,其内容都只有通过组织安排才可能表达出来。因此,结构虽然属于形式的因素,但它在文本中的作用却十分重要,不可或缺。析理性文体的结构完整,总的说来,就是有头、有身、有尾,"肢体健全"。不过,析理性文体的结构不同于审美性文体、实用性文体,它主要是根据事理的逻辑关系对各个部分进行组织安排的。一般说来,析理性文体是按照"提出问题""分析问题""解决问题"的次序来建构全文,表现在文本中就是先后出现的"引论""本论""结论"三部分,即人们通常所说的"三段式"。当然,这个"三段式"只能是抽象的范型。不同的析理性文

本,其论点、论据、论证互不一样,表达方式也就会具体有别。因而不仅引论、本论、结论三部分是变化多端的,就是其中每一部分在如何提出问题、如何分析问题、如何解决问题上,也是形形色色的。我们只能说三者缺一不可是一致的。

引论是析理性文体的"头部",它提出全文的中心问题。常见的引论写法有以下几种:

1.开宗明义式。开篇不作任何修饰,直接申明自己的认识、主张、看法,提出中心论点。如毛泽东的《改造我们的学习》①:"我主张将我们全党的学习方法和学习制度改造一下。"引论就是开篇的这一句话,它直截了当地确立了全文的论点。又如伽达默尔的《论理解的循环》一文,起始说道:"我们必须从个体出发去理解整体,并且从整体出发去理解个体,这一阐释学原则导源于古代修辞学,又为现代阐释学从说话的艺术转用到理解的艺术中来。在这两种情形中都存在一种循环关系。正是由于为整体所支配的部分同时又支配着整体,意指整体的意义期望,才得以成为明白的理解。"②整个引论即是全文的中心论点。

2.因事提问式。从讲述实际生活中有一定典型意义的事件或故事,引出、设置全文要分析论证的问题。如一篇《既能报料,何不报案?》的文章这样开头:"《南方都市报》近日报道了发生在广东的一起虐待未成年人恶性案件。一四岁女童凤凤近半年来常遭其母毒打。小凤凤每一次凄惨的哭喊都让邻居们心酸流泪,但一直无人报案施以援手。事件的披露缘于有人向《南方都市报》报料,记者实地采访后马上报案,警方才及时将小凤凤救出魔窟。人们敢于报料,却惮于报案,从两种态度的鲜明对比中,反映出当前的报案机制亟待改革。"③

3.交代背景式。从说明写作的原因和目的入手,将所论问题提出来。如《实践是检验真理的唯一标准》一文的引论:"检验真理的标准是什么?这是早被无产阶级的革命导师解决了的问题。但是这些年来,由于'四人帮'的破坏,特别是他们控制下的舆论工具进行了大量的歪曲宣传,把这个问题又搞得混乱不堪。为了深入批判'四人帮',肃清其流毒和影响,在这个问题上拨乱反正,十分必要。"说明了其文有具体的时代针对性。又如朱

---

① 《毛泽东选集》(合订一卷本),北京:人民出版社1964年版,第753页。
② 《伽达默尔文集》,上海:远东出版社1997年版,第40页。
③ 《南方都市报》2003年12月28日。

光潜的《谈读书》全文第一段:"十几年前,我曾经写过一篇短文谈读书,这问题实在是谈不尽,而且这些年来我的见解也有变迁,现在再就这问题谈一回,趁便把上次谈学问有未尽的话略加补充。"告知读者其话题有特定的语境。在学术论文中,交代背景式引论可以看做是陈述所论问题的历史研究情况或目前学术界的研究状况。

本论是析理性文体的分析问题的部分,也就是组织论据来证明论点的正确或反驳错误的认识的过程。本论的安排建构,是根据问题的"性质"展开的,主要有三种形式:

1.并列式。这是当所要分析或证明的问题具有"多方面"的性质时所采用的结构方式,又可称横向式。它的特点是对问题的各个方面分别进行论述,从而使文本诸层次之间的关系是并立的。并立的诸层次对于中心论点则可以说是环绕的,"众星拱月"或"葵藿向阳"式的。如梁启超的《小说与群治之关系》,本论部分主要是论述小说艺术具有哪些"治人之道"的特殊而巨大的力量,谈了四点:(1)熏。"熏也者,如入云烟中而为其所烘,如近墨朱处而为其所染。"(2)浸。"入而与之俱化者也。"(3)刺。"刺激之义也。"(4)提。"自内而脱之使出,实佛法之最上乘也。"梁氏自己解释说,第一力是从空间言,第二力是就时间而论,第三力是钝力,第四力是由内向外的力。①所以这四者之间是并立的关系,是作者对小说力量之不同方面的认识。

2.递进式。这是当所要分析或证明的问题是由"多层次"构成时运用的结构方式,亦可谓纵向式。其表现为对问题作由表及里、步步深入的透视分析,从而使文本生成的诸层次之间的关系是递进的。递进的层次对于中心论点说来则可谓是纵向的,"抽丝剥茧"或"层层剥笋"式的。如朱光潜的《谈读书》,本论是谈读书的方法,分出五个层次来说明:(1)读书在精不在多。"与其十部书都只能泛览一遍,不如取一部书精读十遍。"(2)精读的书应从常识的书入手,就是专门学者也应如此。"先博学然后守约,这是治任何学问所必守的程序。"(3)要成就一种学问,读书就"不能不有预定计划和系统"。(4)读书的系统化就是要有一个中心,"有中心才易有系统组织"。(5)读书要储藏,"过目即忘,即读亦等于不读"。显而易见,这五个层次紧密相联,是递进深入的关系。通过这一论述结构,作者将读书的方法谈得明明白白,深刻而透彻。

3.综合式。这是当所要分析或证明的问题既有"多方面"又有"多层

---

① 《中国近代文论选》上,北京:人民文学出版社 1981 年版。

次"时使用的结构方式。它一般运用于篇幅较大的文本中。如毛泽东的《中国社会各阶级的分析》,旨在探讨说明"谁是我们的敌人?谁是我们的朋友"这个"革命的首要问题"。本论的总体结构是并立式的,逐一分析了地主买办阶级、中产阶级、小资产阶级、半无产阶级和无产阶级四者对革命而言的性质、地位和作用。而对每一阶级的分析又是纵向递进的,从社会地位、经济状况到对革命的态度层层深入。

结论是析理性文体解决问题的部分,属于其"尾部"。其内容可以是得出论点,可以是对本论的概括总结而明晰化、深化、强化论点,可以是对问题的未来走向作出预测,可以是就问题的实践意义提出建议或主张,亦可以包含所有这些方面。但基本的原则是,结论应当是前面本论问题得到论证后的自然归宿,是水到渠成的收束,而非简单的重复、形式上的"锦上添花",更非多此一举的"画蛇添足"。

当然,从形式为内容服务这一点说来,结构的完整只是内容的完整的体现,正像德国古典哲学家黑格尔所说:"形式的缺陷总是起于内容的缺陷。"①例如,有的写作,提出问题、罗列论据之后,却不对问题作深入分析甚至不作任何分析,便用"由此可见""大量事实证明"等语句,来确立其论点,以此算作对问题的解决。这种缺失就是属于内容本身的。同样,采用什么结构方式,也是由所论问题本身的性质决定的,一个作者并不能先于对内容问题的认识思考去设定要运用什么结构方式。所以,我们这里抽象地讨论结构问题,绝不是认为结构可以脱离内容而独立存在,仅仅是意在提示或启示写作者,对发现的问题应认真研究,明确对之须作出或可作出什么(方面或层次)取向的探讨,然后量体裁衣,根据内容的需要来决定结构方式。

析理性文体的写作,除了要做到结构完整,还应谨求层段分明。这就是在文本的布局安排上,要建构秩序井然的时空。先说什么,后说什么,分出多少方面,划出哪些层次,必须周全考虑,然后依次铺开,有条不紊。不能信马由缰,天女散花,东扯西拉,颠三倒四,胡子眉毛一把抓,一团乱麻。要做到这一点,应注意三个方面的问题:一是文本各部分之间的事实关系,如主次关系、从属关系、承续关系、对立关系等等;二是文本各部分之间的逻辑顺序,如原因与结果、手段与目的、前提与后续、本体与派生等等;三是人们认识事物的一般规律,如由实践到认识、由感性到理性、由近及远、由粗至精等等。在实际写作中,作者至少应选择、遵循这三者之一,或诸如此类的有序

---

① 黑格尔:《美学》第一卷,朱光潜译,北京:商务印书馆1979年版,第93页。

形式,来安排、设置层段。由此才可能结构井然有序,使文本固有的理论力量不因之而减损。

此外,文本总体上的理路清通也至关重要。理路,即全文的脉络或线索。而所谓"清",是指思路清晰澄明;"通",是指线索贯通全体而具有逻辑的一致性。具体说来就是:首先,作者在文中表达的观点,所是所非、所立所驳,不仅必须鲜明,而且要一贯到底,不能左右摇摆,更不能出现前后矛盾。其次,所论问题的诸方面、诸层次之间、中心论点与分论点之间、论点与论据之间,要紧密连接,相互照应,做到"牵一发而动全身",不能"引论失据""引据离论",相互脱节,导致各自为阵,一盘散沙,亦不能转移话题,中途生发别论。

例如,黑格尔对艺术的本质的认识与其对艺术类型的划分,即明确体现出逻辑上的内在一致性。黑格尔关于艺术的定义是:艺术是"理念的感性显现"。理念在这里为艺术的内容,理念藉以显现的物质性表象则是艺术的形式。由是黑格尔根据内容与形式之间可能具有的三种关系——形式大于内容、形式与内容契合、内容大于形式,而将艺术分为"象征型""古典性""浪漫型"三种。① 而我们有的文学理论,确认艺术是一种"审美意识形态",即从审美的角度来认识艺术的本质,但其对艺术的分类,却不从审美方面着眼,而提出什么艺术有现实型、理想型、象征型三类。这种认识显然前后脱节,相互毫无关系,非"一脉相承";或者说,其分类论从其本质论找不到任何根据。事实上,若立于审美来看艺术的本质,只能将艺术分为诸如优美型、崇高型、滑稽型等等。倘立于意识形态,则艺术的分类便不能不是"进步型""落后型"或"积极型""消极型""革命型""反动型"等一类。

综上所论,"结构完整"是对析理性文本之总体的要求,"层段分明"是析理性文本各部分建构的原则,"脉络清通"则是析理性文本之总体与部分相统一的法理。

【导学训练】

一、学习建议

掌握析理性文体的基本概念,了解析理性文体的基本特征和类型划分。精确了解析理性文体以创新为根本的写作原则。结合具体的评论文章分析、探讨评论的写作与欣赏方法。

---

① 黑格尔:《美学》第一卷,朱光潜译,北京:商务印书馆1979年版,第93页。

二、关键词释义

例证法：运用典型事例来证明论点，即"摆事实，讲道理"的手法。这是运用归纳推理形式来进行论证的最基本、最常见的论证方法。

引证法：就是用公认的理论、原则、公理、格言、成语、俗谚等，来证明一个个别性论点的手法。

因果法：用原因去证明结果或用结果去证明原因的论证手法。

喻证法：用比喻来说明道理。它用通俗、浅显的形象，来说明不易理解、抽象深奥的事理。

对比法：把正反两方面的论点加以对比，以揭示反面论点错误或衬托正面论点正确的手法。

类比法：也称"类推法"，根据两种事物之间某些属性相同，去证明它们在其他属性上也相同的手法。

反证法：不从正面直接证明论点，而是从反面来间接论证的手法。

归谬法：根据敌论的逻辑推论下去，导出极端荒谬的结论，从而证明原来的论点不能成立。

三、思考题

1. 比较析理性文体写作与审美性文体写作的异同。
2. 如何理解析理性文体写作中的"理"？

四、实践训练

1. 列出10篇你已阅读的政治评论、思想评论、文艺评论的篇目及详细出处。
2. 阅读张汝伦的《乡愁》（见贺雄飞主编：《边缘思想：〈天涯〉随笔精品》，海口：南海出版公司1999年版，第108—113页），分小组讨论以下问题。
   (1) 作者表现了一种什么样的艺术审美观点？
   (2) 讨论这篇评论的结构脉络。

【研讨平台】

一、结合刘勰《文心雕龙·论说》中的几段话，探讨议论的基本要求。

圣哲彝训曰经，述经叙理曰论。论者，伦也；伦理无爽，则圣意不坠。

说者，悦也；兑为口舌，故言咨悦怿；过悦必伪，故舜惊谗说。

原夫论之为体，所以辨正然否，穷于有数，追于无形，迹坚求通，钩深取极；乃百虑之筌蹄，万事之权衡也。故其义贵圆通，辞忌枝碎；必使心与理合，弥缝莫见其隙，辞共心密，敌人不知所乘，斯其要也。是以论如析薪，贵能破理。斤利者越理而横断，辞辨者反义而取通；览文虽巧，而检迹如妄。唯君子能通天下之志，安可以曲论哉？

（刘勰：《文心雕龙·论说》，见郭绍虞、王文生主编：《中国历代文论选》一卷本，

上海:古籍出版社1979年版)

译文:

圣人讲的经久不变的教训叫做经书,阐发经书、说明道理的叫做论文。论是有条理的意思;道理讲得有条理而没有差错,那么圣人的原意就不会丧失。

说是喜悦,说字的右边是兑字,兑在《易经·说卦》里作口舌解,所以说要使人喜悦,过于要讨好人一定会变为虚伪,所以《尚书·舜典》里说,舜对阿谀的话感到很吃惊。

考究论文这种体制,所以用来辩明是非,要对现象做彻底的探索,追究到超过形象的理论,要攻破困难求得贯穿,要深入探索取得最后结论。它是求得各种理论的手段,评价各种事理的天平。所以它讲的道理要圆满而通达,话语忌烦碎,一定要使心里想的同事物的道理完全一致,这两者配合得没有一点裂缝;又要使文辞同思想完全一致,使论敌无隙可乘;这是最主要的。因此议论像劈柴,重要的是能够按照木柴的纹理把它劈开。可是斧头锋利的不顾纹理把它横里切断,好比口才好的强词夺理来自圆其说;看文字虽然讲得很巧妙,可是考求实际就知道那个道理是错的。只有有道德的人能懂得天下人的心意,怎么可以歪曲地立论呢?

二、议论的基本要求:

一要"述经叙理曰论。论者,伦也"。议论要分层次,讲条理,有条不紊,层层讲明。

二要"言咨悦怿",议论文也要有情、有理、有趣,要理从趣生,理而有趣,写得生动活泼,情理兼备,让读者心悦诚服地接受你讲的道理。

三要"辩正然否","钩深取极","义贵圆通","辞共心密",论点要正确、深刻,语言要准确,论证要有严密的逻辑性,无懈可击。

四要"论如析薪,贵能破理",讲究科学的说理方法,顾着事物的"纹理",剖析事物,说明问题,讲清道理。反对"越理而横断"和"反义而取通"两种错误做法,因为它们违背了"破理"的原则。

(参见许兆真主编:《高等教育自学考试指定教材同步配套题解·汉语言文学专业 写作》,北京:光明日报出版社2005年版,第88页)

【拓展指南】

中国当代出版的较有影响的文学、评论报刊简介

1. 刊名:《读书》

刊期:月刊

主办单位:生活·读书·新知三联书店

创刊于1979年4月10日。是以书为中心的思想文化评论刊物,内容涉及重要的文化现象和社会思潮,包容文史哲和社会科学,以及建筑、美术、影视、舞台等艺术评论和部分自然科学。《读书》的宗旨是:展示读书人的思想和智慧,凝聚对当代生活的人文关怀。

2. 刊名:《收获》

刊期:双月刊

主管单位:上海市作家协会

创刊于 1957 年 1 月 1 日。中国当代文学刊物。以刊载中、长、短篇小说为主,同时选登部分话剧、电影文学剧本、报告文学、笔记、特辑采访等。

3. 刊名:《杂文月刊》

刊期:月刊

主办单位:河北日报社,河北省杂文协会

创刊于 1985 年。我国唯一刊登杂文、随笔、小品、漫画、讽刺小小说、杂文学术文章,转载其他报刊杂文精品的杂文类综合性杂志。

4. 刊名:《星星》诗刊

刊期:半月刊

主办:四川省作家协会

创刊于 1957 年 1 月 1 日。新中国诗歌史上创刊最早的诗歌刊物。上半月专发诗歌原创作品,下半月专发诗歌理论。《星星》坚持以全面推进中国新诗的繁荣作为办刊宗旨,形成了鲜明的诗歌品质和诗歌特色。

5. 刊名:《文艺争鸣》

刊期:月刊

主管:吉林省文联

创刊于 1986 年 1 月。文艺理论和评论刊物性质的杂志。办刊宗旨:认真执行党的"双百"方针,循着立足本省、面向全国,并循着严肃的学术性和活跃的争鸣性并重的办刊方向。注意把握当前学界具有先锋意义、现实意义、探索意义的话题,通过争鸣,通过扎扎实实的学理性阐述,坚持各种学术观点的平等探讨。

6. 刊名:《写作》

刊期:月刊

主办:武汉大学

创刊于 1981 年 7 月。中国写作学会会刊、写作学科核心期刊。《写作》力求探寻写作学科学术研究的新动态,及时反映写作界的最新成果,传播各种文体的写作方法和技巧。设置有:创作论坛、诗艺随笔、作家与作品、小说写作、散文写作、公文写作、日常应用写作、广告写作、影视剧写作、新闻写作、电脑写作、创作星空、作品修改等栏目。

7. 报名:《文艺报》

刊期:周报

主办:中国作家协会

创办于 1949 年 9 月 25 日。办报宗旨:以专家的视角,介绍世界上有影响的作家、流派、作品等;以作家的视角,关注社会发生的事件、热点、焦点,反映作家们的感受和观点。

第六章 评 论

在析理性文体的范畴中,评论与论文相对存在,它是指写作者依据一定的真理或道理对于一事物进行评析论说,以表达自己的思想主张的一类文章著述。评论文体的种类,从不同的角度可以作出不同的划分界定。本章拟先对它的基本性质和特点作一概括分析,然后按其对象或内容进行分类,谈谈知识性评论和价值性评论二者的写作。

第一节 评论文体概述

一、基本性质和作用

评论与论文一样,都有一定的对象,并且都要通过摆事实、讲道理对于其对象事物"是什么"以至"为什么"给予判断界定和论证说明,这是评论从属于析理性文体的普遍性质。但评论与论文相比又有其特殊性。

总体言之,论文的本事在于认识发现客观事实或普遍性真理,而评论则是要对于一个事物作出是或非、正或误、对或错、善或恶、美或丑、利或害、优或劣、好或坏等等的评价论断,从而表达作者赞成什么、反对什么的思想主张。因此,如果说论文与其对象的关系是"认识性"的,那么评论与其对象的关系则是"评价性"的。

一篇评论对于一个事物发表评价论说,提出作者的思想主张,其目的在于张扬作者所信仰的真理或道理,以告知、提醒、劝诫、警示、倡导、教育人们应当如何做。所以评论是扮演着人间美好事物的"宣传者""守望者"的角色。这是评论的性质和作用所在,也是评论不同于作为真理的"发现者"且以发现为根本目的的论文之特殊性所在。据此我们又可以说,论文从事的是一种认知性的探讨研究活动,是文本形态的理论思维,其指向的是"必然如此之事";评论进行的则是一种思想性的宣传活动,是文本形态的社会舆论,其指向的是"应当如何之事"。

如毛泽东在《"友谊"还是侵略?》一文中①,对艾奇逊写给美国总统杜鲁门的信首先作出了其论断(论点):"艾奇逊当面撒谎,将侵略写成了'友谊'。"这一论断并不是指出艾奇逊对客观事实的认识不正确,而是谴责艾奇逊有意歪曲(按人们普遍信仰的公理和正义来看)客观事实,颠倒善恶黑白,美化当时美国政府在中国犯下的罪行;也即它是否定艾奇逊为当时美国政府在中国所作所为作出的违背公理和正义的可耻辩护,表达了作者对这一辩护的强烈反对态度。所以此论断是评价性而非认识性的。该文接下来用事实对艾奇逊言论一一驳斥,既是在揭露艾奇逊的卑劣做法,也同时是在告知、提醒、教育人们,特别是那些对美国政府"存着幻想"的知识分子,应当如何看待、对待美国政府的对华政策。又如墨子的《非攻》,是对于攻打他国这一行为发表自己的看法,认为其如"入人园圃,窃其桃李"一样,是"亏人自利"的不义行为(论点)。这一论断也不是客观性的认识,而是思想性的评价,它表达了墨子否定和反对攻打他国行为以及维护其所信仰的正义之思想主张,同时也是在告知人们应当明辨"义与不义",对这一行为"闻则非之""得则罚之"。

由此可知,从一篇析理性文章的论点是认识性或学术性的还是评价性或思想性的,可以确定它是属于评论还是论文。

评论运用的范围十分广泛,从自然事物(如评其美丑、利害)到社会事物,从人们的言行作为到思想观念,从物质文化到精神文化,从国内之事到国际之事,从历史事件到现实事情,评论无不可加以评议论说。不仅如此,评论还能够对论文本身进行评说。如思想史、科学史、哲学史、文学批评史等等,在很大程度上就是其作者对于前人理论研究作出的评述。举例来看,恩格斯的《卡·马克思〈资本论〉第一卷书评——为〈民主周报〉作》一文写道:

> 自地球有资本家和工人以来,没有一本书像我们面前这本书那样,对于工人具有如此重要的意义。资本和劳动的关系,是我们现代全部社会体系所依以旋转的轴心,这种关系在这里第一次作了科学的说明,而这种说明之透彻和精辟,只有一个德国人才能做得到。欧文、圣西门、傅里叶的著作是有价值的,并且将来也是有价值的,可是要攀登最高点把现代社会关系的全部领域看得明白而且一览无遗,就像一个观

---

① 《毛泽东选集》(合订一卷本),北京:人民出版社1964年版,第1394页。

察者站在最高的山巅观赏下面的山景那样,这只有待诸一个德国人。①
这是赞扬和肯定马克思的理论发现具有前人无可比拟的科学性,是高度评价这一理论对于工人解放所具有的重大意义。理论在这里成为评论的对象,它通过评论在社会得到了广泛传扬。

此外,相对于论文重在探索未知世界而不论其与现实有无直接关系说来,评论所评说的往往是具有现实意义、当下社会生活中发生、具有广泛影响或公众性、成为热点或焦点的事。其原因不在于论文追求形而上的"高高在上",无意于关注现时当下之事,而是因为当下发生的事尚未形成普遍性和必然性,还不足以让理论(论文)对之进行思考探索,得出一般认识。评论在此却能发挥其长,它本来就来自现实的舆论形式,以具体个别事物为评说对象。

评论可以紧密跟踪现实动态,细察秋毫,注视社会生活各个领域的"风吹草动""星星之火",及时地作出评价议论。这也显示了评论具有不能为理论所取代的特殊价值。在这个意义上我们可以说,评论是理论的"侦察兵""先头部队",是理论研究的一定基础或前提。

如一篇题为《租房也是居者有其屋》的评论,对当下我们国家"在住房消费的政策和理念上"所持的一般看法和做法提出了批评意见。作者认为,我们现在对"居者有其屋"的理解,几乎是不顾人们的经济水平,"出自房产商之口是个'卖'字,出自需求者之口便是个'买'字;对居者有其屋的理念,狭隘地指产权房;对于改善住房的要求如何去实现,则很自然地说取决于市场;如此等等"(该文的论点,即认为其不正确)。然而作者指出,现在"各地都普遍存在着许多家庭无经济能力拥有产权房而有赖于租房的现象。此外,也有因流动频繁而住租赁房。年轻一代更是以租房为绝大多数人的选择"。因此,要在当下真正实现"居者有其屋",就应当改变我们的观念,将租房也看做是"居者有其屋",同时去改变住房租赁市场的现状。为此作者提出了四点建议。② 从该文我们可以看出,作者对现实生活的动态具有敏锐的洞察力,所评问题也是有影响的大众普遍关心的事,但其提出的问题及建议主张则无疑还需要国家决策者和理论研究者深入思考和探讨。这正是评论与论文(理论)的不同。

---

① 《马克思恩格斯选集》第2卷,北京:人民出版社1972年版,第269页。
② 《文汇报》2005年7月1日。

二、评价根据与推理方式

评论不是以认识发现和探讨研究普遍性真理为旨归,这决定了评论虽然有"评"(评价)也有"论"(认识),但在评与论二者中,它是重在评而不在论,并且其论也自有不同于论文之论的意义。评论之论是论中含评之论,是给予其评价以论证之论。

而评价就必然要有一个标准或尺度,一个判定对象事物之是或非、对或错、善或恶、美或丑、利或害等等之属性、提出作者思想主张的根据或准绳。这个作为评论之尺度和准绳的,从根本上讲,只能是作者所信仰的一定的理(真理、道理、公理、法理、事理,等等),就像作为论文提出论断之根据或基础的只能是"客观事实"一样。由此我们可以说,所谓评论即是"据理评事"或"以事评理",有如论文是"从事得理"或"据事论理"。换言之,评论用以证明其论点的,主要是"理论论据",而论文确证其论点的,本质上是"事实论据"。并且评论所据之理,往往既不来自作者的认识发现,也不是评论所要论证的东西(它是论据而非论点)。从而评论通过其所评,是宣扬和维护其所据之理,同时表明了作者的思想主张。

评论用以评说一个事物的理(论据),在文中有多种表达方式。

有时在文中对之作充分说明。如恩格斯在《致玛·哈克奈斯》中对哈克奈斯的小说《城市姑娘》作出了这样的评说:

> 如果我要提出什么批评的话,那就是,您的小说也许还不很够现实主义。据我看来,现实主义的意思是,除细节的真实外,还要真实地再现典型环境中的典型人物。您的人物,就他们本身而言,是够典型的;但是环绕着这些人物并促使他们行动的环境,也许就不是那样典型了。在《城市姑娘》里,工人阶级是以消极群众的形象出现的,他们无力自助,甚至没有试图做出自助的努力。想使这样的工人阶级摆脱其贫困而麻木的处境的一切企图都来自外面,来自上面。如果这是对1810年前后,即圣西门合罗伯特·欧文的时代的恰如其分的描写,那么,在1887年,在一个有幸参加了战斗无产阶级的大部分斗争差不多50年之久的人看来,就不可能是恰如其分的了。工人阶级对他们四周的压迫环境所进行的叛逆的反抗,他们为恢复自己做人的地位所作的极度的努力——半自觉的或自觉的,都属于历史,因而也应当有权在现实主

义领域内要求占有一席之地。①

这里,恩格斯对哈克奈斯小说提出的批评(论点),是以其明确陈述并赞成肯定的现实主义创作原理为尺度和准绳的(论据)。不仅如此,作者还说明了哈氏的小说应当写出什么来,即她在环境描写方面实际存在着什么不足之处。

有时当评论据以评说事物的理浅显易明,评论则仅仅是提示之,而不加以展开表述和论说。如墨子的《非攻》,是以"亏人自利"为"不义"作为评价而否定"攻国"行为的尺度和准绳的。而"亏人自利"何以为"不义",作者并未述说阐释。这里的原因即在于,亏人自利之不义是人们普遍信奉的基本道德规范。又如汉代王逸的《楚辞章句序》,在评价屈原时写道:"人臣之义,以忠正为高,以伏节为贤。固有危言以存国,杀身以成仁。是以伍子胥不恨于浮江,比干不悔于剖心,然后忠立而行成,荣显而名著。……今若屈原,膺忠贞之质,体清洁之性,直若砥矢,言若丹青,进不隐其谋,退不顾其命,此诚绝世之行,俊彦之英也。"②这里,对屈原的赞扬评价,显然就是以开头陈述的"人臣义,以忠正为高,以伏节为贤"这一儒家伦理为尺度和准绳的。至于为什么"忠正""伏节"应当肯定,作者并没有阐释。这同样是因为,儒家伦理在当时是人们普遍信仰和崇尚的为人处事之信条。

有时,当作为评论之尺度和准绳的理是不言自明或尽人皆知的公理、常理、道理时,评论甚至不在文中作任何的表述,直接就提出对于对象事物的肯定或否定的评价。这在逻辑学上称之为省略"大前提"。如一篇题为《劫贫献富恶于盗》的评论,对那些巧立名目向农民、老百姓乱收费、乱罚款、乱摊派、乱集资,甚至贪污挪用救灾款或公然将灾民的救命钱粮私分的地方干部的所作所为,作出了言辞激烈的批评否定,称其"恶于盗"。③ 作者何以能作如是评价,所根据的是什么?文章没有只字说明。然而对此何人不知,包括被批评斥责的对象!那就是作为人民"公仆"者理应奉守的党纪国法——明若日月之公理。又如鲁迅的《"友邦惊诧"论》,对当时国民党政府以"友邦人士,莫名惊诧,长此以往,国将不国"为理由和借口,残酷镇压学生爱国请愿游行的野蛮行径,作出了愤怒的谴责和驳斥。其用以谴责和驳斥国民党政府的理,在文中亦没有作任何陈述。但它显然就是天下人皆知

---

① 《马克思恩格斯选集》第3卷,北京:人民出版社1972年版,517页。
② 郭绍虞主编:《中国历代文论选》第一册,上海:古籍出版社1979年版,第149页。
③ 《中国青年报》2001年12月14日。

的一条公理:维护民族独立、主权完整、国家统一是天经地义的正义之举,侵犯他国和无视人民基本权力是人类罪恶。

由此可知,评论采用的论证方法,乃至评论作为析理性文体的内容构成特征,在本质上或逻辑上说来是"演绎推理"性的,即它是从某个一般性的理论认识出发去论断评说某一具体事物,以表达作者的思想主张,尽管有时省略了那不言自明或人所皆知的"大前提"。如将《非攻》的内容用公式表示就是:亏人自利为不义(大前提,论据),攻取他国如窃他人桃李是亏人自利(小前提),所以攻国属于不义(结论,论点)。再如用公式来表述《劫贫献富恶于盗》的内容则是:党纪国法指明人民"公仆"要为人民服务(大前提,论据),一些地方干部却欺诈百姓、以权谋私(小前提),因此其行为严重背离党纪国法而"恶于盗"(结论,论点)。

评论的这一推理方式和内容的结构特征决定了其作出的评价和提出的主张(在没有写作层面上的诸如论据偏离事实、论证无力等问题时),一般说来是能够为那些赞同、认可作为其评论尺度的公理、法理、常理、道理的人们所接受,而为那些不承认此理的人们所否定的。同时也说明了,要否定其论点,在根本上必须去论证作为其论点根据的理是谬论。

对比来看,论文所要探讨发现和论证确立的,恰恰是对评论说来构成其评价及主张之尺度和准绳的东西,也即论文是在于"从事得理"。因而论文运用的论证方式及其文体的内容构成特征,总体上是"归纳推理"性的,即是从大量个别事实中去得出一般的理论认识(论点)。这同样决定了能够认同一篇论文由以出发的现实具体事物是客观事实的人,通常亦能接受其论点(亦以排除写作层面上的问题为前提);若怀疑其论点,就必须去证实那论点所由来的现实事物是虚假现象。

由是我们应该可以说,判断一篇析理性文本属于评论还是论文,除了看其论点(是认识性的还是评价性的)外,还要看它在总体上是根据"一般"(理论论据)来认定"个别"的属性,还是从"个别"(事实论据)去取得"一般"的认识。简而言之就是看其是以"评"(据理评事)还是以"论"(以事得理)为主。

这也说明,评论之评是以论文(理论)所揭示、确立的理为尺度和准绳的。例如,一定的经济评论总是以一定的经济学理论为基础;一定的文艺评论必然是从一定的文艺理论出发,等等。这就像法官判案,依据的是先行制定的法律;医生诊病,是以他掌握的医学理论为依据;运动场上裁判对运动员行为的判定,是基于已确立的竞技规则。也可以说,一切评论,不论政治的、经济的、或思想的、文艺的,都要由一定的理论(有时是多学科的理论或成为了法则、规范、常识的东西)提供评价判断的尺度和准绳。

当然,从辩证法说来,论文(理论)决不是、不可能是凭空建造理论楼阁,它的一般性"论点"不能不靠评论实践来提供个别性"论据"。并且,论文本身作为人们已知之事,也在评论的对象范畴。评论可以对具体的一篇论文从观点的正确与否、是否合于逻辑和真理,到形式的构建安排是否恰当或美,以及作者应当如何做,等等,发表评价看法和提出其主张,虽然这种具体的评论仍然要以一定的理论或观念作为根据。

因而评论与论文二者之间的关系(也就是社会舆论与理论思维的关系),如同毛泽东所说:"认识从实践始,经过实践得到了理论的认识,还须再回到实践去。……实践、认识、再实践、再认识,这种形式,循环往复以至无穷。"也即从一个方面或阶段、过程来看,论文(认识)是评论(实践)的基础;而从另一方面或阶段、过程来看,评论又构成了论文的基础。因而,在思维的抽象层面上讲,没有哪一个可以称作最后的"终极性实在",只能说它们之间是互为基础的辩证统一关系。用当代西方的"互文性"理论来说就是,评论是论文的生发运用或实际个案,论文是评论的理性升华或出发前提;要理解其一就必须参照另一个。

三、言说特点和内容组织

评论以人们已知之事为对象,所以不像新闻报道那样,将大众不能亲身见闻之事广告天下——以经验的"未知之事"为对象;同时评论不在于探讨发现普遍性真理,因而不是以诉诸少数专家或学术界为写作取向。这决定了评论所评的,一般说来,是与人们实际生活或利益相关的(在现代往往是新闻报道已告知天下的)事。虽然评论的接受人群没有新闻报道广大,虽然评论之评要以一定的理为根据,但是它所诉求的是包括专家在内的广大社会人群。评论的本事就是用已被揭示的真理、已有定论的公理、已成规章的法理、已属常识的道理、为人信奉的哲理、普遍认同的伦理、不言自明的事理等等,"自上而下"地来评说人们社会生活各个领域中与其物质的和精神的需要直接或密切相关的事,以澄清真伪、辨明是非、甄别善恶、鉴定美丑、申诉利害,表达一定的愿望和意志,告知、提醒、警示、倡导、教育人们应当如何做。

因此,评论在关注问题的取向上接近于新闻,具有很强的个别"针对性";在表达看法的真切上接近于艺术,显现出融情于理、情理统一的特点;

在评说昭理的方式上接近于论文,既摆事实,亦讲道理。而这一切,就形成了评论言说的鲜明特点。

总体而论,评论讲求表达的通俗易懂、语言的精炼生动、篇章的短小精悍,也就是注重"雅俗共赏"的可读性。我们可以看到,在社会大众中广泛流传,为人们熟知而经常引用,包含着人生或生活哲理、道理、真理的格言、警句、成语等,大多即出自名家的评论文。在这方面,先秦诸子、鲁迅、毛泽东等的评论堪称典范。如鲁迅的《"友邦惊诧"论》一文,针对时事而发,紧跟新闻报道;对当时国民党政府和所谓"友邦人士"可耻行经的揭露、批驳、谴责,一针见血而犀利深刻,有强大的理性说服力量;同时痛恨和愤怒之情漫溢纸上,浸透字字句句,表现出鲜明的思想态度;而语言又明白、准确、生动。看下面一段(论点):

好个"友邦人士"!日本帝国主义的兵队抢占了辽吉,炮轰机关,他们不惊诧。阻断铁路,追炸客车,捕禁官吏,枪毙人民,他们不惊诧。中国国民党治下的连年内战,空前水灾,卖儿救穷,砍头示众,秘密杀戮,电讯逼供,他们不惊诧。在学生的请愿中有一点的纷扰,他们就惊诧了!

好个国民党的"友邦人士"!是些什么东西!

即使所举的罪状是真的罢,但这些事情,是无论哪一个"友邦"也都有的,他们的维持他们的"秩序"的监狱,就撕掉了他们的"文明"的面具。摆什么"惊诧"的臭脸孔呢?

这是在用事实说话,也是在表达人民大众的愤怒,同时还是在阐说人类世界的公理。事、情、理三者高度统一,而全文不过一千多字。

评论的内容组织与论文一样可以分为引论、本论、结论三部分。不过,评论有其特殊性。评论的引论常为叙事,即陈述所要评论的是什么事,为本论作铺垫,把读者的注意力引向论题。本论一般是先提出问题,也就是作者对于所评之事提出自己的发现。同一件事人们可以从不同的角度来认识,因而可以有不同的问题。本论部分就是要突出对象事物的特点,限制评论的论域,从而针对既定问题提出自己的观点(论点)。其次是作者对所评之事作出分析和说明,如指出该事件有何意义、一般人如何理解、该事的性质是什么、何以会发生、将可能导致什么后果,等等,总之,目的在于突出作者对所评之事的独特理解。结论是在文尾将作者的观点、立场重申一次,以为总结,或根据本论的分析和说明提出主张或建议,吁求读者的支持。

以一篇短评《国歌为何遭受冷遇?》①为例:

　　(引论,叙述事情)在云南省玉溪市近期举办的聂耳纪念日活动上,云南文化界一些人士忧虑地指出:"国歌在小学、中学、大学的音乐教材中都有,但现在很多中小学生、大学生都唱不好国歌,甚至连歌词也记不住。"

　　(以下是本论,指出该事件的性质)对于每一个认同国民身份的人来说,国歌和国旗共同代表了国家和人民,是一种民族精神的象征。《义勇军进行曲》是中华民族不屈不挠奋力抗争的呐喊,是华夏儿女代代相传的精神财富,了解并且热爱我们的国歌,是爱国主义的一种具体入微的表现。国歌就是一部浓缩的历史,如果说"忘记历史就意味着背叛"的话,那么忘记国歌也一样意味着背叛。

　　(问题)在我们的祖国日益强盛的今天,也许我们确实没有了昔日即将沦为"奴隶"的危机感,也不再有"敌人的炮火",但我们因此就要停止"前进"的步伐吗?因此就没有了"起来"的必要吗?(要解答的问题)答案显然是否定的。忘记国歌,不仅意味着忘记了那段血与火的历史,同时也意味着忘记了我们中华民族一脉相传的英勇奋斗精神,意味着忘记了我们今天的幸福生活究竟从何而来。(对问题做出解答)这是一种怎样令人难言的悲哀?

　　行文至此,想起了一则往事。2003年12月4日,3名尼日利亚外交官参加了尼日利亚参议院一个高级委员会的审核会议,因不会唱国歌,不会背诵"爱国誓言"而丢掉饭碗。

　　作为一个国家公民,却连自己国家的国歌都不会唱,这显然无法称得上爱国;而一个连自己的祖国都不爱的人,又怎么可能去热爱他所从事的职业呢?(对解答的肯定)3名外交官因此丢掉饭碗看似小题大做,其实却在情理之中。反思我们国歌受到冷遇的现状,是不是也多少面临着类似的困境呢?

　　(结论)面对国歌日趋受到冷落的尴尬局面,也许我们真的有必要再一次振臂高呼"起来"了。

叙事——问题——解答(评价)——主张或建议,这就是评论的内容的一般组织模式。

---

① 《广州日报》2005年8月23日。

最后谈谈评论的分类问题。对于评论的划分,当下学术界的普遍做法是着眼于"题材"意义上的评论的对象,如分为政治评论、思想评论、经济评论、文艺评论等等。这样划分的好处显而易见,它可以让读者一目了然一篇评论的内容取向,从而可根据自己的需要去作相应的选择阅读;但也有不足,即不能提示不同评论在内容性质上的基本差异。好比将审美性文体按体裁分为诗歌、散文、小说、戏剧等,不能指明一种创作是"叙事性"的还是"抒情性"的一样。而从创作、写作的角度讲,弄清叙事与抒情的区别和各自特点,显然更具有意义。因为,叙事与抒情问题不仅与写作、创作的动因和取向有关,而且直接与要表达的主题内容、要采用的创作方法相关。至于题材或体裁,不过是受主题内容制约并服务于主题内容的形式因素而已。

基于这一认识,我们拟从评论的内容入手,并且像审美性文体将叙事与抒情看做建构文本内容的"手法"而不是特定体式那样,将评论在这一意义上分为"知识性评论"与"价值性评论"两种。

第二节 知识性评论

知识性评论是指写作者依据其所信仰的一定的普遍性真理或道理对于某一事物发表评价性看法,表达其思想主张的一类评论。这种评论因所据之理具有客观性,属于"知识"的东西,故称其为知识性评论。

一、"知识"界定

"知识"是指人们在社会实践中积累起来的关于客观事物的经验,它在本质上属于认识的范畴。毛泽东在《整顿党的作风》一文中曾说道:"什么是知识?自从有阶级的社会存在以来,世界上的知识只有两门,一门叫做生产斗争知识,一门叫做阶级斗争知识。自然科学、社会科学,就是这两门知识的结晶,哲学则是关于自然知识和社会知识的概括和总结。"[①]这里,所谓"阶级斗争知识"和"生产斗争知识",在今天看来应该说的是社会生活知识和生产实践知识。前者指人们对自然事物以及人与自然事物之关系的本质、运动规律与原理的正确经验认识,后者则是指人们对社会事物的运动规律以及人类在共同生活和相互交往中所形成的规范守则等等的正确认识理解。不论前者还是后者,其指向的都是具有必然性的东西。

---

① 《毛泽东选集》(合订一卷本),北京:人民出版社 1964 年版,第 773 页。

不过,知识既然有"自然的"和"社会的"的区分,这两种知识就不可能只是领域或范围的不同。

从经验可知,自然知识指向的必然性,是不以任何个人主观意志为转移的、对于一切人来说具有自身同一性的"自然事实"。例如,地球围绕太阳旋转、氧遇热会燃烧、水到0℃即结冰、人不吃饭会饿死等等。在自然知识基础上形成的是物理学、化学、生物学、医学等等自然科学。而社会知识指向的必然性则有两类,一是与自然的必然性一样具有自身同一性的"社会事实",如商品的价格总是围绕其价值上下浮动,生产力与生产关系相互制约、相互依存,中国共产党成立于1921年等等。在这类社会知识基础上形成的是经济学、历史学等社会科学。另一则是人们普遍信仰的价值观念,如人与人生而平等没有高低贵贱之分,人人都有受教育的权利,人人都有信仰的自由,个人生活和国家主权神圣不可侵犯等等。这种价值观念对于任何个人来说同样具有必然性和客观性,是每一个体的人在社会生活中必须遵循和应当知道的东西,所以它们也属于真理,也是知识。在此类社会知识基础上形成的则是法学、伦理学或法律、社会规范、守则等等。

知识对于人们来说无疑也是价值事物,有如对于一个价值事物的认识属于知识的范畴。我们在这里作一个界定,将那些对一切人或绝大多数人而言的价值事物归入"知识"的名下,而将那些只是一些个人、一些人所追求认同的事物称作"价值"。

二、一般特点

知识性评论的特点,在评论的范畴内,是与价值性评论相区别时显现出的独特个性。而与以知识性为根本属性的论文相对照,其特点无疑就在于一个"评"字上。我们从这个双重关系并结合写作来谈谈它的一般特点。

1.以普遍性之理为评价尺度。前面谈到,一切评论在本质上都是"据理评事"。不过,不同性质的评论所依据的理是不同的,从而其指向的事物也不同。知识性评论所依据的理是"普遍性真理或道理",也就是上述的对客观事物的正确认识(普遍的真)和反映了广大人民意志愿望的思想观念(普遍的善)这两种知识。知识性评论以这种性质的理(论据)来评说事物,显示出其评说的是关涉人们普遍利益的事,由此作出的评价或提出的思想主张即具有合于事实的客观性和认识性特征。在这个意义上我们可以说,知识性评论即是客观性评论、认识性评论。

如《别让生物钟踩错点》一文①,对当今快节奏的社会里30—40岁的中青年在社会和家庭双重压力下长期紧张工作不顾劳累的做法,从医学角度提出了善意的批评和警告,作者认为这种过劳的做法是不正确的"透支健康"。这也是该文的论点。而其提出批评和警告所根据的,则是医学研究的一个成果(论据),即人过度疲劳会使身体进入"亚健康"状态:"疲劳是亚健康的一种最常见的表现,也是导致疾病的重要因素之一,是万病之源。"所谓亚健康状态,作者加以说明,它"就是处于健康(第一状态)和疾病(第二状态)之间的一种过渡状态,是从健康到疾病的一种量变到质变的准备阶段,世界卫生组织(WHO)称其为'第三状态'"。对此作者以医学研究资料作出了论证:"在过劳的人群中约有1/6易发生心脑血管系统疾病。各大医院的住院部里,常常可以见到40岁以下的心肌梗死及脑梗塞患者。甚至社会栋梁英年猝死的事例屡见报端。"并且在作者看来,疲劳或过劳导致的"亚健康",也就是破坏了身体固有的"生物钟"之正常运转。所以作者主张和建议,人要保持健康而避免亚健康以致疾病和死亡,就应当在生活和工作中做到"有张有弛,有劳有逸","别让生物钟踩错点"。如果我们将该文的逻辑结构用公式来表示则是:生命的运动固有一张一弛的运动规律(大前提,论据),长期紧张工作不顾劳累不符合生命的运动规律(小前提),所以这种做法是不正确的(结论,论点)。由此我们可以看出,作者提出批评所依据的,是医学已揭示的普遍性真理,也就是对生命运动之客观规律的正确认识。作者通过其评论,宣传了医学知识或科学真理,告知、提醒那些不顾或过度劳累的人们应当如何对待生命和工作。

知识性评论评说事物所依据的普遍性之理,如果来自作者的认识,则往往在文中举出其所由来的事实。如《重赏之下,必有佳作?》一文,对当下国内一些出版单位不惜用重金来求取佳作的做法——如其所举:"云南的《大家》以10万元为大奖作品奖额,湖北的《今古传奇》悬赏20万元以求佳作,浙江的《东海》也不甘落后,推出50万元文学大奖征文活动,而《中华诗词》联合某企业举办的'相思节诗词大赛',竟用20万元买一首诗"——提出了批评。作者认为,这种做法实不可取(对其表示怀疑),这也是该文的论点。而其提出批评的根据,即是如下的认识:"如今这阵势,左一个大奖,右一个大奖,钱迷心乱,引诱得文人坐卧不安,哪还有心思去'披阅十载,增删五次',去推敲苦吟!在这种氛围下,是注定难出大文人大作家的。"为此,作

---

① 《新民晚报》2004年1月15日。

者举出了一些客观事例以及理论材料来证明之:

> 从历史上来看,文坛佳作传世名著,没有一部一篇甚至一句是重赏刺激出来的。马克思的《资本论》,出版后的稿费还不及他写作时抽掉的雪茄钱;曹雪芹的《红楼梦》,则连一分钱收入也没有,有的只是"举家食粥酒常赊";王勃的千古名篇《滕王阁序》,仅换来几杯薄酒;左思的《三都赋》,10年辛苦,虽有"洛阳纸贵"之誉,也不过是让造纸商发了大财。而一些重赏换来的作品,即使出于名家之手,也多是有铜臭气无笔墨香,像韩昌黎贪图重金给人家写的那些墓志铭,像司马相如为千金重赏而给陈皇后写的《长门赋》,别说是"藏之名山,传之后人",就是当时也为文人骚客所瞧不起,被认为是"谀世媚时"之作。……"鸟翼绑上黄金,它还能飞远吗?"泰戈尔这话的确不时髦了,但这个道理却不会过时,尤其是在文坛浮躁气氛日渐浓郁的今天。……还是鲁迅说得好:"穷极,文是不能工的,可是金银又并非文章的根苗。然而富家儿总不免常常误解,以为钱可使鬼,就也可以通文。使鬼,大概是确的,也许还可以通神,但通文却不成。"①

以历史事实来证明其批评和怀疑的正确性,这类似于论文的写作。不过就该文总体观之,它在客观的认识中又明显有着作者思想主张的表达,并且其认识也不具有新发现的意义,所以它是评论而不是论文。

由上可见,衡量一篇文章是知识性评论还是价值性评论,看其作者评价事物所依据的理(论据)是否具有普遍性,是一个重要的尺度。

2.以评说事物的客观性本质为指向。所谓客观性本质,也就是对于一切人或绝大多数人来说具有自身同一性、不以任何个人或特殊人群之主观意志为转移的事物属性。如太阳是发光发热的恒星、人有五官四肢、七言诗有七字八行等等。事物的这种客观属性不同于情人眼里之美女、读者看到的哈姆雷特等因个人的主观意识不同而变异的主观化属性。一篇评论对于事物的客观性本质或属性进行评说,就是看其是否合于"普遍的真"或"普遍的善"。所以,只有评说事物的客观性本质的,才能以普遍性之理为依据。而评说事物的客观性本质或属性决定了作者必须站在客观的总体人类的立场上。这三者之间是相互制约、同构对应而统一的。

如《文不在长,有创新则成》一文,对于"近年来,社会上兴起了一种风

---

① 《中国青年报》2003年1月3日。

气,就是热衷于写长文章、出大部头。有些文章动不动洋洋万言,有些著作少则二三十万,多则五六十万字,二卷本、三卷本,甚至丛书、套书,也不乏其例。好像文章不写这么长,著作不出这么厚,就不足以阐明自己的思想",表示了怀疑和不赞成。作者说道:"这些文章、著作中究竟有多少思想,理论上、学术上有多少创新,读者劳神费力读下来究竟能得到多少教益,却颇值得怀疑。"在作者看来,"创新是一切理论研究、科学研究的本质和生命力之所在。……理论研究性的文章,学术探讨性的著作,如果没有创新,只能是低水平重复,无价值可言。但是,理论上、学术思想上的创新是否一定要大块头或大部头呢? 不一定"。这里,"怀疑""不一定",即是该文评价上述做法的论点。而其批评对象事物所依据的理(论据),即是该文的论题。对此,作者用事例作出了论证:

  老子的《道德经》创立了我国古代朴素辩证法的思想体系,只有五千字;儒家学说的经典代表作《论语》也不过一万五千多字,而且都是语录的形式。毛泽东没有写过大部头的专著,他的《实践论》不过一万字,《人的正确思想是从哪里来的》只有一千字,但却创造性地发展了马克思主义的认识论;邓小平更是如此,他的文章中处处闪烁着新时代真理的光辉,但大多数也只是二三千字。这难道妨碍他们创立毛泽东思想、邓小平理论的科学体系了吗? 江泽民同志的《正确处理社会主义现代化建设中的若干重大关系》,不过一万字,但堪称"规律认识的新飞跃,辩证法的新篇章";而他关于"三个代表"的思想首次发表时,只用了三十几个字,却提出了面向新世纪党的建设的总纲。爱因斯坦当年创立狭义相对论和光量子理论的时候,都是以科学论文的形式发表的,每篇也只有几千字。①

从全文我们能够明确看出,作者对"大部头文章"之价值的怀疑或对"创新"的肯定,不是从个人的爱好或什么人群的特殊利益出发的,而是站在客观的立场上;其作出评说依据的理,是来自对于佳作"生产规律"的认识,所以可以说其评说的是文章的客观性本质。又如,上述《教育政策的"嫌贫爱富取向"》一文对我们教育政策的"不公平""不合理""嫌贫爱富"偏向的批评,指向的也是教育政策的客观性本质,即其应具有的根本属性。知识性评论的这一特点,也是价值性评论所不具有的。

---

① 《中国青年报》2003 年 1 月 3 日。

3.知识性与价值性相统一。知识性评论立于客观的立场上,以普遍性之理对于一个事物的客观性本质作出评价论说,提出作者赞成或反对的思想主张,无疑可以说就是在"为总体人类下判断",是赞成和肯定着总体人类的赞成和肯定,反对和否定着总体人类的反对和否定。因此,它的思想主张同时表现为对客观事实的认识。或者说,它做出的论断既是认识性的——对客观事实的评价没有特殊个人的倾向性;又是思想性的——对客观事实的认识具有总体人类的思想倾向性。这也就是说,知识性评论实际上是认识性与评价性、客观性与思想性相统一的理性写作。这一点,我们从上面所举的每一篇知识性评论均能看出。而形成这个"统一"的原因,从写作学的角度来看即在于,知识性评论中的"普遍性之理"(如人人都有受教育的权利)本然就是认识性和评价性、客观性和思想性之二重性的统一,从而在文章中,它既可以说是从客观事实中得出的认识(论点),又可以说是作者提出评价所依据的标准(论据)。

以毛泽东的《纪念白求恩》一文为例来看。作者在文中首先陈述了白求恩的事迹,并对之作出了概括性的表述:"一个外国人,毫无利己的动机,把中国人民的解放事业当作他自己的事业。"然后论断道:"这是什么精神?这是国际主义的精神,这是共产主义的精神。"这一论断,显然既可以说是从白求恩事迹中得出的一般认识,又可以说是以白求恩事迹作为"论据"而对白求恩精神作出的思想评价。而其之所以能达到知识性判断和价值性判断的统一,即是因为白求恩那"毫不利己""专门利人"的精神,对于绝大多数人来说,既是一种社会知识,又是应当崇尚敬仰的价值事物。

当一篇评论的作者与所评对象、所诉读者持有相同的立场时,其评论也可以说具有认识性和评价性、客观性和思想性的统一。如恩格斯在《致敏·考茨基》①中对敏·考茨基的小说《旧人和新人》提出了看法:"……为了表示公正,我还要指出某种缺点来,在这里我来谈谈阿诺尔德(该小说中的主人公——引注)。这个人确实太完美无缺了,如果他最终在一次山崩中死掉了,那么,除非人们推说他不见容于这个世界,才能把这种情形同文学的扬善惩恶结合起来。可是,如果作者过分欣赏自己的主人公,那总是不好的,而据我看来,您在这里也多少犯了这种毛病。爱莎(该小说中的人物——引注)即使已经被理想化了,但还保有一定的个性描写,而在阿诺尔

---

① 《马克思恩格斯选集》第4卷,北京:人民出版社1972年版,第453—454页。

德身上,个性就更多地消融到原则里去了。"恩格斯这里提出的批评,是从敏·考茨基认同的现实主义艺术创作原则出发的,所以对于敏·考茨基说来,它既是一种评价,又属于对其小说的客观性认识。恩格斯接着谈道:"产生这个缺点的原因从小说本身就能感觉到。显而易见,您认为需要在这本书里公开表明您的立场,在全世界面前证明您的信念。这您已经做到了,已经是过去的事了,您用不着再以这种形式重复了。"这表明恩格斯不是反对敏·考茨基"写什么",而是不赞成其"如何写"的方法。在恩格斯看来,"倾向性应当从场面和情节中自然而然地流露出来,而不应当特别地把它指点出来;同时我认为作家不必要把他所描写的社会冲突的历史的未来的解决办法硬塞给读者"。恩格斯还说明了应当这样做的原因:"在当前条件下,小说主要面向资产阶级圈子里的读者,即不直接属于我们的人的那个圈子里的读者,因此,如果一部具有社会主义倾向的小说通过对现实关系的真实描写,来打破关于这些关系的流行的传统幻想,动摇资产阶级世界的乐观主义,不可避免地引起对于先存事物的永世长存的怀疑,那么,即使作者没有直接提出任何解决办法,甚至作者有时并没有明确地表明自己的立场,但我认为这部小说也完成了自己的使命。"从恩格斯说的"我们的人的那个圈子里的读者"可知,他与敏·考茨基在"写什么"的问题上有相同的立场,因而其提出的"如何写"的方法性的批评意见,是能够为敏·考茨基认同并接受的。

三、写作的一般要求

知识性评论是依据知识性之理对于人们的言行作为发表评价论说,具有诸多的作为这一评论文体的特殊规定性。就写作知识性评论来说,有以下几点值得注意:

1、明确所据之理。一篇知识性评论能否言之成理,关键在于其所持之"据"是否合于客观事实。虽然"从事得理"是论文之所为,但评论的写作者却不能不首先认真思考明确之。

所谓"明确",一是要真正理解其意。如弗洛伊德的精神分析学以人的"性本能"(弗氏又谓之"本我")为人从事一切活动的原始驱动力和终极性需求。而这一"本我"的需求由于受到社会道德之"超我"的制约,不能得到真实的表现和完全的满足,于是采取"化装"或"转移"的形式来实现目的。弗氏据此提出,艺术就是以"化装"或"转移"的形式展示出的"本我",艺术是"本我"的升华。这显然是认为,艺术并不能真正和实际地满足"本我"的需要,它对于"本我"不过是虚幻的安慰剂。因此,当人的"本我"能够得到真正和实际的东西(直接宣泄性欲)时,他必然会弃艺术如敝屣。也即艺术在知识论上是虚假之物,在价值论上是低于那真正和实际的东西的,二者不能同时存在:人能得到真实而高级的东西,就不会需要虚假而低级的艺术。好比人在解决数学难题时,有计算机就不会用算盘一样。而我们的一些文学评论未明弗氏理论之真义,便用其来评析郁达夫、张爱玲等作家的作品。这就无异于认为,这些作家的"本我"极为亢奋,只能以创作来"转移"之、"化装"满足之,或以创作进行虚幻的自我安慰;还可以说,越是多产的艺术家,其"本我"必然越亢奋。从而艺术家也包括接受者一旦能够获得其"本我"要求的实际满足,则无疑谁也不会再关心艺术了。在这里,艺术=虚幻的"本我"对象=艺术家和读者自我欺骗的追求!这就完全否定了艺术对社会文明进步、对塑造和陶铸人的灵魂的积极意义。所以评论的作者真正理解其所用之理的本义十分重要。

"明确"的另一含义是,弄清其理的涵盖面。仍以弗洛伊德的精神分析学为例,弗氏的理论本发端于精神疾病诊所,用于诊治因禁欲或性压抑导致的精神疾病能取得很好的效果。它通过对人的梦的分析,进入人的潜意识,发现病因,然后进行心理疏导和治疗。后来弗氏将其提升于哲学层面,构建成一种文化本体论,以之观照和解释一切文化现象,将人的一切创造活动和产物统统评断为"本我"的或本体的人的"转移""化装""升华"之象征和虚幻满足,则使原具有真理性的东西走向了它的反面。如列宁所说:"真理只要再向前迈出一小步,就变成了谬误。"此外,"明确"的含义还指懂得其理之正确与否,或是否称得上是理,是否来自和符合客观事实。如中国俗语有谓:"人生在世,'吃喝'二字。""人不为己,天诛地灭。"这种看法即不符合社会的人的本质,只能是行尸走肉者的人生哲学。若以此类所谓的"理"评说事物,人类就只能回到原始森林!

2.立场要客观。知识性评论以评价论断一个事物是否合于一定的普遍性之理为旨归,所以其作出的评价论说,形式上表达的是作者自己的看法见解,而实际上不能不是"为总体人类下判断",即它是以作者所见之对错为一切人所见之对错,以其所定之是非为一切人所定之是非,等等。如朱光潜的《谈读书》,肯定"学问不只是读书,而读书究竟是学问的一个重要途径",这一评价即不是就某一个人或一定的人群,而是对于一切人而言的。若是像《增广贤文》那样,认为:"书中自有黄金屋,书中自有颜如玉",以读书为获取功名财色的一个重要途径,就偏离了客观的立场,不可能为广大人民所认同。

　　这也就是说,知识性评论是以一定的普遍性之理的代言人身份出场的,或者说作者不只是他个人而是作为总体人类的理性代表。因此他的评价论断必须接受和经得起一切人的检验。如毛泽东在《目前形势和我们的任务》一文中谈道,1946年国民党政府对当时的中国战场和中国前途命运作出了如下的评价认识:"只须三个月至六个月,就可以打败人民解放军。"其理由是,"他们有正规军二百万,非正规军一百余万,后方军事机关和部队一百余万,共有军事力量四百余万人;他们已经利用时间完成了进攻的准备;他们重新控制了大城市;他们拥有三万万以上的人口;他们接受了日本侵华军队一百万人的全部装备;他们取得了美国政府在军事上和财政上的巨大援助。……"对此毛泽东提出了相反的评价:"蒋介石军事力量的优势,只是暂时的现象,只是临时起作用的因素;美国帝国主义的援助,也只是临时其作用的因素;蒋介石战争的反人民的性质,人心的向背,则是经常起作用的因素;而在这方面,人民解放军则占着优势。人民解放军的战争所具有的爱国的正义的革命的性质,必然要获得全国人民的拥护。这就是战胜蒋介石的政治基础。十八个月战争的经验,充分证明了我们的论断。"从这里我们可以看出,国民党政府对形势的评价认识明显暴露出它是站在广大中国人民对立面的立场上,从而不可能看到其"战争的反人民的性质"以及"人心的向背"这一"经常起作用的因素"、这一人民解放军的"优势"所在。所以其评价认识要受到人民解放军和中国广大人民的嘲笑和鄙视,经不起实践的检验,已经为以及后来进一步为中国形势的发展所证明是荒谬的论断。

　　3.**要有针对性**。知识性评论的针对性有多重意义,至少包括以下几点:

　　一是关乎大局的事。如1978年刚刚粉碎"四人帮"反党阴谋集团以后,中国的思想界、理论界及中国现实社会的改革都迫切需要从现代蒙昧主义的迷信中摆脱出来,使人们长期受到禁锢的思想得到解放。但"两个凡是"的观点仍盘踞在一些人的头脑中,其毒素还在许多地方发生作用。针对这一关系中国全局的大事,同年5月《光明日报》发表了题为《实践是检验真理的唯一标准》的特约评论员文章,对"两个凡是"进行了有力批判,申扬了正确的理论。这一评论在全国上下引起了热烈反响,对推动中国的思想解放运动即对后来改革开放政策的顺利贯彻施行,起到了重大作用。

　　二是人们普遍关注的事。如1996年中国人民解放军将向东海和南海进行发射导弹训练的公告发表后,不仅引起"台湾岛内一片混乱",也受到国际上的广泛关注。为表明中国人民的立场和态度，澄清事实真相，《人民日报》《解放军报》联合发表了《李登辉搞"台独"是台湾最大的危险》的编辑部文章。该评论对这一事件作出了义正词严的评说："台湾海峡出现的紧张局势，完全是由李登辉鼓吹'台独'、大搞'两个中国'和'一中一台'的倒行逆施造成的。真正的危险是听任李登辉继续搞'台独'，破坏祖国的统一。这将给2100万台湾同胞带来深重的灾难，这是我们不愿看到、也绝不允许的。"作者还说明了其看法的根据："早在去年1月30日，中共中央总书记、国家主席江泽民就现阶段发展两岸关系、推进祖国和平统一进程提出了八项主张，体现了中国共产党和中国政府按照'一国两制'的方针实现和平统一的诚意，反映了全国人民迫切希望突破两岸政治僵局，推进祖国和平统一进程的心愿，这八项主张引起台湾社会各界人士的高度重视和赞许，他们呼吁台湾当局以'前瞻的视野，理性的态度，务实的作用，做出善意的回应'。"然而李登辉无视广大人民的心愿和舆论，一意孤行，不能不引起全中国人民的极大愤怒。所以文章向台湾当局正告，台湾最大的危险就是李登辉搞"台独"。

三是典型性的事。如毛泽东的《为人民服务》一文，抓住张思德这一我党及其领导的军队的典型优秀人物之事迹发表评论，通过对张思德的评价和宣传，不仅为全党和全军树立了学习的楷模，而且阐述了我们党所一贯奉行的宗旨和持有的信念及主张。

第三节　价值性评论

价值性评论是指写作者依据个人或一定人群的价值观念来评说某一事物、表达或宣扬其思想主张的写作。这一类评论以人类生活的基本法则、规范为前提和准则，以人的丰富多样化发展为主要诉求。

一、"价值"定义

价值是一个事物相对于它的需求者而显现出的功能属性。所以在现实性上，同一事物对于不同的需求者必然有不同的价值。如在自然界，植物是食草类动物维系其生命不可或缺的价值事物，但对于食肉类动物来说，它则不具有价值。

人类领域的价值事物亦然。不同种族、民族、文化、地域以及不同社会地位、职业、性格、环境、处境中的人，总是有着具体不同的物质的、精神的需要和价值观念,从而对于他们而言即有不同的价值事物。马克思说过:"对于一个饥肠辘辘的人说来并不存在着食物的属人的形式,而只存在着它作为食物的抽象的存在……忧心忡忡的穷人对最美丽的景色都无动于衷;贩卖矿物的商人只看到矿物的商业价值,而看不到矿物的美和特性;它没有矿物学的感觉。"[①]鲁迅也说道:"自然,'喜怒哀乐,人之情也',然而穷人决无开交易所折本的懊恼,煤油大王哪会知道北京捡煤渣老婆子身受的辛酸,饥区的灾民,大约总不会去种兰花,像阔人的老太爷一样,贾府上的焦大,也不爱林妹妹的。"[②]可以说,只要人与人之间还存在着种族、民族、国家、地域、文化、信仰、性格等方面的差异,人们就不可能在一切方面具有一致的价值观念,尽管他们作为一定的同一性的存在时,会有共同认同的价值事物。如:同作为生命物都需要阳光、空气、水;同作为社会的人都需要关爱;同作为被压迫者都痛恨压迫者,等等。这也就是说,价值事物对于不同的人不具有自身的同一性。

不过,这并不意味着说,人们不同的价值观念必然是相互冲突、水火不容的,或只有形成同一的价值取向,世界才会变成美好的人间。在肯定一切人生而平等、任何人都无权侵犯他人利益的前提下,不同种族、民族、国家、地域、文化、信仰、性格的人,都有追求自己的价值事物,确立自己的价值观念的权利。并且,一个真正合人性的社会,恰恰是"和而不同"的和谐社会。如中国古人所说:"和实生物,同则不继。……声一无听,物一无文,味一无果,物一不讲。"[③]黑格尔亦说过:"对立的东西产生和谐,而不是相同的东西和谐。"

我们也正是在这个意义上、在理性抽象的层面上,肯定个人所追求的是"价值"事物,同时将这种价值事物与前面所说的"知识"事物相区别。

二、基本特点

价值性评论相对于知识性评论来说,有着自己的特殊对象,从而有着自己的评说对象事物的特殊立场,以及据以评说对象事物所运用的特殊尺度或标准。也正因为此,它与知识性评论之间不存在孰是孰非和高低优劣之分,不能相互取代。对此,我们从以下三个方面作点探讨分析。

[①] 马克思:《1844 年经济学—哲学手稿》,刘丕坤译,北京:人民出版社 1979 年版,第 79 页。
[②] 《鲁迅论文学艺术》,济南:山东人民出版社 1979 年版,第 35 页。
[③] 转引自《中国美学史资料选编》上,北京:中华书局 1980 年版,第 9 页。

1.所据之理的个人性。价值性评论是以评说某一事物是否合于一定人群的兴趣爱好、人生追求等价值观念为着眼点,从而也就是以一定人群的价值观念作为评说某一事物的理(论据)。而人们的兴趣爱好、人生追求等价值观念总是个人性的和主观化的,即使具有一定的普遍性和共同性,也不过是人们多样化的个人性的价值观念之一。所以,价值性评论所依据的理,在本质上是无关乎普遍性真理(真)或普遍性道理(善)的个人性的东西。在这个意义上我们又可以说,价值性评论即是主观性评论、个人性评论。

例如,培根的《论学问》一文谈道:"读书为学的用途是娱乐、装饰和增长才识。在娱乐上学问的主要的用处是幽居养静;在装饰上学问的用处是辞令;在长才上学问的用处是对于事务的判断和处理。"又说:"不要为了辩驳而读书,也不要为了信仰和盲从;也不要为了言谈与议论;要以能权衡轻重、审察事理为目的。"培根对读书、为学、学问的目的和意义的这一论断(论点),显然不是对于人们现实的读书、为学、学问活动的理性概括认识,而是一种评价或思想主张,它表明了作者在这一问题上赞成什么、反对什么的态度。这种评价或思想主张所根据的,作者在文中并未交代说明,但显而易见,它只能是作者本人持有的价值观念,即其个人对读书、为学、学问的信仰(论据)。因此,倘若一个人读书不是为了"娱乐、装饰和增长才识",不在于求得"幽居养静""辞令"及"对于事务的判断和处理",或就是"为了辩驳而读书""为了信仰和盲从""为了言谈与议论"而读书,也无人可以说他违背了客观真理或普遍人类的意志与愿望,同时亦不可能通过什么实践来检验其正确与否。这正是价值性评论不同于知识性评论的一个特点。又如王国维的《人间词话》开篇谈道:"词以境界为最上。有境界,则自成高格,自有名句。五代、北宋之词所以独绝者在此。"不言而喻,作者的这一论断是对词之美丑优劣的评价,而不是对于词之为词的特殊本质的理性认识。而其评价词之美丑优劣的根据,当然就是他提出的"境界"了。然而,"境界"不论是指"合乎自然",还是"邻于理想",抑或其他什么,显然都只能是作者本人所信仰的一种审美观念,谈不上是什么客观性的真理或道理。因而从逻辑上讲,一首词即使没有"境界",我们也不能说它不是词,或一切人都必然认为它是不美的。换言之,一个人认为某首词写得美,"自成高格""自有名句",也无以用什么实践来证明这个美、高格、名句即是"境界"使然,或只能用"境界"来论断说明之。所以,王国维评词所提出和运用的"境界",不过是"个人性的理"。这种理与知识性评论判定一事物性质所根据的理,是不能相提并论的。

2.指向事物的主观性本质。所谓"主观性本质",是指一事物对于人们而言的功能、用途、价值之属性。从经验可知,事物的功能、用途、价值之本质或属性并不具有"自身同一性",它总是随人们的认识不同而生成和改变。如鲁迅谈《红楼梦》时说:"《红楼梦》是中国许多人所知道,至少,是知道这名目的书。谁是作者和续者姑且勿论,单是命意,就因读者的眼光而有种种:经学家看见'易'道学家看见淫,才子看见缠绵,革命家看见排满,流言家看见宫闱秘事……"①这里,《红楼梦》在不同人眼里之所以会具有不同的主题意义,即在于一个文本的主题意义正是其基本价值的集中体现。从而当不同的读者以各自信仰的价值观念来观照解读文本的主题内容时,必然会各有所见。所以,事物的功能、用途、价值之属性,从其因人而异来说,可称之为事物的"主观性本质"。

一篇评论对于事物的主观性本质加以评说,也就是看其是否合于作者信仰的"个人性之理",即作者个人性的兴趣爱好、人生追求之价值观念。

如一篇题为《让运动变得性感》的评论②,对运动员的穿着从审美的角度作出了评说。作者首先谈道:"运动服,顾名思义是在运动的时候穿着的服装。时至今日,如果还认为运动服只需要透气、吸汗和便于运动,就大错特错了。在田径场、游泳池中,运动服是'科技体育'的最佳体现,而在乒乓球、羽毛球等项目中,运动服成为了吸引观众的'绝招'。"这个所谓"绝招"是什么?就是人们皆知的"女选手越穿越少",越来越"性感"。对此作者表达了自己的看法:

> 如今这个年代,性感已经成了时髦的代名词,说那个女孩子性感,女孩很愿听。NBA 和 CBA 赛场上的女拉拉队员,穿着前卫开放,动作火辣大胆,大大活跃了赛场气氛。体育节目中的健身舞、健美操等,哪一项运动员穿得不性感;网球、跳水、游泳、体操、沙滩排球等运动项目,运动员也都穿得性感,这些运动确实看上去很美。

以运动员穿着性感为体育运动的美,这无疑是作者以个人的审美观念为根据作出的评价性认识。为此作者进而发出了倡导:"女运动员在比赛场上着性感服装,能给赛场增添美的成分,可以吸引更多的眼球,赞助商也会眼睛一亮并扩大投入回报,观众则会得到视觉上的审美享受,这一点,网球就

---

① 鲁迅:《集外集拾遗·〈裤洞花主〉小引》。
② 《重庆晚报》2005 年 8 月 24 日。

是最好的例子。所以,以运动的名义,不妨让性感来得更猛烈一些。"但是,以性感为体育运动的美,这决不是人人都能认同的,亦非体育运动之不可缺少的一种普遍价值属性所在。如题为《性不性由你》的评论①即表达了不同看法。文中写道:"把性感塞进体育里,就像运动裤里的弹簧绳,太紧了未免'保守',太松又容易'伤风败俗'。但怎样才叫恰到好处,实在是个仁者见仁的头疼问题。比如莎娃、小威乐于追求性感,中国女排露个肚脐眼便羞得脸红,而叙利亚女排参加比赛,不仅穿着严实,头上还要裹上白巾——那是人家风俗习惯,由不得外人说三道四。所以,羽联、乒联们也只能倡导而已,不能学着拿起剪刀硬裁下一截子。"作者进而谈道,他发现了一个"规律",那就是"最热门的足球、篮球对性感兴趣不大,次之的网球无所谓,而越是冷门的项目越想靠性感出奇制胜"。这就说明了,"人们喜不喜欢哪个项目,性感只是次要因素。车王舒马赫别说性感,一场比赛下来连身子都不给大家看一眼,对他着迷的照样多了去了"。所以作者认为,"性感只是体育的一个添头,有免费礼品赠送自然是好消息。不过为了赠品就不管正品质量如何,甘当这种冤大头的人,总还是少数"。"而指望运动场上美女如云,不如去看选美比赛或者租两盘香艳的影碟回去更靠得住。"作者这里表现出的思想态度显而易见,他是不赞成体育运动一律"让性感来得更猛烈一些"的,也就是肯定"性感"不是体育运动的美或魅力所在。

3.评说的无可争辩性。价值性评论不是以确证、宣扬普遍性真理、人类性公理为旨归,所以它对于一个事物作出的优劣好坏之评价,在本质上只是"为个人下判断"。这也就是说,价值性评论不论肯定还是否定什么,都无关乎客观性真理,都不是为"总体人类下判断"。而这就决定了,对价值性评论提出的观点,人们不能作是非对错的评判。如王国维肯定"词以境界为最上",这种认识只是他个人的审美趣味的表达,即如严羽的"兴趣"说、王士禛的"神韵"说,道出的不过是他们个人的趣味见解,别人完全可以不同意其看法,但却不能说其看法是"错误"的,正像王国维在认识论上不能将他人的不同审美观念视为"谬论"一样。又如,运动员是否应当穿着性感,或人们是否应当以性感为美,这不是一个真理性问题,任何人都可以对之发表看法,表达自己喜爱或不喜爱的意见。但是不论什么人都不能以一己之好恶来否定他人之追求。这一点,是价值性评论与知识性评论最重要的不同之处。

---

① 《武汉晚报》2005 年 8 月 27 日。

其实,不惟在美的问题上如此,在人们的饮食爱好乃至一切感觉和感官的追求方面,以至于对幸福、人生、生活方式的理解上,人们的各种不同意见,只要不侵犯他人的利益,都不能作是非对错的辨析争论。

由此可以说,价值性评论对某方面的事物发表评价性看法,是在宣扬作者自己信仰的价值观念,以此来作用和影响他人的价值观念。这种宣扬,应当说是有其积极意义的,即能启迪人们的思考,丰富人们对事物的认识,以及使人们在实践上对于一个事物有更多的选择。如一篇《该关注超女还是奥运冠军?》的评论文,将当下湖南卫视选拔的"超级女声"与争夺奥运金牌的运动员相比较,发表了自己的一番评说:"成为奥运冠军还属于非常幸运的,毕竟奥运会四年才有一次,抓住一个冠军不知有多难。还有更多在金字塔尖底下默默无闻的运动员,付出了,却未必能收获。或许所有人都不会想到,超级女声会以浩大的声势震动全国,据说其广告要价已经超过央视新闻联播了,而且据说李宇春、周笔畅、张靓颖这三位选手身价都已超过 200 万元了。当超女的喧嚣落下帷幕时,我更加慨叹当运动员的不易。"这是因为,运动员们包括那些拿过奥运金牌的,一天一天,一年一年,都在"一丝不苟地进行着无比枯燥的训练",然而却很少有像"超女"那样的,受到人们的普遍关注和追捧。为此作者评道:"看惯了那么多运动员默默奋斗的场面,回头再看超女的时候就会非常感慨,几个年轻的小姑娘,仅仅因为几首歌,一夜之间就成了万千人的偶像。究竟是谁更应该受到关注呢?"作者的思想态度或倾向在这里无疑是明确的,他不认为年轻的超女值得人们如此关注和追捧。但同样明确的是,没有人可以拿出真理性的根据来对此作出孰是孰非的"公正"评判。作者发表其看法,只代表他个人的意见。不过这意见却能给人以启迪,给人们提供一种选择,让人们有理性地去决定应当追求、喜爱什么。

三、写作的一般要求

价值性评论以表达和宣扬作者个人性的价值观念为基本诉求,但它是向社会作出表达和宣扬,因而也就有它不能不遵守的社会原则,以及为实现其目的而应当讲求的方法。这里我们谈几点意见。

1.不逾社会法律和公德之矩。价值性评论的作者表达和宣扬自己信仰的价值观念,应在社会法律和公德许可的范围内,不对他人的信仰和追求依己爱好加以贬毁以至人身攻击。作者应当像维护自己的自由选择那样,尊重他人的选择自由。如关于人生,中国儒家主张积极入世,而道家则信奉顺随自然。对此,在不违犯社会法律和公德的前提下,每个人都可以宣扬自己所信仰的,不应扬此抑彼,强求一致。再如关于艺术,有人以"杨柳岸,晓风残月"之婉约为美,有人则惟"大江东去,浪淘尽千古风流人物"之豪放是尚,我们的文学评论应当像园丁呵护花草那样,尊重作家和读者的不同选择与追求,并且努力去促使不同风格的美竞放异彩,使我们的文坛百花齐放。

  2.从有利于增进人们的身心健康和文化繁荣发展出发。价值性评论的写作,作者虽有充分的自由,但应当将个人的自由与社会的责任统一起来,努力宣扬为广大人民所喜闻乐见的东西,有力地扶持那些有利于人们的身心健康和文化发展的美好事物。列宁关于写作问题曾说过:"这将是自由的写作,因为把一批又一批新生力量吸引到写作队伍中来的,不是私利贪欲,也不是名誉地位,而是社会主义思想和对劳动人民的同情。这将是自由的写作,因为它不是为饱食终日的贵妇人服务,而是为千千万万劳动人民,为这些国家的精华、国家的力量、国家的未来服务。"① 这种认识,不仅对于文学艺术创作具有重要意义,对于评论包括价值性评论的写作在内,同样有着指导意义。自由的写作,只有在为广大人民服务的取向基础上,才能体现出它的实际价值,才可能真正获得自由翱翔的广阔天地。如一篇题为《病树前头万木春 超女先发第一枝》的评论②,对于人们为何普遍关注"超级女声"的选拔发表了一番议论,作者写道:"超级女声能够在两年内成为全民娱乐的一种方式,而不是另外一档什么节目,这本身已经足以说明问题,这样坚实的观众基础是从前我们不曾遇见的——只有上世纪八十年代初港剧风潮,《霍元甲》《射雕英雄传》令万人空巷。这些剧集认真评来,也是粗糙得可以,反过来也足见当时人民群众的文化生活何其乏味单调,是这些粗糙的港剧把我们从乏善可陈的生活中解救出来;超女何尝不是?在广东地区的观众手中的遥控器有诸多选择,可是内地更广泛的地区却长期囿于中国电视娱乐水平过低的现实,频道转来转去还是转回了,现在终于有人不甘平庸木秀于林了,表面上看只是观众有了令他们开心的选择,但这个选择却是有革命意义的。当一种非市场因素造成的不正常的收视惯性被打破了,好戏应该在后头。"这正是从广大人民群众的喜爱出发,来评说我们的娱乐文化的创作取向。在作者看来,超女节目其实算不上好,"它不过是几年前

---

① 《列宁选集》第1卷,北京:人民出版社1995年版,第667页。
② 《南方都市报》2005年8月12日。

就在西方大热的'美国偶像''英国偶像'这类节目在中国内地的翻版而已……显得土气有余,创意不足"。但他也认为,"就是这样一个超女,却仍然是当前中国内地最好的娱乐节目",因为它"赢得了中国最广泛的欢迎。一个不算好的节目成了中国内地最好的节目,一个不算好的节目赢得了如此广泛的追捧,这个事实不应该让我们的一些文艺工作者痛心疾首,说些胡话。他们最该表现出来的反应,是脸红。这可以反衬出他们之前奉献给广大观众的,都是些什么货色"。为此作者对超女节目作出了赞扬的评价:"超女是社会主义精神文明事业上绽放的一朵奇葩。它的绽开具有革命性的意义。历史将证明这一点。一些所谓的专家抱残守缺,凡是人民群众喜爱的就嗤之以鼻,凡是符合历史进步潮流的就心怀叵测,时间也将会证明这种人的下场。"对作者的这一赞扬评价,我们完全可以有自己不同的看法意见,但是对于作者从人民群众喜爱出发作出评价的取向,对于作者表现出的社会责任感,则应当给予高度的肯定。

  3.以为社会发现和宣扬美好事物为追求。价值性评论可以在饮食文化、服饰文化、体育文化、建筑文化、审美文化等诸多领域里大有作为,其作者可以通过个人性的评品视角,向社会推介美好事物,以丰富人们日常的感性趣味生活。当下我们的报纸杂志乃至网络上的饮食评论、体育评论、服饰评论、建筑评论等等,在这方面即发挥了很好的作用。娱乐性、趣味性评论看来评说的是无关乎普遍真理的事情,但其实它为构建和谐的人际关系、和谐社会,为人的全面发展是能够作出特殊的贡献的。从价值性评论的写作来说,作者应特别关注人们在这方面的实践创造活动,对于新出现的事物保持高度的敏感,从人民大众的需要出发,对之作出积极的评介。如一篇题为《大家一起玩》的体育评论①,为2005年羽毛球世锦赛在美国阿纳海姆市举行拍手叫好。作者首先告诉读者阿纳海姆市的情况:"这个城市只有32万常住人口,却是迪斯尼乐园的所在地,每年来的游客都超过百万人。世锦赛的场地名叫箭池体育馆。箭池是个啥地方? N个老牌摇滚乐队都曾在这里巡演。考虑到羽毛球在美国的弱势地位,羽球世锦赛的吸引力比这些音乐盛宴可要差多了。"在羽毛球运动不发达的美国的一个小城市举行羽毛球世锦赛,有什么让人高兴的?作者说道:"不过,只要你愿意,球场上同样不会缺少乐趣,雷·拉居就是这样一位。这位去年的全美男单冠军本来是最有希望创造佳绩的东道主选手,没想到第一轮就遭到淘汰。不过,输了球的

---

① 《北京晨报》2005年8月18日。

拉居看起来情绪还挺好,他说:'看到有这么多人支持我,我非常高兴!'其实真正让他高兴的是另一件事,那就是众多世界顶尖选手的光临无疑会大大提高这个项目在美国的影响,'羽毛球在美国太弱小了。'他说。"不仅如此,作者进而指出:"让拉居高兴的理由同样让国际羽联高兴。羽联当初将本次世锦赛定在美国这个'羽球沙漠'进行,曾经引起了不少羽球强国的不满。不过,上个月国际奥委会投票决定2012年奥运会项目,羽毛球亦曾被列为出局'热门',一个重要原因就是普及范围小、强队太集中。联想到这一点,羽联的用心也就比较容易理解——如果能让羽毛球在美国普及,那其他国家岂不就更不在话下?"于是作者赞道:"古人曰:独乐乐,与人同乐,孰乐?答案当然是后者。在世界赛场上争金夺银的同时,中国羽球也为羽球普及默默地贡献着自己的一份力量。日前,开业不久的国际羽联广州培训中心已经结束了首批培训,18个国家的国手取得'真经'满意而归。这一培训计划也正是国际羽联推广羽球的一项重大举措,要玩大家一起玩,这才是长盛之道。"从羽毛球世锦赛的举办中,作者看到了国际"羽联的用心",看到了中国羽毛球为普及这项运动"默默地贡献着自己的一份力量"。他是为此叫好,为羽毛球将能够成为更多人的一个快乐来源叫好。这一评论,反映了作者对新事物的敏感及富有意义的高远见识。

【导学训练】

一、学习建议

掌握知识性评论与价值性评论的基本概念。了解知识性评论与价值性评论写作的一般要求。精ащ了解文艺评论的写作方法。结合具体的文艺评论文章欣赏和探讨文艺评论的写作。

二、实践训练

1. 从最近公开出版的书籍中选出你喜欢的两部(自然科学类与人文社会科学类各一部),撰写两则"新书介绍",力求简明扼要地写出有关书籍的主要特点,特别是对读者有用或是能使他们感到有兴趣的方面。

2. 以小组为单位,围绕同一篇作品——鲁迅的小说《伤逝》,在集体讨论的基础上,分别拟出角度不同的文艺评论写作提纲。

提示:可以分析作品本身的思想艺术特色,或归纳作者的创作风格和艺术个性,或探讨某种艺术表现手法的功能特征,也可以用以说明小说的写作要求或发展趋势等等。

3. 从最近公开发表的文学作品中选出你喜欢的一篇,确定为评论对象。要求:
(1)反复阅读这篇作品,记下阅读心得;
(2)深入分析,确立有新意、有见解的论点;
(3)根据确定的论点和准备使用的材料,拟出一个写作提纲;
(4)根据提纲写一篇文艺评论。

【研讨平台】

一、怎样才能尊重艺术规律,拓宽审美视野?

文艺创作或文艺评论活动自有其自身的规律。主要要求之一,就是审美主体的能动性或独创性,一定要与尊重审美对象自身的特点有机地统一起来。如果把评论、鉴赏活动纯粹看做是评论者个人的"灵魂冒险",或是以为只要依靠某些现成的条条框框就能无往而不利地解释一切文艺现象,那是非常容易导致庸俗、肤浅乃至是完全错误的结论的。

一切事物的本质或发展规律,每每体现在事物内部的矛盾运动之中。认识文艺现象,同样也需要从这个角度入手。譬如说,作为人的形象思维活动和审美理想的产物,任何一种文艺现象,都可以说既是客观事物的形象投影,又是个人的心灵的折光;既是激情和想象力的产物,又不能不受思想或理性的制约;既以新颖独创为贵,又要重视"典型性"和"普遍意义"的追求;既是特定的社会、历史条件的产物,又偏能穿越各种时空的间隔而获得某种"永恒"的魅力……凡此种种,无不都是生活和艺术创作本身的辩证法的生动体现。评论者只有从总体上充分把握这些矛盾诸侧面的对立统一关系,用作自己深入理解作品、探索创作奥秘的钥匙,才有可能登堂入室,成为作者的知音。

考察文艺现象,还应该有动态、发展的观念。《文心雕龙·时序》篇上说:"文变染乎世情,兴废系乎时序。"喜欢莎士比亚戏剧的人们则说:"有一千个观众,就有一千个哈姆雷特。"以上这些说法有一个共同点:即它们都认为文艺现象的评价尺度并不是一成不变的。事实也确乎如此。因为,人们对于文学艺术的本质以及创作、欣赏活动规律的认识,总有一个由简单到复杂、由表层到深层的历史发展过程;同时,它们还要受到其他社会意识形态或文化思潮的影响,从而导致批评理论或文艺观念的更新、变化,不断出现众说纷陈或是各领风骚的局面。

(参看王光祖、杨荫浒主编:《写作》,上海:华东师范大学出版社 1999 年版,第 273 页)

二、写文艺评论,如何做到实事求是,防止以偏概全?

实事求是的评论,首先应该是有好说好,有坏说坏,不夸大,不缩小,不因个人的亲疏好恶而庸俗捧场,或是恶意苛求。这也正是对于一个评论者的眼力和人品的检验。如:法国作家巴尔扎克和司丹达尔两人的哲学思想、政治观点和艺术见解,原来都是针锋相对的。但是巴尔扎克对于司丹达尔一本长期遭人冷落的小说《巴玛修道院》,虽然明知和自己的旨趣大相径庭,却仍然以一个真正艺术家的公正眼光为其仗义执言,写了一篇长达五万字的评论,充分肯定了它的优点,甚至称它是"一部五十年来最美的小说"。

实事求是的评论,还应该有全面的、历史的观点。既不能离开对于作品总体倾向的把握而断章取义地分析问题,也不能不顾作者写作或作品产生的具体条件而牵强附会,求全责备。

为了使评论更加切合实际,还应充分考虑到不同评论对象各自在美学层次、文体功能、流派风格等等方面的具体差别。诸如文体功能有庄有谐,艺术风格有刚有柔,表现手法应重于写实还是宜于写意,语言文字应崇尚质朴还是可以追求华丽、典雅,都需要结合具体作品、具体环境进行具体分析,不能削足适履地一刀切。

(参看王光祖、杨荫浒主编:《写作》,上海:华东师范大学出版社1999年版,第274—275页)

【拓展指南】

课外阅读文章

邵燕祥:《只因他的思想变成铅字》,见贺雄飞主编:《边缘思想:〈天涯〉随笔精品》,海口:南海出版公司1999年版,第410—414页。

第七章 论　文

第一节　论文文体概述

一、学术论文的概念和类别

论文,又称学术论文,是用来表述科学研究成果的一种文章体裁,是析理性文体的一种高级形态。它不同于一般的议论文,后者人人可写,遵循一般的摆事实、讲道理的议论逻辑,而论文则是针对一门学科或一定领域内亟待研究或解决的问题进行的带有创见性的论说,是经过了专业学习和专门研究之后才能写出的文章,其写作必须遵循严格的概念、判断、推理、实证等科学逻辑,而且对文体格式和语体风格也有专门的要求。

按照科学领域划分,学术论文包括自然科学论文和人文社会科学论文两大类。如果进一步按学科细分,则有多少学科就可分为多少种学科论文,比如哲学论文、文学论文、史学论文、法学论文、化学论文、经济学论文等等。

按照科学研究的性质和功用,可分为基础(理论)研究论文和应用研究论文,前者多侧重理论上的探索、辨析,后者则侧重于分析研究实际问题,以指导社会实践和科学、理论的实际应用。

按照科学研究的成果类型,可分为创造性研究论文和整理性研究论文。前者是创新、发现、发明,是探索未知的问题,得出独立见解和创新性成果。后者是综合前人的科研成果,经过科学的梳理、总结归纳和评判,指出某课题的来龙去脉、研究现状和进一步努力的方向。

高等学校的学生所撰写的课程论文、毕业论文、学位论文也属于学术论文,往往在教师的指导下进行写作。课程论文是高等学校的学生在系统地学习了一门专业课程之后,运用所学知识、理论对本课程所涉及的问题的研究,是学以致用的要求,也是对学生课程学习效果的检测。毕业论文是大学本专科生、研究生毕业时需要撰写的论文,是某一学历阶段完成后的总结性作业,是检测毕业者掌握本门学科的基础理论、专门知识和基本技能的水平,以及从事专门性技术工作能力的主要依据。高等学校的本科生、研究生的毕业论文往往也用于申请相应的学位,这也就成为学位论文。

学位论文是申请学位者提供的供鉴定其学术水平之用的论文,要经过同行专家的评阅与答辩,一般要存档,等同于公开发表。在我国,学位论文一般分为三个等级:学士论文、硕士论文、博士论文。学士论文要求达到大学本科毕业应有的学术水平,要求运用本门学科的基础理论、专门知识和技能,去解决不太复杂的课题,一般选择一个较小的题目来研究,比如选择本学科某一方向的一个小问题,或是某一重要问题的一个侧面。学士论文的篇幅一般在 1 万字左右。硕士论文是高等学校和科学研究机构的硕士研究生或具有同等学力的人员为申请硕士学位而提交的学术论文,要求有新的发现、新的见解,具有科学价值,能反映出作者扎实的专业基础知识和独立从事科学研究的能力。硕士学位论文的写作时间应该在一年左右,篇幅一般在 3—8 万字。博士论文是博士研究生或具有同等学力的人员为申请博士学位而提交的学术论文,它要求在本学科领域内有创造性的成果,能反映出作者渊博的知识和熟练的科学研究能力。博士论文的篇幅一般在 8 万字以上,要求对课题的研究完整、深入和系统。博士论文往往也可以算作学术专著。

二、学术论文的基本特征

学术论文一般具有如下特征:

1.学术性。没有学术性,就不是学术论文。学术,指较为专门的、有系统的学问,所谓学术性包含专业性、积累性等含义。

2.专业性。学术论文的选题、内容、表述等都具有很强的专业性特征。不同学科有自己特定的研究对象和关注范围,一般的学术研究者限于自身的精力和知识背景,只能就本学科领域里的某些问题和对象展开研究。只有知识广博精深而又能融会贯通的学术大家才可以搞跨学科的学术研究,而且这些学科一般也应该具有相当高的关联性。比如人们常说"文史哲不分家",因此有些大家可以在这几个学科领域中自由选题。此外,学术论文的读者对象多是本专业的同行,因此,学术论文常常运用专业化的术语、概念、符号等,而不是用日常语言来表述。

3.积累性。只有在某一学科专业领域里经受了较长时间的学习和训练的人才能写出学术论文。否则,作为门外汉,即使对某一专业问题发言,也不能称之为学术论文。此外,学术研究的对象也不是凭空产生的,而是本专业发展的历史积累而成的,也就是说,论文的选题不是随意地,而是根据本专业的研究历史和现状确定的。而且,学术研究中所需要的理论、方法、概念等也都是由历史积累而成的。总之,后人的学术研究和论文写作是建立在前人的基础之上的,离不了学科的历史积淀。

4.科学性。科学性是学术论文的基本特征,也是其生命和价值所在。学术论文的科学性具体表现在如下几个方面。

第一,研究态度的科学性。应该以严肃的态度、严谨的学风开展学术研究。从事实际应用研究,就必须从具体的实验、实地调查、真实的资料入手,科学分析,实事求是,而不能想当然地假设或弄虚作假,如编造实验和调查数据等。从事理论研究,应该注重理论的系统性和完整性,注意逻辑严密,而不能主观臆断,随意标新立异。

第二,研究方法的科学性。要根据专业和课题的特点,使用最恰当最可靠的研究方法。比如人类学、社会学的田野考察,文学的文本细读,经济学的统计调查等。要从事实、从资料出发,而不是从理论出发,要从具体事实、材料的分析、整理中提炼结论。若是理论先行,为证明理论而寻找印证材料,或是先有结论再找材料,都是反科学的研究方法。

第三,论证的科学性。论证的科学性主要表现为逻辑性,逻辑推理要严密。许多学生写论文,罗列完一些材料之后就用"由此可见""显然"这样的论断性的话作出结论,却没有详细分析和解读材料,没有展开逻辑归纳和推演,其论证就不符合科学性的要求。此外,要符合推理的基本规则。比如归纳推理要以大量的同类现象为基础,因果推理不能强拉因果或是倒果为因,假想推论要有条件限定,有理有节,类比推理要注意可比性和可靠性。又如,在论据的使用上要注意典型性,不能使用孤证。

第四,表述的科学性。学术论文中的概念、术语要作精确界定,要忠实于其本来的内涵和外延,不能错用或曲解。语言表述要精确、客观、清晰、严密,一般多用逻辑性强的长句子,多用一些带限定性成分的句子,如"在一定程度上可以说""大体而言"等,以保证论断的稳妥和留有余地。

5.创造性。科学研究的意义就在于发现和创新,因此学术论文也必然要体现出一定的创造性。重复、模仿、"炒现饭"是写学术论文的大忌。学术论文的创造性主要表现为以下几个方面:一是填补空白的新发现、新发明、新理论。二是在前人的基础上更进一步。学术研究往往是积累性的、渐进发展的,将前人的研究进一步完善、深化、拓展也是一种创造。三是在众说纷纭中提出独立见解。大胆提出自己的独立见解，与别人的观点和根据、方法相互竞争，这种争鸣性的学术论文有利于活跃思维，催生科学创见，也是一种创造性的表现。四是推翻定论或纠正前人某些错误的观点。有些学术论文虽然没有树立新的学说，没有新的发现和创见，但它匡正了某种迷误，指出了某种通说、定论之误，这也能给学界以启发，推动科学研究的进展，同样具有创造性。五是对已有资料作出创造性综合、整理。这种论文综论前人研究成果，加以筛选归纳、分析和评判，并提出问题，指出关键所在，提示新的研究方向或思路，其创造性也不可抹杀。

6.理论性。理论性是学术论文与其他反映科学研究内容的文章，如科普读物、实验报告、科技情报等的区别所在。学术研究不是从现象到现象，停留在具体现象的介绍和说明上，不能就事论事，而是要把科学研究的过程和结果上升到理性的高度，加以专门而系统的论说。因此学术论文应该具有一定的理论价值。具体来说，就是论文写作中必须进行基本原理方面的阐述，提出自己见解的各种理论依据，运用概念、判断、归纳、推理等理论思辨的方法来进行思维。学术论文也要说理，但不是一般议论文所用的日常生活中的常情常理或者生活常识，而是科学的理论、规律、原理、定理等。因此，学术论文的表述应该是理论性的表述，而非情理性的表述，最好不用"常言道""俗话说"这样的表述方式。

第二节 学术论文写作的一般要求

一、论文的选题

选题，是指选择研究的课题，即选择论文所要论述的对象和范围。所谓题好一半文，确定好选题是写好论文的关键，选题是否恰当、是否有价值，决定了论文能否完成、完成的质量，决定了论文的根本价值。由于选题的重要性，为了保证研究质量，少做无用功，高等学校的学生在论文选题时还要接受导师的指导，研究生还要经过开题报告与审批这一程序；各种学术机构组织的科研活动也往往要经过课题申报、评审这一程序。

选题的形成，往往是研究者依据其所从事的专业和学术积累，结合自己的兴趣、才能、生活经历，以相关的资料条件和社会的需要为基础，采用由面到点、由浅到深地逐步缩小范围、逐步细化、明确的方法来选定。论文的选题一般应遵循下列基本原则：

1.发挥所长的选题原则。如今每个学科专业都是一个广阔的知识和学术领域,个体往往只对这个专业中的某个方向或某个问题了解较多或有所专长,因此应该从这些方面找课题。比如中文系的本科生,有的古典文学知识较多,有的接触外国文学较多,选题时就要选择所长。除非学术大家或学术功底深厚的学者,一般研究者最好不要涉足交叉学科领域里的选题。比如中文系的学生,如果对外国文学了解不多就不要搞比较文学的研究,否则很容易费力不讨好。

2.难易适中的选题原则。过于容易的选题无法发挥研究水平,也难以显示学术价值;太难的选题则力不能及,容易半途而废或者浅尝辄止,难以实现研究价值。最好是选择略有难度,可以经一番努力和钻研之后完成的选题。选题的难易程度与选题的大小相关,与对象的复杂程度相关,与研究所需要的知识储备相关,也与前人的工作积累相关。应该根据自己的实际情况,参考这些因素来选题。比如,《论鲁迅的小说艺术》这个选题就比较大,较难把握,一般的人写博士学位论文也未必适合选这个题目;《论鲁迅小说的语言艺术》则是一个可以写几万字的长篇论文的选题,大致相当于一篇硕士学位论文的要求;如再缩小到研究鲁迅某一篇小说的语言艺术也可以写出近万字,成为一篇学士学位论文。

3.可行性原则。要选择具备客观条件,如资料条件、物质条件、时间条件的选题。论文写作离不开大量的文献资料,如资料不具备或很难获取就不能展开研究。如某学生想写一篇《中国的石油战略储备现状及对策》的论文就不可行,因为石油储备涉及国家机密,普通人不可能获取相关资料。有的学科研究需要某些设备,如果没有,也不可行。有的课题需要花费大量的人力物力、时间和金钱,如果个人不具备这些条件,也最好不选这样的题目。比如社会科学的某些专业需要田野调查或是实地调查研究,就需要花费大量时间和调研费用,选题者必须能够承受。

4.需要性原则。包括社会实际需要和专业发展本身的需要。学术研究的最终目的往往是服务于社会,因此要注意选题的现实性,选择社会迫切需要解决的问题来研究。此外,要选择该学科发展中的关键问题和前沿问题,以期能跟上学科发展的进程并作出贡献,最好不选那些边缘性的课题。

5.创新性原则。最好选前人还未注意或研究较少的选题,当然,必须是确有价值的选题。即使选别人已做过的研究课题,也最好是从新的角度,用新的理论、方法来研究。

6.兼顾兴趣的原则。科学是需要人的热情投入和生命奉献的事业。结合自己的兴趣来选题就可以保证研究的热情和投入,就能激发研究者的潜能,发挥出较高的水平。

二、论文写作的步骤

学术论文尤其是学位论文的写作是一项工程量很大的工作,不可能一蹴而就,因此必须制订严格的研究计划,按步骤循序渐进,这样才能保证研究的顺利完成、确保论文质量。具体来说,可分为资料工作、构思工作、起草行文、修改润饰这几个步骤。

资料工作,指资料的搜集、整理和分析工作。这是一项相当耗费时间和精力的工作,也是一项基础性、关键性工作,这一步若没有做好,以后的工作都将可能是无用功。所以王力先生在谈论文写作时说:"别看写出来的文章只有一万字、几千字,收集的材料却是几十万字,这叫做充分占有材料,材料越多越好,材料不够就写不出好文章。"资料工作大致包括如下步骤或内容:选题前的广泛浏览,选题后的定向搜集,搜集后的资料整理分析和研究。搜集资料要尽一切努力,充分利用所能获得的一切资源或条件。比如采用实验、调查、采访等手段,又如利用图书馆、档案馆、文史馆、互联网等文献资源。高校图书馆一般都有《中国期刊全文数据库》《中国学位论文全文数据库》《中文科技期刊数据库》等电子资源,都非常有用,稍加检索就能得到大量所需要的资料。搜集到资料之后,更重要的是对资料的整理和研究,包括资料可靠性的核实,做到去伪存真、去粗取精、剔除谬误,还要对所搜集到的资料专门进行研读和分析。研读本身既是对材料的筛选,也是对材料的理解和掌握。只有通过研读才能有所刺激,有所发现,萌发出观点和见解。

构思工作,是指在资料研读基础上的思路形成以及观点提炼等工作。论文的主题或观点是作者在广泛阅读材料或进行调研、实验的基础上,经过比较、分析、概括、提炼而逐渐形成的,是深入思考、理论观照的结晶。王力先生在《谈谈写论文》中反复强调:"搞研究工作最忌的是先有结论,然后找例证,这是很有害的。""凡是先立结论,然后去找例证,往往都靠不住,因为你往往是主观的,找一些为你所用的例证,不为你用的就不要,那自然就错误了。"所以他提倡"我们搞科研工作,要先用归纳,再用演绎,不能反过来,一反过来就坏了"。构思工作可借助拟提纲来进行,思路由粗到细、由朦胧到明确、由表面到深入的过程都可以借助提纲的修改调整来进行。拟提纲是论文写作必不可少的一个环节,是将构思过程用文字呈现出来,既便于明确,又便于推敲、完善。拟提纲可以保证思路的严密、清晰和有条理,可以避免将来写作中出现跑题、逻辑混乱等大的失误。学术论文的提纲多采用标题式提纲,即纲和目均以简短的标题形式出现,这就一目了然,便于推敲。编写提纲的方法大致是:先用标题句写出全文的基本论点,再考虑全篇分几个层次、以什么逻辑关系来逐步展开论证,每个层次用一个标题来概括大意;每个层次之下又各自包含哪几个方面,分别用标题句来统摄;具体到每个方面又分为几个点,概括出标题句。

写作行文阶段主要是依照写作提纲来行文,包括组织材料、逻辑展开与观点表述等。为了行文的方便,提纲的编写就应该比较详细、清楚。一般来说,万字以内的短篇学术论文,其提纲应该细化到节和点;长篇的学术论文如学位论文的写作提纲则应该包含更多层级,包括章、节、点。作者在执笔起草时,对所搜集的材料已经熟记于心,思路也已清楚,此时最好集中精力,依照提纲思路一气呵成,迅速完稿,而不要为具体的细节或表述所阻滞。起草初稿时应该先易后难,哪个部分思考最成熟、最有把握,就先写哪个部分。比如可以先写主体部分,再回过头写绪论,最后写结论部分,以免因为开头踌躇,阻碍了起草工作。

初稿起草完毕,就进入了修改润色阶段,这个阶段在时间上很有弹性,如果截稿时间不紧迫,大可以慢慢修改,甚至是放一段时间再修改。初稿完成后要反复修改调整,有时要作大的调整甚至是部分推倒重来。有的论文从初稿经过二稿、三稿甚至是四稿或更多,才最后定稿。修改阶段主要是调整完善思路、疏通论文各部分之间的关系,更换、补充材料,以及文字润饰,使表述更严密更准确,还要注意论文的格式要求。最后定稿阶段还需要重新核实所引用的材料,查对其原文和原始出处,做到只字不差,甚至连标点符号也不容许出现差错。

三、论文的文体样式及各部分写法

一般来说,一篇学术论文应由如下几个构件组成:标题、作者署名、内容摘要、关键词、序言(或导论)、正文、结尾、注释、参考文献。供期刊发表的论文一般还要有标题、摘要、关键词的英文翻译。学位论文一般也要有摘要、关键词的英文翻译,还要有目录和后记,后记主要用来交代论文的写作情况,向为论文写作提供过帮助的人士致以谢意,这同时也是交代论文的思想、资料来源。长篇的学位论文或学术专著一般还有"附录"部分,附录是正文主体的补充项目,下列内容可以作为附录:(1)有助于材料的完整,插入正文又有损于编排条理性和逻辑性的材料。(2)由于篇幅过大或取材于复制件不便编入正文的材料。(3)对一般读者而言并非必须阅读,但对本专业人员有参考价值的资料。下面具体介绍论文各部分的内容及写法。

(一) 标题

标题即论文的题目,其基本的写作要求是简洁、明确、醒目,恰到好处地概括出论文的中心内容或基本观点。有的学术论文只有一个标题,有的则设有主标题和副标题,一般地说,主标题标明研究的论题(对象、论证范围)或论点,副标题点明研究例证、兼论及的问题等;或者主标题标明中心论点,副标题标明研究对象。大部分学术论文都分层次,因此正文中还设有分标题,都是对相应部分内容的概括。一般来说,标题要在 20 字以内,避免过长;全文标题应该包含论题甚至论点的表述,应该出现论文的关键词。由于是实用文体,学术论文的标题应该平实、客观,减少文学色彩。

(二) 作者署名

作者的署名一般写在标题之下,如果有多位作者合作,就按照作者对这项研究的贡献大小来先后排列。供期刊发表的论文还要求作者署名下面用括号注明作者工作单位、单位所在省份、城市、邮编等,还要有作者简介,主要交代论文作者的年龄、性别、籍贯、工作单位、学位、职称以及本人主要的学术研究方向。这是方便同行读者了解作者的学术背景,判断论文的来源,或者与作者直接联系、交流。

(三) 内容摘要

内容摘要是用简明扼要的文字对全文的主要内容进行的概括性介绍。摘要可帮助读者在文献检索时判断是否需要阅读全文;也可为文摘、索引、出版物转载提供方便。摘要文字需简短、精炼,一般为二三百字的短文。摘要中应该概括介绍研究的基本对象、范围,研究目的、主要内容、主要观点、研究的角度、方法及意义等。摘要的重点是介绍自己的研究成果、结论,要说明与他人研究成果的不同之处、在前人基础上有何突破,要把论文中最有价值、最能引人注目的东西介绍出来。

(四) 关键词

关键词是从论文的标题、摘要、正文中抽取出来的,对全文的中心内容而言具有实质性、关键性意义的一串词汇。关键词在文献检索中起着关键性的作用。每篇学术论文应当选取 3—8 个词作为关键词,关键词应当以显著的字符排列在摘要的下方。关键词有的是现成的学科专业里约定俗成的一些概念、名词,有的则需要作者自己提炼。关键词一般由研究对象、研究方法、基本概念、基本观点的概括性词汇组成。比如一篇名为《中国美术史研究法发微》的论文,其关键词就是"美术史""研究法""突破""会通""审美优先",其中"美术史"与"研究法"是研究对象,是约定俗成的通用词汇,"会通"是专业中的基本概念,"突破""审美优先"则是作者的观点和见解,是作者自己提炼出的词语。

(五) 序言

序言,又称前言、引言、引论、绪论、导论,是论文正式内容的开头部分,通常单独占一个章节。序言可以看做是对研究工作的附加按语,其内容大致有以下几项:(1)研究的理由、缘起和背景。包括问题的提出,研究对象及其基本特征,综述前人研究的成果及其不足等。(2)说明写作意图、试图解决什么问题,指出研究这一课题的价值和意义。(3)交代编写体例、概述全文的研究范围、基本内容。(4)理论依据、实验基础和研究方法。如果是沿用已知的理论、原理和方法,只需简单提及,或注出相关文献;如果是要引出新的概念和术语,则应加以定义和阐释。(5)预期的结果及其地位、作用。

(六) 正文

正文亦称本论,是论点、论据和论证展开的核心部分,是论文的主体。正文要求作者对所论及的问题,从各个方面、各个角度或层层深入地进行分析和阐述、论证,详细深入地阐明作者的研究发现。本论部分的写法大体上有两种,一种是按照研究工作的进程,即作者对研究对象的认识发展过程,依次安排论文的层次,称为自然顺序,多用于自然科学的论文;另一种是按照事物或问题的内在联系,将中心论点分解为若干个分论点,中心论点居于统帅地位,分论点从不同角度、不同侧面、不同层次来支持中心论点,用这种方法展开论证,安排文章层次,称为逻辑顺序。正文的论证要充分,通常应有3个以上的论证章节(部分),各章节(部分)间要有逻辑联系。

(七) 结尾

学术论文的结尾通常独立成段、成节。结尾可以用"结论"的形式,也可以用"讨论"的形式结束全文。"结论"必须鲜明地表明作者的意见、看法、建议、设想,不得含混其词、模棱两可。结论的语言要严谨、明确、简洁。研究不能得出明确结论的情况下,可以写成"讨论",总结本文的研究成果,指出尚未解决的问题,提出下一步研究的方向,对下一步工作提出建议、设想等。

(八) 注释

注释,过去指引用资料时对其出处的标注,与现在学术期刊通用的"参考文献"所指相同。但现在的学术期刊将"注释"变为指行文中对相关背景资料的说明和解释,比如数据、图表的来源、统计方法等等。注释是为了保持正文行文的流畅,将某些不太重要的信息放在注释中,以作深入的说明,帮助读者了解更多附加信息,了解相关问题的来龙去脉。注释可采用文中夹注、页面脚注与文尾注释三种形式。脚注和尾注一般用①②③这样的序号标注。

(九) 参考文献

参考文献指论文写作时参考、引用的所有文献。参考文献原本指长篇的学位论文或学术著作在正文的结尾之后列出的,写作过程中所参考过或使用过的重要文献,包括各类书籍、杂志、报纸及有关资料。它既是作者进行研究的科学依据,又是作者推荐给读者参考的文献题录,使读者可以追踪溯源查找相关的文献,借此判断论文的观点、方法来源,并从中受到启发。后来,学术期刊将过去引用资料时的出处标注(旧称"注释")改称为"参考文献"。参考文献的标注方法通常有三种:页面脚注、文尾注、章节注(标在每一章或节的正文后面)。参考文献的标注方式因其载体(书籍、期刊、网络)不同而不同,具体可参见相关论文或论著。

【导学训练】

一、学习建议

学习本章应该了解学术论文的基本特点,弄清学术论文与一般的议论文、科普文章、专业教材的区别;应该掌握学术论文选题的原则,根据自己的学术能力、兴趣和资料、时间等条件,尝试设想一些合适的论文选题;应该熟练掌握学术论文的格式和构成要素,学会各部分的写法。

二、思考题

1. 每个学科专业都有自己特定的研究对象,试思考你所在的专业的研究对象(或者研究方向)有哪些。

2. 每个学科专业都有自己常用的研究方法,你知道哪些?

3. 每个学科都有自己专用的基本概念和术语,你知道哪些?

4. 了解你所在学科专业的发展历史及出现过的著名学者、学术专著,并列出目录。

三、实践训练

1. 根据难易适中、兼顾兴趣的选题原则,请你从图书馆的《中国期刊全文数据库》等电子资源中搜索本专业发表的学术论文,将你感兴趣的选题找出来,做一个标题索引。

2. 阅读《文学评论》2009年第4期上的一篇论文,借此了解学术论文的文体构成及各部分的写法,了解学术论文论证、表述的方式及特点,并列出一个概括其内容和逻辑结构的标题式提纲。

【研讨平台】

一、学术论文的"小题大作"原则、方法

学术论文最好是小题大作,这样才容易做,也才能做得深、透。著名学者胡适就主张从小题目做起,他说:"题目越小越好,要在小题大作,可以得到训练。千万不可作大题目。"著名语言学家王力在《谈谈写论文》一文里也认为:"应该写小题目,不要搞大题目。小题目反而能写出大文章,大题目倒容易写得肤浅,没有价值。"某些本科学生写毕业论文,往往喜欢选大题目,以为气派、有水平,诸如《论封建社会的特点》《论青少年的心理特征》《试论干部制度的改革》等,实际上这类题目大而空泛,是很难写好的。

小题大作要做得深刻有价值就必须采用相应的研究思维、思路和文体结构。一般来说,小题大作需要的是纵深思维而不是发散思维。发散思维是求广杂,推进思维向广度延伸,多用联想、比较、引申等思维方法,用这种思维方式写论文有可能导致铺摊子,使文章平面化、没有深度甚至杂乱。纵深思维是推进思维向深度开掘的思维方法,又称挖掘法,其思路展开后,层层挖掘、步步深入,由外在现象追溯到本质原因。我们在开展学术研究时,用纵深思维就包括这样一个层层挖掘的过程,比如从现象出发,由"是什么"到"为什么"再到"怎么样",先梳理、呈现对象的事实情况,再分析、思考产生这种情况或现象的原因、背景、条件等,最后再从分析中归纳、提炼出理论认识或具体措施。这也相当于我们通常所说的议论文写作的"三段式":提出问题——分析问题——解决问题。与这种思维方式一致,论文的写作也应该采用层层深入的思路和结构,而不应该采用摊大饼式的平铺式结构,也就是说论文的结构层次之间应该是递进关系,而不是平行关系。

二、"学术规范"与学术道德问题

近些年,世界各地不断暴露学术造假、学术剽窃的丑闻。在我国,学术造假、剽

窃、抄袭现象更是泛滥，尤其是本科生的毕业论文，抄袭的现象十分严重，已到了非大力整治不可的地步。学术造假和剽窃、抄袭既是学术道德问题，也是学术规范或技巧问题，很多人就是因为不明白学术研究的目的、意义和方法，不明白创造性是学术论文的基本特征，不明白学术论文的写作规范，这才导致重复、抄袭甚至造假。学术造假，如伪造实验数据、材料等，除了极少数人是刻意借此沽名钓誉，牟取个人利益之外，大多数造假行为都是源于选题不当、研究思路或方法不当所致。因为选题不当，不能胜任，或者方法不当，得不出结果，为了交差，就难免造假，以图蒙混过关。剽窃和抄袭往往是一种妄图不劳而获的不道德行为，但往往也确有部分情况属于主观无过错的误犯。比如，有的人搜集、储存资料时不仔细，误把别人的文字当做了自己的东西，有的人行文时不仔细，忘记了引用资料要加注，有的人误以为把前人的文章集中、整理、重新组合也是一种综论式、总结性论文。因此，必须加强学术规范的学习，必须掌握必要而基本的学术研究技巧和论文写作技巧。

首先，是选题来源的规范性。学术论文的选题不是凭空想出来的，而是来自于本学科的知识发展以及前人的研究积累。因此我们首先要了解本专业的研究历史和现状，注意选题的创新性，不要重复前人的劳动，否则难免抄袭。即使是做综论性研究，也要确实从前人的研究中有所发现，否则也难免做成资料汇编，难逃抄袭之责。此外，在论文的写作中，应该在绪论部分交待本课题的选题缘由和背景，以及相关研究现状，这也是交代课题来源、尊重前人的劳动的表现。

其次，是研究方法、思维和表述的规范性。论文写作中概念、术语的使用要规范，要忠实于概念、术语的本来意义和其适用的范围及条件。在资料的使用上也必须规范，比如引用要忠实。引用有全引、节录、转述等几种形式。直接将别人的观点、言语原封不动地引用并加引号，这是直接引语。直接引语必须一字无误，同时要注意引文的上下文语境，不能脱离其具体使用的语境，随意搬用。节录式引用是当所引资料过长，不够精练时，截取其要点，其余部分省略的一种做法。这种引用要注意不能断章取义，违背引文的原意。转述是指为了行文的方便，不直接引用原始资料，而是用作者自己的话进行转述。转述要注意贴近原义，不可有意曲解。表述上，要经常用"××说""××认为""在××看来"这样的句式，以明白交代资料来源，以免有可能因忘记标注而致剽窃之嫌。

再次，是文体格式规范。文体格式要齐备，注释、参考文献这些部分必须有，有时还必须在注释中交代向本论文提供过帮助的人士。长篇论文如学位论文、学术专著最好还要有"后记"或"致谢"这个部分，以交代所接受过的帮助。参考文献的标注必须规范、详尽、清楚、准确。当所用资料是转引自第二手文献时，应该努力去寻找原始出处，以免以讹传讹，实在找不到时，则必须注明是转引。

【拓展指南】

一、重要文献资料简介

1.《中国期刊全文数据库》

简介：该库是目前世界上最大的连续动态更新的中国期刊全文数据库，收录国内8200多种重要期刊1994年至今（部分刊物回溯至创刊）所发表的所有文章的全文。以学术、技术、政策指导、高等科普及教育类为主，同时收录部分基础教育、大众科普、大众文化和文艺作品类刊物，内容覆盖自然科学、工程技术、农业、哲学、医学、人文社会科学等各个领域，全文文献总量2200多万篇。这个数据库是高等学校和科研机构常备的电子资源，使用率极高。使用者可以按学科专业类别、用刊名、作者、单位、主题、篇名、摘要、关键词等多种方式进行检索和下载使用。

2.《国家哲学社会科学研究"十五"（2001—2005年）规划要点》(《社会科学管理与评价》2001年第3期)

简介：这个文件规划了中国"十五"期间哲学社会科学研究的重点选题，共分24类学科专业，列出了每门专业的重点选题或选题方向，24类专业是：马克思主义和科学社会主义、党史党建、哲学、经济理论、应用经济、政治学、社会学、法学、国际问题研究、中国历史、世界历史、考古学、民族问题研究、宗教学、中国文学、外国文学、语言学、新闻学与传播学、图书馆情报与文献学、人口学、统计学、体育学、教育学、艺术学。通过这个文件我们可以大致了解各学科的研究现状与趋势，并对学术研究选题的现实性原则等有一个感性的了解。

3.《国家社科基金项目申报课题指南》（每年发布一次）

简介：这个文件列出了每一年度申报国家社科基金资助项目的重点选题方向或推荐选题。通过浏览这个课题指南，我们可大致了解学术论文选题的当下性、实用性等基本原则。比如，2008年以来，美国发生了严重的金融危机并波及全世界，因此，2009年的课题指南就对此相当重视，分别在经济学、法学、国际问题研究等学科课题指南中列入有关这一问题的众多课题，如：美国金融危机的成因和教训研究、美国金融危机对世界金融和经济的影响研究、美国金融危机对中国的影响及应对措施研究、国际金融体系调整和我国对策研究、国际国内新形势下财政政策和货币政策取向研究等。

二、一般相关研究资料索引

1. 王力、朱光潜等：《怎样撰写学术论文》，北京：北京大学出版社1981年版。
2. 戴知贤：《大学生研究生论文写作十五讲》，北京：中国广播电视出版社1991年版。
3. 任鹰：《文科论文写作概要》，北京：北京大学出版社1991年版。

4. 周淑敏编著:《学术论文的写作》,北京:中国建材工业出版社1997年版。

5. 陈仕持等编著:《文史哲类学生专业论文导写》,长沙:中南大学出版社2000年版。

6. 刘巨钦等编著:《经济管理类学生专业论文导写》,长沙:中南大学出版社2000年版。

7. 刘健等编著:《法学类学生专业论文导写》,长沙:中南大学出版社2000年版。

8. 欧阳周、刘道德等编著:《理工类学生专业论文导写》,长沙:中南大学出版社2000年版。

9. 温儒敏主编:《中文学科论文写作训练》,北京:北京大学出版社2003年版。

10. 邝邦洪主编:《中文专业学术论文写作》,广州:广东人民出版社2008年版。

第三编　审美性文体写作

第八章 审美性文体写作的思维与表达特点

审美性文体即审美性的文学体裁。

文学是语言艺术。作为众多艺术门类中的一种,文学与绘画、音乐、雕塑等艺术不同的是,语言文字是唯一的建构方式或媒介。它是用语言塑造艺术形象,对现实世界进行审美观照,真实地表达文学创作主体的审美思想,传递审美情感体验,并引起读者心理共鸣的一种艺术创造活动。

文学体裁的划分有多种方法,通行于世的是划分为小说、诗歌、散文和戏剧。

第一节 文学作为艺术的审美心理特点

从文化比较的视角来看,中西方在早期审美活动的类别和形态上表现出一些差异:比如音乐艺术,中国是以宫商角徵羽为基础的音乐体系,西方是在十二音程理论基础上的和声音乐体系;又比如绘画艺术,中国是"以形写神"、在"似与不似"之间的表现艺术,西方则是严格讲究透视、解剖学基础上的再现艺术。简言之,古代的中国和西方在审美文化、审美心理方面虽然从总体意义上来说都是表现与再现相结合,但西方更注重理性和逻辑思维,反映在艺术上就是再现、摹仿、客观写实,中国更注重感性和顿悟思维,反映在艺术上就是表现、抒情、主观言志。

作为语言艺术的文学也是如此。古希腊哲学家亚里士多德以摹仿为基础建立了他的《诗学》体系,强调文学应描摹、再现客观现实的世界:"诗人的职责不在于描述已发生的事,而在于描述可能发生的事,即按照可然律或必然律可能发生的事。"[①]摹仿作为古希腊美学的普遍原则,对西方影响很大。比如文艺复兴时期英国作家莎士比亚把戏剧艺术比作人生的"镜子",

---

① 〔古希腊〕亚里士多德:《诗学》,见《西方文论选》上卷,上海:上海译文出版社1979年版,第64页。

19世纪的法国作家巴尔扎克也曾说:"法国社会将写它的历史,我只能当它的书记。"①这些都是与"摹仿"之传统一脉相承的。

事实上,文学活动的过程不仅仅是简单地对现实世界如实描摹,更多地需要文学创作主体以自身的才识学养、独特的生活感悟或成长经验等,创造一个源于生活、高于生活的主观审美世界,即艺术摹仿。创作主体用艺术家的眼睛发现美、体验美、追求美,诗意地理解生活,传达对现实世界的独特审美感受。正如巴尔扎克作为现实主义作家,在尊重客观现实的描绘的同时,也着力于对切身体验的法国社会生活素材进行筛选,选择具有独特审美意义的写作素材,在看似平常的人生中,发现常人所无法体会到的人生价值进行文学创造,让审美对象成为一个社会时代的表征、一个民族文化符号,从而挖掘人性的深度,创造出独特的审美价值。

西方文论发端之始,强调"现实即艺术摹仿"的同时,中国古典文论中陆机《文赋》首次对"缘情"说进行系统阐述,将主观情感作为观照审美对象的主导因素:

> 遵四时以叹逝,瞻万物而思纷。悲落叶於劲秋,喜柔条於芳春,心懔懔以怀霜,志眇眇而临云。……慨投篇而援笔,聊宣之乎斯文。

文人墨客眼中的四季景色、草木荣枯,唤醒其内心的审美情感,在对眼中之景细致描绘中寄托了强烈的思想感情。比如同样是写秋景,比较刘禹锡《秋词》和李清照《醉花阴》下阕:

秋　词

> 自古逢秋悲寂寥,我言秋日胜春朝。
> 晴空一鹤排云上,便引诗情到碧霄。

醉花阴（下阕）

> 东篱把酒黄昏后,有暗香盈袖。莫道不消魂,帘卷西风,人比黄花瘦。

刘禹锡在《秋词》中谈到了群体审美心理与个体审美心理之间的关系:由于受到中国传统审美文化的影响,自古以来"悲秋"是文人歌咏的惯用主题;而作为个体的主观审美体验则完全可能别出心裁——晴日高照,碧空如洗,

---

① 〔法〕巴尔扎克:《〈人间喜剧〉前言》,见《巴尔扎克论文学》,北京:中国社会科学出版社1986年版,第67页。

一只白鹤直冲霄汉,这种景象引出的阔朗诗情不言自明。这不禁让人联想起古琴曲《鹤冲霄》的意境,淡淡的隐士情操风雅高洁,优游自在如野鹤闲云。而李清照的《醉花阴》下阕采用传统文化意象"东篱""黄花"①写隐士生活,化用陶渊明诗句"采菊东篱下,悠然见南山",但是,接下来一句"莫道不消魂,帘卷西风,人比黄花瘦","悲秋"的意境更鲜明,更加个性化、情感化,对秋风乍起的感触表现得更加婉曲深沉。

如上所述,中西方文化的差异造成了早期审美活动以及历史审美心理的一些不同表征,但事实上二者并不矛盾,只是各有侧重,并都在自己侧重的方向上建树起博大精深、璀璨夺目的文化成就。今天,文化已经不再有严格的中西之分,我们更应该看到任何艺术的特征都不是单一、凝滞的,而是饱含着丰富性和流动性。作为审美活动之一的文学艺术,本身就是再现和表现艺术的统一,摹仿与创造的统一,客观写实与主观情感的统一。中西方审美文化的差异正可以从不同角度来揭示文学作为语言艺术不同于其他领域的总体审美心理特点:超功利的、指向自由的审美准则,物我结合、主客互见的审美体验、弘扬个性、自我超越的审美追求。

一、超越功利的审美准则——吾孰与城北徐公美?

"吾孰与城北徐公美?"语出《战国策·齐策一》。邹忌问妻子、门客、妾室同样的问题,三个人出于爱、惧、利益驱使等不同的心理不约而同地给出了相同的答案。邹忌和徐公到底谁更加英俊潇洒,我们已经无法得知,但引人深思的是:审美的原则是什么?

18世纪的德国作家、美学家席勒把艺术和人性结合在一起,提出艺术起源的"游戏说",指出审美活动是一种超功利、超目的的游戏,是人类要求"在物质的盈余上有审美的补充"②的自由的精神性活动,在这种艺术活动中,人超越了外在和内在的各种束缚,从自然法则和社会法则中解放出来,获得了全面的自由。

而19世纪末20世纪初的心理分析学家弗洛伊德从生理学的角度论及人类心理过程存在的"潜意识",将人的心理结构分为三个层次:本我(id)、自我(ego)和超我(superego)。"本我"是没有任何理性可言的,纯粹是情感的自由抒发,遵循"快乐原则";"自我"是根据现实情况协调"本我"和"超

---

① 黄花,指菊花。
② 〔德〕席勒:《美育书简》,徐恒醇译,北京:中国文联出版公司1984年版,第140页。

我"矛盾,遵循"现实原则";而"超我"则是完全按照"道德准则"约束自己的行动,以便达到"理想自我"的实现。在这个基础上弗洛伊德提出了"本能论",认为艺术创作的动机就是本能欲望被压抑和升华的产物:"艺术的产生不是为了艺术,它们的主要目的是发泄那些在今日大部分已经被压抑了的冲动。"①文学创作如同作家的一场"梦",充满了自由的幻想,以此来满足内心愿望,补足、校正、超越现实的残缺、无奈和局限。

文学正是在现实世界的基础之上用语言文字建立一个艺术的世界,创造一种超越现实功利因素的审美空间,从而消除主客体的对立,融化现实世界的冰冷和生硬,指向人类的全面发展和理想自由。

而我国晚明思想家李贽提出的"童心说",可以说与上述西方文论有异曲同工之妙:"夫童心者,真心也;若以童心为不可,是以真心为不可也。夫童心者,绝假纯真,最初一念之本心也;若失却童心,便失却真心;失却真心,便失却真人;人而非真,全不复有初矣。"(《李氏焚书》卷三)简单地说,童心是人发自内心的情感体验,不受道德、功利思想的约束,以这样的心态对外物进行审美观照,才能表达出一种指向自由、本真的人性人情,笔下流泄出的审美体验才更生动感人。

小说《水浒传》中有一段李逵打虎的情节:

> ……到得松树边石头上,不见了娘,只见朴刀插在那里。李逵叫娘,杳无踪迹。叫了一声不应,李逵心慌,丢了香炉,定住眼,四下里看时,并不见娘;走不到三十余走,只见草地上团团血迹。李逵见了,一身肉发抖;趁着那血迹寻将去,寻到一处大洞口,只见两个小虎儿在那里啃一条人腿。李逵把不住抖,道:"我从梁山泊归来,特为老娘来取他。千辛万苦,背到这里,倒把来与你了!那乌大虫拖着这条人腿,不是我娘的是谁的?"心头火起便不抖,赤黄须早竖起来,将手中朴刀挺起,来搠那两个小虎。……

李逵杀虎的原因是母亲被虎吃掉,一时悲愤而深入虎穴,端掉虎窝。他的悲愤是源自人性本能、人之常情。作者描述李逵杀虎的细节,突出了李逵的勇猛。先是借人物动作写心理,以叫、丢、定、看等一系列动作来突出他的"心慌"。然后,"一身肉发抖""把不住抖""心头火起便不抖"连用三个"抖"突出心中郁愤,层层递进。李逵这个人物形象更多的是"本我"意识的体现,

---

① 〔奥〕弗洛伊德:《图腾与禁忌》,杨庸一译,台北:台湾志文出版社1985年版,第192页。

他没有想过深入虎穴后自己的生命安危、打虎的技巧策略,仅凭借一腔悲情热血,在一种极端情绪的驱动下,捣毁虎巢,为母报仇。这个人物形象之所以真实鲜活,是因为作者掌握了审美超功利的真实性原则,把李逵的救母本能和真性情表露无遗。

二、物我结合、主客互见的审美体验——天下无心外之物

王阳明《传习录下》记载了这样一个小故事:

> 先生游南镇,一友指岩中花树问曰:"天下无心外之物,如此花树,在深山中自开自落,于我心亦何相关?"先生曰:"你未看此花时,此花与汝心同归于寂,你来看此花时,则此花颜色一时明白起来,便知此花不在你的心外。"

这个小故事耐人寻味:它说明在审美活动中,主客双方的互相依存性——离开了主体的审美观照,客体的审美价值也不复存在;而没有客体的映射,当然也就谈不上主体的审美体验了。

事实上,文学作为一种艺术,总是以形象的方式把握和感知现实世界,在这个把握和感知的过程中,作为审美主体的人会把自己的生活体验倾注进审美客体的观照之中;反过来,审美客体的出现往往也会"点亮"审美主体内心隐藏的生活体验,促使审美主体把生活体验提炼成审美体验,从而造就审美形象。

19世纪英国唯美主义文学理论家佩特曾这样描述他对艺术审美体验的理解:"在每个时刻,某一形态在手中或脸上变得完美;山上或海上的某一种色调比其他的色调更美;某一种热情或见解或理性的激动,只有在那个时刻,对于我们来说是具有不可抗拒的真实感与吸引力。并非经验的结果是目的,经验的本身便是目的。"[1]他指出体验并非日常经验,而是感悟生命的审美分析,瞬间即抓住世间万物的美好,触动灵魂深处的脉搏。

对美的把握就到此为止了吗?当你看见触动心弦的自然万物,艺术体验只限于感官享受,为了留存这一美好瞬间,艺术家们作出多方面的努力。其中,文学审美提出两难的命题即"言意矛盾"来说明艺术审美传达之难。《庄子·外物》篇云:"筌者所以在鱼,得鱼而忘筌……言者所以在意,得意而忘言。"在物我两忘、心会神驰那一瞬间领悟了美的真谛,突然发现,言语

---

[1] 伍蠡甫主编:《现代西方文论选》,上海:上海译文出版社1983年版,第22页。

之贫乏竟然无法准确表达出美的真意。

日本平安时代的女散文家清少纳言所作《枕草子》写四时的情趣,其中两段是:

> 春天是破晓的时候最好。渐渐发白的山顶,有点亮了起来,紫色的云彩微细地飘横在那里,这是很有意思的。
>
> 夏天是夜里最好。有月亮的时候,不必说了,就是在暗夜里,许多萤火虫到处飞着,或只有一两个发出微光点点,也是很有趣味的。飞着流萤的夜晚连下雨也有意思。

清少纳言用"很有意思的"来表达她的审美感受。她抓住人们常见的四季景色描绘触发情感体验的某个时段,如春天破晓时发白的山顶、紫色的云彩,夏夜的流萤纷飞,疏淡的笔墨,忧伤的情愫,最后说一句:这是很有意思的啊——直白地表达对美的体验和感受。恰如陶渊明《饮酒》诗云:"山气日夕佳,飞鸟相与还。此间有真意,欲辩已忘言。"陶渊明用平淡清和的语言描述眼中之景,即是心中所想,可是,心中感受却无法用语言确切表达——于是直接说,这种真实的感受是无法用语言言说的。

无法言说的"美"最终还是通过审美形象——意象的方式表达出来,正如刘勰在《文心雕龙·隐秀》篇中所说:

> 夫隐之为体,义生文外,秘响旁通,伏采潜发,譬爻象之变互体,川渎之韫珠玉也。故互体变爻,而化成四象;珠玉潜水,而澜表方圆。始正而末奇,内明而外润,使玩之者无穷,味之者不厌矣。

"隐秀"的含义是"情在词外曰隐,状溢目前曰秀",也就是说,考察词语"密响旁通"的言外之意而不是刻板表面的意义,通过审美意象而不是直接经过语词的叙述,既含蓄又无限地表达出审美体验。这样的审美形象就仿佛是沉潜在流水中的珠玉,水色玉光浸润辉映,而水纹的方正圆转都如同被赋予了生命力一般,是可以使"玩之者无穷,味之者不厌"的,因为它本身已经是一个活体,一个活跃浑成的"物",与"有大美而不言"的天地山川血脉相连,并与审美主体呼吸相通——物我合一,主客互见,托物言志,情景交融。

三、弘扬个性、自我超越的审美追求——文徽徽以溢目,音泠泠而盈耳

19世纪德国哲学家尼采在他的著作《悲剧的诞生》中,就艺术本源分流出日神精神与酒神精神代表人生是乐观精神与悲观精神的和谐统一。他认

为酒神精神是"永恒的本原的艺术力量",是一种"醉"的精神,是人类在面对苦难时采取的超越状态,表现在现实生活中是超脱世俗,追求自我个性的欢乐。尼采同时指出人生应是一种审美的人生:"只有作为一种审美现象,人生和世界才显得是有充足理由的。"①

在魏晋时期,文学的自觉促使创作审美追求个性弘扬。魏晋文人所推崇的是艺术化的人生,以独特的视角观照,用心锤炼辞采华章,寄情山水,丰富审美体验。《世说新语》是一部魏晋风流笔记小说集,记载了当时魏晋士人的逸闻趣事。其中有一则说的是刘伶醉酒:

> 刘伶恒纵酒放达,或脱衣裸形在屋中,人见讥之。伶曰:"我以天地为栋宇,屋室为裈衣,诸君何为入我裈中?"(《任诞》)

刘伶是"竹林七贤"之一,嗜酒如命。《任诞》中写他醉酒后裸身躺在屋子里,旁人看了讥笑他。他很不以为然,说:我把天地当做房子,屋子当做衣裤,你们怎么跑到我裤子里来了呢?

酒神精神给人以自我超越的超验审美心态,将礼教时俗都放置一边,袒露真性情。刘伶如此,诗仙李白亦然。古人云:李白斗酒诗百篇。杜甫有诗赞曰:"天子呼来不上船,自称臣是酒中仙。"②李白醉后为唐明皇与杨贵妃作诗,令高力士脱靴,让玄宗赐酒、贵妃磨墨,作《清平调》三首,其一:

> 云想衣裳花想容,春风拂槛露华浓。
> 若非群玉山头见,会向瑶台月下逢。

写的是贵妃的倾城美貌,不落俗套,她的美丽是不能用沉鱼落雁、闭月羞花这样的陈词滥调来形容的,而是让"云想衣裳花想容",若非亲眼所见,真以为是仙子降临。李白的诗作因酒助兴,酒让人陷入迷狂,在半醉半醒的状态下,他所体验的是常人所无法体验的生命审美。这是灵感乍现带来的契机。

陆机在《文赋》中,这样描述"灵感"出现的刹那:

> 若夫应感之会,通塞之纪。来不可遏,去不可止。藏若景灭,行犹响起。方天机之骏利,夫何纷而不理。思风发於胸臆,言泉流於唇齿。纷威蕤以馺遝,唯毫素之所拟。文徽徽以溢目,音泠泠而盈耳。及其六情底滞,志往神留。兀若枯木,豁若涸流。

---

① 《悲剧的诞生——尼采美学文选》,周国平译,北京:三联书店1986年版,第105页。
② 语出杜甫《饮中八仙歌》。

当它降临的时候,文思泉涌,妙语连珠,文徽徽以溢目,音泠泠而盈耳。及时落笔记下,文章华丽如锦缎,语言清朗悦耳。但是,如果作者不细心捕捉灵感的瞬间,等到它消失的时候,写下的文章干瘪如枯树断流。可见,所谓"灵感"正是一种艺术再创造,是现实的感悟及审美感知与作者个性、天赋、经历学识相互擦出火花的那一霎那,一种自我超越的审美体验的精彩瞬间。

作为文学艺术的审美活动,是一种对理想境界的追求,在个性弘扬下对完满生命、生存自由的探寻。

第二节 文学作为语言艺术的审美表达特点

文学创作是创作主体对客观世界的主观认识,是一种渗透了自身的审美情感,完成对现实生活改造变形的过程。因而,文学作品呈现在读者眼前的是创作主体对双方共同生活的现实世界进行审美心理体验。这也是一切人类审美活动的共性。

然而,与其他艺术形式相比,文学用语言文字作为唯一的构建材料,它的审美表达更加灵活、自由、富于韧性和张力。与处于静止状态的绘画、雕塑等艺术形态相比,文学更具有流动性,在时间与空间的变换下更加自如;与处于运动状态的音乐、戏剧等艺术形态相比,文学更加注重对内在思想蕴涵的深度发掘与丰实,而跳动的乐符、各种动态的戏剧手段,表达的更多的是某一时间点的某种思想情感。

文学作为语言艺术的上述审美表达特点,我们可以分别从审美的发生、构思、表现三个阶段来体会和把握。

一、艺术审美的发生阶段:审美取向与风格

文学创作是创作主体对客观现实世界进行内化审美观照,用语言文字来表达其审美感受体验的过程。文学作品从诞生、锻造到完结,最终作为一件完整的艺术品呈现在读者面前。但对于作者来说,在艺术审美的最初阶段,作者自身的生活体验、才识学养和审美情趣取向等就已经渗透进对客观世界的感知和把握之中去,直接影响到作品的内蕴和形式,从而造就作品不同的审美风格,带给读者不同的审美体验。

1923年朱自清和俞平伯同游秦淮河,并都以《桨声灯影里的秦淮河》为题写作散文,带给读者的审美体验却截然不同。现各选取一段进行分析:

过了大中桥,便到了灯月交辉,笙歌彻夜的秦淮河;这才是秦淮河

的真面目哩。大中桥外,顿然空阔,和桥内两岸排着密密的人家的大异了。一眼望去,疏疏的林,淡淡的月,衬着蓝蔚的天,颇像荒江野渡光景;那边呢,郁丛丛的,阴森森的,又似乎藏着无边的黑暗:令人几乎不信那是繁华的秦淮河了。但是河中眩晕着的灯光,纵横着的画舫,悠扬着的笛韵,夹着那吱吱的胡琴声,终于使我们认识绿如茵陈酒的秦淮水了。此地天裸露着的多些,故觉夜来的独迟些;从清清的水影里,我们感到的只是薄薄的夜——这正是秦淮河的夜。大中桥外,本来还有一座复成桥,是船夫口中的我们的游踪尽处,或也是秦淮河繁华的尽处了。

——朱自清《桨声灯影里的秦淮河》

我们,醉不以涩味的酒,以微漾着,轻晕着的夜的风华。不是什么欣悦,不是什么慰藉,只感到一种怪陌生,怪异样的朦胧。朦胧之中似乎胎孕着一个如花的笑——这么淡,那么淡的倩笑。淡到已不可说,已不可拟,且已不可想;但我们终久是眩晕在它离合的神光之下的。我们没法使人信它是有,我们不信它是没有。勉强哲学地说,这或近于佛家的所谓"空",既不当鲁莽说它是"无",也不能径直说它是"有"。或者说"有"是有的,只因无可比拟形容那"有"的光景;故从表面看,与"没有"似不生分别。……故我们不能认笑是非有,也不能认朦胧即是笑。我们定应当如此说,朦胧里胎孕着一个如花的幻笑,和朦胧又互相混融着的;因它本来是淡极了,淡极了这么一个。

——俞平伯《桨声灯影里的秦淮河》

朱自清的散文语言清丽秀美,情感直泄而出,善于从现实生活中提炼美,体验美,感受美,乐趣尽在其中。此文注重现实景物的细致描摹,追忆六朝金粉似水年华;用想象之景的虚映衬出眼前之景的实,读来更觉得历历如画,情致盎然。俞平伯的散文语言含蓄隽永,着眼于一种哲思的朦胧意境,颇接近禅宗"空山无人,水流花开"之自在自得的味道。如:"朦胧之中似乎胎孕着一个如花的笑——这么淡,那么淡的倩笑。淡到已不可说,已不可拟,且已不可想……"他对秦淮河的审美体验,更注重"形而上"的思考。秦淮河之夜氤氲着朦胧的美感,这种"韵外之致,味外之旨"的美不可言说。俞平伯游览秦淮河,可谓是"物我两忘",于夜色迷蒙中领悟到禅的境界。

二、艺术审美的构思阶段:审美意象与意境的提炼

文学是用语言文字来形象地把握现实世界的艺术,文学意象与意境的提炼成为文学作品最核心的表达技巧。

(一) 审美意象——渗透主观情感的艺术提炼

美国意象派代表诗人庞德深谙东方美学虚实相生、物我交融的审美情趣,提出意象这一审美概念。他认为:"一个意象是在一刹那时间里呈现的理智和情感的复合物的东西。"[①]"是熔合在一起的一连串思想或思想的旋涡,充满着活力。如果它不达到这些规范,它就不是我所指的意象。"[②]在庞德看来,意象之产生必备两个条件:理智思考和主观情感对"客观事物"的寄托。而在中国古代文论中,"意象"一词最早出现在《文心雕龙·神思》篇中:"然后使玄解之宰,寻声律而定墨;独照之匠,窥意象而运斤。"比较而言,西方的"意象"概念更倾向于是一种"心象",一种主观创造的产物;而中国古代文论更加重视意象是情与物的互动催发,不是创作主体单方面心理作用的结果。综合东西方对意象的理解,我们可以认为意象是主观精神对外物的情感折射。

正因为意象非"实像",而是作者和读者的"意中之象",故而意象生成后给予读者的审美体验与相应的审美文化心理和审美期待有关。比如:"月"作为中华民族文化的思乡情结意象,历代文人墨客吟咏不绝,流传最广的是唐代诗人李白的《静夜思》。而《静夜思》中"月"这个意象的特定含义对其他民族和文化的读者来说就不一定能够理解。如印度诗人泰戈尔在《飞鸟集》中有两首写月的诗篇[③]:

第30首:
"月儿呀,你在等候什么呢?"
"敬礼我将让位给太阳。"

第234首:
月儿把她的光明遍照在天上,

---

① 庞德:《意象主义者的几"不"》,见彼得·琼斯编:《意象派诗选》,裘小龙译,桂林:漓江出版社1987年版,152页。
② 黄晋凯等编:《象征主义·意象派》,北京:中国人民大学出版社1989年版,150页。
③ 〔印〕泰戈尔:《泰戈尔诗选》,北京:人民文学出版社2000年版,第498、536页。

却留着她的黑斑给她自己。

这里月亮给读者的感受是具有阴柔之美的女性形象,诗人将其"拟人化",使之变得真实可感。诗人赋予月的美好感受仅限于此。意象往往于一个民族的心理文化积淀密切相关,反映着一个民族的审美心理习惯。

意象的提炼一般有三种类型:由意生象、由象生意和意象相生。① 简言之,意象是意和象之间的互动关系。由意生象是指由于创作主体的情感宣泄向外界寻求"参照物"。如唐代诗人孟郊《登科后》诗云:

昔日龌龊不足夸,今朝放荡思无涯。
春风得意马蹄疾,一朝看尽长安花。

写的是他久试不中,人到中年应考登第而欣喜若狂的心情。春风、马蹄、长安花似乎是为他登科及第而诞生一样,他的喜悦心情找到了宣泄的出口。春风即是一种意象。由象生意是指眼前的景色引发创作主体的强烈情感。朱熹在《诗集传》中解释《诗经》的基本艺术特征"赋比兴","兴者,先言他物以引起所咏之词也"。或以生活中的客观事物作为开端,含蓄地抒发情感。如《桃夭》:"桃之夭夭,灼灼其华。之子于归,宜其室家。"桃花开得灿烂,让人联想到夫妇之间的和美幸福。而意象相生是指客观外物与创作主体的思想精神或主观情感达到了高度的统一,交汇融合,不分你我。

(二) 审美意境——近而不浮,远而不尽

皎然《诗议》指出意境虚实相生的特点。"夫境象非一,虚实难明。有可睹而不可取,景也;可闻而不可见,风也。虽系乎我形,而妙用无体,心也;义贯众象,而无定质,色也。凡此等,可以偶虚,亦可以偶实。"意境是用语言文字表现出来的言象意三者的高度统一、眼前之景与内在精神的融合。

司空图在《与李生论诗书》中谈到意境的最高境界:"近而不浮,远而不尽,然后可以言韵外之致耳。"近而不浮指的是创作主体描绘的意象可以拉近到读者眼前,不浮泛,是真实可感的;而远而不尽是指蕴含其中的意趣深远,余韵悠长。

意境是一系列意象的组合,形成的非实景而是水墨画般的写意世界。创作主体将各种意象进行排列和有机组合,诞生的是多层次的内涵叠加的虚景。如南宋诗人叶绍翁《游园不值》:

---

① 参见胡有清:《文艺学论纲》,南京:南京大学出版社1992年版,第89页。

> 应怜屐齿印青苔,小扣柴扉久不开。
> 春色满园关不住,一枝红杏出墙来。

写的是春日游园未果的经历。诗人眼见足下的青苔洋溢着葱绿新鲜的生命力,不忍屐齿踩踏,而主人用树枝编织的门久叩不开——这样一个令人心有不甘的时刻,一枝娇艳的红杏越过墙头映入眼帘。这枝红杏是否如前人所说"红杏枝头春意闹"那样开得如火如荼,还是疏枝上寥落零星几点花瓣便勾勒出整幅春意图卷,诗歌没有明示,只是让读者在一陇半矮的墙沿边,对着一枝红杏体验生活中的春意。

三、艺术审美的表现阶段:审美交流与沟通

当一部文学作品诞生,呈现在读者面前的时候,文学艺术审美接受就成为首要问题。创作主体通过作品传达给读者的过程是审美交流和诗意沟通的过程。

正因为文学作品的审美表达工具是语言文字,相对于色彩、线条、音符等等具体的、可用肉体感官直接感知的艺术媒介具有虚拟性和抽象性,加上读者自身的文化素质、审美修养及生活经验等的限制,对于文本的解读和审美期待就有很大的差异。

在《世说新语》中有这样一个故事,记载当时文人妙赏雅竹的清趣:

> 王子猷尝暂寄人空宅住,便令种竹。或问:"暂住何烦尔?"王啸咏良久,直指竹曰:"何可一日无此君?"(《任诞》)

文人对竹的钟爱,源自更为深沉的文化审美含义:竹与松、梅并称为"岁寒三友",早在春秋时代就成为文人士大夫高洁节操的象征。王子猷暂居空宅,但仍不厌其烦地种竹以明志,这是他所代表的文士阶层赋予竹的文化观念的内在驱动。而这种文化观念也已经被历代的作者和读者所接受,成为一种约定俗成的审美心理预期:竹除了作为一般性意义的生命存在,更多的是寄托了人们的美好愿望、对高尚人格的向往。

但在更多时候,并不是所有读者的审美心理预期都能达成一致。西谚云:一千个读者心中有一千个哈姆莱特。不同的读者对同一文本的不同解读是对原作的再创造,参与其中,乐在其中。如李商隐的《无题》诗,历来的解读莫衷一是,众说纷纭。再如曹雪芹《红楼梦》是一幅明清时代的风俗画卷,包罗万象,涉及建筑、饮食、衣饰、花木种植、风土人情、人际关系等,不同层次的读者关注的内容不同,从中获取的精神养料、审美感

受也各不相同。然而这正是文学作为语言艺术的生命活力所在——相对于其他艺术形式,它带给我们更阔大的审美想象空间,更丰富、更深沉的审美情感体验。

第三节 文学作为语言艺术的独特审美魅力

文学是具有审美价值的语言艺术,审美价值是以语言作为媒介的文学的内在规定性。文学作为语言艺术的独特审美魅力可以表现在许多方面,究其根本还是与语言本身的特性有关。我们这里从标新立异、虚实相生以及"活"的语言这三个方面来简要谈谈。

一、标新立异:语言审美的根本追求

《红楼梦》第三十八回《林潇湘魁夺菊花诗　薛蘅芜讽和螃蟹咏》中,描写大观园众人作诗已毕,互相评判高下:

> 众人看一首,赞一首,彼此称扬不已。李纨笑道:"等我从公评来。通篇看来,各人有各人的警句。今日公评:《咏菊》第一,《问菊》第二,《菊梦》第三,题目新,诗也新,立意更新,恼不得要推潇湘妃子为魁了……"

李纨一连三个"新"字,强调了她的评判标准所在:好的文学作品要能够推陈出新、别出心裁,给人以前所未有的独特的审美体验。

语言作为文学艺术的表达媒介,本身是不具有新意或特别之处的:我们每天都在日常生活中使用它——说、听、看、写,它每时每刻都和我们的诸种感官联系得如此紧密,这种媒介与任何其他一种艺术媒介相比都显得太普通、太熟悉、太日常生活化了。但是文学审美追求的就是用语言文字来创作审美对象,给人以独特的、源于现实而又超越于现实的美感,虽然想象驰骋、意象创造、意境构思等艺术技巧为文学审美提炼升华创造了良好条件,但无论审美意境、审美形象还是语言风格,前人都已有所涉猎,甚至已经开掘到了无法逾越的高峰。因此,作者面对着前人的熟语、熟调、熟意、熟境、熟技、熟形,需要用更新奇的情思与智慧、更新鲜的语言与技巧给予读者全新的审美感受,以此来"擦亮"日常生活的平庸与琐碎。因此从这个意义上来说,"标新立异"可谓是审美创造最根本的追求,也是文学作为语言艺术的根本魅力所在。

对此,俄国作家什克洛夫斯基提出了"陌生化"的概念。他用托尔斯泰

的创作经验来举例说明这种"陌升化"的手法:"列夫·托尔斯泰的反常化手法在于,他不用事物的名称来指称事物,而是像描述第一次看到的事物那样去加以描述,就像是初次发生的事情,同时,他在描述事物时所使用的名称,不是该事物中已通用的那部分的名称,而是像称呼其他事物中相应部分那样来称呼。"①概言之,是创作主体对日常事物进行审美观照的时候,进行"陌生化"的变形,使人产生距离化的美感。

新感觉派小说代表作家之一穆时英,非常擅长对语言的陌生化运用,如他在小说《CRAVEN"A"》对交际花余慧娴的外貌描写:

> 仔仔细细地瞧着她——这是我的一种嗜好。人的脸是地图;研究地图上的地形山脉,河流,气候,雨量,对于那地方的民俗习惯思想特性是马上可以了解的。放在前面的是一张优秀的国家地图:
>
> 北方的边界上是一片黑松林地带,那界石是一条白绢带,像煤烟遮满着的天空中的一缕白云。那黑松林地带是香料的出产地。往南是一片平原,白大理石的平原——灵敏和机智的民族的发源地。下来便是一条葱秀的高岭,岭的东西是两条狭长的纤细的草原地带。据传说,这儿是古时巫女的巢穴。草原的边上是两个湖泊。这儿的居民有着双重的民族特性:典型的北方人的悲观性和南方人的明朗味;气候不定,有时在冰点以下,有时超越沸点;有猛烈的季节风,雨量极少。那条高岭的这一头是一座火山,火山口微微地张着,喷着Craven"A"的郁味……②

把美人脸蛋比喻成优秀的国家地图,本身是很有新意的艺术构思。同时作者用语言"陌生化"手法进行大量的细节描写,新颖、奇巧,时尚气息浓厚。头发、额头、眉毛、脸颊、眼睛和鼻子分别用不同的地形来进行介绍,顺便根据实际情况描述当地的"气候"。作者用地理名词生动活泼地描摹美人面容,给人带来耳目一新的感觉体验。

二、虚实相生:文本与想象的无限可能

中国古代绘画艺术,尤其是写意水墨画,讲求"留白"。所谓"留白"就是在画纸上留下大量的空白,给人一种空静、轻灵之感,激发无限的想象空间。如近代著名画家齐白石画虾,先是临摹名家之作,写实得其形似而不得

---

① 〔俄〕什克洛夫斯基:《作为手法的艺术》,见《俄国形式主义文论选》,北京:三联书店1989年版,第7页。

② 穆时英:《上海的狐步舞》,北京:中国文联出版社2004年版,第89页。

神似,而后用搪瓷白碗盛入清水,养着几只活蹦乱跳的虾,放在案头,每日观摩,揣摩其神韵。最后,悟到"化繁就简,于无处寻求有"的境界。他画的虾,尺幅白纸上,两三只虾,墨色浓淡适中,腰腹透明,灵活游弋于水底。空白大肆充盈满纸,轻灵、肃静、逸趣横生。

绘画艺术再怎么"留白",再怎么"虚",也终究是"有形艺术",能够令人展开的想象空间毕竟受视觉感官的限制和规约。文学作品的构建媒介是无声、无色、无嗅、无味的语言文字,是最擅长"无中生有"的一种艺术媒介。比之绘画艺术直观可见的水墨颜料,更抽象、更自由、更灵活。因此,文学作品中的"留白",就能最大限度地激发读者的丰富想象,把"虚实相生"的艺术魅力推展到极致。

中国的古诗词意境创造,非常擅长运用"虚实相生"的艺术技巧。如白居易《夜雪》:

已讶衾枕冷,复见窗户明。
夜深知雪重,时闻折竹声。

古人以雪为题材进行诗歌创作的有很多,如李白"燕山雪花大如席,片片吹落轩辕台",岑参"轮台东门送君去,去时雪满天山路",杜甫"窗含西岭千秋雪,门泊东吴万里船"等等,雪给人的视觉冲击力或壮美辽远,或静穆孤寒,或轻柔细腻。而白居易的这首小诗独标清格,境界虽小却韵致遥深。

起首两句没有直接写"雪",只写了人的感觉,罗衾、锦枕的寒意,惊醒的梦中人,恍惚见到窗外明亮如昼。原来是雪光折射产生的幻象。后两句由对寒冬的切身体验联想到深夜降雪压弯并折断的庭院修竹。从细致入微的现实感受到朦胧杳渺的梦境感知,思维跳跃性极大,留下更多的想象"空白"让人回味。

西方文论中与中国的"留白"美学遥相呼应的,是 20 世纪德国文学理论家沃尔夫冈·伊瑟尔就文学接受提出来的"空白文本"概念。他认为文学作品中刻意留下引人联想的"空白点",可以营造出一种"召唤结构",吸引读者获得与作者相似的审美经验后,进一步对文本下意识地充实丰富,从而在有限的语言文字中,激发文本与想象的无限可能。

三、"活"的语言:现实中的"诗意栖居"

世界上,究竟还有什么慰藉像语文的慰藉和安慰呢?当我被生存的黑暗面闹得茫然若失了,当这个华美的万象在我看起来,像是哈姆莱特所见,归于尘埃和残根了,倒不是在形而上学里,也不是在宗教里我找到了重要的保证,而是在美丽的辞句里。

——史密士《辞句》①

文学是语言的艺术。它的目的是要创造出一种不同于日常生活语言的"艺术语言"和由此生成的艺术境界。在这样的艺术语言和艺术境界中,人类超越了自身和环境的局限,在纷纷扰扰、喧嚣冗杂的尘世中获得了"诗意的栖居"。在那个诗意的家园里,语言是纯粹的语言,人也成为纯粹的人。

究竟什么是纯粹?康德说:"先天的知识未杂有经验的事物在内,则名为纯粹。"②它代表着一种超出经验的"初次命名"或者"重新命名",以及这种"初次命名"和"重新命名"背后裹挟着的神圣与喜悦。正是在这个意义上,文学语言一再被要求背离日常语言而另辟蹊径,因为在日常语言中充斥的是经验、逻辑、理性和规范,它们统统与"初次命名""重新命名"无缘。而海德格尔则把这种能够"初次命名""重新命名"的文学语言看成是对"存在"的某种显示,或是对存在的逼近。他认为:

> 语言之本质因素乃是作为道示(Zeige)的道说(Sage)。道示之显示并不建基于无论何种符号,相反,一切符号皆源出于某种显示;在此种显示的领域中并且为了显示之目的,符号才可能是符号。③

源始状态的语言是存在的显示,而日常生活中的语言往往是一种工具化了的语言,它虽然源出于一种显示,但是在应用过程中却背离了最初的活跃与浑成状态,成为静止、苍白的工具,于是存在被切割被遮蔽了;而文学语言是对这种工具语言系统的背叛,它不再是苍白的无生命的,而是多层次多色彩的立体"自身",以求能够对活跃浑成状态的存在"敞开",使之完整展现而不是片段割离。

文学语言力图逃脱沦为苍白工具和僵死符号的命运,那么,它究竟如何逃脱呢?萨特说:

> 事实上,诗人一了百了地从语言——工具脱身而出;他一劳永逸地选择了诗的态度,即把词看作物,而不是符号。……说话的人越过了词,他靠近物体;诗人没有抵达词。对于前者,词是为他效劳的仆人;对

---

① 许淇主编:《中外散文诗鉴赏大观》外国卷,桂林:漓江出版社 1992 年版,第 402—203 页。
② 康德:《纯粹理性批判》,北京:商务印书馆 1960 年版,第 30 页。
③ 海德格尔:《走向语言之途》,见《在通向语言的途中》,北京:商务印书馆 1997 年版,第 216 页。

于后者,词还没有被驯化。对于说话的人,词是有用的规定,是逐渐磨损的工具,一旦不能继续使用就该把它们扔掉;对于诗人,词是自然的物,它们像树木和青草一样在大地上自然的生长。[①]

在文学创作者的眼中和手中,语言是有生命的、活跃浑成的"物",就像自然界中尚未被驯化的万物一样,是逃逸在各种逻辑经验理性规定之外的,作者只能平等地面对它们,而不能使它们臣服于自己。语言在这种"物化"的过程中不知不觉地被注入了活跃浑成的存在的密码,就像未被驯化的自然界处处都藏匿着存在的密码一样。

这样的语言,是"活"的语言;这样的语言造就的文学作品,是洋溢着理想人性的激情和活力的艺术作品。它是如此之近,又是如此之远:它从我们每时每刻的眼中、口中、手中流出,流经生活中的芜杂、凡庸、浩淼和深不可测,最终指向令我们灵魂净化并得以自由伸展舒息的"诗意家园"。

【导学训练】

一、学习建议

学习文学写作,要多方面、多角度地锻炼自己:比如审美修养的培养、审美能力的锻造,不断地提高学识素养,拓宽艺术视野;又比如审美境界的创建、审美写作技巧的积累,正如古人所说,"读万卷书,行万里路",在大量阅读中外文学理论和前人经典作品、学习总结前人的写作技巧的同时,观察生活、提炼生活,并进行写作训练,不断地提高自己对文学语言的敏感程度,对各种文体的特点用心揣摩:比如诗歌的韵律节奏,散文情感抒发及哲理思考,小说对人物、细节等的把握,戏剧对白、动作姿态的描摹等等。在进行文学创作之前,细心观察外界事物,在平凡之中发现捕捉瞬间之美,深入思考,展开想象,运用技巧,构思成文。

二、阅读示例

比较刘勰《文心雕龙·神思》和陆机《文赋》,用心体会作者的文学创作构思论:如何展开意兴遄飞的想象,把握转瞬即逝的灵感。

1. 刘勰《文心雕龙》

古人云:形在江海之上,心存魏阙之下。神思之谓也。文之思也,其神远矣。《神思》开篇,点明题旨,活用《庄子》中的典故,阐明"神思"之要义在于天马行空、纵横捭阖地驰骋想象,逍遥自在,翱翔于天地江海渺远间。

"心"是神思的源头。冥神凝思,打破时空的界限,自由来回穿梭千年,万里河川

[①] 萨特:《萨特文学论文集》,合肥:安徽文艺出版社1998年版,第74—75页。

尽收眼底。这是想象的魅力所在。"故寂然凝虑,思接千载;悄焉动容,视通万里。吟咏之间,吐纳珠玉之声;眉睫之间,卷舒风云之色。"想象展开,吟诵辞藻华章,心中有所感应,仿佛亲眼所见如同风云变幻的图景。接下来进一步探讨想象的产生原因:"故思理为妙,神与物游。""神居胸臆,而志气统其关键;物沿耳目,而辞令管其枢机。枢机方通,则物无隐貌;关键将塞,则神有遁心。"神思了然于胸,而情志气质是主导;外物是通过眼睛耳朵感受的,但言辞是传达对外界感受的唯一表达方式。善于言语表达,那么事理就能说得清楚明白;若情调志趣受阻,想象就消失了。这说明"神思"不仅仅是想象,并且是一种稍纵即逝的特殊情感。作者强调了想象的重要作用,同时,把个人的品格情趣也放在同等地位上。如宋·苏轼《文与可画筼筜谷偃竹记》:

> 故画竹,必先得成竹于胸中,执笔熟视,乃见其所欲画者,急起从之,振笔直遂,以追其所见,如兔起鹘落,少纵即逝矣。

这是成语"胸有成竹"的由来。画竹之前,心中要有竹这个意象,想象已经使它诞生在笔下,画者追逐这种灵感,飞速落笔。

"是以陶钧文思,贵在虚静,疏瀹五藏,澡雪精神。"说到构思,最关键在于集中精神,摒除杂念,净化心灵。这引用了《庄子·知北游》:"老聃曰,汝斋戒疏瀹而心,澡雪而精神。"构思的时候,需要达到"心斋坐忘"的境界,即无欲求、虚无忘我的非功利审美心态。

"积学以储宝,酌理以富才,研阅以穷照,驯致以怿辞,然后使元解之宰,寻声律而定墨;独照之匠,窥意象而运斤。此盖驭文之首术,谋篇之大端。"谈到文章的布局谋篇,艺术想象源于现实生活,也源自个人学识修养,对待知识要如珍宝,钻研学问来充实自己,如同工匠对思维分析技巧娴熟后才能下笔成文。

"登山则情满于山,观海则意溢于海;我才之多少,将与风云而并驱矣。"此为后人广为传诵之佳句,意在说明情感与外界万物联系之紧密。由景触情,以情融景,山之高远,海之广阔,涤荡心胸,给人以崇高肃穆之感。

2. 陆机《文赋》

"遵四时以叹逝,瞻万物而思纷。悲落叶于劲秋,喜柔条于芳春……"四季更迭,春华秋实,无不触动诗人的情思,激发诗人的创作灵感,使之投身于创作中。由眼前所观之景,花鸟虫鱼皆著"我"之色彩,因"我"喜怒哀乐而荣枯生灭,进而引发创作主体的无尽思考。情景交融,形成独特美妙的审美意境。

陆机把创作理论融入他的诗歌实践中去,如其名作《赴洛道中作诗》(其二)末四句:

> 清露坠素辉,明月一何朗。
> 抚枕不能寐,振衣独长想。

草叶上,几粒露珠清澈,滚落天边冷月的蟾光。由露珠之繁感悟明月之寡,因露珠之短暂衬托明月之永恒,如此良辰佳景,随着岁月流淌,亘古不变,映照芸芸众生不同的人世际遇。陆机有感于眼前之景,勾起无尽乡愁。

陆机除了强调感物生情激发创作的契机外,也总结了因事言志作文这一创作规律。"心懔懔以怀霜,志眇眇而临云。咏世德之骏烈,诵先人之清芬。游文章之林府,嘉丽藻之彬彬。"心气志向如霜雪静穆凛然,高远得摩挚碧天流云,吟诵先祖文治武功及品行节操,阅览前人佳作美文,激发自己的创作欲望。由此可见,创作发生的动机受到很多因素的影响。

陆机《文赋》阐述了想象在艺术构思中的重要性。"精骛八极,心游万仞。""笼天地於形内,挫万物於笔端。"创作伊始,进入神思冥想中,心平气和,想象的翅膀翱翔于天地苍茫之间。"于是沈辞怫悦,若游鱼衔钩,而出重渊之深;浮藻联翩,若翰鸟缨缴,而坠曾云之峻。"作者用一系列的比喻绘声绘色地讲述构思的全过程。华采辞章如闲游深潭沉渊的鱼跃出水面,飞翔于浮云碧天外的鸟坠入山巅,因存在于创作主体思绪所及的视野中,为其所用。

另外,饱读诗文、博览群书的学习习惯和想象同等重要。古人云:腹有诗书气自华。不断学习,提升个人修养、开阔视野是想象和灵感诞生的源泉。"收百世之阙文,采千载之遗韵。谢朝华於已披,启夕秀於未振。观古今於须臾,抚四海於一瞬。"积累丰富的创作素材需要细心体验现实生活,同时,需要学习借鉴前人的创作技巧和经验,在此基础上进行艺术创新。唐大圆《文赋注》释:"朝华,谓古人已用之意与辞,如花之已开,宜谢而去之。夕秀,谓古人未述之意与辞,如未发之花,宜开而用之。"云:"上句是务去陈言,下句是独出心裁。"[①]古人表述的言辞和意思如清晨绽放的花,开到极致绚烂之时,已近尾声;而今人应在此基础上进行新的审美探索。未发之花是后起之秀,正如李商隐诗中所言:"桐花万里丹山路,雏凤清于老凤声。"

陆机《文赋》不仅注重艺术想象和辞采华章,同时也讲求辞意相谐,形式和内容的统一。"理扶质以立干,文垂条而结繁。信情貌之不差,故每变而在颜。思涉乐其必笑,方言哀而已叹。"理直质朴是文章主干,而文采华章是枝叶繁花,正如古人所说:"情动于衷而形于言"。只有发自内心的声音才不会矫揉造作,明白深入地进行说理。

三、实践训练

比较郁达夫《故都的秋》与老舍《四世同堂》有关北平之秋的描写,体验作者审美情趣的异同。

【研讨平台】

一、发现美的眼睛,体验美的心灵:如何培养自己的审美修养?

提示:眼睛是心灵的窗户。发现美、体验美,需要一双慧眼、一颗灵心。对美的追求,是人类的天性使然。那么如何提高自己的审美修养,锻造自己的审美能力?阅读

---

① 郭绍虞:《中国历代文论选》(一卷本),上海:上海古籍出版社1998年版,第73页。

下面的文论,试着总结前人的经验。

1. 王国维《红楼梦评论》(节选):

由是观之,吾人之知识与实践之二方面,无往而不与生活之欲相关系,即与苦？痛相关系。兹有一物焉,使吾人超然于利害之外而忘物与我之关系,此时也,吾人？之心无希望,无恐怖,非复欲之我,而但知之我也。此犹积阴弥月而旭日杲杲也,？犹覆舟大海之中浮沉上下而飘着于故乡之海岸也,犹阵云惨淡而插翅之天使赍平和之福音而来者也,犹鱼之脱于罾网鸟之自樊笼出而游于山林江海也。然物之能使吾人超然于利害之外者,必其物之于吾人无利害之关系而后可。易言以明之,必其物非实物而后可。然则非美术何足以当之乎！夫自然界之物,无不与吾人有利害之关系,纵非直接,亦必间接相关系者也,苟吾人而能忘物与我之关系而观物,则大自然界之山明水媚,鸟飞花落,固无往而非华胥之国,极乐之上也。岂独自然界而已,人类之言语动作,悲欢啼笑,孰非美之对象乎？然此物既与吾人有利害之关系,而吾人欲强离其关系而观之,自非天才,岂易及此！于是天才者出,以其所观于自然？人生中者复现之于美术中,而使中智以下之人,亦因其物之与己无关系而超然于利害之外。是故观物无方,因人而变。濠上之鱼,庄惠之所乐也,而渔父袭之以网罟;舞雩之木,孔曾之所憩也,而樵者继之以斤斧。若物非有形,心无所住,则虽殉财之夫、贵私之子,宁有对曹霸、韩干之马而讠驰骋之乐,见毕宏、韦偃之松而观思栋梁之用,求好逑于雅典之偶,思税驾于金字之塔者哉！故美术之为物,欲者不观,观者不欲。而艺术之美所以优于自然之美者,全存于使人易忘物我之关系也。？

而美之为物有二种:一曰优美,一曰壮美。苟一物焉,与吾人无利害之关系,而吾人之观之也,不观其关系,而但观其物,或吾人之心中无丝毫生活之欲存,而其观物也,不视为与我有关系之物,而但视为外物,则今之所观者,非昔之所观者也。此时吾心宁静之状态,名之曰优美之情,而谓此物曰优美。若此物大不利于吾人,而吾人生活之意志为之破裂,因之意志遁去,而知力得为独立之作用,以深观其物,吾人谓此物曰壮美,而谓其感情曰壮美之情。普通之美,皆属前种。至于地狱变相之图,决斗垂死之像,庐江小吏之诗,雁门尚书之曲,其人故氓庶之所共怜,其遇虽戾夫为之流涕,讵有子颡乐祸之心,宁无尼父反袂之戚,而吾人观之,不厌千复。格代之诗曰:

What in life doth only grieve us.

That in art we gladly see.

凡人生中足以使人悲者,于美术中则吾人乐而观之。此之谓也。此即所谓壮美？之情,而其快乐存于使人忘物我之关系,则固与优美无以异也。

(王国维、蔡元培:《红楼梦评论·石头记索隐》,上海:上海古籍出版社2005年版,第5页。)

2. 李渔《闲情偶寄》(节选):

词贵显浅之说,前已道之详矣。然一味显浅,而不知分别,则将日流粗俗,求为文人之笔而不可得矣。元曲多犯此病,乃矫艰深隐晦之弊而过焉者也。极粗极俗之语,未尝不入填词,但宜从脚色起见。如在花面口中,则惟恐不粗不俗;一涉生、旦之曲,便宜斟酌其词。无论生为衣冠、仕宦,旦为小姐、夫人,出言吐词,当有隽雅春容之度;即使生为仆从,旦作梅香,亦须择言而发,不与净、丑同声;以生、旦有生、旦之体,净、丑有净、丑之腔故也。元人不察,多混用之。观《幽闺记》之陀满兴福,乃小生脚色,初屈后伸之人也,其《避兵》曲云:"遥观巡捕卒,都是棒和枪。"此花面口吻,非小生曲也。均是常谈俗语,有当用于此者,有当用于彼者。又有极粗极俗之语,止更一二字,或增减一二字,便成绝新绝雅之文者,神而明之,只在一熟。当存其说,以俟其人。

填词义理无穷,说何人肖何人,议某事切某事,文章头绪之最繁者,莫填词若矣。予谓总其大纲,则不出情景二字。景书所睹,情发欲言。情自中生,景有外得。二者难易之分,判如霄壤。以情乃一人之情,说张三要象张三,难通融于李四;景乃众人之景,写春夏尽是春夏,止分别于秋冬。善填词者,当为所难,勿趋其易。批点传奇者,每遇游山、玩水、赏月、观花等曲,见其止书所见不及中情者,有十分佳处,只好算得五分,以风云月露之词,工者尽多,不从此剧始也。善咏物者,妙在即景生情。如前所云《琵琶·赏月》四曲,同一月也,牛氏有牛氏之月,伯喈有伯喈之月。所言者月,所寓者心。牛氏所说之月可移一句于伯喈,伯喈所说之月可挪一字于牛氏乎?夫妻二人之语,犹不可挪移混用,况他人乎?人谓:此等妙曲,工者有几?强人以所不能,是塞填词之路也。予曰:不然。作文之事,贵于专一。专则生巧,散乃入愚。专则易于奏工,散者难于责效。百工居肆,欲其专也。众楚群咻,喻其散也。舍情言景,不过图其省力,殊不知眼前景物繁多,当从何处说起?咏花既愁遗鸟,赋月又想兼风。若使逐件铺张,则虑事多曲少;欲以数言包括,又防事短情长。展转推敲,已费心思几许,何如只就本人生发,自有欲为之事,自有待说之情,念不旁分,妙理自出。如发科发甲之人,窗下作文,每日止能一篇二篇,场中遂至七篇。窗下之一篇二篇,未必尽好,而场中之七篇,反能尽发所长而夺千人之帜者,以其念不旁分,舍本题之外,并无别题可做,只得走此一条路也。吾欲填词家舍景言情,非责人以难,正欲其舍难就易耳。

【拓展指南】

推荐书目

1. 郭绍虞主编:《中国历代文论选》(一卷本),上海:上海古籍出版社1998年版。
2. 伍蠡甫主编:《西方文论选》,上海:上海译文出版社1979年版。
3. 伍蠡甫主编:《现代西方文论选》,上海:上海译文出版社1983年版。
4. 朱光潜:《谈美书简》,南京:江苏文艺出版社2007年版。
5. 李泽厚:《美学三书》,合肥:安徽文艺出版社1999年版。
6. 王乾坤:《文学的承诺》,北京:三联书店2005年版。

第九章 散 文

第一节 散文的概念与分类

一、散文的概念

"散文"这个概念,不论在西方还是中国,最初都不是指称一种文体,而是指称语言运用的两种基本组织形式之一,即散行的语言,用以与严格讲究节奏、押韵的韵文,或是要求词句整齐对偶的骈文相对应和区别。

例如,古希腊的亚里士多德曾在《诗学》第九章说过:"历史家与诗人的差别不在于一用散文,一用'韵文';希罗多德的著作可以改写为'韵文',但仍是一种历史,有没有韵律都是一样的;两者的差别在于一叙述已发生的事,一描述可能发生的事。"①显然,亚里士多德是把"散文"与"韵文"看做能够表达相同内容的两种不同的语言组织形式,而不是在要求内容与形式不可分割的文体意义上来使用这两个概念。

值得强调的是,在亚里士多德看来,作为语言组织形式之一的"散文"之"散",只是外在层面的现象,亦即相对于"韵文"在韵律作用下的相对整齐而已,因此绝不可把它理解为语言组织的随意和散漫,因为好的"散文"表达总是有其内在的某种一致性以保证获得相应的整体感;这种能够融散于整的内在一致性其实就是"散文"与"韵文"所共有的节奏,只是它在"韵文"中表现得外在和直观,而在"散文"中则是内在和隐约的。所以,亚里士多德在《修辞学》第三卷中说:"散文有节奏,但不押韵,否则它就不是散文,而是韵文了。就是节奏,散文也不宜太准确,它只应当在一定的程度上有节奏。"②应当说,正是这种"在一定的程度上有节奏",使散文在与韵文的区别中具有了独特的语言美感效应。在这方面,特别强调"文以气为主"的中国

---

① 伍蠡甫主编:《西方文论选》上卷,上海:上海译文出版社1979年版,第64页。
② 同上书,第94页。

古代散文中几乎俯拾即是范例。

再如,汉语由于其文字形态的特性,发展出一种"对偶"的表达形式,在语言运用中较早地被集中使用而构成一种语言组织形式的,就是骈文。因此,中国古代的"散文"概念不仅是在一般意义上与"韵文"相对应,而且还特别与"骈文"相对应。宋代罗大经《鹤林玉露》就说:"'四六'(即骈文)特拘对耳,立意措辞贵浑融有味,与散文同。"这里对骈文与散文的区分,显然与亚里士多德在《诗学》中对韵文与散文的区分立场相同,都是把它们看做语言运用的不同组织形式,而不是在要求内容与形式不可分割的文体意义上使用它们。事实也是如此,在中国古代,用"特拘对耳"的骈文可以写作的文体,用"不拘对耳"的散文同样可以写,反之亦然。

正是由于不论在西方还是中国,"散文"最初都不是一个文体概念而是指称一种语言运用的组织形式,所以它可以涵盖的文体写作现象显然是非常丰富和复杂的,只要是采用散行的语言形式写作的文本,都可以称为"散文"。例如在西方,这种"散文"通常被用来指称各种叙事性文体的写作,包括非虚构性的(如传记)和虚构性的(如小说)。当然有的叙事性写作也是可以采用韵文形式的,如莎士比亚戏剧就是如此。至于我们今天所说的中国古代散文,也是包括了古人采用散行语言形式写作的各种文体,所以写作学通常把这种"散文"概念称为广义散文。应当看到,正是因为中国古代散文写作所具有的这种巨大包容性,熔铸出中国古代散文写作的一些鲜明的民族文化特点,其影响绵延至今,值得我们格外珍视。对此,我们将在下面作专题讨论。

我们今天所理解的,不仅是作为一种文体类型、而且是作为一种文学文体而使用的"散文"概念,是在五四新文学运动的发展过程中逐渐形成的。朱自清曾在1935年写作的《什么是散文》中对此作过说明:

> 按诗与散文的分法,新文学里小说、戏剧(除掉少数诗剧和少数剧中的韵文外)、"散文",都是散文。——论文、宣言等不用说也是散文,但通常不算在文学之内——这里得说明那引号里的散文。那是与诗、小说、戏剧并举,而成为新文学的一个独立部门的东西,或称白话散文,或称抒情文,或称小品文。这散文所包甚狭,从"抒情文""小品文"两个名称就可知道。小品文对大品而言,只是短小之义;但现在却兼包"身边琐事"或"家常体"等意味……我们普通说散文,其

实只指的这个。①

朱自清特别强调的"那引号里的散文",已不再是语言运用两种基本组织形式意义上的"诗与散文的分法"了,而是一个建立在内容与形式相统一意义上的明确的文体概念,并且是"成为新文学的一个独立部门的东西",因而它"所包甚狭",具有了自身相对具体的对内容与形式相统一的特定要求,从而得以与"诗、小说、戏剧并举"。

应当说明的是,这种作为文学文体概念而得以确立的"散文",既是对新文学运动中相应的写作实践的理论总结,也是对中国古代和西方写作实践中相关文体的借鉴和吸收。这是我们今天所理解的,不仅是作为一种文体类型、而且是作为一种文学文体而使用的"散文"概念,之所以能够在超越"散行语言"的意义上对古今中外写作实践中的相关现象具有普遍适用性的一个重要原因。

当然,现代散文概念确立过程中对中国古代和西方写作实践中相关文体的借鉴和吸收是一个很复杂的问题,既包含着现代散文写作者自觉或不自觉的借鉴或模仿,也包含着现代写作学研究者清晰或朦胧的吸收或探索。这些现象,在朱自清所提到的"小品文"概念上表现得最为集中和鲜明。钟敬文写于1928年的《试谈小品文》对此有很好的阐述:

> 什么是小品文?这个问题,是不容易简单地答复的。……古人于小品云云,似指的是些篇幅不长的文章,其体裁,兼有论议、序跋、传记、铭志等,内容则写景、叙事、抒情、议论都齐备。……
>
> 英文中有所谓 Familiar essay,胡梦华先生把它翻作"絮语散文",我以为把它译作小品文很确切。胡先生文中,有一段说明絮语散文的话,很可抄在这里,用作"什么是小品文"一个问题的解释:
>
> 我们仔细读一篇絮语散文,我们可以洞见作者是怎样一个人:他的人格的动静描画在里面,他的人格的声音歌奏在里面,他的人格的色彩渲染在里面,并且还是深刻的描写着,锐利的歌奏着,浓厚的渲染着。所以它的特质是个人的,一切都是从个人的主观发出来;和那些非个人的、客观的批评文、议论文、叙事文、写景文完全不同。因为他是个人主观散漫地、琐碎地、随便地写出来,所以他的特质又是不规则的,非正式的。又从表面看来虽然平常;精细的观察一下,却有惊人的奇思,苦心

---

① 俞元桂主编:《中国现代散文理论》,南宁:广西人民出版社1984年版,第120—121页。

雕刻的妙笔……说到这里,我们大概可以说絮语散文是一种不同凡响的美的文学。①

从钟敬文对中国古代小品的介绍,以及他所转述的胡梦华对西方Familiar essay(现多译为随笔)的介绍中,不难发现我们今天所理解和使用的作为文学文体的散文概念所包含的那些文体特点的历史渊源。比如说散文最为动人的魅力往往就在于它所展现的人格本色,而这正是西方Familiar essay的写作传统,就像胡梦华说的那样:"我们仔细读一篇絮语散文,我们可以洞见作者是怎样一个人……"据说当年有人转告法国散文大师蒙田:"皇帝陛下读了你的书,很想认识你。"蒙田回答说:"假使皇帝陛下已经认识了我的书,那他就认识我的人了。"这说明,作为文学文体的"散文"概念尽管是在五四新文学运动中形成和确立的,但它所包含的文体特点及所具有的文体魅力,却是借鉴和吸收中国古代和西方相关文体写作经验的结果。这正是我们可以用今天的这种作为文学文体概念的"散文",去涵括中国古代和西方的那些只是在散行语言意义上写作的"散文"的根本原因。

总之,我们现在所说的散文是一种文学文体。它以散行的语言组织形式和相对短小的篇幅,或记人叙事,或写景状物,或议论抒情,但都注重突出作者的心灵感受,少受客观时空和事理逻辑的约束,因而特别地具有一种洒脱自然、灵巧自由的美感。

二、散文分类

尽管自新文学运动以来"散文"已经成为了一个明确的文学文体概念,但其内涵其实仍是比较模糊的,至今都难以为其划定泾渭分明的疆域。在中国现代文学史上,往往将只要不是诗歌、小说、戏剧,但又具有一定文学性的文本都归入散文。如与政论搭界的杂文,与新闻搭界的特写、通讯、报告文学,与历史搭界的人物传记,与科技搭界的科普小品等等。随着写作史的发展,这些文体的写作个性逐渐展现出来,已不宜再混杂于散文队伍之中。于是,进入当代文学之后,作为文学文体的"散文"曾经自觉将原有的一些边缘文体排除出去,侧重于保留那些叙写人事景物、展现情感心境、文学性突出且篇幅相对短小的所谓"艺术散文"。新时期以来,尤其是进入20世纪90年代之后,散文写作很明显地表现出"小"与"大"的两种趋向。所谓

---

① 俞元桂主编:《中国现代散文理论》,南宁:广西人民出版社1984年版,第31—32页。

"小",除了篇幅之外更主要地表现在题材范围上,侧重于写"小我"的"小感触"。所谓"大",不仅是在篇幅上显得洋洋洒洒,突破了传统的所谓"短小精练"的定势,而且更主要地表现在取材上的大视野、大气魄,侧重于抒写作者对于社会、历史、人生的某种文化思考。

由此看来,文学史意义上的"散文"内涵具有一定的游移性,所以我们现在所谈到的散文分类,主要是从学习写作的角度而言的。不论"散文"在文学史上所包含的具体文体发生怎样复杂的变化,大体上不外乎这么三种类型:

(一) 记叙散文

记叙散文是以记人叙事为主的散文。如鲁迅的《藤野先生》、朱德的《母亲的回忆》,是以记人为主;而曹靖华的《小米的回忆》、吴伯箫的《记一辆纺车》,则是以叙事为主。

需要强调的一点是,游记是记叙散文队伍中的重要一员。我国幅员广大、山川秀丽,风景名胜遍布各地,这就为游记写作的发生、发展提供了得天独厚的优良环境。古代的山水游记可以说是中国古代散文中最具有纯文学意味的一个部分。那些以"记"名篇的散文中游记数量众多,如柳宗元的《永州八记》、欧阳修的《醉翁亭记》、王安石的《游褒禅山记》等等,数不胜数。现代散文珍品中所包含的游记也不在少数,如朱自清的《绿》《桨声灯影里的秦淮河》等。当代散文中游记更是得到蓬勃发展,如刘白羽的《长江三日》、徐迟的《黄山记》、李健吾的《雨中登泰山》、碧野的《天山景物记》……尤其是随着国际交往的日益频繁,像现代散文中朱自清的《威尼斯》、冰心的《寄小读者》那样描绘异国他邦风俗景物的作品越来越多。随着我国经济的稳健发展,旅游业也已经并将继续获得稳步发展。从这种角度来看,不论是游记的创作队伍还是阅读需求,都必将呈现出"可持续发展"的喜人态势。

大体来说,相对于其他文学体裁,记叙散文具有这样两个鲜明特征:

一是记人叙事的真实性,这是记叙散文区别于其他叙事性文学体裁,如小说、戏剧的一个根本标志。对此,周立波曾在《散文特写选(1959—1961)序言》中强调:"描写真人真事是散文的首要的特征。散文家们要依靠旅行访问、调查研究来积蓄丰富的素材;要把事件的经过,人物的真容,场地的实景审察清楚了,然后才提笔伸纸。散文特写绝不能仰仗虚构。它和小说、戏剧的主要区别就是在这里。"

二是记人叙事富于浓郁的抒情色彩,这是记叙散文既区别于其他叙事性文学体裁,又区别于非文学的其他叙事性文体,如新闻的一个明显标志。记叙散文与其他叙事性文学体裁,如小说、戏剧相比,并不追求事件情节和性格塑造的完整性,而是更多采用截取片断或是片断之间跳跃性连缀的方式来记事或写人,重在突出写作者对这些人或事的主观感受并予以直接表现。记叙性散文与非文学的其他叙事性文体相比,由于这些文体,如新闻,特别强调叙事的客观性,所以记叙散文所具有的这种将浓郁的主观抒情色彩"涂抹"于叙事之上的特点,可以说是不言自明的。

(二) 抒情散文

抒情散文是以写景状物方式强烈抒发写作者情感的散文。这里所说的"景",可以是自然风景或人文环境;这里所说的"物",可以是各种自然物或人造物。当然,不论是"景"的区分还是"物"的区分,以及"景"或"物"之间的区分,都只是相对而言,在具体作品中往往是相互交叉有所侧重的。如朱自清的《荷塘月色》、秦牧的《社稷坛抒情》,侧重于写景抒情;而茅盾的《白杨礼赞》、贾平凹的《丑石》,则侧重于状物抒情。

一般说来,抒情散文具有以下两种鲜明的文体特征,而这两种特征都与诗歌紧密相联。散文从整体上来说具有诗的气质,而抒情散文则是最能集中体现这种诗歌气质的一种散文类型。

一是抒情散文通常采用借景抒情或托物言志手法写作。抒情散文的写作,通常是因为生活中的某景某物触动了写作者的某种情思,于是借着对这种景或物的描写,寄寓或是倾吐内心的情感。例如茅盾的《白杨礼赞》,侧重于借景抒情,即由对白杨树生长环境、姿态的状写,引发内心情感的宣泄,所以这种抒情较为直接。而像杨朔的《荔枝蜜》,侧重于托物言志,它以逆起(从小不喜欢蜜蜂)的形式开头,以幻变(梦见自己变成了一只小蜜蜂)的形式结尾,通篇重在描绘蜜蜂的形象,以此寄寓自己对勤劳无私品格的赞美之情,因而这种抒情较为含蓄,具有象征意味。

二是抒情散文着意追求一种审美意境的创造。上面说的借景抒情也好,托物言志也罢,都说明抒情散文的写作主要是由景物与情感两种因素构成;而所谓意境,正是由这两种因素相互交融而形成的一种审美效果。因此,可以说借景抒情和托物言志是就创作手法而言,而对审美意境的追求则是就创作目的、创作效果而言。我们说抒情散文集中体现着一种诗歌气质,从根本上说就在于抒情散文与诗歌一样追求情景交融的意境之美。例如冰心的《笑》,依次为我们展现出三幅"笑"的画面,三幅画面的景物虽不相同,但都暗含着一条"爱"的情感线索,并最终由这条线索将三幅画面融为一体:"这同样微妙的神情,好似游丝一般,飘飘漾漾地合拢来,绾在一起……眼前浮现的三个笑容,一时融化在爱的调和里看不分明了。"

(三)议论散文

议论散文是指以审美感性的方式表达对自然与人生的某种哲思,因而具有一种理趣之美的散文。本来,"理"作为事物存在之根和情感产生之本,无论是记叙散文或抒情散文都不可能将其排除;并且从某种意义上来说,在记叙散文或抒情散文中隐含着的"理"的深度如何,往往是决定其作品审美价值的一个重要因素。但是,从事、理、情作为审美表现对象的直接性角度而言,记叙散文显然侧重于事,抒情散文则侧重于情,只有议论散文侧重于理。然而,正是这种表现对象直接性上的差异,造就了不同类型散文不同的审美韵味。因此,议论散文在古今中外的散文史上始终以其独特的审美品格而独树一帜,成为散文领域的一颗璀璨明珠。法国的蒙田、英国的培根和中国的鲁迅,都是享有世界声誉的议论散文大家。

概而言之,作为散文家族的一个独特成员,议论散文具有以下两个鲜明的文体特征;正是这两种特征,使得议论散文既与纯理性的议论写作相区别,也与同样属于文学范畴的记叙散文、抒情散文区别开来。

一是议论散文虽重在说理,却不像一般议论文那些采用概念、判断、推理的逻辑方法和论点、论据、论证的结构形式,而是将议论与叙述、描写、抒情相结合,重视联想、想象等艺术手法的运用,将抽象的议论与形象的刻画结合起来,将深刻的哲理与审美的直觉联系起来,在审美感性的灵动流淌中闪烁着哲思的睿智光华。例如雨果的《悼念乔治·桑》,正如我们在引言中曾指出的那样,是要表达一种对人类精神创造"薪尽火传"性质的深刻认识。我们来感受一下雨果是如何将这种深刻的哲理与审美的感性和直觉有机融合的:

> ……
>
> 高大的形象不见了,但是并没有销声匿迹。远非如此,几乎可以说,这些形象发展了。它们变成了无形,却在另一种形式下变得清晰可见。这是崇高的变形。
>
> ……
>
> 每当这样一个杰出人物去世,我们便仿佛听到翅膀拍击的巨大响声:既有东西逝去,就有别的东西继续存在。
>
> ……

埃德加·基内去世了,但是从他的坟墓里冒出了至高无上的哲学,而他又从坟墓的上方给人们提出劝告。米什莱谢世了,但是在他身后耸立着一部历史,勾画出未来的历程。乔治·桑长辞了,但是她给我们留下妇女展露女性天才的权利。变化就是这样完成的。让我们哭悼死者吧,但是要看到接踵而至的现象,留存下来的是确定无疑的事实:由于有了这些令人自豪的思想先驱,一切真理和一切正义都迎我们而来,而这正是我们听到的翅膀拍击的声音。

……

二是议论散文虽不脱离文学性的叙述、描写、抒情手法的运用,重视审美感性形象的刻画,但由于其表达的重点在于说理,而"理"之所以为"理"就在于它具有普遍性,这就必然要求议论散文的写作不拘泥于具体人事景物的叙述、描写,以及抒发由此所产生的那些特定性的体验或感受,而是在"理"所涵盖的普遍性范围之内,自由切换画面,给人一种"理"无所不在的涉笔成趣之美。这是议论散文在审美感性形象刻画方面与记叙散文、抒情散文的一种鲜明区别。例如鲁迅《"硬译"与"文学的阶级性"》中说明在"人之常情"中必然包含深刻的社会、文化差异的道理:

自然,"喜怒哀乐,人之情也",然而穷人决无开交易所折本的懊恼;煤油大王那会知道北京拣煤渣老婆子身受的酸辛;饥区的灾民,大约总不去种兰花,像阔人的老太爷一样;贾府上的焦大,也不爱林妹妹的。

当然,记叙散文、抒情散文和议论散文仅是相对而言,世界中的事、情和理本就难以绝对分开,当作家观照世界的眼光更为全面、笔触更为恢弘时,往往会尝试创作亦叙亦议亦抒情的更为复杂的散文。史铁生的著名散文《我与地坛》就是著名的例子,该文把对母爱的详细记叙、地坛景物的感人描绘、人生哲理的感悟融于一炉,很难说归为记叙散文、抒情散文还是议论散文。此外,如韩少功的《草原长调》、张炜的《融入野地》、余秋雨的《道士塔》等散文亦与之同调。

第二节 散文的写作特点

作为一种文学文体,散文虽然包含众多具体文体,但也具有一些共性的写作特点,这是我们在学习散文写作时必须把握的。这些写作特点如果用一个字来概括,那就是"散"。这种"散"绝不是任意而为或杂乱无章,而是建立在对文体特性深刻认识和把握基础之上的"随心所欲不逾矩",体现着散文自由、洒脱的审美品格。

一、选材自由,题材广泛

散文写作的一个明显特征就在于它的题材相当广泛,内容极其丰富。吴组缃在《〈中国新文学大系(1927—1937)·散文一集〉序》中说:"散文的取材和立意,显见丰富。立足现实,遍及生活的各个方面。从国家大事、时代风云、社会动态、日常琐事,以至一时的感念和稍纵即逝的心情意绪,多能随手拈来,形诸笔墨。"[1]周立波在《散文特写选(1959—1961)序言》中同样强调:"举凡国际国内的大事、社会家庭的细故、掀天之浪、一物之微,自己的一段经历、一丝感触、一撮悲欢、一星冥想,往日的凄惶、今朝的欢快,都可以移于纸上,贡献读者。"

散文题材的广泛性与这种文体自由灵活,对写作较少限制的特点是联系在一起的。鲁迅即曾在《三闲集·怎么写》中说过:"散文的体裁,其实是大可以随便的,有破绽也无妨。"[2]他还认为,题材应自由选择,风景静物、虫鱼,即一花一叶均可。他不仅这么说,而且也是这么实践的。鲁迅的散文,用他自己的话说,既有"是匕首,是投枪,能和读者一同杀出一条生存的血路的东西",也有"能给人愉快和休息"的东西。[3]

散文选材的自由性,在与其他文学体裁的比较中可以看得最清楚。其他文学体裁受到自身文体特性的某种限制,选材也就有了局限;只有散文无拘无束,自由而洒脱。

例如散文与诗歌相比较。在长于抒情这点上,二者有异曲同工之妙。但是,诗歌的韵文形式本身决定它更多地取材于生活中那些本身就具有诗情画意的东西;散文除了能像诗歌一样选取这种诗情画意的题材(如朱自清的《荷塘月色》)之外,更能够选取生活中那些平凡、平淡,诗歌不屑于表现或者说难以表现的题材来写。许地山的《落花生》即是一例。这篇六百余字的散文于娓娓而谈之中平静地叙写一家人种花生、收花生、吃花生、议花生的事情。这种平淡的题材显然难以入诗,但在散文家笔下,却表达出"人要做有用的人,不要做伟大、体面的人"这样平凡而深刻的道理。这平

---

[1] 吴组缃主编:《中国新文学大系(1927—1937)·散文一集》,上海:上海文艺出版社 1986 年版,第 2 页。
[2] 鲁迅:《怎么写》,见《鲁迅全集》第 4 卷,北京:人民文学出版社 2005 年版,第 25 页。
[3] 鲁迅:《小品文的危机》,见《鲁迅全集》第 4 卷,北京:人民文学出版社 2005 年版,第 592 页。

凡的真理"现在还印在我的心版上",以至作者干脆以"落花生"作了笔名。这篇散文的成功,不能不说是得益于散文选材的自由。

再如散文与小说相比较。从采用散行语言的角度而言,散文与小说"本是同根生";而且,如果不考虑叙事的虚构与非虚构的差异,仅就叙事的一般要求,如事件或人物性格的相对完整而言,散文虽不刻意追求,但也不排斥采用与小说性质相同的题材。正因为如此,一些作品常被小说和散文争来夺去。如鲁迅的《一件小事》、冰心的《小桔灯》、孙犁的《荷花淀》……巴金甚至在《谈我的散文》中直言不讳地说:"拿我个人的经验来说,有时候也不大容易给一篇文章戴上合适的帽子,派定它为'小说'或者'散文'。"

不过,散文除了能像小说那样取材于生活中相对完整的事件之外,更可以随意撷取生活中的零星片断或是自然界中的一花一叶,由此生发联想、感慨或是议论,成就一篇佳构;而小说就难以如此自由洒脱了。在这方面,朱自清的《背影》堪称范例。作者独辟蹊径,选择父亲的背影作为描写的对象和结构全篇的线索,于白描的朴实之中传达出浓烈的亲情,出色地表现了当时社会中、下层知识分子家庭每况愈下的惨淡境遇,从而引起强烈共鸣,在现代散文发展中影响深远。这篇散文的成功,也是与散文选材自由的特点联系在一起的。

总之,散文的题材领域遍布生活的方方面面,选择上又没有什么限制。其他文学体裁擅长选用和表现的题材类型,散文同样可以写,而且能够写出传世佳作;其他文学体裁无能为力之处,更是散文大显身手的地方。在选材自由这一点上,散文是无与伦比的。

值得强调的是,尽管散文因其文体特性的无拘无束而在选材上几乎没有什么局限,但相对于其他文学体裁来说,自觉地选用那些其他文学体裁无能为力而散文可以大显身手的题材来写,更能显示出散文选材上的优势。一个值得我们思考的现象是,诗人写小说或小说家写诗歌,并不普遍;然而诗人、小说家写散文,却是很普遍的。这里面就包含着充分发挥散文选材优势的因素。其实,最能充分显示散文选材优势的,是那些所谓"小"题材。本来,题材无所谓"大""小",但的确有些题材在未经写作之前是那样细微、琐碎、平淡,对其他文学体裁的写作而言,常常被视为"边角余料",但一经散文家的挖掘和提炼,便能展现出"以小见大"的独特魅力。

所谓"以小见大",主要是指从微小的题材中透视时代风云、历史深度、人生奥义,乃至终极性、超越性的精神向度。散文家精选出此类题材,才能拨动人心深处的那根弦,发出巨响,引起共鸣。例如鲁迅的散文《风筝》,从小时候自视高大,不让幼小的弟弟放风筝这件小事娓娓道来,却引出了如何对待儿童的游戏以及精神的虐杀等大主题,辅之以作者沉痛的反思和忏悔之情,读来令人心惊。再如宗璞的散文《紫藤萝瀑布》写于1982年,那时全国人民刚告别"文化大革命"不久,百废待兴,气象更新,在作者笔下,紫藤萝瀑布蔚为壮观:

> 从未见过开得这样盛的藤萝,只见一片辉煌的淡紫色,像一条瀑布,从空中垂下,不见其发端,也不见其终极,只是深深浅浅的紫,仿佛在流动,在欢笑,在不停地生长。紫色的大条幅上,泛着点点银光,就像迸溅的水花。仔细看时,才知那是每一朵紫花中的最浅的部分,在和阳光互相挑逗。
>
> ……
>
> 每一穗花都是上面的盛开、下面的待放。颜色便上浅下深,好像那紫色沉淀下来了,沉淀在最嫩最小的花苞里。每一朵盛开的花像是一个张满了的小小的帆,帆下带着尖底的舱,船舱鼓鼓的,又像一个忍俊不禁的笑容,就要绽开似的。那里装的是什么仙露琼浆?

作者感到如火如荼的紫藤萝瀑布就像在她心上缓缓流过,带走了长久积压心头的关于生死的疑惑、关于疾病的痛楚,获得了精神的凝聚和生的喜悦。小小的一片紫藤萝,便暗示出了背后深广的时代风云、家园变幻乃至个人命运的波诡云谲。

二、手法灵活,形式多变

叙述、描写、抒情、议论、说明等,是写作中常见的几种基本表达方式。叙述务必简洁,描写力求逼真,抒情要自然、真诚,议论讲究气势、严谨,说明则需精确而得当。

在此,我们仅以描写为例,看看散文的特色。贾平凹的散文《秦腔》中有一段描写秦腔表演和人们观赏秦腔的场面:

> 终于台上锣鼓停了,大幕拉开,角色出场。但不管男的女的,出来偏不面对观众,一律背身掩面,女的就碎步后移,水上漂一样,台下就叫:瞧那腰身,那肩头,一身的戏哟!是男的就摇那帽翎,一会儿双摇,一会儿单摇,一边上下飞闪,一边纹丝不动,台下便叫:绝了,绝了!等到那角色儿猛一转身,头一高扬,一声高叫,声如炸雷豁啷啷直从人们头顶碾过,全场一个冷颤,从头到脚,每一个手指尖儿,每一根头发梢儿

都麻酥酥的了。如果是演《救裴生》，那慧娘站在台中往下蹲，慢慢地，慢慢地，慧娘蹲下去了，全场人头也矮下去了半尺，等那慧娘往起站，慢慢地，慢慢地，慧娘站起来了，全场人的脖子也全拉长了起来。他们不喜欢看生戏，最喜欢看熟戏，那一腔一调都晓得，哪个演员唱得好，就摇头晃脑跟着唱，哪个演员走了调，台下就有人要纠正。说穿了，看秦腔不为求新鲜，他们只图过瘾。

此种描写笔触勾魂摄魄，不但描写出了秦腔演出观赏的逼真场面，而且更为可贵的是，能够把那种人戏合一的如火如荼的氛围烘托出来，从而也就极好地展示了秦腔在八百里秦川人民生活中的位置。

在充分调动和灵活运用各种表达方式来为作品内容表达服务方面，其他文学体裁往往因其文体自身的一些限制而表现出明显的局限性，只有散文能真正做到这一点。

例如诗歌，由于其"专在抒情"的特性和结构上分行排列的韵律形式，使它在内容的建构上多采用高度凝练的意象化方式，与之相应的，其表达方式的使用较少详细叙述或精致描写，说明、议论更为少见，主要依靠各种抒情手法进行创作。再如小说，由于其侧重于逼真地描绘社会生活画卷，塑造栩栩如生的人物形象，所以更多采用各种叙述、描写手法进行创作，一般避免直接的抒情、议论。至于剧本，由于主要由人物对话构成，而日常生活中的口语形式多为叙述、议论、说明，抒情或描写较少使用；当然诗剧形式不在此列。

散文却大不一样，它既不像诗歌那样专注于主观情感的抒发，对社会生活只是点到而已，也不像小说那样专注于客观画卷的逼真再现，将思想情感隐入字里行间，又不像戏剧文学那样主要由人物对话来表现内容；散文综合了众家之长，熔叙述、描写、抒情、议论、说明于一炉，给人一种舒展灵活、随心所欲、浑然天成的独特美感。

例如范仲淹的《岳阳楼记》，以叙述起笔，交代作文之缘由；继之以描写，让人感受"巴陵胜状，在洞庭一湖"的情景；再由"览物之情，得无异乎"转入抒情，忧则如何，喜则如何；又以"予尝求古仁人之心，或异二者之为"再作转折，以议论结尾，揭示出"先天下之忧而忧，后天下之乐而乐"的主题。全文就在充分调动和灵活运用各种表达方式的过程中一气呵成，的确是体现散文写作手法灵活、形式多变而又能浑然一体的一个范例。茅盾的《白杨礼赞》也具有类似的审美特色。

散文手法灵活、形式多变的特点，除了表现为上述那种多样手法在保持相对独立自成单元的基础上灵活变化的情况之外,更有不拘一格相互融合别为一体的情况,你无从也不必去分析它是叙述、描写抑或抒情,它是散文文体自由洒脱的品性在表达方式上的典型展现。例如鲁迅《纪念刘和珍君》中的这样几段文字:

> 我在十八日早晨,知道上午有群众向执政府请愿一事;下午便得到噩耗,说卫队居然开枪,死伤至数百人,而刘和珍君即在遇害者之列。但我对于这些传说,竟至于颇为怀疑。我向来是不惮于以最坏的恶意,来推测中国人的,然而我还不料,也不信竟会下劣凶残到这地步。况且始终微笑着的和蔼的刘和珍君,更何至于无端在府门前喋血呢?
>
> 然而即日证明是事实了,作证的便是她自己的尸骸。还有一具,是杨德群君的。而且又证明着这不但是杀害,简直是虐杀,因为身体上还有棍棒的伤痕。
>
> 但段政府就有令,说她们是"暴徒"!
>
> 但接着就有流言,说她们是受人利用的。
>
> 惨象,已使我目不忍视了;流言,尤使我耳不忍闻。我还有什么话可说呢?我懂得衰亡民族之所以默无声息的缘由了。沉默呵,沉默呵!不在沉默中爆发,就在沉默中灭亡。

值得强调的是,说明这种表达方式在其他文学体裁中较少使用,而在散文写作中却经常见到,尤其是在游记写作或是那些富于知识性的小品文写作中更为普遍。作者往往将说明融汇于其他表达方式之中,通过对作品所涉及的诸如天文地理、历史现实、自然人类等方面的各种事物的解说,极大地开阔了读者的视野,丰富了读者的知识,因而深受读者欢迎,例如余秋雨的《道士塔》《都江堰》《风雨天一阁》等著名散文。

其实,说到散文的手法多变、形式灵活,还涉及散文的知性与感性的融合问题。事、情、理为世界存在的三个基本向度,因此记叙、抒情、议论便成为散文基本的表达方式。侧重议论的散文偏向于知性,而侧重叙述、抒情的偏向于感性。偏向感性的散文比较柔软,如江淹的《恨赋》、徐志摩的《巴黎的鳞爪》、何其芳的《墓》等散文,而偏向知性的则相对刚硬,如韩愈的《原道》《师说》等。最好的散文总是比较注重知性和感性的融合,例如苏轼的《前赤壁赋》《后赤壁赋》。余秋雨的散文《三峡》写道:

> 我想,白帝城本来就熔铸着两种声音、两番神貌:李白与刘备,诗情与战火,豪迈与沉郁,对自然美的朝觐与对山河主宰权的争逐。它高高

地矗立在群山之上,它脚下,是为这两个主题日夜争辩着的滔滔江流。此种散文笔致,把知性融入感性,举重若轻,意蕴深远,值得关注。

三、结构独特,形散神聚

作为散文文体鲜明特征的"散",除了体现在上述选材自由、手法灵活等方面之外,还表现在结构安排上。散文无论是叙事、状物、抒情、议理,都不把自己限定在某个特定对象上,而是往往由特定对象中生发丰富的联想,牵连出多彩的内容,仿佛信手拈来、信笔挥洒、信马由缰,给人以无拘无束的"散漫"之感。

然而,散文的这种"散漫"并非写作者"意识流"的自然流淌,它只是一种呈现于外的"形散",但观乎其内却又是井然有序的。就像苏轼所说的,是"行于所当行"而"止于所不可不止"。为什么"当行",又为什么要"不可不止",都是与写作者对结构的精心谋划联系在一起的。外国人写散文也是这样。前面介绍过胡梦华有关"絮语散文"(或称小品文、随笔)的论述,他说这种文体看起来"是个人主观散漫地、琐碎地、随便地写出来,所以他的特质又是不规则的,非正式的",但只要"精细的观察一下,却有惊人的奇思,苦心雕刻的妙笔"。也就是说,散文的"形散"之中实乃贯穿着"意序",看似"随意"却有"文脉"勾连。好的散文结构,应当达到这种"散"与"不散"有机融合的要求。

那么,怎样实现这种"散"与"不散"的有机融合呢?秦牧的看法是:"散文虽'散'而不乱,全靠思想把那一切材料统一起来。用一根思想的线串起生活的珍珠,珍珠才不会遍地乱滚,这才成其为整齐的珠串。"①这里所说的"思想",即通常所说的散文的"神",它是一篇散文所欲表现的某种情感、意念或认识。它的存在,使散文在"散漫"流淌的思绪表现过程中,始终贯穿一条稳定的精神线索,从而将作者"散漫"的思绪片断串连成一个艺术整体,使读者能够于作者的"漫谈絮语"之中感受到集中而鲜明的主题。散文在结构安排上所具有的这种表现材料的散漫、随意与中心线索的稳定、集中的辩证统一,就是所谓的"形散神聚"。散文所独具的文体魅力,与它的这种结构特点是紧密关联的。

秦牧的《社稷坛抒情》是体现散文形散神聚结构特点的一个范例。正

---

① 陈宏文编注:《散文名作欣赏》,济南:山东人民出版社1983年版,第10页。

如题目所标示的那样，作品描写的直接对象是北京九坛之一的社稷坛，所以作者一开始先交代了社稷坛的地点、来历和历史作用。当然，作者的目的不在于描写社稷坛本身，社稷坛只是触发作者思绪的一个基点，它"使人沉思，使人怀古"，作者由此思绪纷飞，生发出极为丰富、奇幻的联想：他想到古代那些敬畏"天命"，慑服在大自然脚下的帝王们，穿着衮服戴着冕旒祭地时貌似庄严实则可笑的形象；他想到那位戴着高冠，穿着芒鞋，在莽莽苍苍风声如吼的无际原野上，用悲悯深沉的眼睛眺望大地，吟咏对自然之谜的探索和对人间疾苦的愤慨的诗人屈原的形象；他想到古代那些穿着破絮似的衣服，吃着极端粗劣的食物，唱着怨忿之歌，辛勤劳作的农民，以及不堪欺压，画红眉毛，在头上包一块黄巾揭竿而起的义士等等；他想到那些白发苍苍，对着天上的星辰、大海的潮汐、陶窑的火光、大地的泥土沉思的古代思想家，以及包一包祖国的泥土在身而漂泊异国他乡，临终前嘱咐后人将家乡泥土撒在自己胸上的海外华侨，和那些远道异国归来，俯身亲吻国门土地的思归游子；不仅如此，他还联想到宇宙的变迁、生物的起源，由社稷坛的四方形五色土谈到古代的四方、五行、五色、五音和二十八星宿，乃至"天圆地方"观念，从奔腾澎湃的黄河、地层下的古代村落，谈到古木参天的黄帝陵墓。陆机《文赋》说审美想象可以精骛八极，心游万仞；可以收百世之阙文，采千载之遗韵；可以观古今于须臾，抚四海于一瞬；可以笼天地于形内，挫万物于笔端。刘勰《文心雕龙·神思》将其概括为"思接千载，视通万里"。读《社稷坛抒情》，可以感受到陆机、刘勰所言实在是经验之谈。问题是"散漫"得如此不受时空丝毫牵挂的"神思"，在我们读来竟无丝毫散漫之感，而是如苏轼所说，是"行于所当行"而"止于所不可不止"。产生这种审美效果的根本原因，就在于作者于"形散"之中预设了一条隐约其间的思想和情感的线索贯穿首尾，或者说作者是用"思想和感情的羽翼"来引领"想象的羽翼"飞翔。这条思想和感情的线索，就是一开头由社稷坛这个基点所触发的怀古思今，赞美土地和人民；在它的引领下，作者经历了一番思接千载、视通万里的"神思"之后，又以回归这个基点收束全文："啊！这座发人深思的社稷坛！"散文的形散神聚之美，在此得以充分展现。

王充闾的《碗花糕》也是形散神聚的一篇散文，该文主要叙述了作者眼中嫂嫂命运多舛的一生。全文材料丰富，事迹繁多，表面上看松散不堪，但其实所有材料均牢牢地围绕着嫂嫂的命运展开，更以嫂嫂给作者做的美味的碗花糕为线索，放得开，收得拢，浑然一体。

需要强调的是，发挥散文形散神聚的审美效果要注意适度。也就是说，散文虽不忌"散",但却不是越散越好,尤其是不能背离"形散神聚"的原则而刻意求散。正是从这种意义上,梁实秋曾提出过散文应当追求"简单"和善于"割爱",值得我们重视:

> 散文的美妙多端,然而最高的理想也不过是"简单"二字而已。简单就是经过选择删芟以后的完美的状态。普通一般的散文,在艺术上的毛病,大概全是与这个简单的理想相反的现象。散文的毛病最常犯的无过于下面几种:(一)太多枝节,(二)太繁冗,(三)太生硬,(四)太粗陋。枝节多了,文章的线索便不清楚,读者要很用力的追寻文章的旨趣,结果是得不到一个单纯的印象。太繁冗,则读者易于生厌,并且在琐碎处致力太过,主要的意思反倒不能直诉于读者。太生硬,则无趣味,不能引人入胜。太粗陋则令人易生反感令人不愿卒读,并且也失掉纯洁的精神。散文的艺术中之最根本的原则,就是"割爱"。一句有趣的俏皮话,若与题旨无关,只得割爱;一段题外的枝节,与全文不生密切关系,也只得割爱;一个美丽的典故,一个漂亮的字眼,凡是与原意不甚洽合者,都要割爱。……散文的美,美在适当。不肯割爱的人,在文章的大体上是要失败的。①

当然,所谓"形散神聚"也好,"形散神不散"也罢,终归是相对而言的,不可推向绝对的教条。要求散文的主题应该明确和集中,自然有道理,但若只鼓励一种写法,反对主题分散或隐含的别种写法,就不免用单一化来排斥和窒息丰富多彩的艺术追求。主旨的表达应该千变万化,有时候似乎缺乏主题的很隐晦的篇章,对人们也许会产生极大或极深的思想启迪,这往往是那种狭隘的意识趣味所无法达到的。例如著名诗人于坚的《火车记》《治病记》等散文,形倒是散,但很难说是"神聚"或"神不散"的,因为它们的主题本就是隐含的、不明晰的。形散也是如此,不可只坚持散文必须形散,其实有些散文选材集中,手法单一,形式整齐,像一丝单纯的白云,或如一仞陡峭的悬崖,也往往有直击人心的力量。且看苏轼的《记承天寺夜游》:

> 元丰六年十年十二日,夜,解衣欲睡;月色入户,欣然起行。念无与为乐者,遂至承天寺寻张怀民。怀民亦未寝,相与步于中庭。庭下积水空明,水中藻、荇交横,——盖竹柏影也。何夜无月?何处无竹柏?但少闲人如吾两人者耳!

---

① 俞元桂主编:《中国现代散文理论》,南宁:广西人民出版社 1984 年版,第 37 页。

文章绝短,仅八十余字,从胸中自然流出,叙事简净,写景如绘。作者于黄州贬所中那种悠然自得、超然物外的闲逸之情流布全篇,内在情韵丰沛。此类散文篇章短小,形神俱聚,亦为佳作。

四、文笔优美,个性鲜明

散文素有"美文"之称。好的散文,饱含着浓郁、真挚的激情,具有动人心弦的艺术力量。它以清新、凝练、优美的语言,创造出诗情画意般的艺术境界,以强烈的艺术魅力吸引着读者,带给人美的享受。人们常把散文所特有的这种语言美称为"散文笔调"。柯灵曾在《散文—文学的轻骑兵》中认为,所谓"散文笔调",就"好像好演员的台词,不但能精确地表达含义,而且富有表情"。这说明散文语言美的显著特色在于它的抒情性,故而也有人将散文语言的基本特点概括为情韵美。郁达夫就曾在《〈中国新文学大系·散文二集〉导言》中提出:"在散文里似以情韵或情调两字来说,较为妥当。这一种要素,尤其是写抒情或写景的散文时,包含得特别的多。"①所谓情韵,是指作者在记人叙事、写景状物的过程中所透露出来的对生活的某种独特、深切的体验和感动,它让读者在感受作品画面的同时,情绪上也受到深深的感染。

柳宗元的《小石潭记》如此写道:

  从小丘西行百二十步,隔篁竹,闻水声,如鸣佩环,心乐之。伐竹取道,下见小潭,水尤清洌。全石以为底,近岸,卷石底以出,为坻,为屿,为嵁,为岩。青树翠蔓,蒙络摇缀,参差披拂。潭中鱼可百许头,皆若空游无所依。日光下澈,影布石上,怡然不动;俶尔远逝,往来翕忽,似与游者相乐。潭西南而望,斗折蛇行,明灭可见。其岸势犬牙差互,不可知其源。坐潭上,四面竹树环合,寂寥无人,凄神寒骨,悄怆幽邃。以其境过清,不可久居,乃记之而去。

此种文笔描绘自然景物,形神兼肖,而且把作者个人闲适、超逸、空明的心境一并带出,羚羊挂角,无迹可求。散文写作达到此种境界,可谓无以复加矣。

此外如朱自清的散文。郁达夫曾评价朱自清的散文说:"朱自清虽则是一个诗人,可是他的散文,仍能够满贮着那一种诗意,文学研究会的散文

---

① 俞元桂主编:《中国现代散文理论》,南宁:广西人民出版社1984年版,第443页。

作家中,除冰心女士外,文字之美,要算他了。"①的确,在朱自清散文的字里行间总是"满贮着那一种诗意",读来让人情为之移,心随之动。试读《春》的开头几段:

  盼望着,盼望着,东风来了,春天的脚步近了。
  一切都像刚睡醒的样子,欣欣然张开了眼。山朗润起来了,水涨起来了,太阳的脸红起来了。
  小草偷偷地从土里钻出来,嫩嫩的,绿绿的。园子里,田野里,瞧去,一大片一大片满是的。坐着,躺着,打两个滚,踢几脚球,赛几趟跑,捉几回迷藏。风轻悄悄的,草软绵绵的。
  桃树、杏树、梨树,你不让我,我不让你,都开满了花赶趟儿。红的像火,粉的像霞,白的像雪。花里带着甜味儿。闭了眼,树上仿佛已经满是桃儿、杏儿、梨儿。花下成千成百的蜜蜂嗡嗡地闹着,大小的蝴蝶飞来飞去。野花遍地是,杂样儿,有名字的,没名字的,散在草丛里像眼睛,像星星,还眨呀眨的。

读着这样的文字,我们仿佛已被一种清新欢快、昂奋向上的情绪裹挟着,走进了万物复苏、生机蓬勃的明媚春光里。

  如果说韩愈的《小石潭记》折射出了古代中国文人的隐逸趣味,朱自清的《春》折射出五四时期中国文人感到的青春的稚嫩与美妙,那么李存葆的《绿色天书》则能够折射出当代中国生活阔大复杂、沉雄喧嚣的一面,其中一段如此描绘热带雨林中的绞杀树:

  雨林中的"绞杀现象",往往是"独木成林"的成因。"独木成林",是"绿色天书"中最富巨匠气象的插图。绞杀者多为榕树类中的大青树。大青树上结有串串珍珠般的小果实,果内米粒般小的种籽,其壳坚硬。鸟儿们啜食果实时,常将消化不掉的种籽,遗于大树枝丫。千万粒种籽中,总能有一幸运者,借助枝丫间腐叶中的养分,破壳发芽。幼芽很快喷射出许多蚕丝一样的气生根。气生根饱吮着空气中的水分、养分,渐次变粗变长,直插入地,先将被绞杀的树干紧紧包住。越数载,长成的大青树的嫩枝上,又喷射出若干气生根。这些气生根不久也插进大地,渐渐生成小桦树树干样的根柱。绞杀者经过韬光养晦,此时已变得雄心勃勃。于是,它便以锐不可挡之势,向被绞杀者展开全方位进

---

① 俞元桂主编:《中国现代散文理论》,南宁:广西人民出版社1984年版,第460—461页。

攻。下端,它那插入大地的排排气生根,果断地与被绞杀者争夺着空间和阳光。被绞杀者节节溃退,元气尽失,变得枝枯叶焦。其残躯朽干,也成了绞杀者慢慢享用的"补贴粮"……就这样,一颗小小的种籽,突破、勃发、抗争、挺进,经过一番番"攻城略地",终于壮大成了绿光四射的庞然大物;就这样,那蚕丝般的气生根,经过一次次的"盛食厉兵",它们不仅支撑着母体,使之衍变成洋洋大观的"独木成林",且每根深嵌于地的气生根,也成为这"林"中自豪的一员。①

在以往的中国文学中,似乎没有哪位作家能把大自然的生命奇观描绘得如此笔酣墨饱,惊心动魄。这种描绘不但要具有准确的生物学知识,更要完全颠覆人类中心主义立场,从大自然的角度打量自然生命,从生态学的角度把握自然生命的生与死、活力与残酷。此种描述似乎也可透视出李存葆作为军旅作家独具的气象与力度。

正是因为散文语言美的基础在于情韵美,而构成情韵美的基础就是作者对生活的体验与感受,它是最具有个性化色彩的,因此散文语言也就成为最能体现作者独特个性的一种文学语言,或者说是一种最为"本色"化的语言。所谓"文如其人",在散文中体现得最为鲜明。林慧文在《现代散文的道路》中称散文是"一种以个人做本位而出发的描述一切感触或意见的文章"②。郁达夫则在《〈中国新文学大系·散文二集〉导言》中称:"现代的散文之最大特征,是每一个作家的每一篇散文里所表现的个性,比从前的任何散文都来得强。"③

充分认识和把握散文语言美的个性化特征,对于我们学习散文写作有两点启示:

其一,散文语言的优美,并不在于字面,而是在于它是否富于内在的情韵,即是否真实呈现了作者个性化的对生活的体验与感受。例如朱自清的散文,既有像《春》《绿》《荷塘月色》那样语言细密工丽之作,其语言的优美自不必说,也有像《背影》那样语言朴实平淡之作,同样带给人强烈的审美享受。究其原因,就在于它们都是作者个性化的对生活的体验与感受的一种展现,而非刻意为文的结果。就像朱自清在回答有关《背影》的创作和怎样产生意境的问题时所说的:"我写《背影》,就因为文中所引的父亲的来信

---

① 李存葆:《绿色天书》,郑州:河南文艺出版社2006年版,第230页。
② 俞元桂主编:《中国现代散文理论》,南宁:广西人民出版社1984年版,第471页。
③ 同上书,第446页。

里的那句话。当时读了父亲的信,真的泪如泉涌。我父亲待我的许多好处,特别是《背影》里所叙的那一回,想起来跟在眼前一般无二。我这篇文只在真实,似乎说不到意境上去。"①

其二,正因为散文的语言美来源于作者个性化的对生活的体验与感受,因此散文的语言风格因人而异、不拘一格、色彩斑斓,这其中不应该有高下优劣的划分。梁实秋充分肯定情感的渗入对散文写作的重要作用,但却认为它必须采用"高超的文调"即雅洁的语言来表达,否则便不成其为艺术。对此,郁达夫在《〈中国新文学大系·散文二集〉导言》中论述"现代的散文之最大特征,是每一个作家的每一篇散文里所表现的个性,比从前的任何散文都来得强"时,进行了反驳。他说:"难道写散文的时候,一定要穿上大礼服,带上高帽子,套着白皮手套,去翻出文选锦字上的字面来写作不成?"②显然,郁达夫认为富于作者个性化的散文语言风格是没有高下优劣之分的。他编选的《中国新文学大系·散文二集》,用他的话说,"都是我所佩服的人,而他们的文字,当然又都是我所喜欢的文字",这其中就包含着对散文语言风格的个性化、多样化的充分肯定。例如他对"两人的经历完全是相同的,而他们的文章倾向,却又何等的不同"的鲁迅、周作人兄弟,均给予了很高评价,尽管"鲁迅的文体简练得像一把匕首,能以寸铁杀人,一刀见血",而"周作人的文体,又来得舒徐自在,信笔所至",正与鲁迅相反。③

【导学训练】

一、学习建议

掌握散文的基本概念,了解散文概念的历史流变。精确了解记叙散文、抒情散文、议论散文的三分法,同时需要反思这种分类的相对性。结合具体的散文名作领悟散文写法的理想境界。

二、关键词释义

散文:"散文"这个概念,不论在西方还是中国,最初都不是指称一种文体,而是指称语言运用的两种基本组织形式之一,即散行的语言,用以与严格讲究节奏、押韵

---

① 俞元桂主编:《中国现代散文理论》,南宁:广西人民出版社1984年版,第158页。
② 同上书,第448—449页。
③ 同上书,第456页。

的韵文或是要求词句整齐对偶的骈文相对应和区别。我们今天所理解的散文是作为文学文体概念而得以确立的,与小说、诗歌、戏剧相对。

以小见大:所谓"以小见大"是散文选材的准则之一,主要是指从微小的题材中透视时代风云、历史深度、人生奥义,乃至终极性、超越性的精神向度。散文家精选出此类题材,才能拨动人心深处的那根弦,发出巨响,引起共鸣。

情韵:所谓情韵,是指散文作者在记人叙事、写景状物的过程中所透露出来的对生活的某种独特、深切的体验和感动,它让读者在感受作品画面的同时,情绪上也受到深深的感染。

三、思考题

1. 什么是散文?我国古代文论中的"散文"和五四以来的"散文"概念有何不同?
2. 散文的基本分类是什么?为什么说这种分类是相对而言的?
3. 如何理解散文的形神关系?

四、实践训练

1. 结合所学知识,细读沈从文的《湘行散记》和《湘西》两部散文集,体会沈从文写景状物、叙事抒情的独特经验。

   提示:《湘行散文》写于1935年,偏重于叙事记人,而《湘西》出版于1939年,偏重于湘西的历史地理、地方风物等的介绍。两部散文集文字优美,意蕴深远,堪为沈从文的散文代表作。分析时,尤需注意沈从文的独特美学风格。

2. 结合所学知识,着重分析史铁生的散文《我与地坛》的选材特色、修辞手法和主题意蕴。

   提示:史铁生的《我与地坛》是他的散文代表作,有些文学选本也把它当做短篇小说。以本章所学知识,你看把它视为散文还是小说?特别注意史铁生在文章中是如何"以小见大",由个人的遭际来透视人类命运的大主题的。

【研讨平台】

一、散文的风格

提示:散文最讲求说真话,抒真情,把作者的灵性表现出来,千姿百态,不强求统一。古今中外散文史上,各类散文纷然杂呈,乱花迷人。

1. 梁实秋《论散文》

一切散文都是一种翻译。把我们脑筋里的思想情绪想象译成语言文字。古人说,言为心声,其实文也是心声。头脑笨的人,说出来是蠢,写成散文也是拙劣;富于感情的人,说话固然沉挚,写成散文必定情致缠绵;思路清晰的人,说话自然有条不紊,写成散文更能澄清澈底。由此可以类推。散文是没有一定的格式的,是最自由的,同时也最不容易处置,因为一个人的人格思想,在散文里绝无隐饰的可能,提起笔来便把作者的整个的性格纤毫毕现的表示出来。在韵文里,格式是有一定的,韵法也是有准则的,无论你有没有什么高深的诗意,只消按照规律填凑起来,平平仄仄一东二冬的敷衍上去,看的时候行列整齐,读的时候声调铿锵,至少在外表上比较容易遮丑。散文便不然,有一个人便有一种散文,喀赖尔(Calyle,今译卡莱尔)翻译莱辛的作品的时候说:"每人有他自己的文调,就如同他自己的鼻子一般。"伯风(Buffon,今译布丰)说:"文调就是那个人。"

(载《新月》1928 年 10 月第 1 卷第 8 号)

2. 钟敬文《试谈小品文》

我以为做小品文,有两个主要的元素,便是情绪和智慧。平常的感情和知识,有时很可用以写小说作做议论文的,移到小品文,则要病其不纯粹、不深刻。它需要湛醇的情绪,它需要超越的智慧,没有这些,它将终于成了木制的美人,即使怎样披上华美的服装。在外表方面,自然因为各个作者的性格殊异,而文章的姿态,也要跟着参差不同;有人的幽淡,有人的奇丽,有人的娇俏,有人的滑稽,只要是真纯的性格的表露,而非过分的人工的矜饰矫造,便能引人入胜,撩人情思。无论怎样各人姿态不同,但须符合于一个共通之点,就是精悍、隽永。反此,是恶滥、平凡,诚如是,将失其摇动读者心灵之力了。

(载《文学周报》1928 年 10 月第 349 期)

二、散文的形神、知性与感性

提示:散文的"形散神不散"之说已经成为常识,别种理解是否可能?散文的知性和感性该如何衡量?好散文往往是知性和感性相交融的散文。

1. 林非《散文创作的昨日与明日》

"形散神不散"这种主张不能不形成自我封闭的框框,为什么"神"只能不散呢?事实上一篇散文中的"神",既可以明确地表现出来,也可以意在不言之中,这有时甚至比直白地说出来,还要能强烈地震荡读者的心弦。为什么"形"只能"散"呢?形式上十分整齐的近似诗的散文,为什么就不能写呢?事实上这种佳篇是很多的。"行散神不散"的提法,确实体现了当时的一种比较封闭性和单一化的思想气氛,因此才会如此不胫而走。

(载《文学评论》1987 年第 3 期)

2. 余光中《散文的知性和感性》

文学作品给读者的印象,若以客观与主观为两极,理念与情感为对立,则每有知性与感性之分。所谓知性,应该包括知识与见解。知识只是静态的,被动的,见解却高一层。……散文的知性应该是智慧的自然洋溢,而非博学的刻意炫夸。说也奇怪,知性在散文里往往要跟感性交融,才成其为"理趣"。

至于感性,则是指作品中处理的感官经验;如果在写景、叙事上能够把握感官经验而令读者如临其景,如历其事,这作品就称得上"感性十足",也就是富于"临场感"。……广义的感性经验甚至可指:一篇知性文章因结构、声调、意象等等的美妙安排而产生的魅力。……

许多出色的散文,常见知性之中含有感性,或是感性之中含有知性,而其所以出色,正在两者之合,而两者之分。就像一面旗子,旗杆是知性,旗是感性;无杆之旗正如无旗帜杆,都飘扬不起来。文章常有硬性、软性之说:有杆无旗,便是失之硬性;有旗无杆,又失之软性。又像是水果,要是一味甜腻,便属软性,而纯然苦涩呢,便属硬性。最耐品味的水果,恐怕还是甜中带酸,像葡萄、柚那样吧。

所以太硬的散文,若是急于载道说教,或是矜博炫学,读来便索然无趣。另一方面,太软的散文,不是一味抒情,便是只解滥感,也令人厌烦。老实说,不少所谓的"散文诗"过分追求感性,沉溺于甜腻的或是凄美的诗情画意,正是此种软性散文。

(载《羊城晚报》1994年7月24日)

三、散文的创作与结构

提示:散文的创作过程在林语堂的妙喻中跌宕多姿,需要注意的事情也一清二楚。至于散文的连贯式、组合式、意识流动式三种常见的结构形态也颇可参考。

1. 林语堂《论文》

吾尝谓文人作文,如妇人育子,必先受精,怀胎十月,至肚中剧痛,忍无可忍,然后出之。多读有骨气文章有独见议论,是受精也。既受精矣,见月有感,或见怪有感,思想胚胎矣,乃出吾性灵以授之,出吾血液以育之,务使此儿之面目,为吾之面目。中途做官,名利缠心,则胎死。时机未熟擅自写作,是泻痢腹痛误为分娩,投药打胎,胎亦死。多阅书籍,沉思好学,是胎教。及时动奇思妙想,胎活矣,大矣,腹内物动矣,母心窃喜。至有许多话,必欲迸发而后快,是创造之时期到矣。发表之后,又自诵自喜,如母牛舐犊。故文章自己的好。

(张俊才等编:《20世纪中国文学史文论精华·散文卷》,石家庄:河北教育出版社2000年版,第76页)

2. 吴周文《结构形式美》

散文的结构形态,大体可以归纳为这样三种类型:

一、连贯式。这是一种比较单纯的结构形态,以一件事情、一个人物、一种情景为中心,随着时间的推移和地点的转换,展开有头有尾、顺序井然的叙写;各种材料基本上互为连贯,比较完整地再现事物发展的大致过程。如巴金的《我们会见了彭德怀司令员》、鲁迅的《藤野先生》、朱自清的《荷塘月色》,都是连贯式的结构。

二、组合式。这是比较复杂的结构形态,以一种思想、一种诗情、一种思索为中心,联想各种人、事、景、物,这些材料之间基本上互不关联,是一种有机组合的关系;但它们从各个方面或角度,反复表现一种思想或一种诗情或一种思索。如魏巍的《谁是最可爱的人》、秦牧的《社稷坛抒情》、刘白羽的《灯火》,都是这类结构的典型例子。

三、意识流动式。以作者流动着的意识为中心线索,展开主观意识与客观事物互为交融的描写,即由客观的事物或情景引起主观意识的"自由联想"和"抒情独白"。……如郭风的《在雨中,我看到蒲公英……》、何为的《东京夜话》、赵丽宏的《诗魂》,等等。

(吴周文:《散文艺术美》,南京:江苏文艺出版社1995年版,第36页)

【拓展指南】

一、重要文献资料简介

1. 周振甫、徐明翚主编:《散文写作艺术指要》,北京:东方出版社1997年版。

简介:该书为散文写作艺术示例,在从具体分析作品的过程中,归纳出散文写作的艺术笔法,为散文鉴赏、散文写作、散文教学提供了很有实用价值的参考。该书精选了古今中外散文名篇151篇,配有出自名家之手的评析文章320篇,归纳出多种散文写作艺术的笔法,涵盖了布局谋篇、表达方式、修辞手法、语言运用、风格五方面内容。书后还附有13篇专家、学者谈散文的文章,多数是1949年以前。这些文章对散文的写作和鉴赏颇有参考价值。

2. 刘会军、马明博主编:《散文的可能性:关于散文写作的10个提问及回答》,北京:人民文学出版社2006年版。

简介:20世纪90年代以来,"散文热"有增无减。我们应该如何看待这一个现象?散文写作提倡建立独特的艺术风格,彰显个性,但不同风格的写作是否有共性规律可循?2004年,《中华散文》编辑部与新散文网站带着这些思索,共同策划了"关于散文写作的10个提问",邀请十位探索散文写作上取得成绩的小说家、诗人、评论家、新闻工作者、学者予以回答,他们是冯骥才、韩少功、林非、梁衡、李敬泽、马丽华、王充闾、于坚、周涛、张炜。该书还选取了每人散文代表作两到三篇。

3. 张俊才等编:《20世纪中国文学史文论精华·散文卷》,石家庄:河北教育出版社2000版。

简介:该书汇编了20世纪中国著名的散文作家和散文研究者关于散文艺术的代表性论著,例如周作人的《美文》、朱自清的《论现代中国的小品散文》等,参考价值极大。

二、一般相关研究资料索引

(一)著作

1. 俞元桂主编:《中国现代散文理论》,南宁:广西人民出版社1984年版。
2. 涂怀章:《散文创作技巧论》,上海:学林出版社1989年版。
3. 佘树森:《中国现当代散文研究》,北京:北京大学出版社1993年版。
4. 吴周文:《散文艺术美》,南京:江苏文艺出版社1995年版。
5. 刘锡庆:《散文新思维》,石家庄:河北教育出版社1998年版。
6. 林非:《林非论散文》,南昌:江西高校出版社2000年版。

7. 喻大翔:《用生命拥抱文化》,北京:人民文学出版社2002年版。

8. 王兆胜:《真诚与自由:20世纪中国散文精神》,西安:陕西人民教育出版社2003年版。

(二)论文

1. 郭风:《散文文体琐谈》,载《当代作家评论》1990年第4期。

2. 楼肇明:《当代散文潮流回顾》,载《当代作家评论》1994年第3期。

3. 韩石山:《散文的器与用》,载《当代作家评论》1996年第6期。

4. 陈剑晖:《中国散文的理论问题》,载《当代作家评论》2005年第2期。

5. 谢有顺:《重申散文的写作伦理》,载《文学评论》2007年第1期。

第十章　诗　歌

对于诗歌,很难下一个严格的定义。古今中外的诗人和学者们能够用语言和文字讨论的,更多的是指诗歌艺术的本质特征。理解和把握了诗歌艺术的本质特征,有助于我们更好地进入诗歌的领域,培养诗歌鉴赏和写作的能力与素质,在诗歌特有的语境中,融会"诗情",提炼"诗语"。

第一节　诗歌艺术的本质特征

究竟什么是诗?这真是一个永恒的"斯芬克斯之谜"。一方面,我们生活在一个曾经的"诗的国度"里,被成千上万的艺术上臻于化境的精美诗篇包围着,正如闻一多所说:"在我们这里,一出世,它就是宗教,是政治,是教育,是社交,它是全面的生活。"[①]我们似乎并不缺少对诗歌的理解;但另一方面,要确切说出诗歌的含义,却又似乎扑朔迷离,至少是一件不那么容易的事情——尤其是在当下,在我们所处的20和21世纪,一个使用现代汉语来写作的全新的开放的时代。

但我们仍然可以探讨:诗歌艺术的本质是什么?也许诗歌的表象是千变万化的,但它始终有一个本质——使得它成其为诗歌而不是小说、散文和戏剧的东西。诗歌艺术的本质究竟是什么?古今中外有无数的诗人和学者回答过这个问题,其答案也因各有侧重而呈现出不同的面貌。

在西方诗歌理论中,对诗歌艺术本质的探讨有一个由笼统而细致、由抽象而具体的演变趋向。

亚里士多德在《诗学》中提出了"天性摹仿"说,认为诗歌的起源出自于人类摹仿的天性,而其中"音调感"和"节奏感"的形成则是在这些方面"生性特别敏锐的人"点滴积累的结果。[②] 显然,这种诗歌本质的概念建立在两

[①] 闻一多:《文学的历史动向》,见《闻一多全集》第1卷,北京:三联书店1982年版,第202页。
[②] 〔古希腊〕亚里士多德:《诗学》,陈中梅译,北京:商务印书馆1996年版,第47页。

个抽象的语汇——"天性"和"天赋"上;两百多年后,贺拉斯《诗艺》中关于诗歌本质的观点与亚里士多德一脉相承,他认为诗歌是对生活的摹仿和天才的创造的结合体:"一首诗仅仅具有美是不够的,还必须有魅力,必须能按作者愿望,左右读者心灵",譬如"忧愁的面容要用悲哀的词句配合,盛怒要配威吓的词句,戏谑配嬉笑,庄重的词句配严肃的表情"①,要达到这种境界,"苦学"和"天才"二者应"相互为用,相互结合"②。到了17世纪的法国新古典主义诗人布瓦洛那里,对古希腊古罗马经典作品的摹仿成为一种逐渐强壮、不容打破的标准——在诗体论文《诗的艺术》里面,他一再强调这种古典的崇尚理性和规范性的标准和精神,譬如在诗歌的语言形式上有这样的要求:"必须里面的一切都能够布置得宜;必须开端和结尾都能和中间相配;必须用精湛的技巧求得段落的匀称,把不同的各部门构成统一和完整。"③

而19世纪法国浪漫主义诗人雨果则认为诗歌(文学)是在美丑对照基础上自由展现真实的艺术:"他所创造的不是美,而是特征。"因此,"诗人只应该从自然和真实以及既自然又真实的灵感中得到指点"。与这种诗歌本质观相对应,雨果提出了一种打破古典主义的规则和典范、将内容和形式紧密地结合在一起的语言形式观念:"我们希望一种自由、明晓而忠实的韵文……就其总体而论,既有艺术加工也有灵感成分,既深邃悠远又出人意表,既宽宏大度又真实入微;它善于适当地断句和转移停顿以掩饰亚历山大体的单调,它爱用延长句子的跨行句而不用意思含糊的倒装句;它忠于韵律这一位受制约的王后,我们诗歌的至高无上的天恩、我们诗歌格律的母亲;这种韵文其表现方法是无穷无尽的,它的美妙和它结构的奥秘是无从掌握的;正如普洛透斯一样,在形式上千变万化而又不改其典型和特性……"④艺术并不存在统一不变的法则,如果一定要有法则,那么这最终的法则应是自然或真实。艺术的内在规律存在于对自然和真实的自由追寻之中。

---

① 〔古罗马〕贺拉斯:《诗艺》,见《西方文论选》上卷,伍蠡甫等编,上海:上海译文出版社1979年版,第102—103页。
② 同上书,第116页。
③ 〔法〕布瓦洛:《诗的艺术》,见《西方文论选》上卷,伍蠡甫等编,上海:上海译文出版社1979年版,第295页。
④ 〔法〕维克多·雨果:《〈克伦威尔〉序》,见《雨果文集》第17卷,柳鸣九主编,柳鸣九译,石家庄:河北教育出版社1998年版,第75页。

到了 19 世纪后期,法国象征主义诗人马拉美进一步把诗歌从"典范"的束缚中解脱出来,把诗歌看成是个性的、心灵的、象征的、神秘的语言艺术,诗人们"有史以来第一次"公然"在自己所处的一隅,用自己的笛子,吹奏自己喜爱的乐曲"。① 诗歌的要务是表达诗人个体的心灵感受,以及洋溢着独创精神的个性语言形式追求。它包括了暗示的、神秘的诗歌意象营造和对自由、新颖、轻灵的诗歌音乐性追求等多种艺术手段,以此来更细腻入微地表达现代人独特的思想、情绪和心灵状态。形式不再有标准,但形式却前所未有的重要——马拉美彻底突破了内容和形式之间的鸿沟,而把这二者看成是一个完整的、不可分割的统一体。他认为,人们不是用思想而是用词语来写诗的:"语言里本来就有诗存在。"②

在 20 世纪,韦勒克、沃伦的新批评派代表论著《文学理论》在对诗歌本质的认识中,把对诗歌语言形式的重视抬到了一个新的高度。韦勒克认为:"真正的诗必然是由一些标准组成的一种结构。"这种"标准结构"是与语言密切关联的:"如果诗歌组织得非常严密,就与语言的声音和意义发生了联系。"再具体一点,这些标准也好,严密的组织也好,大体上包含两大类的内容——"格律和隐喻",而且"格律和隐喻还是属于一体的,只有包含这两个因素并解释它们的紧密关系,我们给诗歌下的定义才能获得足够的普遍性"。③ 前者为诗歌作品的声音层面,包括谐音、节奏和格律等等;后者可谓诗歌的最核心部分,又可以细分为意象、隐喻、象征、神话等等(这些在书中细分的概念有彼此重复的部分)。著者虽然对这两方面的内容分章介绍,但却几乎在相关内容的每一章结尾处都不厌其烦地强调二者的不可分割性,强调声音和格律必须和意义一起作为艺术品整体中的因素来研究,而不能单独或片面地与其他层面分开来研究。

在中国现代诗论中,我们可以粗略地把对诗歌本质的认识划分成与上述西方诗歌理论演变相对应(这种对应并不严格,却有线索可循)的一个过程:胡适从写实主义的角度出发,认为诗歌应"但求不失其真,但求其能状物写意之目的"④,呼应这种诗歌本质观,关于诗歌形式,胡适认为"新诗除

---

① 〔法〕马拉美:《关于文学的发展》,见《西方文论选》下卷,伍蠡甫等编,上海:上海译文出版社 1979 年版,第 259 页。
② 同上书,第 260 页。
③ 〔美〕雷·韦勒克、奥·沃伦:《文学理论》,北京:三联书店 1984 年版,第 200 页。
④ 胡适:《文学改良刍议》,载 1917 年 1 月 1 日《新青年》第 2 卷第 5 号。

了'新体的解放'一项以外,别无他种特别的做法"①;浪漫主义诗人郭沫若则认为诗歌最重要的是"自我表现",在形式方面他主张"绝端的自由""绝端的自主",因为"诗之精神在其内在的韵律"②;新月派认为诗首先应该是"美"的,这种美用闻一多的话来说是"三美"——音乐美、绘画美、建筑美,用徐志摩在《诗刊放假》《诗刊弁言》中的话来说是"一首诗的秘密也就是他的内含的音节,匀整而流动","完美的形体是完美精神的唯一表现";象征派诗人李金发、穆木天认为诗歌是个人灵感的记录表,是潜意识的世界,要达到这一点,诗歌的要务是"将所感到的所想象用美丽或雄壮之字句将霎那间的意象抓住"③;现代派则提出了"现代的诗"的观点:戴望舒认为诗歌不单是真实,也不单是想象,而是由真实经过想象而来的,具体到诗歌形式,戴望舒认为每一首诗应该有它自己"固有的形式,固有韵律",何其芳则将诗歌概括为"一种最集中地反映社会生活的文学样式,它饱和着丰富的想象和感情,常常以直接抒情的方式来表现,而且在精炼与和谐的程度上,特别是在节奏的鲜明上,它的语言有别于散文的语言"④。

就像我们看到的那样,所有这些答案都在不同程度和不同角度上回答了"诗的本质"的问题,比如大部分观点认为诗歌是包含强烈或深刻的情感的,诗歌应该具有美的或者说独具"特征"的不同于散文的形式……或许对于"诗歌的本质"这样一个问题,无论答案有千百种,都脱离不了对"情感与形式",或者说对"诗情"与"诗形"这样两个永恒绞缠的因素的审问与剖析。

的确,对于诗歌来说,"情感与形式"是一个永恒的命题。尽管从广义上来说,"一切艺术都是创造出来的表现人类情感的知觉形式"⑤,但相对于其他的艺术形式,诗歌的"情感"与"形式",以及诗歌的"情感与形式"二者之间的关系,都来得更为强烈更为特殊一些。一方面,就像诗人们自己说的那样:一切好诗都是强烈情感的流露,对于一个真正的诗人而言,只有当他们内心自发地充溢了不可遏制的诗情而不是由外界强加的某种力量的驱使,才能够写出有艺术感染力的动人诗篇;另一方面,"诗人观察一切,思考

---

① 胡适:《谈新诗——八年来一件大事》,载 1919 年 10 月 10 日《星期评论》纪念号。
② 郭沫若:《论诗三札》,见《郭沫若论创作》,上海:上海文艺出版社 1983 年版,第 233 页。
③ 杜灵格、李金发:《诗问答》,载 1935 年 2 月 15 日《文艺画报》第 1 卷第 3 期。
④ 何其芳:《关于写诗和读诗》,见《何其芳文集》第 4 卷,北京:人民文学出版社 1983 年版,第 450 页。
⑤ 〔美〕苏珊·朗格:《艺术问题》,北京:中国社会科学出版社 1983 年版,第 75 页。

一切,无不通过这个语言的眼睛,通过语言的这个内部形式"①,而且,情感与形式之间绝不是主客二分的,正如瓦莱里所说,诗歌是一种语言的艺术,是将语言用各种奇特的方式创造、改变、整编原有规则以达到捕捉独特诗情的目的——"诗人的任务,是使我们感觉到单词与心灵之间的一种密切的结合"②。

那么,诗人们究竟是如何把"单词"和"心灵"密切结合在一起的?又是如何把"诗情"转化为"诗形"的?综合上述关于诗歌本质的认识的相关理论,我们发现:节奏和意象是诗歌的两个最关键的因素,它们的特征恰恰构成了诗歌的最本质的艺术特征,而它们之间的密切联系和复杂关系也正是"诗情"转化为"诗形"的奥秘所在。

同其他文学体裁相比较,诗歌是最纯粹的语言艺术。因而讨论诗歌,不能离开语言文字。首先,不管是何种语言,没有节奏就不成其为诗歌。比如由汉字写出来的诗与用拉丁文字写出来的诗所产生的节奏特点是有着很大区别的。我们谈到旧体诗词时,习惯将其节奏称为格律,是因为旧体诗词的确有"格"有"律",每种格式都句有定长、字有定数、音有定律、韵有定谱。但是所有这些规律总结起来都是在分清四声、讲究平仄清浊的基础上用对仗、粘对、押韵等原则建构而成的。现代诗歌的格律不可能是一定的,只能是在变化中求整齐、在变化中求和谐,因而我们探讨新诗音乐性时,通常会直接用"节奏"这个词,也就是表示我们将注意力放在其变化的规律上。在现代诗歌中,各种节奏因素共同作用,创造出千姿百态的诗歌外在音乐形式。除了外在音乐性,诗歌还有内在音乐性,也就是通常所说的情绪节奏。

其次,在诗歌的空间艺术这一层面,意象的运用当之无愧成为最重要的艺术技巧。意象在文学创作尤其是诗歌创作中是打通主观情感世界与客观物质世界以及作者和读者之间天堑的桥梁。而对意象的运用也正是诗歌最鲜明的特色之一。诚如明人王廷相所说:

> 夫诗贵意象透莹,不喜事实粘着。古谓水中之月,镜中之影,可以目睹,难以实求也……言征实则寡余味也,情致直而难动物也,故示以

---

① 〔俄〕巴赫金:《长篇小说话语》,《巴赫金全集》第3卷,石家庄:河北教育出版社1998年版,第66页。

② 〔法〕瓦莱里:《诗与抽象思维》,见《现代西方文论选》,伍蠡甫编选,上海:上海译文出版社1983年版,第37页。

> 意象,使人思而咀之,感而契之,邈哉深矣,此诗之大致也。①

从南朝梁的刘勰开始,人们就已经并且自觉地将对意象的追求和对声律的把握紧密地结合在一起:

> 是以陶钧文思,贵在虚静,疏瀹五藏,澡雪精神。积学以储宝,酌理以富才,研阅以穷照,驯致以怿辞,然后使玄解之宰,寻声律而定墨;独照之匠,窥意象而运斤:此盖驭文之首术,谋篇之大端。②

节奏是时间艺术,意象是空间艺术,所以诗歌是时间艺术与空间艺术、听觉艺术与视觉艺术的结合。当这种结合达到完美境界时,就会出现"羚羊挂角、无迹可求"的"空中音"和"相中色",让人们得到臻于化境的艺术感受。故而明代学者胡应麟对诗歌艺术作出如下的总结:

> 作诗大要不过二端:体格声调、兴象风神而已。体格声调,有则可循;兴象风神,无方可执。……譬则镜花水月:体格声调,水与镜也;兴象风神,月与花也。必水澄镜朗,然后花月宛然;讵容昏鉴浊流,求睹二者。③

只有"体格声调"与"兴象风神"完美地结合在一起,才能赋予诗歌"如水中之月,镜中之花,透彻玲珑,不可凑泊"的"神韵"。而古典诗歌如是,现代诗歌亦如是。现代著名作家、学者钱锺书对此深有体悟,他在《谈艺录》中,对诗歌艺术的本质作出了如下精辟概括:

> 诗者,艺之取资于文字者也。文字有声,诗得之为调为律;文字有义,诗得之以侔色揣称者,为象为藻,以写心宣志者,为意为情。④

节奏艺术和意象艺术相辅相成,共同作用,为诗人要表达的"意"和"情"赋以"诗形",这就是诗歌艺术的本质。

---

① 王廷相:《与郭介夫学士论诗书》,见吴文至主编:《明诗话全编》第2册,南京:江苏古籍出版社1997年版,第2047—2048页。
② 刘勰:《文心雕龙·神思》,见郭绍虞、王文生主编:《中国历代文论选》(一卷本),上海:古籍出版社1979年版,第84页。
③ 胡应麟:《诗薮》内编卷五,上海:古籍出版社1958年版,第100页。
④ 钱锺书:《谈艺录》,北京:三联书店2007年版,第110页。

第二节 诗歌的分类

对于汉语诗歌,从形式上来看,我们可以概括地分为旧体诗和新诗两大类。

旧体诗又可以分为古体诗、近体诗和词。

近体诗也叫格律诗,诞生于唐代初年,是在永明体诗歌声律经验基础上逐渐形成的,分为律诗和绝句两种。近体诗的格律要求大致如下:

绝句每首四句,五言的简称五绝,七言的简称七绝。

律诗一般每首八句,五言的简称五律,七言的简称七律;其中五言律诗有十二句或更多的则称为长律或排律。

近体诗篇有定句(除排律外,每首诗句数固定),句有定字(每句诗的字数固定),韵有定位(押韵位置固定),韵有定谱(严格按韵部押韵),字有定声(诗句中各字的平仄声调固定),联有定对(律诗中间两联——颔联、颈联必须对仗)。以五言律诗为例,包含四种固定句型:

(一)仄仄平平仄
(二)平平仄仄平
(三)平平平仄仄
(四)仄仄仄平平
(下划虚线表示可平可仄,下同)

四种句型按一定的规律错综变化,就成为五言律诗的四种格式,如下例是"首句仄起仄收式":

仄仄平平仄,平平仄仄平。
平平平仄仄,仄仄仄平平。
仄仄平平仄,平平仄仄平。
平平平仄仄,仄仄仄平平。
(字下加着重点表示为韵脚)

此外还有首句仄起平收式、首句平起仄收式、首句平起平收式。五绝简而言之,就是五律的一半,也有四种格式。七绝、七律也各有四种格式,此处不一一列举。大体而言,都是按照平仄交替互对、对仗和隔句押韵这个大的原则来建构句式和体式的。①

近体诗格律是古代汉语诗歌节奏美的一种完美呈现方式,从形式的角度上看它的确达到了音律的和谐悦耳,是对古代汉语诗歌节奏美特点的经验的集合。近体诗诞生以后,古代汉语诗歌的格律就基本固定下来,而没有严格讲究格律的诗歌统称古体诗,又可以分成五古和七古(包括杂言诗)两大类,我们也可以称之为古代的自由诗。

从音韵学的发明到永明声律论诞生再到近体诗格律理论的成熟,对于古代诗歌节奏美的探寻一直存在着两类不同的意见:一种是对格律的刻意追求和不断细化;一种是认为不应过度强调格律以免于诗质有伤。持后一种意见的人常常能在热衷于声律追求的风气中保持相对冷静的态度,比如皎然就尖锐地指出:

> 乐章有宫商五音之说,不闻四声。近自周颙、刘绘流出,宫商畅于诗体,轻重低昂之节,韵合情高,此未损文格。沈休文酷裁八病,碎用四声,故风雅殆尽。后之才子,天机不高,为沈生弊法所媚,懵然随流,溺而不返。②

他并不排斥对声律的运用,只是不主张采用过于琐细的声律标准。与这两种意见相对应的,就是此后千余年的诗歌创作呈现出近体诗和古体诗也即格律诗和自由诗并存的局面。即便是同一个诗人,也往往兼写两体——比如李白同时擅长绝句和古风。

唐以降,古代汉语诗苑又迎来了一株芬芳的奇葩——词。词的诞生与音乐有关。在词产生以前,诗歌与音乐的关系已经有过两次"合"与"离"的过程。第一次由合而分发生在先秦时期——《诗经》与《楚辞》的时代。"诗三百"都是可以合乐而歌的,《楚辞》中的《九歌》也是一种歌曲。《九歌》本是上古时代一种配乐演唱的歌,屈原在《离骚》中曾经提过:"启《九辨》与《九歌》兮,夏康娱以自娱。"屈原借题而作,也是用于配乐歌唱的。但是《离骚》就不是歌词了,而是一首脱离了音乐的独立的诗。第二次由合而分发生在汉魏六朝时期。汉乐府自然是合乐而歌的,但因此受到启发的文人五言诗却渐渐脱离了音乐的束缚,永明声律运动引发的探讨使诗歌即使脱离了音乐背景也能具有一种独立的文字节奏美,此后的近体诗更是"声律自

---

① 具体的诗词格式及用韵方法,可参看王力:《汉语诗律学》,上海:上海教育出版社 2005 年版。
② 皎然:《诗式·明四声》,见郭绍虞、王文生主编:《中国历代文论选》(一卷本),上海:上海古籍出版社 1979 年版,第 127 页。

足",于是诗歌与音乐再次分离。诗歌与音乐的第三次合作,就是唐代燕乐的盛行与词的诞生。燕乐,又称宴乐、䜩乐,是一种以北中国音乐为素材的吸取了胡乐和胡乐器元素的一种通俗音乐,具有很强的抒情性,与"雅乐"的"中正和平"形成鲜明对比。正因为如此,燕乐以其新鲜活泼的感染力给时人以强烈的触动,词这种新的诗体就是受到燕乐的启发而诞生的。燕乐的特点是旋律多变,音节繁复,为了配合这种新的音乐节奏美感,"长短句"这一新的诗歌形式应运而生。

燕乐不仅促进了词的诞生,也赋予了词体不同于诗体的特点——最突出的一点的就是"按谱填词",即严格按音谱来填词。因此不同的音谱就产生了不同的词体。这样,我们就看到了各种词牌下种类繁多的词体格律形式。与诗体相类似的是,词虽然体调繁多,但在每一具体的词牌下,其格律是固定的:调有定句,句有定字,字有定声。而且词的格律要求比起近体诗来可谓有过之而无不及——近体诗只要求分清平仄,词还要求分清四声。从这个角度来说,词也是严格的格律诗,但它为"格律"本身提供了更多可能。

新诗虽然诞生的时间不长,还不到一百年,但是在体式上表现出的情形却相对复杂一些——简单地说,就是没有任何成型的格律。虽然我们也可以在理论上把新诗分成格律体和自由体两大类,但在创作实践中,我们看到的更多是二者的融会贯通、转化互渗。

在新诗的草创期,我们首先看到了新诗诗人们对旧有形式的彻底破坏。以胡适和郭沫若为代表的早期新诗建设者一致反对新诗的外在形式,倡导一种率性自然的诗歌形式论。首先是胡适提出的"诗体大解放";接着郭沫若在 1920 年致宗白华的信中说:"我也是最厌恶形式的人……总觉得以自然流露的为上乘……"较胡适有所不同的是,他提出了诗的"内在律":"诗之精神在其内在的韵律(intrinsic rhythm),内在的韵律(或曰无形律)并不是什么平上去入,高下抑扬,强弱长短,宫商徵羽,也不是什么双声叠韵,什么押在句中的韵文!……内在的韵律便是情绪的自然消涨。"[①]然而,究竟如何通过语言形式来把握"内在节奏"? 如何在自然的节奏、说话的节奏中体现出诗歌特性,避免诗歌的散文化? 新诗初期的作品实践尖锐地提出了这个问题。

1923 年开始,诗人们开始自觉对散文化的诗风加以修正——新诗不能

[①] 郭沫若:《论诗三札》,见《沫若文集》第 10 卷,北京:人民文学出版社 1959 年版,第 201 页。

一味地"无形",必须为新诗建立一种节奏美。1926年,新诗史上迎来了第一个格律诗派——以徐志摩、闻一多、朱湘为代表的新月诗派。他们在《晨报·诗镌》的创刊号上发表宣言(《诗刊弁言》):"我们的大话是:要把创格的新诗当一件认真事情做。"闻一多首先对"自然的音节"加以批评:"所谓'自然的音节'最多不过是散文的音节。散文的音节当然没有诗的音节那样完美。"在《诗的格律》一文中,他系统地提出了诗歌格律观:"诗的所以能激发情感,完全在他的节奏;节奏便是格律。"他提出了"音尺"的概念,并强调诗歌的三美——音乐美、建筑美、绘画美,指出诗歌的格律应该分成视觉方面(形式上的)和听觉方面。但是过分强调"节的均齐与句的均齐"又带来了新的问题——"豆腐干"式的诗形不见得就有美感。徐志摩在《诗刊放假》里似乎有不同的意见:"音节的本身还得起源于真纯的'诗感'",过分强调格律往往会造成"可怕的流弊",即只有诗格而无诗质,于是造成了"诗的境界还是离你一样的远着"。对于新诗节奏美的内在规律把握,仍然不能得出明确的答案。新诗节奏的探索开了一个响亮的头,使人们在新诗的"文类意识"上更进了一步,但并没有很顺畅地走下去。

30年代最大的诗歌流派——现代派综合了在此以前新诗发展的所有语言形式上的经验,将对古典诗歌传统与西方诗艺潮流的借鉴和研讨进一步深入,从而对诗歌的节奏和意象都有了更为自觉和深刻的认识,并在创作实践中将二者有机地结合在一起。正如施蛰存在《又关于本刊的诗》中说的:"《现代》中的诗,大多是没有韵的,句子也很不整齐,但他们都有完美的肌理,是现代的诗形,是诗。"现代派初步建立起现代汉语诗歌的语言形式规范:深入地发掘诗歌意象美,在以把握诗歌的内在节奏也即情绪节奏为主的前提下,利用诗歌的种种外在节奏因素以及节奏与意象之间的种种关系赋予诗歌各种语言张力,创造现代诗美。可以说,在30年代中期形成的这一诗歌语言范式,在此后的半个多世纪里并没有被实质性地突破,而是一直延续到当代诗歌写作中。

第三节 诗歌的写作要素

诗歌的写作要素,不管是旧体诗还是新诗,大体上都可以分成节奏(对旧体诗来说是格律)、意象、情感与经验、诗情与诗形的黏合熔铸四个部分。

一、节奏——情动于中,声成文谓之音

从艺术起源的角度来看,诗、乐、舞是三者合一的。《毛诗序》对诗歌的发源作了这样的解释:"诗者,志之所之也。在心为志,发言为诗。情动于中而形于言,言之不足故嗟叹之,嗟叹之不足故永歌之,永歌之不足,不知手之舞之足之蹈之也。"当人们"情动于中",就不禁用语言来表达内心的感情,当简单的语言不能完整表达内心情感的时候就会用一种富于节奏变化的语言形式来与内心情绪的律动相互应和,于是就产生了诗歌,产生了诗歌的节奏美。"声音、姿态、意义三者互相应合,互相阐明,三者都离不开节奏,这就成为它们的共同命脉。"[①]不过,任何艺术形式的建构和成熟都要经历一个从自发到自觉的过程,对汉语诗歌的节奏美的认识和把握也是在漫长的历史长河中,在大量的语言实践、诗体实验中不断清晰和明确的。

最初的对节奏认识的来源不外乎两种:一是人类对大自然各种客观生命形式的模仿和再现。比如人的呼吸、心跳、脉搏,有一种可感的、有规律的节奏;比如山川的绵延起伏,河流的蜿蜒曲折是一种可观的、变化的节奏;比如雷霆风雨、鸟兽啸鸣是一种可听的、既有规律又有变化的节奏;而四季的交替变化、时令的循序递进也反映了一种万物生长凋落、繁衍更息的宇宙自身既抽象又具体的节奏……这些节奏可以统称为客观的、物质的、外在的节奏,它直接启发着人们对于节奏的具体形式的把握。二是人类自身主观情绪的自然宣泄与表达。当人们喜悦欢畅的时候,心境明朗开阔,情感表达是轻松和兴奋的,这个时候不论是声音、姿态还是意义,都表现出舒展和谐的一面,其中蕴含的节奏也必然是明快清越甚至高亢飞扬的;当人们悲哀忧愁的时候,心境苦闷低落,情感表达是沉重和压抑的,这个时候的声音、姿态和意义就表现出退缩和消极的一面,其中蕴含的节奏也必然是低沉混浊以至拗峭不谐的……这样的节奏的含义就比较复杂,它不仅反映着节奏的具体形式,还为这形式赋予了各种丰富的情感内涵,可以统称为受主观影响的情感的、内在的节奏。客观和主观两个方面的启迪,构成了最初人类对于节奏的感性认识,也为日后各种节奏规律的自觉化总结提供了经验基础。

倪元宝在《大学修辞》中对"节奏"的定义是这样的:"语音的疾徐、高低、长短、轻重及音色的异同,在一定的时间内有规律的相间交替回环往复

[①] 朱光潜:《诗论》,见《朱光潜全集》第3卷,合肥:安徽教育出版社1987年版,第122页。

的组合形式。"①这个定义准确有力,而陈本益在《汉语诗歌的节奏》一书中对于诗歌节奏的定义可能来得更简单明了一些:"诗歌节奏,是诗歌语言中某种对立的语音形式在一定时间间隔里的反复。"②

那么,就新诗而言,诗歌节奏都包含哪些因素呢?

大体上,我们可以把现代诗歌的节奏分为以下几个因素:顿节奏,平仄节奏,重轻节奏,韵。关于顿节奏,著名诗人卞之琳曾经作过系统的总结:

> 我们用汉语说话,最多场合是说出二、三个单音字作一"顿",少至可以到一个字(一字"顿"也可以归附到上边或者下边两个二字"顿"当中的一个而合成一个三字"顿"),多至可以到四个字(四字"顿"就必然有一个"的""了""吗"之类的收尾"虚字",不然就自然会分成二二或一三或三一两个"顿")。这是汉语的基本内在规律,客观规律。
>
> 由一个到几个"顿"或"音组"可以成为一个诗"行"(也就像英语格律诗一样,一行超过五个"顿"——相当于五个英语"音步",一般也就嫌冗长);由几行划一或对称安排,加上或不加上脚韵安排,就可以成为一个诗"节";一个诗节也可以独立成为一首诗,几个或许多个诗节划一或对称安排,就可以成为一首短诗或一部长诗。这很简单,可以自由变化,形成多种体式。③

关于诗歌外在节奏(音乐性节奏)与诗歌内在节奏(情绪节奏)的具体关系,卞之琳也有多方面多角度的探索,比如他认为利用"顿"的字数和组合方式的不同,可以营造出不同的情绪节奏:"在新体白话诗里,一行如全用两个以上的三字'顿',节奏就急促;一行如全用二字'顿',节奏就徐缓;一行如用三二字'顿'相间,节奏就从容。"④

在顿节奏的基础之上,再调和平仄节奏、重轻节奏和韵,就创造出千姿百态的新诗音乐性节奏。打个比方,顿或音节好比是一支乐曲的拍子、鼓点;平仄则构成音乐高低变化的旋律;重轻音对比让我们想起音调的强弱变化;韵使得若干个顿中出现一个大的顿歇,使各种节奏都得到加强而

---

① 倪元宝主编:《大学修辞》,上海:上海教育出版社1994年版,第160页。
② 陈本益:《汉语诗歌的节奏》,台北:文津出版社1994年版,第6页。
③ 卞之琳:《雕虫纪历·自序》,见《雕虫纪历1930—1958》增订版,北京:人民文学出版社1984年版,第11页。
④ 同上书,第13页。

变得更加鲜明。在这里,除了顿节奏和重轻节奏使得现代诗歌与古代诗歌的节奏在本质上有了很大的不同之外,其余两种节奏调节方式却大体不能超越旧体诗的格律经验——这也是汉语诗歌不可磨灭的固有的特点之一。

二、意象——神用相通,情变所孕

"意象"作为一个纯粹的诗学概念,最早出现于刘勰的《文心雕龙·神思》篇中:

> ……文之思也,其神远矣。故寂然凝虑,思接千载;悄焉动容,视通万里;吟咏之间,吐纳珠玉之声;眉睫之前,卷舒风云之色;其思理之致乎!故思理为妙,神与物游。神居胸臆,而志气统其关键;物沿耳目,而辞令管其枢机。枢机方通,则物无隐貌;关键将塞,则神有遁心。
>
> 是以陶钧文思,贵在虚静,疏瀹五藏,澡雪精神。积学以储宝,酌理以富才,研阅以穷照,驯致以怿辞,然后使元解之宰,寻声律而定墨;独照之匠,窥意象而运斤:此盖驭文之首术,谋篇之大端。

《神思》篇讲的是文学创作论。大意是进行文学构思前先要做一些准备工作,以便酝酿文思,然后便展开丰富的想象空间,捕捉能够反映作者情感变化的"意象",将这"意象"用语言表达出来,同时赋之以声律之美。在这个过程中,刘勰一再强调"神"与"物"的关系。他认为,构思的关键就在于"神"和"物":"神居胸臆,而志气统其关键;物沿耳目,而辞令管其枢机。枢机方通,则物无隐貌;关键将塞,则神有遁心。"就是说"神"与"物"是分别由"志气"与"辞令"来掌握和表达的,要打通这二者之间的关键就是"神与物游"。"神与物游"是刘勰艺术构思论的核心理念,也是文学史上第一次明确地指明艺术构思的特殊规律:艺术构思是和具体的物象密切相关的。当这个物象是"神与物游"的、能够折射作者内心情感变化的物象,它就可以成为文学创作过程中的"意象";这个"意象"已经不是单纯的物象,而是在"积学以储宝,酌理以富才,研阅以穷照,驯致以怿辞"的基础上形成的,由作者个人的主观感情体验、对客观世界的经验把握以及在古代典籍中所积累的学识修养等等各种因素综合而成的"意"中之"象"。

可见,意象本身并非单指"本文"中物态化的符号形式,它同时也是作者创造构思中"神与物游"的心象。它是艺术家内在情绪或思想与外部对象相互熔化、融合的复合物,是客观物象主观化的表现。

需要指出的是,"意象"这个概念中的"意"本身包含了两层含义:一是经验理性之"意",它包含着传统的历史文化心理积淀、时代的整体意识形态氛围、作者自身的学识修养等等具有经验性、普遍性的因素;一是个体情感之"意",它体现着作者的个体性特点,是与作者本身的身世、经历、性格、气质,以及在不同情境下的独特情感体验分不开的。

诗歌意象的这种既寓义理又蕴情感的双重特性,决定了作者在诗歌创作过程中提取"意象"的两种思维方式:一是注重意象的普遍性、经验性、象征性,比如屈原的"美人""芳草"意象一经提出,其蕴含的君臣之义、高洁人格等等内在的意义就成为一种约定俗成的象征模式,对后世文学产生深远影响,经百代而不息;又比如陶渊明的"南山""菊"意象,在陶渊明那里是说出了一个"事实",因为他确曾"种豆南山"和"采菊东篱",但是因此所反映出来的那种淡泊名利、亲近自然的思想感情从此赋予了"南山"和"菊"这两个意象新的生命力,此后的诗文中再出现与之相关的意象就与这种象征意义分不开了。至于我国的第一部诗歌总集《诗经》中出现的很多意象,更是成为后世文学意象生成的"万源之源"。用这种思维方式产生的意象,我们可以统称之为象征性意象。二是注重意象的新鲜性、个体性、直觉性,这一类意象多是对具体景物现象、生活细节的白描,这要求作者对客观世界有仔细的观察,细致入微地明辨物象,发现前人所未发现的幽琐细节和微妙情趣,然后真切传神地描述出来,开辟出个性化、风格化的诗境。在这个提取意象过程中作者必须倾注自身大量真实的、直接的、即时化的情感体验,以赋予物象鲜明的情感色彩。用这种思维方式产生的意象我们可以统称之为描述性意象。

从艺术发展的角度来看,象征性意象与描述性意象并不是完全对立的两个体系,陶渊明的"菊"意象本来是一种描述性意象,但由于作者对这个意象的提取和锻造太成功、太传神,以至于让后世的诗文创作者们都认可于陶氏"菊"的意象所蕴含的特定情感、思想、意识,从而赋予了"菊"这一意象的典型性和象征性。对于个别与一般、具体与抽象、直觉与经验之间的种种关系,恩斯特·卡西尔这样说道:

> 凡伟大的艺术作品都给我们对自然和生活的新探索和新解释,而且这解释只有按照直觉,而非概念,按照形式,而非抽象符号才可能。只要我们从视觉中失去了这种美感形式,我就失去了我的审美经验的

基础。从而我可能会同意把艺术归属于在一个更普遍的概念之下。①

这很可以解释诗歌创作当中意象生成的微妙性和复杂性。也许,诗人生成诗歌意象的使命和意义就在于在个别中发现一般,在具象中提炼抽象,在直觉中表达经验,在瞬间中体现永恒。

三、情感与经验——"诗言志"与"诗缘情"

诗歌是抒情的,是诗人的"情感与形式"的艺术化的结晶——这是历代诗人和学者们的通识。但是,具体到诗歌写作,诗人的"情感"究竟是怎样的一种情形,它包含着哪些内容,却是值得深思的问题。

《尚书·尧典》云:"诗言志,歌咏言"。陆机《文赋》中首次指明:"诗缘情而绮靡"。"诗言志"说和"诗缘情"说在两千年的中国古代文论史上互为消长、错综演变,正说明了诗歌包含的两种表达功能:既是情感,也是经验。这两者可谓是既矛盾又统一的,需要根据诗歌文本的具体的历史、文化背景,辩证地加以认识。

诗歌是情感与经验的矛盾统一体这一点,在西方现代文学理论中得到了更明确的强调。英国诗人艾略特著名的"无个性理论"提出:"诗不是放纵感情,而是逃避感情,不是表现个性,而是逃避个性。"②之所以这样说,是因为艾略特认为诗歌创作绝不仅仅是作者的个体行为,它实际上是受着有史以来一切(作者所能接触到的)文学作品组成的文学史的规约,因此,诗歌和作者之间的关系是这样的:

> 诗人没有什么个性可以表现,只是一个特殊的工具,只是工具,不是个性,使种种印象和经验就在这个工具里用种种特别的意想不到的方式来相互结合。许多对于诗人本身是很重要的印象和经验,而在他的诗里是很重要的呢,对于他本身和他的个性也尽可以没有多大关系。③

这里艾略特谈到了"印象和经验",这些诗人"个性"和"感情"之外的因素对于诗歌创作的重要性。这些完全可能是"非个人性"的"印象和经验",作用于个人性的感情、情绪,最终集合成一种"艺术经验",而诗人要

---

① 恩斯特·卡西尔:《语言与神话》,北京:三联书店1988年版,第138页。
② T.S.艾略特:《传统与个人才能》,见赵毅衡《"新批评"文集》,天津:百花文艺出版社2001年版,第35页。
③ 同上书,第31页。

表达的"情感"与读者体会到的"情感"都要借助于这种"艺术经验"生发并展开。

奥地利诗人里尔克有一句名言:诗并不像是大众所想的,徒是情感(这是我们很早就有了的),而是经验。在《论"山水"》一文中,里尔克在谈到雷渥那德·达·芬奇的绘画时,形象地阐释了艺术是如何通过"体验"这一途径来把"情感"和"经验"二者合一的:

> ……人画山水时,并不意味着是"山水",却是他自己;山水成为人的情感的寄托、人的欢悦、素朴与虔诚的比喻。它成为艺术了。雷渥那德就这样接受它。他画中的山水都是他最深的体验和智慧的表现,是神秘的自然律含思自鉴的蓝色的明镜,是有如"未来"那样伟大而不可思议的远方。雷渥那德最初的画人物就是画他的体验、画他寂寞地参透了的运命,所以这并非偶然,他对于山水与那几乎不能言传的经验、深幽与悲哀,也是一种表现手法。①

里尔克为我们指出,"体验"成为诗人获得"经验"的途径。这里我们可以把"经验"这个词分解一下:它来自于几个层次——经历(也就是日常生活经验,包括个人经验和非个人经验)、体验以及反思,而这三者都与我们的感觉器官对客观事物的直接感知密切相关。融合了这一切的经验是艺术经验,不是日常经验,它带给我们的情感,当然也就是凝结了经验的情感。

现代诗人冯至正是里尔克诗学的一个优秀实践者。1941年,从德国海德堡大学留学归来、在西南联大任教的冯至,一年之内写了27首14行诗,创造出一种动人的"沉思的艺术"。如这一首《从一片泛滥无形的水里》:

> 从一片泛滥无形的水里,
> 取水人取来椭圆的一瓶,
> 这点水就得到一个定形;
> 看,在秋风里飘扬的风旗,
>
> 它把住些把不住的事体,

---

① 里尔克:《论"山水"》,见《给一个青年诗人的十封信》,冯至译,北京:三联书店1994年版,第69—70页。

让远方的光、远方的黑夜
和些远方的草木的荣谢,
还有个奔向远方的心意,

都保留一些在这面旗上。
我们空空听过一夜风声,
空看了一天的草黄叶红,

向何处安排我们的思、想?
但愿这些诗象一面风旗
把住一些把不住的事体。

这是十四行集中的最后一首,而诗人冯至也在这首诗后面写道:自己的这些诗,有如瓶子给"泛滥无形的水"以定型,有如旗子给"把不住的事体"以把握。这是一种节制、理性的经验的表达,一种沉思的艺术。但是诗人并不是完全抽象地表达他的"经验"和追求,他用了很多读者们都熟悉的、有切肤感受的意象——光、黑夜、草木的荣谢、一夜风声、草黄叶红,读到这些字句令人感到熟悉和亲切,甚至这些字句后面隐藏着的那种淡淡的忧郁和静静的思索也让人感到亲切,于是他把他个人微妙而复杂的体验转化为众人能产生共鸣的情感与经验,加上这首诗严谨公稳、动人的节奏感——诗人成功地带动了读着,和他一起去体验、去反思、去探索:"把住一些把不住的事体",是指什么?诗人给了我们答案。把住这些把不住的事体的,是诗,那么这些事体就是我们的感受、体会——经验,而诗歌艺术,就像那秋天里飘扬的风旗,把我们的沉思、追求、感悟——情感和经验,都柔软而有力地包蕴在里面、凝结在其中了。

四、诗情与诗形的黏合熔铸——水澄镜朗,花月宛然

"诗情"——诗人要表达的情感与经验,要通过"诗形"来完成,而这二者之间联系起来的枢纽正是诗歌的两个最基本元素——节奏和意象。简言之,诗情、诗形、节奏和意象这四者之间,是一个联合紧密、不可分割的整体,我们可以用下图来说明:

在这四个因素里面,每二者之间都是相互关联产生作用的,我们不能脱离"诗情"来讨论诗歌的形式,也不能把节奏单单看成是"形式"的部分而与"诗情"无关,也不能把意象单单看成是"诗情"的部分而与"诗形"无关。节奏、意象与诗歌的情感与形式都密切相关,更重要的是,节奏与意象之间的隐秘关系往往成为诗情表达和诗形生成最关键的力量。克罗齐曾经一再强调文学艺术的整一性,并针对语言艺术、形式的分析明确指出:

> 赋予情感内容以艺术的形式,也就同时给它打上了整体性的标记,注入了普遍的信息,在这个意义上说,普遍性和艺术形式不是两回事而是一回事。节奏和格律,叠韵和韵脚,同表现事物联系着的比喻,色彩和音调的和谐、和声等等,所有这一切手段,修辞学家错误的用抽象的方法进行研究,使他们变成外在的,偶然的和虚假的东西,其实他们和艺术形式完全是同义语,它们在追求个性的同时,把个性和共性协调起来,因此同时也就追求共性。①

这让我们想起韦勒克、沃伦在《文学理论》中反复重申的观点:如果把视觉意象与和谐声音的混合整体分裂成绘画和音乐两个部分,"诗就消失了"②,诗歌之美也就不存在了。不论是诗情、诗形,还是节奏、意象,从宏观的角度上讲,它们都是诗歌艺术整体的一部分;从微观的角度上讲,它们也都是一首诗或者一个诗人诗风、诗艺的一部分,而且是彼此密切关联、不可分割的一部分。只有把握它们彼此之间的关系及其发展变化的规律,而不是静态的、孤立地看待这些"一部分",我们才能真正把握诗歌艺术本身的"整体性"。

---

① 〔意〕克罗齐:《美学原理 美学纲要》,北京:外国文学出版社 1983 年版,第 320 页。
② 〔美〕雷·韦勒克、奥·沃伦:《文学理论》,北京:三联书店 1984 年版,第 273 页。

旧体诗是靠严整的格律和繁复的意象二者之间的完美结合来达成这种艺术追求的;而在新诗领域,虽然不存在一成不变的"格律",但正是因为现代诗歌的节奏感是灵活多变的,现代诗歌的美感就更加丰富多彩,拥有更大的艺术创造和审美想象空间。我们也看到现代诗人们在节奏和意象的联姻、诗情和诗形的黏和熔铸上都作了许多有益的努力:诗人对意象的选择倾向,比如对传统意象的选择和现代意象的选择(不同的意象往往蕴含或暗示了不同的情绪节奏),又如对某一类意象的偏爱;诗人对意象的处理方式,比如多次使用同一个意象来加强情绪节奏,在有限的空间内大量堆砌意象延伸情绪节奏,利用意象的变形突兀或反逻辑处理来造成情绪节奏的强调、转折、空白,同时利用各种外在节奏因素来调节、强调情绪节奏等等。外在节奏的各种因素——顿节奏、重轻节奏、平仄节奏、韵,包括一些句式和声调的选择和处理,如跨行、复沓、谐音、拟声、双声叠韵,甚至细化到标点符号和押韵方式(传统的隔句押韵、换韵,西化的交韵、随韵、抱韵等等)的处理,都成为诗人为"诗情"赋形的有力手段。在这个过程中节奏和意象之间的关系在诗人的手中可以说要多复杂有多复杂,但也不是毫无规律可循:诗人正是通过把握外在节奏与内在节奏以及这二者之间与意象的各种关系,通过各种途径的探索和试验来创造现代诗美,接近"永恒的"诗美。

【导学训练】

一、学习建议

大量阅读前人的经典作品,是诗歌写作的基本功。要在这个过程中培养自己的理解和鉴赏能力,从而提高自己的审美修养和审美技巧。读诗,不能泛泛地读,止于理解大略意义,而是要在相关诗歌理论著作的引导下精读细读,甚至细化到每一个标点符号。在阅读欣赏的过程中揣摩诗歌的旨趣和技巧,汲取前人的经验化为己用,同时努力建构自己的写作特色。对于现代汉语诗歌写作来说,一定要注重理论学习和实践摸索相结合,总结经验和大胆创新相结合。

二、阅读示例

1. 阅读下面的诗歌及评析,体会诗人对诗歌意象的运用技巧。

商山早行
温庭筠

晨起动征铎,客行悲故乡。

鸡声茅店月,人迹板桥霜。
槲叶落山路,枳花明驿墙。
因思杜陵梦,凫雁满回塘。

"鸡声茅店月,人迹板桥霜",人但知其能道羁愁野况于言意之表,不知中不用一、二闲字,只提掇出紧关物色字样,而音韵铿锵,意象具足,始为难得。

(李东阳:《麓堂诗话》,见《中国历代诗话词话选粹》上,北京:光明日报出版社1999年版,第202页。)

以虚字为筋节筋脉,应善用之。……虚字呼应,是诗中之线索也。线索在诗外者胜,在诗内者劣。今人多用虚字,线索毕露,使人一览无余味,皆由不知古人诗法故尔。

(冒春荣:《葚原说诗》,《清诗话续编》三,上海:上海古籍出版社1983年版,第1582页。)

提示:近体诗篇有定句、句有定字的"限字原则",和平仄交替互对的"限声原则",都导致了诗歌意象呈现方式的一些特点。由于字数的限制,诗人必须用尽可能少的字眼表现更多的内容,展现更多的意象,才能完成诗情的表达,因而必然会省略掉一些关联性的词语和一些语法助词。于是我们常常看到意象呈现出非语法性、密集性的特点。温庭筠"鸡声茅店月,人迹板桥霜"一联,全用名词意象堆砌而成,中间无任何关联词,区区十字便将一幅鲜明的图画呈现出来,李东阳所谓"闲字",主要指的是虚词,虚词不仅不可能呈现任何意象,而且音韵也不响亮,用在平仄交替的诗句中没有实词的效果好。省略虚词就必然造成语法性的破坏,然而这正是诗人们发现的诗歌韵味所在:意象与意象之间不用关联词而直接叠加呈现,营造出含蓄、模糊、丰富的诗意之美,使人回味无穷。

2.阅读下面的诗歌,体会诗人对"跨行"这一诗歌手法的运用技巧。

印象(节选)

戴望舒

是飘落到深谷去的
幽微的铃声吧,
是航到烟水去的
小小的渔船吧,
如果是青色的真珠,
它已堕到古井的暗水里。

我们听着狂风里的暴雨
冯至

我们听着狂风里的暴雨,
我们在灯光下这样孤单,
我们在这小小的茅屋里
就是和我们用具的中间

也有了千里万里的距离:
铜炉在向往深山的矿苗,
瓷壶在向往江边的陶泥,
它们都象风雨中的飞鸟

各自东西。我们紧紧抱住,
好象自身也都不能自主。
狂风把一切都吹入高空,

暴雨把一切又淋入泥土,
只剩下这点微弱的灯红
在证实我们生命的暂住。

女人·独白
翟永明

我,一个狂想,充满深渊的魅力
偶然被你诞生。泥土和天空
二者合一,你把我叫做女人
并强化了我的身体

我是软得像水的白色羽毛体
你把我捧在手上,我就容纳这个世界
穿着肉体凡胎,在阳光下
我是如此炫目,使你难以置信

我是最温柔最懂事的女人

　　　　看穿一切却愿分担一切
　　　　渴望一个冬天，一个巨大的黑夜
　　　　以心为界，我想握住你的手
　　　　但在你的面前我的姿态就是一种惨败

　　　　当你走时，我的痛苦要把
　　　　我的心从口中呕出
　　　　用爱杀死你，这是谁的禁忌？
　　　　太阳为全世界升起！我只为了你
　　　　以最仇恨的柔情蜜意灌注你全身
　　　　从脚至顶，我有我的方式

　　　　一片呼救声，灵魂也能伸出手？
　　　　大海作为我的血液
　　　　就能把我高举到落日脚下
　　　　有谁记得我？但我所记得的
　　　　绝不仅仅是一生！？

　　提示：诗人卞之琳曾经指出"跨行"是"行不是断在可以大顿一下地方，而是为了把各行削齐或者是凑韵，硬把多余的行尾跨到下一行头上"，"那样间或有意做了，倒也可以达到特殊的效果"。① 这种特殊效果就是造成诗歌情绪节奏与外在节奏的相得益彰。

　　在第一首诗中，我们看到跨行的作用是双重的：它先是造成了一种相对平衡的句式，使得诗歌富于均齐的节奏感，同时它让每次大的顿歇——也就是句与句之间的空隙——都结束于一个意象（语助词忽略）——"深谷""铃声""烟水""渔船"，从而给读者留下了对这些意象充分展开联想的时间和空间，有力地突出了这些意象本身。

　　在第二首诗中，三次跨行都巧妙地利用了十四行这一诗体每节之间的空白。一、二节之间是"就是和我们用具的中间／也有了千里万里的距离"，——跨行隔开的空白，正好造成了一段"距离"；二、三节之间是"风雨中的飞鸟／各自东西"，空白处又仿佛鸟儿飞过的一段天空；三、四节之间，"狂风把一切都吹入高空"和"暴雨把一切又淋入泥土"中间的停顿，造成了一段时间上的延迟感和空间上的立体感。就这样，三处地方似断实连，整体上给人一气贯注之感。

　　在第三首诗中，纵观全诗，诗人显然对"跨行"这一句式情有独钟。很多诗句都

---

　　① 卞之琳：《雕虫纪历·自序》，见《卞之琳文集》中卷，合肥：安徽教育出版社2002年版，第456页。

在语义未断处截然中止转向下一行,而宁肯在行中出现一个标点,以造就下一次"不当断之断"。于是每一句诗都暗含着一种欲言又止、似断非断、欲断还连的语势,强烈地造就了一种暗沉的、挣扎沉吟的"独白"语调。

【研讨平台】

一、意象——情与物

提示:诗歌意象对于诗情的表达起着关键性的作用。古今中外的诗人学者对此有着许多精彩论述,从不同侧面反映出意象这一诗歌基本元素的重要性,以及在不同时代特征下对这一诗学概念理解的变化演进。

1. 陆机《文赋》(节选)

伫中区以玄览,颐情志于典坟。遵四时以叹逝,瞻万物而思纷;悲落叶于劲秋,喜柔条于芳春。……

其始也,皆收视反听,耽思傍讯,精骛八极,心游万仞。其致也,情曈昽而弥鲜,物昭晰而互进,倾群言之沥液,漱六艺之芳润,浮天渊以安流,濯下泉而潜浸。……

2. 周来祥《论中国古典美学》(节选)

中国古代的表现艺术特别发达,音乐、舞蹈、书法、工艺、园林、建筑迭放异彩,特别是诗歌,远从三百篇,中经楚骚,汉魏诗赋,直到黄金时代的唐诗宋词,在世界上被誉为诗的国度,本来纯粹的表现艺术由内向外(当然作为唯物论的反映论,最终还是由外向内),一般不摹拟、复写、再现客观对象。但由于古典和谐美的理想,要求表现和再现的朴素结合,因而中国古典艺术和美学一般是人与自然,物与我,景与情并重的。《乐记》很早就提出了物与情的问题,《周礼》中讲的赋、比、兴实质上也是一个情与景物的美学问题。《文赋》中说过"悲落叶于劲秋,喜柔条于芳春",刘勰曾提出了"状溢目前","情在词外"的要求,这已经接触到意境的实质。司空图概括了辉煌成就和时代风貌,明确提出"思与境偕"的理想。后来对情与景的阐发便愈来愈具体而详尽。如王夫之说:"情景名为二,而实不可离。神与诗者,妙合无垠。巧者则有情中景,景中情。"(《薑斋诗话》卷二)袁枚也说:"情景虽有在内在外之分,而景生情,情生景。"(《随园诗话》)在古典美的艺术中,情景虽不能偏废,但终以表现为基础,为主导,所谓"借景抒情""咏物言志",终以抒情言志为主。

(《论中国古代美学》,济南:齐鲁书社1987年版,第185页。)

3. 〔法〕马拉美《谈文学运动》(节选)

——关于内容问题,他回答我说,我觉得青年作家较之帕尔纳斯派更为接近诗歌的理想,帕尔纳斯派直接表现事物,他们处理题材,还是离不开旧派哲学家和旧派修辞家那一套。我的想法恰好相反,在诗歌中只能有隐语的存在。对事物进行观察时,意象从事物所引起的梦幻中振翼而起,那就是诗。帕尔纳斯派抓住一件东西就将它和盘托出,他们缺少神秘感;他们剥夺了人类智慧自信正在从事创造的精微的快乐。

直陈其事，这就等于取消了诗歌四分之三的趣味，这种趣味原是要一点一点儿去领会它的。暗示，才是我们的理想。一点一滴地去复活一件东西，从而展示出一种精神状态，或者选择一件东西，通过一连串疑难的解答去揭示其中的精神状态；必须充分发挥构成象征的这种神秘作用。

（黄晋凯等主编：《象征主义·意象派》，北京：中国人民大学出版社1989年版，第42页）

4. 唐湜《论意象》(节选)

读过了《离骚·九歌》里的

青云衣兮白蜺裳，
举长矢兮射天狼！

再来接陶渊明的

采菊东篱下，
悠然见南山；
山气日夕佳，
飞鸟相与还……

我们会觉得这是从一种高扬的意气走入一个清明的世界，从一个雄健的生命走向一片素净的映画。如果前者是一个浪漫蒂克的人格的投射，而后者就是一种凝静的人格的映现；如果前者是一种直接的抒情、凸出的高突、主观的突击，或一种以强大的生命力为支柱的感情的直觉意象，那么，后者就是一种间接的抒情，沉潜的深入、客观的暗示，或一种以清晰的感觉为支柱的深情的或思想的意象。前者给人一种初生力量的沉雄的激动，后者给人一种成熟的素淡的宛转。马克尼斯以为意象与诗质应有所区别，诗质(Property)进入一首诗是出于它自己的权利，而意象的进入一首诗则由于"类似"的权利(Right of Analogy)，前者如花进入花园，后者则如花进入柏拉图的神秘又抽象的天国，这说法实际上是一种把意象看作传达的手段，甚至装饰、点缀的二元论的看法。意象当然不是装饰品，它与诗质间的关联不是一种外形的类似，而应该是一种内在精神的感应与融合，同感、同情心仰缩支点的合一。马克尼斯自己也说过，意象时常会廓清或确定诗的意义，而且意象与意义常常会结合得不可分离，象征主义者甚至把这定为一个法则。刘勰说："诗人感兴，触物圆览，物虽胡越，合则肝胆。"物象的人格化正是心象的"我境"的"圆览"，而意象与意义的合为肝胆或一元化也正是意象的所以超越修辞学中比喻的二元性的缘故，意义的化入意象正是庄子在《齐物论》里所说的那个"类与不绝，相与为类，则与彼无以异"的境界，一种辩证的统一。的确，艺术的一个最高理想是凝合一切对立因素，如声音、色彩与意义，形象与思想，形式与内容，韵律与意境，现实与联想为一个和谐的生命，按着生命的内在旋律相互抗持又相互激动地进展前去。意象与意义间的对抗关系与形式与内容间的对抗关系并不一样，后者是一种手段与目的、主与从间的关系，前者从逻辑上说来，虽也是主与从的关系,但却常是一种内在的平行又凝合的相互关联;从一个生命点燃起另一个生命,甚至无数个生命,一种相互的光照,从深心里跃出的感应,又重合在一个生命的焦点。在最纯真的诗里面,手段与目的,意义与意象之间的分别实在并不是十分必要的,一定说美人、芳草是心存魏阙的假托,正如花间喝道,是一种煞风景。C. D. 鲁易士所坚持的"意象与诗的完整不可分性",正是意象深广的"启发力"(Evocative Power)的存在证明。在最好最纯净的诗里面,除了无纤尘的意象之外,不应再有别的游离的滓渣。

(唐湜:《新意度集》,北京:三联书店1990年版,第8—9页)

二、节奏——情与声

提示:声音、形式与诗情之间的关系,自诗歌诞生以来就是一个根本性的话题。旧体诗有严整的格律,新诗虽然并无一定的形式准则,也在追求诗歌的内在(情绪)节奏与外在(音乐性)节奏完美结合的道路上作出了许多努力——直到今天,这种努力仍然在行进之中。没有绝对自由的诗歌——这是古今中外学者诗人们的共识。但究竟该如何最大限度地发掘现代汉语诗歌的节奏之美,体现现代汉语的艺术魅力?不管是在理论还是实践中,都需要更进一步的探索。

1.《礼记·乐记》(节选)

乐者,音之所由生也,其本在人心之感于物也。是故其哀心感者,其声焦以杀;其乐心感者,其声啴以缓;其喜心感者,其声发以散;其怒心感者,其声粗以厉;其敬心感者,其声直以廉;其爱心感者,其声和以柔。六者非性也,感于物而后动。

2. 刘勰《文心雕龙·声律第三十三》(节选)

凡声有飞沉,响有双叠。双声隔字而每舛,迭韵杂句而必睽;沉则响发而断,飞则声飏不还,并辘轳交往,逆鳞相比,迕其际会,则往蹇来连,其为疾病,亦文家之吃也。夫吃文为患,生于好诡,逐新趣异,故喉唇纠纷;将欲解结,务在刚断。左碍而寻右,末滞而讨前,则声转于吻,玲玲如振玉;辞靡于耳,累累如贯珠矣。是以声画妍蚩,寄在吟咏,滋味流于下句,风力穷于和韵。异音相从谓之和,同声相应谓之韵。韵气一定,则馀声易遣;和体抑扬,故遗响难契。属笔易巧,选和至难,缀文难精,而作韵甚易。虽纤意曲变,非可缕言,然振其大纲,不出兹论。

3. 朱光潜《诗论》(节选)

我们在上文已经说明过,诗与散文的分别既不能单从形式(音律)上见出,也不能单从实质(情与理的差异)上见出。在理论上还有第三个可能性,就是诗与散文的分别要同时在实质与形式两方面见出。如果采取这个看法,我们可以下诗的定义说:"诗是具有音律的纯文学。"这个定义把具有音律而无文学价值的陈腐作品,以及有文学价值而不具音律的散文作品,都一律排开,只收在形式和实质两方面都不愧为诗的作品。……我们可以说,就大体论,散文的功用偏于叙事说理,诗的功用偏于抒情遣兴。事理直截了当,一往无余,情趣则低徊往复,缠绵不尽。直截了当者偏重叙述语气,缠绵不尽者宜偏重惊叹语气。在叙述中事尽于词,理尽于意,在惊叹中语言是情感的缩写字,情溢于词,所以读者可因声音想到弦外之响。换句话说,事理可以专从文字的意义上领会,情趣必须从文字的声音上体验。诗的情趣是缠绵不尽,往而复返的,诗的音律也是如此。

(《朱光潜全集》第3卷,安徽教育出版社1987年版,第112页)

4. 〔法〕瓦莱里《诗与抽象思维》(节选)

我想请诸位看一副简单的图像。请设想一个在两个对称点之箭晃动的钟摆。我们假设这些极端位置中的一个代表语言的形式,即可感知的特点,声音、节奏、重音、音色、起伏——简言之,行动中的声音。另一方面,与另一点,即与前一点相称的那个点联系起来的是一切表达意义的价值,即形象、思想;感情和记忆的兴奋,潜在的冲动和理解的形成——简言之,所有构成一段话语的内容和意义的东西。现在请你们注意诗在你们身上产生的效果。你们会发现,对于每一句诗,你领会到的意义不但没有摧毁传达给你的音乐形式,反而要求再次得到这种形式。从声音下落到意义的钟摆试图攀升回它敏感的出发点,似乎在你的头脑中产生的那个意义本身只有在这种产生它的音乐本身才能找到出路、表达和回应。

(〔法〕瓦莱里:《文艺杂谈》,段映红译,天津:百花文艺出版社2002年版,第295页。)

【拓展指南】

推荐书目

1. 〔美〕雷·韦勒克、奥·沃伦:《文学理论》,北京:三联书店1984年版。
2. 黄晋凯等主编:《象征主义·意象派》,北京:中国人民大学出版社1989年版。
3. 叶维廉:《中国诗学》,北京:三联书店1992年版。
4. 郭绍虞主编:《中国历代文论选》(一卷本),上海:上海古籍出版社1998年版。
5. 废名:《论新诗及其他》,沈阳:辽宁教育出版社1998年版。
6. 朱自清:《新诗杂话》,桂林:广西师范大学出版社2004年版。
7. 何文焕辑:《历代诗话》,北京:中华书局2004年版。
8. 刘福春:《新诗纪事》,北京:学苑出版社2004年版。
9. 杨匡汉:《中国新诗学》,北京:人民出版社2005年版。
10. 丁福保辑:《历代诗话续编》,北京:中华书局2006年版。

第十一章 小　说

第一节　小说的概念与分类

一、小说的概念

在文化生活相对贫乏的农业社会,包括神话传说、民间故事等在内的广义的小说,曾经是人们日常精神生活的重要食粮。恩格斯在谈到德国民间故事书带给劳作之余的人们以精神上的休憩与慰藉时这样说道:

> 民间故事书的使命是使一个农民做完艰苦的田间劳动,在晚上拖着疲乏的身子回来的时候,得到快乐、振奋和慰藉,使他们忘却自己的劳累,把他的硗瘠的田地变成馥郁的花园。民间故事书的使命是使一个手工业者的作坊和一个疲惫不堪的学徒的寒伧的楼顶小屋变成一个诗的世界和黄金的宫殿,而把他的矫健的情人形容成美丽的公主……民间故事书还有这样的使命:同圣经一样培养他的道德感,使他认清自己的力量、自己的权利、自己的自由,激起他的勇气,唤起他对祖国的爱。①

小说之所以能够具有这样的作用,在很大程度上取决于它是一种叙事性的语言艺术,这种叙事乃是对人类社会生活的一种虚构性描写,因而与人的现实生活既相联系又有超越;同时,由于这种叙事的媒介乃是语言,具有形象的间接性,能够最大限度地唤起读者的想象,引领他进入一种类似于真实生活的幻觉世界中去,暂时忘却现实世界的真实存在。少年高尔基就曾经深切地感受到小说的这种独特魅力:

> 我记得,我在圣灵降临节这一天阅读了福楼拜的《一颗纯朴的

---

① 〔俄〕里夫希茨编:《马克思恩格斯论艺术》第4卷,曹葆华译,北京:人民文学出版社1966年版,第401页。

心》,黄昏时分,我坐在杂物室的屋顶上,我爬到那里去是为了避开那些节日的兴高采烈的人。我完全被这篇小说迷住了,好像聋了和瞎了一样——我面前的喧嚣的春天的节日,被一个最普通的,没有任何功劳也没有任何过失的村妇——一个厨娘的身姿所遮掩了。很难明白,为什么一些我所熟悉的简单的话,被别人放到描写一个厨娘的"没有趣味"的一生的小说里去以后,就这样使我激动呢?在这里隐藏着一种不可思议的魔术,我不是捏造,曾经有好几次,我像野人似的,机械地把书页对着光亮反复细看,仿佛想从字里行间找到猜透魔术的方法。①

一般来说,小说这种独具魅力的文学体裁,不论在中国还是在西方,都同样起源较早,同样经历过漫长的发展时期,而且与其他文学体裁比较而言,也都同样属于"晚熟"品种,同样在现代社会的审美文化生活中成为一种最为重要、最富有创新能力的文学样式。

在我国,"小说"之名始出于《庄子·外物》篇:"饰小说以干县令,其于大达亦远矣。"它与《论语·子张》所谓"小道"、《荀子·正名》所谓"小家珍说"一样,指的都是那些琐屑的言谈和道理,与今天的小说概念相去甚远。较早给小说下过比较明确定义的是汉代桓谭,他在《新论》中说:"若其小说家,合丛残小语,近取譬论,以作短书,治身理家,有可观之辞。"稍后班固在《汉书·艺文志》中综合了这些观点,提出:"小说家者流,盖出于稗官,街谈巷语,道听途说者之所造也。孔子曰:'虽小道,必有可观者焉,致远恐泥,是以君子弗为也。'然亦弗灭也。闾里小知者之所及,亦使缀而不忘。如或一言可采,此亦刍荛狂夫之议也。"他的看法,不论是在写作内容还是价值评判方面,都长期影响了中国古代小说的发展和研究。

从小说的发展来看,古代神话传说、先秦寓言故事、秦汉史传文学可以作为我国古代小说的准备期,汉魏六朝的志怪、志人小说是我国古代小说的形成期,唐代传奇是我国古代小说的成熟期,宋元话本是我国古代小说的转折期,明清章回小说和拟话本则是我国古代小说的繁荣期。在这漫长的历史过程中,作为一种文体的小说经历了多次复杂的演变,正如刘廷玑《在园杂志》所说:"盖小说之名虽同,而古今之别,则相去天渊。"

在这样一个演变过程中,小说的地位也不断发生着变化。本来,小说在

---

① 北京大学中文系文艺理论教研室编:《文学理论学习资料》下册,北京:北京大学出版社1981年版,第515页。

我国古代长期被视为"小道",是"出于稗官野史"的,当然进不了正宗文学的殿堂。自先秦到清代,即使小说家自己,也很难理直气壮地挺起腰杆,更不用说正统文人的鄙视目光了。但是,这其间也不断有人意识到小说文体的重要性,试图改变其历史地位。例如宋代的洪迈把唐人小说与唐代诗律并称为"一代之奇"(《容斋随笔》);明代中叶以至清初,李卓吾、袁宏道、金圣叹等不断抬出《水浒传》《金瓶梅》来,凌驾于正统经史之上;到了清末,随着资产阶级改良运动的兴起,加之西方文学观念的传入,现代意义上的小说概念得以确立,并被奉为"文学之最上乘也"(梁启超:《论小说与群治之关系》)。可见,小说地位的变化,也与文体内涵的变化一样,"古今之别,则相去天渊"。

在西方,小说作为一种文学体裁,被认为"是史诗和戏剧这两种伟大文学形式的共同后裔"。古希腊的史诗和戏剧都取得了令后人瞩目的成就,但还没有出现用散文形式写作的小说。只是到了中世纪,我们才在英雄史诗、骑士传奇和民间故事中,见到了西方近代小说的萌芽。文艺复兴时期,《十日谈》的作者卜伽丘被认为是西方近代短篇小说的开创者,《巨人传》的作者拉伯雷则被认为是西方近代长篇小说的开创者。这以后出现的西班牙流浪汉小说和塞万提斯的《堂·吉诃德》,也对西方近代小说发生了重大影响。18世纪英国的笛福、斯威夫特、理查生、菲尔丁,法国的勒萨日、伏尔泰、狄德罗、卢梭等人作品的问世,使小说作为一种独特的文学样式得以确立。19世纪是西方传统小说创作达到顶峰的时期,不论长篇、中篇还是短篇创作都涌现出一大批享誉世界的作家和堪称经典的传世作品。19世纪下半叶开始,现代小说异军突起,流派众多、作家辈出,始终在现代主义文学和后现代主义文学发展中扮演着主力军的角色。这种情况,在中国的现代文学发展过程中也同样存在。总之,无论是在西方还是在中国,小说在经历了漫长的历史发展之后,已成为最基本的和最重要的文学样式。

小说之所以能够在各种文学体裁中"后来居上",成为最重要、最具活力的一种,当然是与它的文体特点联系在一起的。19世纪波兰现实主义作家奥洛什科娃曾这样描述小说:"我们可以把小说比作一种魔镜,不仅能反映出事物的外貌及它为众人所能看到的日常秩序,同样也能表现出事物的最深邃的内容,它们的类别和五光十色,以及它们之中所进行的相斥相引,它们产生的原因及存在的后果……"①这里所说的"魔镜",有三重含义:一是因为小说通过叙事反映生活的表现媒介是语言,因此,它是让我们在一种"自造的幻觉"中"看"到生活的;二是小说叙事乃是一种虚构,所以它能让我们既像感受真实生活一样感受作品的内容,又能让我们从现实生活中超拔出来,看到那些真实生活中往往被遮蔽的东西;三是小说乃是作家将其对生活的观察、体验、感悟所得融之于虚构性的叙事之中的结果,其目的正在于让我们能从生活的五光十色中"看"到其更为深邃的"真面目"。

所以,我们可以给小说下这样的定义:小说是以叙述、描写为主要表现方式,通过艺术的虚构来讲述完整的故事情节、描绘具体的环境、塑造一定的人物形象反映作家对生活的感受、体验和认识的一种叙事性文学体裁。

二、小说的分类

小说是一种十分自由的文体,包含着多种多样的可能性,因而在分类上就十分困难,从不同角度、按不同标准,可以有不同分法。

例如从题材区分来看,可以有所谓战争小说、爱情小说、历史小说、侦探小说、科幻小说、乡土小说等等。

再如从结构区分来看,可以有所谓诗体小说、日记体小说、书信体小说、对话体小说、笔记体小说、章回体小说等等。

又如从语言区分来看,可以有所谓文言小说、白话小说等等。

还可以从内容特征区分来看,可以有所谓故事小说、性格小说、心理小说、哲理小说等等。

也可以从创作方法区分来看,可以有所谓现实主义小说、浪漫主义小说、现代主义小说、后现代主义小说等等。

从学习写作的角度来讲,一般是根据篇幅的长短,即容量的大小来为小说分类的。

(一)长篇小说

长篇小说是篇幅最长、容量最大、形式最为自由,最适合于反映广阔的社会生活画卷和复杂的社会生活内容,揭示深刻的社会生活意蕴的小说样式。它能够多方面地描绘丰富多彩的社会现实,细致地展开波澜壮阔的生活事件,具体地表现错综复杂的矛盾冲突及其发展的全过程,详尽地叙述一

---

① 古典文艺理论译丛编辑委员会编:《古典文艺理论译丛》第4册,北京:人民文学出版社1961年版,第48页。

个人、几个人甚至几代人的经历,所以优秀的长篇小说往往被称为反映社会生活的"史诗"。

从取材方式来看,正如别林斯基所提出的,长篇小说"吸引人的不是局部和片断,而是整体"①。这是它有别于短篇,甚至于中篇小说之处。长篇小说对社会生活的整体反映不应当被理解为将纷繁复杂的社会生活现象作事无巨细的展现,而是表现为作者对纷繁复杂的社会生活现象的内在本质联系有了深刻的把握,并特别善于选择一个能够体现纷繁复杂的社会生活现象内在本质联系的网结点来作为作品表现的主要对象,由此而"纲举目张",将广阔、复杂的社会生活整体展现在我们面前。这种网结点,通常有三种类型:一种是作为社会细胞的家庭,如《红楼梦》中的贾府;一种是作为社会关系总和的人物,如《安娜·卡列尼娜》中的安娜·卡列尼娜;还有一种是作为社会聚焦的重要事件,如《水浒传》中的农民起义。当然,更多的是三种网结点汇聚一堂,共同营构出长篇小说的整体景观。

从表现手法来看,长篇小说的最大特点是描绘和塑造了众多人物形象,那些优秀的长篇小说往往就是一组组栩栩如生的人物画廊。长篇小说的这个特点可以从两个方面来看:一方面,长篇小说中主要人物的性格都能够获得完整而充分的展现。首先,长篇小说可以充分地展现人物的命运,在人物命运的发展、变化过程中,将人物性格的形成和变化淋漓尽致地展现在我们面前。其次,长篇小说可以交织安排多条情节线索,让人物在多种矛盾冲突的交织中展现性格的多个侧面,从而使人物性格的展现不仅充分而且完整。另一方面,长篇小说也为次要人物的性格描写提供了余地。长篇小说在集中笔力精雕细刻主要人物的同时,也利用其长篇的优势为次要人物性格的刻画提供了充足的余地,从而使得其人物画廊主次协调、相得益彰。首先,长篇小说往往于情节发展过程中,让众多人物各以其不同性格形成鲜明对比乃至强烈冲突,由此而使人物个性得以凸显。其次,长篇小说还常常通过恰当的细节描写,以较短的篇幅将次要人物性格特征的某个方面予以突出表现,起到"窥一斑而知全豹"的作用。

(二) 中篇小说

中篇小说是在篇幅和容量上介于长篇小说和短篇小说之间、具有中等叙事规模的小说样式,篇幅一般在 2—10 万字之间。

---

① 北京大学中文系文艺理论教研室编:《文学理论学习资料》下册,北京:北京大学出版社 1981 年版,第 93 页。

中篇小说既不是长篇小说的浓缩,也不是短篇小说的拉长,而是一种独具魅力的小说样式。西方 19 世纪的司汤达、巴尔扎克、梅里美、福楼拜、莫泊桑、左拉、雨果、克莱斯特、史托姆、普希金、果戈理、屠格涅夫、契诃夫、马克·吐温等都有优秀的中篇小说传世,例如马克·吐温的《败坏了赫德莱堡的人》、杰克·伦敦的《野性的呼唤》、海明威的《老人与海》等。中国新时期文学中中篇小说的异军突起、成果斐然,曾引起评论界的极大关注,例如路遥的《人生》、谌容的《人到中年》、张承志的《黑骏马》等。

从取材方式来看,中篇小说不像短篇小说那样通常只是截取生活的某个片断,而是选取一组较大的事件,能够反映出生活的多个侧面,这是它较为接近长篇小说之处。

从表现方式来看,中篇小说通常集中于一个中心情节的建构,人物关系大体都围绕中心情节展开,少有枝蔓,不宜有宏大的结构,不是把所有的背景都挪到前台来写。这是它较为接近短篇小说之处。同时,中篇小说也不像长篇小说那样塑造众多的人物形象,而是集中笔墨写几个主要人物。或是截取人物的"横断面",以显示人物的性格;或从人物几年以至几十年的生命长河中,揭示人物性格成长的历史,从人物命运和性格的变异中见出立体感和历史感。

(三) 短篇小说

短篇小说是篇幅较短、容量较小,但却由于其内涵的凝聚力而魅力独具的小说样式,篇幅一般在 2 千至 2 万字之间。莫泊桑、契诃夫和欧·亨利,不仅创作了数以百计的短篇小说,而且达到了很高的艺术成就,是世界公认的短篇小说大师。

茅盾在《试谈短篇小说》一文中分析短篇小说的特点时说:

> ……"长篇"和"短篇"的区别是否在于篇幅的长或短,故事的简单或复杂,以及人物的多或寡呢?
>
> 可以说,区别就在于这些方面,但是,这还是表面的区别。除此而外,还有实质上的区别。短篇小说主要是抓住一个富有典型意义的生活片断来说明一个问题或表现比它本身广阔得多,也复杂得多的社会现象的。长篇小说则不同,它的反映生活的手段不是截取生活一片断,而是有头有尾地描绘了生活的长河。短篇小说的人物不一定有性格的发展,长篇小说的人物却大都有性格的发展。
>
> 短篇小说的这个特点,也就决定了它的篇幅不可能长,它的故事不

可能发生于长年累月(有些短篇小说的故事只发生于几天或几小时之内),它的人物不可能太多,而人物也不可能一定要有性格的发展。①

的确,从取材方式来看,短篇小说往往是从整体的社会生活中截取一个或一些富有典型意义的片断或侧面加以艺术的表现,通过"窥一斑而知全豹"的途径,揭示生活的本质。因此,从表现方式上来看,短篇小说的故事情节一般都较单纯,通常以一个主要事件为主干,时间、场景高度集中,结构严谨、紧凑,不像长篇小说那样头绪纷繁、盘根错节。在人物塑造方面,通常是集中笔墨重点刻画一两个人物;而且即使是对这一两个人物的刻画,也是精心选择角度,重点刻画人物性格的主导方面,从而在有限的篇幅之中给读者留下深刻的印象。

(四)微型小说

微型小说又称作小小说、袖珍小说、超短篇小说、一分钟小说、千字小说等等。从这些名目上看,就可知这种小说是指篇幅极为短小,通常在两千字之内的一种小说样式。其实,传统的小说分类中原本没有将其单列一类,只是在现代生活节奏不断加快的背景下,这种供"瞬间"阅读的小说创作逐渐繁荣,并形成了自身独特的文体风格和审美特征,因而也就"顺理成章"地取得了独立地位。当然,任何事物总是有它的源流可寻的,例如先秦诸子的寓言故事,魏晋时期的志怪、志人小说,明清文人的笔记体小说,庶几可以视为现代微型小说的滥觞。

从取材方式来看,微型小说往往截取生活中具有典型意义的某个瞬间。从表现方式来看,情节较之短篇小说更为单纯,往往只是展现事件的某个片断、场景的某个镜头、人物活动的某个细节,而且多采用白描手法,简洁洗练,却为读者提供了极为丰富的想象空间。优秀的微型小说特别能使我们体会到"一粒沙中见世界"的妙处。

第二节 小说的写作特点

小说虽然包含多种样式,但从写作的角度而言,却都遵循一些共同的基本规律。具体而言,表现在以下三个方面:

---

① 北京大学中文系文艺理论教研室编:《文学理论学习资料》下册,北京:北京大学出版社1981年版,第97页。

一、小说具有完整、生动的故事情节

所谓情节,是指叙事性文学作品中讲述的由一个或一组人物的活动所构成的一个或一组事件。例如蒲松龄《聊斋志异》中的《胭脂》,讲述了由胭脂、王氏、鄂生、宿介、毛大、县官、吴南岱、施愚山这样一些人物的活动所构成的一见钟情、宿介丢鞋、毛大杀人、鄂生受冤、错判宿介、毛大落网、终成眷属这样一组事件。情节是小说内容的基本结构框架,是小说作为叙事性文学的存在方式和基本特征所在。

在小说创作中,情节的重要作用主要体现在这样两个方面:

其一,小说是以艺术的方式为我们展示的一幅社会生活画卷,而能够推动小说所描绘的社会生活画卷得以展开,能够将读者吸引并带入到作品所描绘的社会生活画卷中去的根本因素,正是情节的发展。例如《水浒传》的情节安排,作者并不是一开始就写农民起义,而是先写了高俅的发家史。金圣叹在《水浒传》第一回回首总评中指出:"一部大书七十回,将写一百八人也,乃开书未写一百八人,而先写高俅者,盖不写高俅,便写一百八人,则乱自下生也,不写一百八人,先写高俅,则是乱自上作也。"可见,作者如此安排是有良苦用心的,那就是如何按照生活的内在规律来推动小说所描绘的社会生活画卷的展开。作者正是通过他所精心营构的情节安排,为我们展示了以农民起义的发生、发展、高潮、失败为基本线索的宏大而多彩的社会生活画卷。

其二,小说应当塑造出令人难忘的栩栩如生的人物形象,尤其是要展现出人物性格的具体特征及其形成的过程和原因,而能够使小说所塑造的人物形象被读者所接受、所理解,使他们在读者心中真正鲜活起来的根本因素,也只能是情节的发展。我们还是以《水浒传》为例,具体说说林冲这个人物。豹子头林冲,原是京都八十万禁军教头,有一定的社会地位,还有一个和睦的小康之家。他怎么就造反上了梁山呢?这就需要情节来回答了。书中写道,林冲"时运不济",因为太尉高俅的儿子高衙内看上了林娘子。先是寺庙之中拦路调戏被冲散,接着又是哄骗诱奸未得逞,高衙内恼羞成怒,高俅想方设法让儿子得手,林冲自然便要大难临头了。于是,我们读到了第七回《花和尚倒拔垂杨柳 豹子头误入白虎堂》、第八回《林教头刺配沧州道 鲁智深大闹野猪林》、第九回《柴进门招天下客 林冲棒打洪教头》。林冲虽遭高俅陷害,但仍未生反意,野猪林鲁智深救他之后他没有答应与鲁智深一走了之,到沧州之后受到柴进的看顾时他仍设想有朝一日挣扎回去与家人团聚。直到第十回《林教头风雪山神庙　陆虞侯火烧草料场》,林冲实在是忍无可忍了,这才一声大喝:"泼贼哪里去!"杀了高俅的走狗,于是有了第十一回《朱贵水亭施号箭　林冲雪夜上梁山》。正是通过这一连串的情节发展,读者同情林冲,理解林冲,也接受了林冲,林冲的形象在读者心中真正鲜活起来了。

情节在小说写作中既然有如此重要的作用,那么,小说写作对情节的基本要求是什么?

其一,情节应当完整。

所谓情节的完整,是指构成小说情节的各个组成部分之间,应当有某种或明或暗的结构线索贯穿首尾而使其能够连接成一个整体。这种完整性要求,是对情节作为小说内容的结构框架而提出的基本要求。没有自成一体的完整情节,小说的内容也就不可能形成一个整体。

小说情节的完整性,大体上有两种表现形式:

一种是从传统的现实主义小说的写法来看。传统的现实主义小说虽然也有大量人物内心活动的描写,但从整体来说它不是以人物内心活动,而是以人物的外在行动,即客观事件作为情节安排的基本线索的。人物的外在行动当然不是无缘无故的,因此如何有效并且巧妙地通过情节安排来显示人物行动的起因、变化和结果,使得作品中对人物行动的描写获得自身相对独立的完整性,就成为作者构思的一项重要内容。

一般来说,传统的现实主义小说情节的完整性体现在它的情节安排包含了构成一个客观事件(作品的中心事件)的开端、发展、高潮、结局这样的完整过程。《水浒传》显然是个范例。这种遵循开端、发展、高潮、结局顺序安排情节的写法,使情节有头有尾,层次分明,线索清晰,便于读者把握。应当说,传统的小说写作在情节安排上大都采取这种模式。

在中篇小说《人生》中,路遥为了塑造高加林这个20世纪70年代末80年代初期非常奋发有为的中国农村青年形象,安排了被高明楼撤换了小学教师工作、在家务农与刘巧珍谈恋爱、到县城参加工作与黄亚萍谈恋爱、被撤掉干部工作返回乡村这样完整的情节。

当然,以客观事件自然流程作为情节安排基本线索的传统模式在具体的操作过程中绝不是千篇一律的,而是可以根据作者表现主题的需要和采用的小说样式的限制作灵活处理。概括而言,可以有两种处理方式:一种是采用倒叙方式,即将情节中的某个环节或是结局提到开头先写,这样可以造成读者的某种强烈的阅读期待,或是为作品预设某种强烈的意蕴氛围。我们所熟悉的托尔斯泰的《复活》和鲁迅的《祝福》都是这种类型的范例。再一种是采用省略方式,即有意识地省略情节中的某个环节,有意造成内容表达上的不确定性,从而为读者的积极参与提供想象的空间。例如莫泊桑的《项链》写了玛蒂尔德的借项链、丢项链和赔项链,然后跳过十年写她发现原来所借的不过是条假项链。这十年的省略固然是由短篇小说的文体限制所要求的,然而正是这种看似漫不经心的省略——"这样的生活过了十年",才使得小说的结局变得如此耐人寻味。至于像契诃夫的《渴睡》《万卡》等作品中对结尾的省略,更是明显带有让读者将创作继续下去的意图。

另一种是从现代主义小说的写法来看。现代主义艺术虽然流派纷呈,但有一点是相同的,那就是都倾向于认为外在于人的客观世界并不真实,唯一真实的是人的主观世界。于是,从人对世界的主观感受的角度出发来进行艺术创造,就成为现代艺术的一个共同特点。在这方面,英国著名女作家沃尔夫的观点很有代表性。她认为我们通常生活在两个世界中,即物质的世界和精神的世界。她把传统的现实主义小说家称为"物质主义者",因为他们只关注物质的世界。在她看来,物质世界中所发生的事情原本是没有因果关系可言的,但现实主义小说家硬要用因果关系来组织它们而使它们有了所谓的客观规律性,她认为这种描写其实并无真实性可言。用她的话说就是:"他们写的是不重要的东西。他们用了绝大的本领和绝大的辛勤,却只为了使琐碎的过眼烟云式的东西显得是真实和持久的。"那么什么是真实和重要的东西呢?沃尔夫认为是人的精神世界,它由积累在我们内心深处而又不断涌现到我们意识表层的各种心理现象所构成。其实就像物质世界中每天都会发生的各种事情一样,我们的精神世界也时时刻刻都在涌现出五彩缤纷的心理浪花,只是我们从未想到把关注的目光从外部世界收回,去欣赏这种内在的美丽风景。①

她的第一篇意识流短篇小说《墙上的斑点》,就很好地体现了这种以展现精神世界的真实性、丰富性为特色的创作主张。整个作品看起来散漫而无头绪,但如果我们也能像沃尔夫那样把从内心深处不断涌现到意识表层的各种心理现象,视同客观世界中时刻出现的各种自然现象,就会发现沃尔夫所展现的,其实是由墙上的斑点所引发的主人公的一种意识活动过程,这一意识活动过程本身就构成了一个完整的心理(主观)事件。在这一点上,

---

① 刘象愚等主编:《从现代主义到后现代主义》,北京:高等教育出版社2002年版,第238—239页。

它与传统的现实主义小说对情节的完整性要求是一致的。不同的是,由于人类对物质世界的认识远胜于对自身精神世界的认识,所以小说家在描写一个客观事件时,很容易使我们理解其所包含的各个组成部分之间的因果关系;而当小说家同样完整地为我们展现出一个心理(主观)事件时,我们往往会因无从辨认其所包含的各个组成部分之间的因果关系,而把它看做是杂乱无章的,甚至是毫无意义的。其实,善于细细体会隐含于一个心理(主观)事件之中的那种混沌的"心理真实"——构成这个心理(主观)事件的各个组成部分之间的相互关系,以及这种相互关系可能揭示的深刻意蕴——正是这种以描写主观世界见长的小说情节安排的意义所在,当然,也是它的独特魅力之所在。

其二,情节应当生动。

所谓情节的生动,是指情节的安排应当具有一种或隐或显的力量,使作品能够吸引人、感染人,让人乐意去读它。

小说情节的生动性大体上有两种表现形式:

一种表现为情节安排的外在形式,即要求情节的安排尽可能地曲折变化,富有传奇色彩,在一波未平一波又起的紧张刺激中始终扣紧读者心弦,让他欲罢不能。

例如19世纪德国作家克莱斯特的短篇小说《智利地震》。作品描写一对情侣叶罗尼模和瑛秀斌惨遭教会迫害而身亡的故事。小说开始,叶罗尼模"正监禁在牢狱,他这时还靠着监牢的一根柱子旁边站着,想上吊自杀"。他的爱人瑛秀斌,这天将被处以斩刑,满城仕女结队而出,要"参观这天网恢恢,疏而不漏的好把戏"。作品这时的气氛是压抑的,节奏是紧张的。就在叶罗尼模已把解脱苦海的上吊绳系好,"瑛秀斌在出发受刑,已经离法场很近了"的千钧一发之际,一场大地震爆发了。监狱倒塌了,行刑的队伍逃散了,这对恋人也逃脱了死亡,并且都逃到了圣地亚哥,在城外的山谷中相会了。这时作品的气氛是欢快的,节奏是舒缓的。阅读者绷紧的心弦暂时松弛下来,与作品的主人公一道来感受这劫后余生的喜悦,来领略这夜的宁静、梦的缠绵。这时,连天地间都充满了奇异温馨的香气,月光温柔地照抚着这对情侣,夜莺唱起快乐的歌。经历了九死一生磨难之苦的一对情侣,真难以相信眼前的一切竟是真的。为了感谢上帝创造的这个奇迹,他们准备第二天去参加大主教亲自主持的一个庄严隆重的弥撒。谁知,就在这对情侣虔诚地聆听一位年长的高僧布道之际,风云骤变,那可诅咒的高僧把邪恶的矛头对准了他们,"要求恶魔将他们的灵魂带到地狱里去"。于是,人们骚动起来,宗教培植起来的愚昧驱使一群"虔诚善良"的信徒将仇恨集中到他们那无辜的同类身上,人性被兽性野蛮地践踏着。最终,暴徒夺去了这对情侣的生命。显然,这个作品的情节安排极富传奇色彩,在曲折变化之中吸引着读者的注意力,使作品所欲表现的主题获得了强烈的表达效果。

余华颇负盛名的长篇小说《活着》在情节安排上也相当生动。该小说紧紧围绕着福贵的坎坷一生展开,透视了20世纪40—80年代中国历史的风云变幻,反映了人生的悲剧处境,以及人性对苦难的博大的忍耐。小说开篇写江南地主的不肖儿子福贵不学无术,整天吃喝嫖赌,把偌大的家产赌输殆尽,老父被气死,家人无以为生,沦落为佃农。正当福贵安心务农,一家人有可能俭朴和睦地度日时,他又不幸被国民党军队抓伕到淮海战役前线,从死人堆里逃出来,捡得一条小命,返回故乡,此时老母已去世,女儿凤霞因病变哑。相当幸运的是,正因为他解放前输光了地产,解放后才没有被划为地主遭镇压。然而生活总是艰难的,因为贫困,连唯一的女儿都想送给别家抚养。后来,儿子有庆也不幸被抽血过多死去,此后,女儿凤霞因难产而死,老婆家珍因病而死,女婿万二喜死于意外,就连相依为命的小外孙苦根最后都死于意外。不断的死亡事件让福贵的人生命运跌宕起伏。这种曲折变化的情节安排催人泪下,引人入胜。

另一种则表现为情节安排的内在张力,即作品情节的外在形式或许并非大起大落扣人心弦,但作者善于将一种澎湃的生命激情灌注于表面看来十分平静甚至可能还是有点沉闷的情节叙述之中,从而让读者体会到一种内在的同样能够扣人心弦的力量。这样的作品并不少见,如史托姆的《茵梦湖》、欧·亨利的《最后一片叶子》、杰克·伦敦的《热爱生命》。《热爱生命》的故事发生在冰天雪地荒寒冷寂的北极圈,主人公只有一位因受伤而被同伴抛弃,到后来甚至只能艰难爬行的淘金者,你不可能设想小说会有什么紧张刺激的情节,但正是在近乎沉闷的述说之中,贯穿着一种追求生命的执著与坚毅,也正是这种内在的生气灌注使得这部作品拥有了大量的读者。据说病床上的列宁,在逝世的前几天,都还请人为他读这篇小说。

二、小说描绘了具体、真实的环境

巴尔扎克曾经把小说称为"庄严的谎话"。这一方面表明小说只是一种虚构,但另一方面也说明这种虚构乃是出于一种严肃的目的。既然如此,如何使小说所虚构的情节有其发生和发展的必然性,就成为这种"谎话"能否让读者"信以为真",并进而使隐含于虚构之中的严肃目的得以实现的至关重要的问题。显然,能够为虚构的小说情节的发生、发展提供令人可信的必然性依据的,正是小说的环境描写。同样的道理,环境描写也是小说塑造人物的必然需要,因为世界上没有孤立存在的人。这就像黑格尔所作过的一个比喻表明的那样:"人要有现实客观存在,就必须有一个周围的世界,正如神像不能没有一座庙宇来安顿一样。"①对于环境描写与人物塑造之间的依存关系,恩格斯的一个著名论断也是我们所熟悉的:"据我看来,现实主义的意思是,除细节的真实外,还要真实地再现典型环境中的典型人物。"②其实,对于环境在小说创作中所具有的重要作用,最为直观的感受莫过于,我们所熟悉的那么多名著都采用了书中情节的展开和人物的塑造得以成为可能的环境作为书名,如《三国演义》《水浒传》《红楼梦》《巴黎圣母院》《九三年》《老人与海》等等,可以说举不胜举。正因为如此,作家们总是特别重视叙事性文学写作中的环境安排问题。狄德罗就曾在《论戏剧艺术》一书中谈到"关于布景":

> 你要戏剧作家无论在剧本的结构方面和对话方面,都接近真实;要演员的表演和说白接近自然和实际吗?请你大声疾呼,要求人们把这场戏发生的地点如实地呈现出来吧。③

一般说来,构成小说内容有机组成部分之一的环境描写,主要由两方面因素构成。一种是作品中人物活动的具体生活环境,如《红楼梦》中的大观园;一种是作品中人物生存、情节发展的整体社会背景,如《红楼梦》所反映的中国封建社会由盛转衰的时代特点。将具体的生活环境与整体的社会背景有机结合起来,就不仅为小说中的情节设置和人物塑造提供了客观依据,也同样为读者的阅读接受提供了客观依据,从而使得虚构性的小说叙事就像生活中现实发生的那样显得自然而真切了。

上述分析告诉我们,"环境"在小说写作中绝非一种附属物,它与情节、人物同样重要,因为没有它也就没有了小说的情节和人物。只有当这三种因素相互依存、相互作用、相互融合时,才有了小说的世界。从这种意义上来说,小说中的环境描写必须具备这样两个基本要求:

其一,小说的环境描写要能为小说的情节设置提供一个创造的舞台。

---

① 黑格尔:《美学》第 1 卷,朱光潜译,北京:商务印书馆 1979 年版,第 312 页。
② 陆梅林辑注:《马克思恩格斯论文学与艺术》上册,北京:人民文学出版社 1982 年版,第 188 页。
③ 伍蠡甫主编:《西方文论选》上卷,上海:上海译文出版社 1979 年版,第 372 页。

环境描写在小说写作中的作用类似于舞台布景在戏剧演出中的作用。狄德罗在《论戏剧艺术》中曾谈到戏剧冲突不仅是可以虚构的,而且这种虚构越富有想象力就越能体现出艺术家的创造力。狄德罗用了"幻想"这个词来体现艺术创造中的虚构性特征。但同时他也特别强调,任何艺术的虚构首先要找到一个坚实的基础,那就是环境的设定,有什么样的环境,才有可能发生什么样的故事。所以狄德罗说:"幻想从何而生? 从环境。环境决定幻想产生的难易。"①

的确如此,一种特定的环境设定同时也就意味着为一种特定情节的有效展开提供了创造的舞台。这就像有了梁山泊才会有《水浒传》,有了大观园才会有《红楼梦》一样。

曲波的《林海雪原》可以说是这方面的一个范例。作者为这个剿匪故事安排了一个怎样的舞台呢? 从时代背景来看,当时是解放战争的关键时刻,解放军要想顺利完成解放全中国的伟大任务,就必须要有一个稳固的后方基地,这就是已被我军完全控制的东北地区。这里有雄厚的工业基础和丰富的农业资源,唯一有待解决的问题就是迅速肃清土匪,保证土地改革的顺利开展。再从具体环境来看,土匪出没于茫茫林海雪原之中,这种特殊的地形、恶劣的气候,又为急迫的剿匪任务设定了重重困难。就是在这样一个既需要迅速肃清土匪,又连土匪的踪迹都难以寻觅的特殊环境中,一支由少剑波、杨子荣等组成的 36 人的小分队,才得以在林海雪原这个特定舞台上,与许大马棒、座山雕等一股股国民党残匪上演了一场场斗智斗勇、充满传奇色彩的惊险故事。如果把这样的故事搬到华北大平原上去,恐怕就不复存在了。这就是狄德罗说的:"环境决定幻想产生的难易。"

我们还可以看看鲁迅的短篇小说《在酒楼上》的环境描写是如何为情节的有效展开提供舞台的。小说开篇叙述了"我"从北地向东南旅行,绕道访问了故乡 S 城。时值深冬雪后,小城风景凄清,作者却重点介绍了酒楼下的废园中的景象:

> 几株老梅竟斗雪开着满树的繁花,仿佛毫不以深冬为意;倒塌的亭子边还有一株山茶树,从暗绿的密叶里显出十几朵红花来,赫赫的在雪中明得如火,愤怒而且傲慢,如蔑视游人的甘心远行。我这时又忽地想到这里的积雪的滋润,著物不去,晶莹有光,不比朔雪的粉一般干,大风

---

① 伍蠡甫主编:《西方文论选》上卷,上海:上海译文出版社 1979 年版,第 355 页。

一吹,便飞得满空如烟雾。……

以江南小城的灰暗与寒冷为背景,作者特别地关注梅花、茶花以及滋润的积雪,本就暗示着特别的人物和故事将要发生。随后"我"少时英气勃发而今颓唐不堪的朋友吕纬甫登场,自述牺牲理想、苟且偷安的人生经历。在他自述的间歇,作者又再次写道:

> 窗外沙沙的一阵声响,许多积雪从被他压弯了的一枝山茶树上滑下去了,树枝笔挺的伸直,更显出乌油油的肥叶和血红的花来。天空的铅色来得更浓;小鸟雀啾唧的叫着,大概黄昏将近,地面又全罩了雪,寻不出什么食粮,都赶早回巢休息了。

当吕纬甫喋喋地自述颓唐经历的过程,也恰恰是"我"自我解剖并慢慢地告别晦暗的自我的过程,从积雪下笔挺地伸直的那株山茶恰恰是"我"内在的精神一种表征,也是推动情节发展的内力的外化。

其二,小说的环境描写要能为小说的人物塑造提供一个坚实的基础。

环境因素在小说中的存在并不仅仅停留于为人物活动提供场所,它还应当积极参与到人物的性格刻画中去,为小说的人物性格塑造提供坚实的基础。有时候,写环境其实就是写人。这方面的例子不胜枚举。《红楼梦》中写贾宝玉有次去看林黛玉:

> 顺脚一径来至一个院门前,看那凤尾森森,龙吟细细,正是潇湘馆。宝玉信步走入,只见湘帘垂地,悄无人声。走至窗前,觉得一缕幽香,从碧纱窗中暗暗透出。

这样一种幽静冷寂不同凡俗的环境,其实也就是林黛玉孤僻高洁性格的写照。

沈从文的中篇小说《边城》在设置环境为人物塑造提供坚实的基础方面做得相当出色。小说开篇如此描绘边城的自然环境:

> 小溪流下去,绕山岨流,约三里便汇入茶峒大河。人若过溪越小山走去,则只一里路就到了茶峒城边。溪流如弓背,山路如弓弦,故远近有了小小差异。小溪宽约廿丈,河床为大片石头作成。静静的河水即或深到一篙不能落底,却依然清澈透明,河中游鱼来去皆可计数。
>
> 若溯流而上,则三丈五丈的深潭皆清澈见底。深潭中为白日所映照,河底小小白石子,有花纹的玛瑙石子,全看得明明白白。水中游鱼来去,皆如浮在空气里。两岸多高山,山中多可以造纸的细竹,长年作

深翠颜色,迫人眼目。近水人家多在桃杏花里,春天时只需注意,凡有桃花处必有人家,凡有人家处必可沽酒。夏天则晒晾在日光下耀目的紫花布衣裤,可以作为人家所在的旗帜。秋冬来时,人家房屋在悬崖上的,滨水的,无不朗然入目。黄泥的墙,乌黑的瓦,位置却永远那么妥帖,且与四周环境极其调和,使人迎面得到的印象,实在非常愉快。

沈从文笔下的边城风光如此优美,如诗如画,完全不是文外的赘笔,而是与小说中的人物翠翠、天保、傩送等形象高度融合的。如小说如此描写翠翠:

翠翠在风日里长养着,把皮肤变得黑黑的,触目为青山绿水,一对眸子清明如水晶。自然既长养她且教育她,为人天真活泼,处处俨然如一只小兽物。人又那么乖,如山头黄麂一样,从不想到残忍事情,从不发愁,从不动气。平时在渡船上遇陌生人对她有所注意时,便把光光的眼睛瞅着那陌生人,作成随时皆可举步逃入深山的神气,但明白了人无机心后,就又从从容容的在水边玩耍了。

人物的天真无邪与自然环境的优美绝伦琴瑟和谐、相得益彰。

当然,小说的环境描写和人物塑造之间既可以像《边城》这样互相映衬,相辅相成,也可以像福楼拜的长篇小说《包法利夫人》中写艾玛和罗多夫在荣镇农业展览会上谈情说爱那样反面映衬。荣镇农业展览会上,一边是资产阶级甚嚣尘上的实利主义、庸俗作风,还有罗多夫的勾引心切,一边是艾玛对即将到来的爱情的浮想联翩,两相对照,更展示了艾玛的不切实际和虚荣作风。这种环境描写就具有相当深刻、耐人寻味的反讽意味。

三、小说塑造了富于个性的人物形象

阅读经验告诉我们,小说迷人的魅力之一,或者说是成功的根本标志所在,就是塑造了富于个性的人物形象。一部小说的具体情节我们或许已记不清楚了,但它所塑造的富于个性的人物形象却依然在我们眼前栩栩如生。例如诸葛亮、曹操、司马懿;例如宋江、李逵、林冲;例如贾宝玉、林黛玉、薛宝钗;例如祥林嫂、孔乙己、阿Q……所以金圣叹在《读第五才子书法》中论及《水浒传》之所以是成功之作时说道:"别一部书,看过一遍即休,独有《水浒传》,只是看不厌,无非为他把一百八人性格都写出来。"

传统小说如此,现代小说也依然把人物塑造视为小说创作的中心。现代西方意识流小说的开创者、美国作家亨利·詹姆斯就提出:"小说可以存

在的唯一理由,就是它确实企图再现人生。"①意识流小说的重要理论家和作家沃尔夫更是直截了当地说:"我认为人们写小说是因为有个人物盘踞在他们的心头,要求被创造出来。"既然如此,那么:"好小说的基础不是别的,就是人物的创造……如果人物是活的,小说就有希望,反之,小说就注定被人遗忘……"至于小说通过人物塑造所要达到的目的,沃尔夫认为是作者将自己对生活的理解和评价通过塑造人物的方式表现出来,因此,对读者而言,小说塑造了一个人物,就是提供了一种观照生活的独特视角:

> 假如你回想一下你认为是伟大的那些小说——《战争与和平》《名利场》《特利斯川·项狄》《包法利夫人》《傲慢与偏见》《卡斯特桥市长》《维也特》——你想到这些书你立刻就会想到某个人物,他对于你是那么具有现实性(我的意思不是说跟生活一样),他足以使你不但想起他本身,而且还通过他的眼睛去认识各种各样的事情——宗教、爱情、战争、和平、家庭生活、省城的舞会、日落、月亮的升起、灵魂的不灭。我看,人类经验中没有一点不是包括在《战争与和平》里。在这些作品中,伟大的作家都是使我们通过某人物去看他所要我们看到的事物。不这样他算不得作家而成了诗人、史学家或宣传鼓动家。②

沃尔夫自己的创作也是如此,只是她与传统的小说家采用了不同的方式。传统小说家通过描写人的外在行动,即客观事件来塑造人物,而她所采用的意识流写法则是通过描写人的内在行动,即心理事件来塑造人物,但目的都是一样,就是让读者通过小说人物的眼睛去观察和体验人生,当然实际上是让读者看到作者所看到的东西——"伟大的作家都是使我们通过某人物去看他要我们看到的事物"。在《墙上的斑点》中,作者让主人公由看到墙上有个斑点而引发自由联想开始,到最终弄清那个斑点其实是只蜗牛而结束这场自由联想,其间所展示的似乎只是杂乱无章的浮想联翩,但作者正是试图通过这种看似不受任何制约的方式,将主人公内心深处被遮蔽的一些人生感悟展现出来,这是侧重写人物外在世界活动的传统小说创作难以企及的。

总而言之,人物形象的塑造在小说写作中是居于中心地位的,就像沃尔夫说的那样:"我看所有的小说都是写人物的,同时也正是为表现性格……

---

① 伍蠡甫主编:《西方文论选》下卷,上海:上海译文出版社1979年版,第511页。
② 伍蠡甫主编:《现代西方文论选》,上海:上海译文出版社1983年版,第113页。

才发展起来的。"① 那么,从写作的角度来看,对小说的人物性格塑造有些什么要求呢? 这可以从以下三个方面来说:

其一,小说的人物性格应当具有真实性。所谓人物描写的真实性,首先是要求小说中虚构的人物描写应当符合并能反映生活的客观规律。即使像《西游记》这样的神幻小说,似乎可以天马行空、任意而为,但其中的人物却都那样令人熟悉,就像生活在我们身边的某个人。例如第九十八回写唐僧师徒克服重重艰险,终于到了西天福土,谁知临到就要取真经时,阿傩、伽叶两位尊者竟向他们索要"人事",没有得到便用一卷卷白纸哄骗这虔诚的师徒。在燃灯古佛的暗中帮助下师徒四人知道上了当,可谁知他们重上佛山向佛祖如来揭发二位尊者劣迹,佛祖反倒竭力袒护。最后是唐僧用离开长安时皇帝赐予的紫金钵盂作了"孝敬",才总算取到了真经。这些虚构的神幻人物之所以写得栩栩如生,原因就在于作者乃是按照生活的客观规律来描写的。

路遥的《人生》中的高加林也颇能反映出那个时代生活的客观规律。由于当时中国城乡壁垒还相当严重,对于曾经到县城上过高中的农村青年高加林而言,虽然他厌弃农村生活、无限憧憬城市生活,却几乎没有到城市里去工作生活的机会。这样,高加林的人生就陷入了一种分裂,在刘巧珍和黄亚萍之间的两难抉择,就是这种分裂的表现。当城市最后拒绝接受他,他就不得不选择和黄亚萍分手,返回乡村,这也是那个时代生活的规律。因此,高加林的形象一出现,就引起了当时无数中国青年的共鸣。

所谓人物描写的真实性,还表现在小说中的人物描写不论怎样虚构,总要符合人之常情。例如《儒林外史》第四十八回写了一位六十多岁的乡村穷秀才王玉辉。老人家一辈子寒窗苦读,功名虽未求得,但忠孝节义之类的儒家教义却是刻骨铭心。女婿得病,他去看望,女婿病故后女儿要殉夫,他说服了亲家,支持女儿做这"青史上留名的事"。回家后见老伴伤悲,他不仅不以为然,反而仰天大笑道:"死得好!死得好!"可当人们为表彰烈妇而举行公祭,摆下酒席请他上坐时,他仍不免伤心,不肯喝这杯自己酿下的苦酒。后来,他离家外出散心,在苏州一家茶馆喝茶时,见河中"有几只堂客船,不挂帘子,都穿着极鲜艳的衣服,在船里坐着吃酒。王玉辉心里说道:'这苏州风俗不好。一个妇人家不出闺门,岂有个叫船在这河内游荡之理!'又看了一会,见船上一个少年穿白的妇人,他又想起女儿,心中哽咽,

---

① 伍蠡甫主编:《现代西方文论选》,上海:上海译文出版社 1983 年版,第 112 页。

那热泪直滚出来"。从仰天大笑到热泪直滚,这就既写出了人物生活的某些客观规律,也写了人物所不可缺少的人之常情,这样的人物描写才显得真实可信。

其二,小说的人物性格应当具有典型性。

小说中的人物描写既是出于虚构的,又要给人以真实感,能够很好地将这二者结合起来的有效途径,便是让人物性格的塑造具有一定的典型性,使小说中的人物形象给我们一种"熟悉的陌生人"之感。

典型性在这里主要指人物性格刻画中的两种因素——共性与个性的有机融合。共性因素是作品中人物所反映和代表的现实生活中某一类人共同具有的某些性格因素,个性因素则是作品中人物自身具有的某种独特因素,非他莫属。作者将生活中存在的某些共性因素融合到人物言行心理独特表现的描写之中,在实现共性与个性结合的同时,也实现了小说的虚构与生活的真实性的统一。

例如,我们都很熟悉《儒林外史》中严监生这个人物。他是一个积攒了十多万两银子的土财主,但生活中却十分吝啬:"夫妻四口在家度日,猪肉也舍不得买一斤,每当小儿子要吃时,在熟切店买四个钱的哄他。"自己得了重病也不肯安心休息,每天强撑着算账算到三更天,直到饮食不进骨瘦如柴,也不肯听人劝买点人参补补。临死的那天晚上,桌上点着一盏灯,用了两茎灯草,这"严监生喉咙里痰响得一进一出,一声不倒一声的,总不得断气。还把手从被窝里拿出来,伸着两个指头"。守候的人一个接一个地问他可是有两件什么事放心不下,他都摇头,"那手只是指着不动"。只有日夜侍候他的赵氏知道他的脾性:"赵氏分开众人,走上前道:'爷,只有我能知道你的心事。你是为那灯盏里点的是两茎灯草,不放心,恐费了油。我如今挑掉一茎就是了。'说罢,忙走去挑掉一茎。众看严监生时,点一点头,把手垂下,登时就没气了。"显然,在这个人物身上,集中反映了生活中我们都能见到的所谓"吝啬鬼"一类人的共性特征,但表现出来的却是只有这位"严监生"才具有的个性方式,这使得作者笔下的这个人物成为世界文学史上"吝啬鬼"形象的典型代表之一。

鲁迅小说《孤独者》中的魏连殳就是五四落潮时期彷徨无地的中国新式知识分子的典型。他早先接受新思想,热衷批判旧社会、传播新思想,但受到无所不在的旧势力的排斥,弄到生存也困难的地步,万般无奈之下,竟然投靠军阀做了个顾问,躬行先前所反对的一切,向那个旧社会复仇,生活放纵,内心也难平静,结果很快病故。应该说,魏连殳的生活经历在那个时代的新式知识分子中具有普遍性,但是鲁迅为了把他塑造为典型,也特别发掘了他的独特个性。例如,如此描写他的肖像:"原来他是一个短小瘦削的人,长方脸,蓬松的头发和浓黑的须眉占了一脸的小半,只见两眼在黑气里发光。"寥寥几笔,魏连殳冷峻的个性就显现于笔端。在祖母的葬礼上,魏连殳一开始全都被人当傀儡一样来安排,他没有反对,也没有哭泣,大殓完毕后大家都快要走散了,他却"还坐在草荐上沉思。忽然,他流下泪来,接着就失声,立刻又变成长嚎,像一匹受伤的狼,当深夜在旷野中嗥叫,惨伤里夹着愤怒和悲哀"。这种行为表面上看反常,却最能写出魏连殳的孤僻和深情的个性。而后来他当上军阀顾问,作践一切时,其言行之激烈更见出内心的孤僻和绝望。这样,魏连殳的独特性就远非当时一般小说中的知识分子形象可比,令人不得不侧目而视。

其三,小说的人物性格应当具有丰富性。

捷克著名的作家昆德拉曾说:"小说的精神是复杂性。每部小说都在告诉读者:'事情要比你想象的复杂。'这是小说永恒的真理……"①昆德拉是站在现代性立场上来分析小说的,他所谓小说的复杂性精神当然也需要通过人物性格的丰富性来体现。

在强调人物性格典型性的基础上提出人物性格丰富性的要求,从某意义上来说,也就是在更高层面上回复到对人物性格的真实性要求上来;因为生活中真实存在的作为"社会关系的总和"的人,其性格必定都是内涵丰富的,而且也不会是一成不变的。

所以,提出人物性格描写的丰富性要求,首先是出于真实地再现生活的需要。文学史上那些典型人物形象塑造取得成功的一个重要原因,就在于它们绝不片面地去写人物性格中的某种因素或某个方面,而是力图真实地再现人物在生活中所可能具有的性格的丰富性、复杂性,这样的人物才是能够"活"起来的人物。

例如《水浒传》"景阳冈武松打虎"一回中对武松的描写就是这样。武松之所以要过景阳冈,并非是"明知山有虎,偏向虎山行",而是要赶到清河去见他哥哥武大郎。他来到挂有"三碗不过冈"酒帘的店家,又听主人吹嘘自家酒如何厉害,便逞强喝下十五碗。酒醉而欲过冈时,店家告知山上有虎,劝其留宿,他却认定店家是为了半夜三更谋财害命。待到他跟跄到山神庙前,果然见到官府榜文,始知山上真有虎时,又寻思道:"我回去时,须吃

---

① 〔捷克〕米兰·昆德拉:《小说的艺术》,董强译,上海:上海译文出版社2004年版,第24页。

他耻笑,不是好汉,难以转去。"就这样,武松其实是被自己给"逼"上了虎山。在山上,老虎真的出现时,武松先是被惊吓得"阿呀"大叫一声,从青石上翻了下来;老虎扑过来时,武松又被惊出一身冷汗,但已无退路可走。所以说,武松打虎其实是被置之死地而求生的结果。打死虎后,力气使尽、手脚苏软的他赶快挣扎着下冈去,只怕再跳出一只虎来。当半路中真的又跳出两只"虎"(猎人装扮)时,武松的反应几近绝望:"阿呀,今番罢了!"这种描写,完全按人物在生活中可能的表现去写,写出了人物性格的丰富和复杂,就像鲁迅所提倡的"敢于如实描写,并无讳饰",反倒令读者感到真实可信,武松也由此成为他们心中"活"的英雄。

其实,不单是所谓正派人物描写要注意性格的丰富性问题,对所谓反派人物的描写,也同样需要写出其性格的丰富与复杂,才更能令人感到真实而可信。姚雪垠《李自成》第三卷"燕辽纪事"中对洪承畴降清的一段描写,可以说是这方面的一个范例。

张爱玲在中篇小说《金锁记》中塑造曹七巧形象时,主要是展示被黄金枷锁牢牢束缚的人性格畸变、内心变态的深刻过程,通过分家、摧毁儿女的幸福等事件塑造出了曹七巧令人恐惧的负面形象。即使如此,张爱玲在小说中也非常注意展示曹七巧形象的丰富性。在分家之后,姜季泽初次到嫂子曹七巧家中拜访,向她倾诉爱恋的衷肠,真的也好,假的也罢,小说如此描写曹七巧的反应:

> 七巧低着头,沐浴在光辉里,细细的音乐,细细的喜悦……这些年了,她跟他捉迷藏似的,只是近不得身,原来还有今天!可不是,这半辈子已经完了,——花一般的年纪已经过去了。人生就是这样的错综复杂,不讲理。当初她为什么嫁到姜家来?为了钱么?不是的,为了要遇见季泽,为了命中注定她要和季泽相爱。她微微抬起脸来,季泽立在她跟前,两手合在她扇子上,面颊贴在她扇子上。他也老了十年了,然而人究竟还是那个人呵!

虽说很快曹七巧就转念想到姜季泽如此表白纯粹是为了她的钱,因此一时性起,把他赶了出去,但是这个细节在小说中却不可缺少,这是曹七巧在全篇小说中唯一一次展示出一个正常人的心理,也是她生命难得具有亮色的瞬间。正是有了这样的瞬间,有了这样的亮色,曹七巧的丰富性才得以显现,她的那些阴冷的言行才有一个对照,也让读者对人性的变幻莫测浩叹不已。

对人物性格描写的丰富性要求,除了出于真实地再现生活的需要之外,从写作的角度而言,也是运用艺术辩证法的必然结果。俗话说:"不怕不识货,就怕货比货。"事物的特点总是在比较之中才能表现得更加鲜明,这包括事物与事物的比较和事物自身不同方面的比较。提出人物性格描写的丰富性要求的一个重要意义,就在于通过人物性格自身不同侧面的相互映衬,使得人物性格中的典型性因素得以突出。如果缺乏这种建立在性格丰富性基础之上的映衬、比较,一味只写人物性格的主导性、典型性因素,不仅不真实,而且往往会把人物写成一种类型化的概念符号。正因为如此,布莱希特提出:

> 在塑造英雄人物时要考虑到英雄人物有时也会做出别人意想不到的非英雄行为。在塑造胆小鬼时也要考虑到他有时也是勇敢的。用是英雄或是胆小鬼一句话来概括人物性格,是很危险的。①

例如《水浒传》中的李逵,其纯朴、憨厚、鲁莽的性格是我们所熟悉的,但作者有时也写到了他的"奸猾"。恶霸殷天锡欺负柴进,李逵便打死了殷天锡。殷天锡的姐夫高知府抓不住李逵,就抓了柴进并将他投入枯井。宋江率梁山二十二位头领下山救柴进,却破不了高知府的三百"飞天神兵"。吴用提出须请公孙胜方得破敌,李逵自告奋勇随神行太保戴宗前去迎请。路上李逵贪酒误了行程,戴宗使神行法让他一路疾走而饿了一天,由此而小心谨慎唯命是从。请到公孙破了"飞天神兵"之后,宋江要李逵下枯井去寻找柴进下落。按说李逵憨厚,柴进之事又是他惹出的,只应领命从事,谁知他却笑着对宋江说:"我下去不怕,你们莫割断了绳索。"说得吴用都笑道:"你却也忒奸猾。"待到他探知了柴进下落,上来汇报后宋江让他再下去救人,他却高低不肯。宋江劝说之后他下到井里,将柴进放入吊筐中拉出枯井,众人只顾看柴进伤势,倒真的忘了李逵,他便大喊大叫,被拉出后仍不依不饶。明代小说评点家叶昼认为:"此处把李大哥说坏了。李大哥是个忠义汉子,况柴进事体又是他惹出来的,此时一心要救柴大官人,自然死亦不顾,哪得工夫说闲话?不像!不像!"金圣叹却不同意这种看法,他认为:"李逵朴至人,虽极力写之,亦须写不出,乃此书但要写李逵朴至,便倒写其奸猾,便愈朴至,真奇事也。"细细品味书中的描写,我们显然赞同金圣叹的分析,因为正是从李逵的"奸猾"中,我们更深地感受到李逵的"朴至"。

---

① 伍蠡甫主编:《现代西方文论选》,上海:上海译文出版社1983年版,第160页。

文学史上这一类可供我们学习写作时予以借鉴的成功范例还有很多，例如《三国演义》中诸葛亮的一出"空城计"就令只知"诸葛亮平生谨慎，不曾弄险"的司马懿功败垂成。这令我们想起狄德罗《论戏剧艺术》中的一句话：

> 在戏剧里，人们要求一切性格始终如一。这是一个错误，只是被剧本的短促过程掩盖罢了；因为在生活中，人们离开原有的性格的场合是多么多啊。①

司马懿之错就错在"要求一切性格始终如一"，我们在学习写作时，应当从他身上汲取教训，注意表现出人物性格的丰富性，因为这既是真实地再现生活的必然要求，也是在比较中突出人物性格的主导性、典型性因素的必然要求。

【导学训练】

一、学习建议

掌握小说的基本概念，了解小说概念的历史流变。精确了解长篇小说、中篇小说、短篇小说、微型小说的分法。结合具体的小说名篇领悟小说写法的高超境界。

二、关键词释义

小说：小说是以叙述、描写为主要表现方式，通过艺术的虚构来讲述完整的故事情节、描绘具体的环境、塑造一定的人物形象反映作家对生活的感受、体验和认识的一种叙事性文学体裁。

长篇小说：长篇小说是篇幅最长、容量最大、形式最为自由，最适合于反映广阔的社会生活画卷和复杂的社会生活内容，揭示深刻的社会生活意蕴的小说样式。

中篇小说：中篇小说是在篇幅和容量上介于长篇小说和短篇小说之间的具有中等叙事规模的小说样式，篇幅一般在2—10万字之间。

短篇小说：短篇小说是篇幅较短、容量较小，但却由于其内涵的凝聚力而魅力独具的小说样式，篇幅一般在2千至2万字之间。

三、思考题

1. 小说情节安排的基本原则是什么？结合具体小说作品来加以理解。
2. 小说环境描写的基本要求是什么？结合具体小说作品来加以理解。
3. 小说人物性格塑造基本要求是什么？结合具体小说作品来加以理解。

四、实践训练

1. 阅读曹雪芹的《红楼梦》，思考该小说是如何在对比中塑造林黛玉和薛宝钗形

---

① 伍蠡甫主编：《西方文论选》上卷，上海：上海译文出版社 1979 年版，第 369 页。

象的。

　　提示:自《红楼梦》问世后,常有钗黛有别、钗黛合一之说。曹雪芹塑造这两个女主人公形象,相当精心,常常在相同情境中展示出其不同的表现,从而达到笔墨俭省、事半功倍之效。分析时,特别注意小说是如何写从贾宝玉眼中来看钗黛有别的。

　　2.好的小说常常于细节中见功力。细读张爱玲的《金锁记》,分析小说中最引人入胜的细节描写有哪些?艺术魅力何在?

　　提示:夏志清在《中国现代小说史》中称《金锁记》为"中国从古以来最伟大的中篇小说"。其中的细节描写功力深远,韵味悠长,是小说成功原因之一。分析时,注意从细节透视小说主人公曹七巧的整体性格。

【研讨平台】

一、小说与人性、时代精神

　　提示:小说乃是人性深处的需要。到了现代,小说亦与个人主义的时代精神息息相关。人在小说叙事中认识自我,安慰自我,也认识世界,觉悟人生。

　　1. 梁启超《论小说与群治之关系》(节选)

　　吾冥思之,穷鞠之,殆有两因:凡人之性,常非能以现境界而满足者也。故常欲于其直接以触以受之外,而间接有所触有所受,所谓身外之身,世界外之世界也。此等识想,不独利根众生有之,即钝根众生亦有焉。而导其根器,使日离于钝,日趋于利者,其力量无大于小说。小说者,常导人游于他境界,而变换其触受之空气也。此其一。人之恒情,于其所怀抱之想象,所经阅之境界,往往有行之不知,习矣不察者;无论为哀为乐,为恋为骇,为忧为惭,常若知其然而不知其所以然。欲摹写其状,而心不能自喻,口不能自宣,笔不能自传。有人焉,和盘托出,彻底而发露之,则拍案叫绝曰:"善哉善哉,如是如是。"所谓"夫子言之,于我心有戚戚焉",感人之深,莫此为甚。此其二。此二者,实文章之真谛,笔舌之能事。苟能批此窾,导此窍,则无论为何等之文,皆足以移人;而诸文之中能极其妙而神其技者,莫小说若。故曰,小说为文学之最上乘也。

　　2. 〔英〕伊恩·瓦特《小说的兴起》(节选)

　　小说是最充分地反映了这种个人主义的、富于革新性的重定方向的文学形式……小说的基本标准对个人经验而言是真实的——个人经验总是独特的,因此也是新鲜的。

　　(〔英〕伊恩·瓦特:《小说的兴起》,高原等译,北京:三联书店1992年版,第6页)

　　3. 〔捷克〕米兰·昆德拉《小说的艺术》(节选)

　　一直统治着宇宙、惟其划定各种价值的秩序、区分善恶、为每件事物赋予意义的上帝,渐渐离开了他的位置。此时,唐吉诃德从家中出来,发现世界已变得认不出来了。在最高审判官缺席的情况下,世界突然显得具有某种可怕的暧昧性;惟一的、神圣的真理被分解为由人类分享的成百上千个相对真理。就这样,现代世界诞生了,作为它的映像和表现模式的小说,也随之诞生。

([捷克]米兰·昆德拉:《小说的艺术》,董强译,上海:上海译文出版社 2004 年版,第 7 页)

4. 刘小枫《沉重的肉身》

在我看来,所谓小说"存在的唯一理由",就是个体偶在的喃喃叙事,就是小说的叙事本身:在没有最高道德法官的生存处境,小说围绕某个人的生命经历的呢喃与人生悖论中的模糊性和相对性厮守在一起,陪伴和支撑每一个在自己身体上撞见悖论的个人捱过被撕裂的人生伤痛时刻。

(刘小枫:《沉重的肉身》,上海:上海人民出版社 1999 年版,第 147 页)

二、小说的叙事

提示:小说的叙事固然重要,但是环境描写、性格塑造在近代小说家那里更为重要。而刘小枫关于三种叙事家的划分对于小说创作者而言应该是一种指南,不是叙事思想家恐怕也很难成为大小说家。

1. 高行健《现代小说技巧》

故事只不过成了小说的一个赤条条的梗概,小说家的艺术更着力于在故事的梗概上添枝加叶,让光秃秃的躯干长成蔚然成荫的大树,还要捕捉抓不住的形体的清风来摇曳它,又要叫鸟儿来栖息,还有蝉鸣在暑热中,再引来一条看不见的溪流,不远不近地流过树旁,把潺潺的水声送入树下的那份荫凉中去。近代的小说家把环境描写和性格塑造看得比情节安排更为重要。

(陈美兰、陈春生等编:《20 世纪中国文学史文论精华·小说卷》,石家庄:河北教育出版社 2000 版,第 403 页)

2. 刘小枫《沉重的肉身》

人人都在生活。但生活有看得见的一面——生活的表征层面中浮动的嘈杂,有看不见的一面——生活的隐喻层面中轻微的音色。叙事家大致有三种:只能感受生活的表征层面中浮动的嘈杂、大众化地运用语言的,是流俗的叙事作家,他们绝不缺乏讲故事的才能;能够在生活的隐喻层面感受生活、运用个体化的语言把感受编织成故事叙述出来的,是叙述艺术家;不仅在生活的隐喻层面感受生活,并在其中思想,用寓意的语言把感觉的思想表达出来的人,是叙事思想家……

(刘小枫:《沉重的肉身》,上海:上海人民出版社 1999 年版,第 223 页)

三、小说的人物

提示:小说的人物是三要素的核心因素。人物塑造得成功与否决定了一部小说的成败。对小说人物性格的丰富性和复杂性的要求应该是基本要求之一。

1. 金圣叹《第五才子书施耐庵水浒传序三》

《水浒》所叙,叙一百八人,人有其性情,人有其气质,人有其形状,人有其声口。夫以一手而画数面,则将有兄弟之形;一口而吹数声,斯不免再映也。施耐庵以一心所运,而一百八人各自入妙者,无他,十年格物而一朝物格,斯以一笔而写百千万人,固不以为难也。

2.〔俄〕列夫·托尔斯泰《复活》(节选)

有一种极为常见而且流传很广的迷信,认为每一个人都有独特的和确定的品性,认为人有善良的,有凶恶的,有聪明的,有愚蠢的,有精力充沛的,有冷漠疲沓的,等等,其实人不是这样。我们谈到一个人,可以说他善良的时候多于凶恶的时候,聪明的时候多于愚蠢的时候,精力充沛的时候多于冷漠疲沓的时候,或者相反。至于我们谈到一个人,说他善良或者聪明,又谈到另一个人,说他凶恶或者愚蠢,那就不对了。然而我们总是这样把人分类。这是不合实情的。人好比河:所有的河里的水都一样,到处都是同一个样子,可是每一条河都是有的地方河身狭窄,有的地方水流湍急,有的地方河水冰凉,有的地方河水混浊,有的地方河水暖和,人也是这样。每一个人身上都有人性的胚胎,有的时候表现这一些人性,有的时候又表现那一些人性。他常常变得完全不像他自己,同时却又始终是他自己。

3.〔英〕福斯特《小说面面观》(节选)

我们可以把人物分为扁形人物和浑圆人物两种。扁形人物在十七世纪叫做"脾性";有时叫做类型人物,有时叫做漫画人物。就最纯粹的形态小说,扁形人物是围绕着单一的观念或素质塑造的:要是扁形人物身上有一种以上的因素,我们就看出了朝着浑圆人物发展的那条曲线的开端。真正的扁形人物,用一句话就可以形容出来……扁形人物有一个很大的优越性,他们无论什么时候上场都很容易被人认出来……扁形人物的第二个优越性,就是读者读过以后很容易记住他们……我们必须承认,扁形人物本身并不像浑圆人物那样是很大的成功,不过当他们是喜剧人物时,却是最合适的。一个一本正经的或悲剧性的扁形人物,很容易惹人厌烦……一个浑圆人物的检验标准是看它能否以令人信服的方式使人感到惊奇。如果决不能使人感到惊奇,那是扁形的。如果不能令人信服,那是扁形的假装成浑圆的。浑圆人物周围有无可限量的生活——在一部作品版面范围内的生活。

(吕同六主编:《20世纪世界小说理论经典》上卷,北京:华夏出版社1995年版,第146—155页)

【拓展指南】

一、重要研究资料简介

1.〔美〕约翰·盖利肖:《小说写作技巧二十讲》,梁森译,北京:十月文艺出版社1987年版。

简介:该书阐述了有关小说写作技巧的种种奥秘,指导从事创作的人:怎样使小说引人入胜;怎样创造小说的戏剧性;哪些题材应该选择哪种更适合的叙述者;怎样刻画人物;如何开头,如何结尾。还告诉爱好创作的人该怎样学会记笔记。这是一本指导小说创作入门的重要参考书。

2. 吕同六主编:《20 世纪世界小说理论经典》上、下卷,北京:华夏出版社 1995 年版。

简介:该书在世界范围内精选 20 世纪著名作家、文艺理论家的小说艺术理论作品 70 篇,分上、下卷。所选作品在 20 世纪小说发展史上都具有定向和引导作用,是 20 世纪世界小说理论经典之作。这些作品不仅有助于了解 20 世纪小说艺术发展的基本脉络,同时也向人们展示了小说艺术理论本身巨大的认识价值和深邃的思想魅力。该书对于了解小说艺术具有较高的参考价值。

3. 陈美兰、陈春生等编:《20 世纪中国文学史文论精华·小说卷》,石家庄:河北教育出版社 2000 版。

简介:该书汇编了 20 世纪中国著名的小说家和小说研究者关于小说艺术的代表性论著,例如梁启超的《论小说与群治之关系》、郁达夫的《小说论》等,参考价值极大。

二、一般相关研究资料索引

(一) 著作

1. 〔美〕W. 布斯:《小说修辞学》,华明等译,北京:北京大学出版社 1987 年版。
2. 〔俄〕M. 巴赫金:《陀斯妥耶夫斯基诗学问题》,白春仁译,北京:三联书店 1988 年版。
3. 〔日〕坪内逍遥:《小说神髓》,刘振瀛译,北京:人民文学出版社 1991 年版。
4. 〔英〕伊恩·瓦特:《小说的兴起》,高原等译,北京:三联书店 1992 年版。
5. 申丹:《叙述学与小说文体研究》,北京:北京大学出版社 1998 年版。
6. 黄霖、韩同文选注:《中国历代小说论著选》上、下卷,江西人民出版社 2000 年版。
7. 曹文轩:《小说门》,作家出版社 2003 年版。
8. 〔捷克〕米兰·昆德拉:《小说的艺术》,董强译,上海:上海译文出版社 2004 年版。

(二) 论文

1. 王富仁:《中国现代短篇小说发展的历史轨迹》(上、下),载《鲁迅研究月刊》1999 年第 9、10 期。
2. 涂险峰:《对话的可能与不可能及复调小说》,载《外国文学评论》1999 年第 2 期。
3. 王富仁:《鲁迅小说的叙事意识》,载《中国现代文学研究丛刊》2000 年第 3、4 期。
4. 陈美兰:《行走的斜线——论 90 年代长篇小说精神探索与艺术探索的不平衡现象》,载《当代作家评论》2002 年第 2 期。
5. 谢有顺:《小说写作的专业精神》,载《小说评论》2007 年第 2 期。

第四编　实用性文体写作

第十二章　实用文体概述

实用写作是写作的一个重要组成部分。

实用写作是指为满足社会现实需要,用文字按照一定的规律或格式,运用表达技巧,准确、完整地表达思想、处理事务的创造性活动。这类写作所形成的文体称为实用性文体。

实用性文体范围非常广泛,按照本书的体例划分,应包括除析理性文体和审美性文体以外的所有文体。

从这个意义上说,实用性文体是现实社会中为表达思想、规范行为、交流信息、调整关系、解决问题、处理事务而制作的为现实服务、不断创新发展的文体。

第一节　实用文体的基本特性

探究实用性文体的特性,关系着我们是否能切实把握、正确运用这种文体。由于看问题的角度不同,也由于认识问题的程度不同,目前关于实用性文体的特性还没有统一的认识。这种现状是认识事物本质过程中的一种正常现象,正如列宁所说的,人们对事物的认识过程是"从现象到本质,从不甚深刻的本质到更深刻的本质的深化的无限过程"[1]。根据我们的认识,实用性文体所表现出来的主要特性应该有以下几个方面。

一、直接的功利性

所谓功利,是指功业所带来的利益,也指眼前物质上的功效和利益。这里所说的功利性,是指人们在通过意识活动把握对象(世界)时所带有的某种直接目的性,即通过自身的认知活动,直接影响或作用于现实社会。

由于这种功利性,写作的主体与对象之间就具有了某种利益关系,主体

---

[1] 《列宁全集》第38卷,北京:人民出版社1959年版,第239页。

的认知活动即写作活动就会受到这种利益关系有形或无形的制约。就像市场经济的权利与义务对等法则一样,写作主体在追求功利性的同时,必须考量相应的责任性。也就是说,实用性文体写作不能像审美性文体写作那样,自由想象,无拘无束,具有超功利性,而是目的明确,功利直接,讲究立竿见影,行之有效。这是实用性文体与审美性文体的根本区别所在,也是实用性文体的重要特性之一。

实用性文体的功利性具体表现在两个方面:一方面是直接作用于社会效益,如促进法律法规的建立健全、思想观念的与时俱进、社会风气的除旧布新、国政民心的安定和谐;另一方面则是直接作用于经济效益,如加强经营管理、提升科学技术、扩大国民收支、增强国家实力,等等。这种直接的功利性是其他文体不可替代的。

二、较强的时效性

实用性文体的功利性和明确的目的性决定了其必须具有相应的时效性。时效性也是功利性的重要保证。因此,实用文从资料收集、文本制作到文本传递、保存直至灭失,每个环节都有相应的时效性要求。实用性文体的写作往往是为了交流思想、沟通信息、解决问题、处理事情,这就需要写作主体将自己的意图、决策、措施和要求尽快地制作、传递给受文者,以便在最短的或有效的时间内实现功利性的最大化。比如指令性、指挥性的决定、意见和通知,报请性、批复性的公函,新闻消息的发布,经济信息的传递,包括个人事务的私函都有相应的时限,一切拖沓、延误的行为,都会导致其功用的削弱、价值的消失,从而给我们的生活和工作造成不必要的或不可挽回的精神损失或经济损失。所以,实用性文体十分重视标识制作、发布和生效的具体时间,有的文体如行政公文还明确规定了时限的级别,例如"紧急""特急"等。

实用文不仅在制作、传递环节具有时效性,在保存、灭失等环节也具有很强的时效性。比如契约类文书,均具有明确的保存时限,短的几小时,如现货交易合同;长的几十年,如抚养协议;更长的甚至是永远,如国界双边协议等。而情报类、密级类文书,不仅在密存的时限上,而且在解密、销毁的时限上,都有严格的要求。

三、广泛的应用性

应用性包括实用价值和使用功能。实用文内容的应用性十分丰富,它既是治理国家、管理企业的工具,如国家行政公文、机关常用文书,又是规范社会、整饬秩序的戒尺,如各项法律法规、条例制度;既是促进社会发展、经济繁荣的号角,如指挥性、激励性、导引性文件,又是调整关系、平衡利益的杠杆,如国际国内、团体个人相互往来的公函私信。有的实用文还是传递信息的桥梁、处理事务的途径,同时也是解决实际问题的依据。凡此种种,都充分地体现了实用性文体在现实生活中丰富的实用价值和强劲的使用功能。

实用性文体的应用范围还相当广泛,上至国家政府,下至基层个人,大到宏观调控,小到微观操作,外可联系五洲四海,内亦涵盖各行各业,真可谓时时处处能用,人人事事可为。

四、持久的发展性

实用性文体是一种与现实生活联系最为密切的文体。这种紧密性让它问世最早、应用最广、品种最多、更新最快,逐渐形成了一个丰姿多彩的大家族。

如果说,实用文从混沌先民的结绳记事,到伏羲之王始画八卦、缔造书契还是史传的话,那么从甲骨文郭(沫若)分五类(世系、天象、食货、征伐、畋游)[1],到《尚书》鲁(迅)列六体(曰典、曰谟、曰训、曰诰、曰誓、曰命)[2]就应该是实证了。秦汉以降,实用性文体开始有了长足的发展,南朝刘勰《文心雕龙》第25篇点评的实用文已达24种,当代今人的"实用大全"[3]所集竟涉220余例。这些并非完全统计的庞大数量以及这种令人叹为观止的发展速度,足以证明实用文为历朝历代所做的点点滴滴平凡功业,以及其自身所具有的生生不息的强盛活力。

在我国,当其他类的文体趋于定型、踌躇难发的时候,实用性文体依然随着时代的步伐,保持着发展态势,创造着一个又一个新的成员。职场类的如"求职书""述职报告"、各种"辩词"等,市场经济类的如"招(投)标书""评估报告书""风险投资策划书""旅游推介书""展会招商书"等,电讯网络类的如"短信""电邮""博客""多媒体"写作等超文本应用文体相继生发,形成百舸争流之势。其新颖实用、方便迅捷的优势,满足了社会需求,促

---

[1] 转引自郭长才、余国瑞:《经济写作系统与技法》,北京:科学出版社1998年版,第5页。
[2] 《鲁迅全集》第9卷,北京:人民文学出版社1981年版,第350页。
[3] 参见何宗诚:《实用写作方法大全》,呼和浩特:内蒙古文化艺术出版社2000年版。

进了经济发展。虽然其中有些"文体"尚嫌幼稚,褒贬不一,有的还需要认真进行辨析、梳理,但假以时日,相信定会纷纷化蛹成蝶,翩翩飞入百姓家,服务于大众。

实用性文体的功利性、时效性、应用性和发展性这四大特征,是其文体性质的具体体现,也是其他类文体不可能充分具有的特质。清楚地区分和认知这些特征,有助于我们正确地把握并熟练地运用实用性文体,更好地为这个伟大的时代服务。

第二节 实用文体的功能

文体的功能是指文体写作的整个系统对写作对象所产生的作用。实用性文体的功能是写作主体根据主客体环境和主客观条件所确定的写作目的具体反映。

如前所述,实用性文体是一个庞大的家族,每一种文体都有其独特的写作目的。而每一种文体在面对不同的主客体环境、不同的主客观条件时,都会有不同的诉求。我们不可能也没有必要穷尽各个文体的所有功能,只能通过归纳,把握共性,撮其要点。

一、组织指挥功能

人类进入社会形态以后,就必须建构组织指挥系统。实用性文体从问世的那刻起,就是应人类的组织指挥系统的需要而生,为组织指挥系统需要而服务的。直到今天,大部分的实用写作文体仍然服务于社会组织指挥系统,成为国家及各级政府、各企事业单位、各类团体组织管理工作的重要工具。主要用以:颁布法律法规、条例制度,以规范治内行为;发布统治主张、管理意志,以指挥属下行动;公布治理方略、蓝图愿景,以统一思想,激奋民心。

国家可以通过行政公文,号令全国,统一管理,进行有效的宏观调控,实施重大的战略指挥。各级政府机关通过制发公文,传达本机关领导的意图和决策,部署、指导下级机关开展工作,还可以通过机关事务文书,组织本部门、本系统及其员工进行各项具体工作。各类企业则通过各种经营管理文书,直接组织、指挥生产营运;各个研究机构和个人,也可以通过发布权威信息,"组织指挥"或积极引导市场经济的健康发展。

其实,实用性文体本身并不具有组织指挥的作用,因为使用这些文体的主体具有组织指挥的权利以及权利所赋予的权威性,这种权威性一旦通过实用性文体这个工具进行发布、传递,实用性文体在实际工作中就具有了这种组织指挥的功能。

二、沟通协调的功能

人类社会结构是一个立体的整体,由许多条条块块组成。处在其中的每一个单位,不仅要与垂直系统的上上下下打交道,还需要与横向系统的方方面面处关系。这就需要进行联络、沟通,实用性文体为我们提供了沟通的载体、联络的管道。

条条的关系就是上下级的直接关系。上下级之间虽然是一种指挥与被指挥、管理与服从的关系,但仍然需要通过沟通协调,消除误会、阻碍,保证政令畅通、令行禁止。

块块的关系属于不相隶属关系。他们之间具有直接或间接的事务关系或者利益关系,也需要加强沟通协调,以便建立相互协作的关系,创建资源共享、利益双赢的局面。

由于单位与单位之间的关系不是隶属关系,就是利益关系,因此,相互之间联络沟通不可以像朋友交往那样简单、随意,有事打个招呼,通个电话就完事了;而是要通过正式的渠道、正式的礼节、正式的语言进行联络沟通。实用性文体的优势正好适用于这种"官方"的、"公事"的场合,如规范得体的写作格式、字斟句酌的书面语言、契合身份的往来文体、礼节周到的递送程序。可以说,掌握了实用性文体,就没有不能沟通的工作,就没有不可协调的关系。

三、传递信息的功能

信息经过整理、加工、综合、发布就成为了资讯。在许多语境里,信息就是资讯。资讯可以分为社会资讯、政务资讯、经济资讯、个人资讯等等。

人们要了解社会,了解世界,就需要获取大量的、各种各样的信息。实用性文体是传递信息的主要载体。如各种媒体、互联网就是通过新闻类、调查类、分析类、预测类等各类实用性文体,向大众传播国际资讯、国内新闻、社会动态以及各行各业的信息。

在行政事务管理和企业经营管理中,实用性文体也是传递政务信息、管理信息的重要载体。各级政府的政务信息,如上级的决定或决策、方案或措施、意图或意见,需要下级部门了解和执行的信息,或下级机关的阶段总结、情况报告、最新动态、特殊事件，需要上级领导知晓或掌握的信息，都是通过公文进行上传下达的。各个经营实体的管理信息，如投资的策划与决策、融资的方案与申请、生产的指令与计划、营销的调查与反馈等信息，也是通过各种实用文体进行表述和传递的。除此之外，实用性文体还在各种媒体上，用各种新颖活泼、通俗平易的写作风格，向广大群众发布新近的政务信息，传递鲜活的经济信息，同时也将基层群众的信息及时地反馈到各级领导层面，拉近了政府与群众的关系，促进了市场经济的繁荣。

四、宣传推广的功能

人们为了提高社会效益和经济效益，总是将个体单位实践中获得的心得体会、宝贵经验、最新成就以及失误教训提供给本系统、本行业、本地区的有关对象，或者借鉴发扬，或者引以为戒，以减少发展进步中的社会成本与经济成本；或将自己的成果、产品、创新、创见进行宣传推广，以获得更大的经济效益。能集中体现宣传推广这一功能的文体主要有新闻报道、典型报告、经验介绍、经济消息、商品广告、展会策划书、产品说明书等，它们总是及时、定向或者直接、广泛地向社会传播不断涌现出来的新人、新事、新思想、新经验及新产品、新技术、新成就等，以引起人们的关注和借鉴。

五、依据凭证的功能

依据凭证是实用性文体显而易见的作用。依据的作用，比如法律法规，是执法者的依据；行政公文，是公务员行政的依据；调查分析材料，是领导决策的依据；指令、计划文书，是组织生产的依据；各种管理条例，是管理者和被管理者为政和维权的依据；各类经济策划，是创业和投资的依据。

至于凭证的作用，有的体现在文本开始生效后、失效之前，如协议书、合同书等契约性文书，以及各种规范性文体；有的则体现在文本本身失去效力以后，如行政公文。一般来说，行政公文归档以后，就失去了它的现实效用，开始了凭证的功能，所以，凡是涉及人事更迭、机构改革、会议决议、解决问题等具有查考、凭证价值的文件，当它们的现实功效完成之后，都要悉数归档保存，以供日后查证、参考之用。

第三节　实用文体写作的基本原则

写作是一种精神生产。精神生产可分为两类：一类是发现性的精神生产,主要为了发现和反映客观事物的特征、属性、本质和规律,科学地认识世界;另一类是发明性的精神生产,又称"实践—精神"生产,主要为了发明和创造种种改造世界的方案和方法。①

析理性文体写作属于第一类精神生产,审美性文体写作属于第二类精神生产。实用性文体写作既包括第一类发现性精神生产,也包括第二类发明性精神生产。

实用性文体写作虽然兼属两类精神生产,但与析理性文体写作和审美性文体写作具有明显的乃至本质的区别。

与析理性文体写作相比,实用性文体写作虽然同属第一类精神生产,即为了发现和反映客观事物的特征、属性、本质和规律,科学地认识世界,但它们在文体、内容以及表达方式上都有明显的区别。如在文体上,前者没有表象上相对明确的体式或特征,后者却可以从外观上加以认知和掌握;在内容上,前者主要是言"理",后者则主要表"事";在表述方式上,前者以辨析(论证、辩驳)为主,叙述、说明为辅,后者则相反,通常以叙述、说明为主,辅以分析辩驳、研究证明。

与审美性文体写作相比,实用性文体写作又兼属第二类精神生产,都通过"实践—精神"的生产,主要为了发明和创造种种改造世界的方案和方法。但二者的思维方式和反映"实践—精神"的形式有着本质的区别。前者主要是依据作者的社会实践,运用形象思维,将"往往嘴在浙江,脸在北京,衣服在山西"的"一个拼凑起来的角色"②,通过加工或虚构的艺术创作方法,塑造"这一个"典型,创造"这一个"典型,并以其生动的形象、审美的形式去满足人们情感生活的需要,达到感化人、教育人的目的;后者主要是根据自身的社会实践,运用抽象思维,通过概念、判断、推理、证明等逻辑手段,客观地描述和说明创造、发明"这一个"物质产品或精神产品的生产过程、外观内形、功能作用,揭示和阐明"这一个"新产品、新技术、新方法的真实状态、内在规律与运用前景,以达到引导、指导和影响人们的思想和行为的目的。

实用性文体写作与其他两类文体除了上述明显的或本质的区别之外,在具体写作中,也有着必须遵守的一些基本原则。

---

① 郭长才、余国瑞:《经济写作系统与技法》,北京:科学出版社1998年版,第3页。
② 《鲁迅全集》第4卷,北京:人民文学出版社1981年版,第513页。

一、体现职务使命

实用性写作通常是一种职务性写作,即由写作主体的职务所决定的写作。不论是领导人亲自写作还是领导授意的写作,亦或是本职工作的写作,都是一种职务性写作。

职务性写作有两种情况。一种是"遵命"写作,即遵领导之命的写作。这种写作必须按照领导授意的主题、内容、要求去立意构题,安排布局,有时连语句、文风都要符合领导的风格。一种是"受命"写作,即受职务之"命"的写作,包括领导人的职务写作和非领导人的职务写作。这种写作总是从工作需要出发,根据职务的权限范围,瞄准工作的目标,拟定主题,结构布局,安排内容,遣词造句。

职务性写作原则的另一个有机组成部分是强烈的使命感。职务是一种责任,责任负有使命。写作的使命感是职务所赋予的,也是职务的内在体现。因此,写作主体在写作时,必须时时牢记这个基本原则,让职务的使命感贯穿于选题立意、筛选材料、构思内容、谋篇布局等整个写作过程始终。

总而言之,实用性写作不可能完全按照自己的独立意志来进行写作,通常只能听命于领导意志、听命于职务要求、听命于客观情势,必须体现职务使命的基本原则。而不像析理性写作或审美性写作那样,其动因大多来自于内心的感悟或灵感的触动,是一种自觉的、自在的写作,只须随着思维的逻辑、情感的流向,独立思考,自然流露,几乎不受外界的干扰与制约。

二、内容真实准确

真实准确是实用性写作的生命。如果失去了真实与准确,哪怕是一丝一毫,实用性写作就没有了应有的价值,失去了原有的意义。

真实与准确是一个不可分割的整体。如果事物"真实"但不够准确,实际上是不真实;如果准确而不太真实,则只是部分的真实。当然,真实与准确的含义是有差别的。在实用性写作中,真实一般指基本事实的真实,准确一般指细节的真实。二者不可替代、不可偏废。

由此看来,真实准确的原则在实用性写作中有两方面的意义:

首先,整体的事实才是真实准确。整体的事实应包括面上的事实和点位的事实、宏观的和微观的事实、显现的和隐藏的事实。具体而言,既要追求材料、背景、情节和内容等基本事实的真实,又要注意人名、地名、时间、数字等细节事实的准确。既不能夸大也不可缩小,更不能弄虚作假,既不能回避事实也不应言过其实,真正做到确实可靠,实事求是。例如1930年10月,时任红一方面军总政委和总前委书记的毛泽东,在远离江西兴国县城200多公里的新余县罗坊镇街开始了最初冠名为"八个家庭的观察",以后被命名为"兴国调查"的调查,毛泽东从兴国红军预备队里找出不同职业、各个乡村的农民,向他们"提出了调查纲目,然后询问了各个乡有多少贫农、雇农、中农、富农和地主,土豪劣绅杀了多少,逃走了多少,甚至连游手好闲、算命卜卦、拐脚瞎眼的人数都作了统计","还向他们询问了苏维埃政府、农村军事化以及发展生产的状况","一切结论,都是由毛泽东事先提出来,征求他们同意后,再记在本子上"。① 这种深入实际、尊重事实、全面求实的工作作风,为毛泽东制定农村包围城市,最终解放全中国的战略方针提供了真实准确的坚实依据。再比如,2007年7月8日,北京电视台《透明度》栏目以"纸做的包子"为题,播出了记者暗访朝阳区一无照加工点使用废纸箱为馅制作小笼包出售的节目。这条制假新闻立即引起社会哗然,结果炮制者、该台聘用记者訾北佳等6人被公安机关刑事拘留,7月18日该台在"北京新闻"公开道歉。这种弄虚作假的行为,不仅违背了从事新闻的职业道德、触犯法律,更重要的是扰乱了社会安定,造成了人民对食品安全的深度恐慌,影响了市场经济的正常秩序。这类害己误人的反面教材,当时常引以为戒。

其次,本质的事实才是真实准确。事物往往是通过表象来反映事物的本质的。个别现象、偶然现象和假象也是事物的表象形式,但它们都不能反映事物的本质或规律。只有通过筛选甄别,去伪存真,选择那些具有一定代表性、普遍意义,能够反映本质的事实材料,才是真实可靠的材料。如果将个别现象当成普遍现象、将偶然现象当成必然现象、将假象当成真相,就会舍本探源、缘木求鱼或者以偏概全、张冠李戴,根本谈不上什么真实准确。比如,台湾农委会渔业署于2007年1月至7月对上市前的养殖鱼类动物进行了检测,并在网站上公布了"鳟鱼有一件不合格,鳗鱼有七件有药物残留"的结论事实。2007年9月4日,台湾某媒体在A1导读版以"渔署警告:鳗鱼有毒"为题刊登了新闻。这篇关于"鳗鱼有毒"的报道,既未说明渔业署是对360件鳗鱼进行的药检,而且检测的时间是"未上市"的事实,也未

---

① 赖福荣:《三个历史时期的〈兴国调查〉》,载《读书文摘》2009年第3期,第10页。

说明官方对此事的处理,更未调查鳗鱼养殖户对此事的说法。这种只重个别细节真实不顾整体事实真实的报道,"致使养鳗者损失达千万以上(注:台币),当天即提出严重抗议和扬言控告",并"要求'更正'和道歉"。① 这类以偏概全,造成严重后果的事件,不唯一例,恰恰从反面说明了强调真实准确的必要性。

三、文体格式规范

实用文一般都有规范的文体和规范的格式。这些文体和格式是人们在长期的写作实践中,为了反映复杂丰富的社会生活,进行往来纷繁的交流,不断探索创新,逐渐总结形成的。

文体,又称文章体裁,是指文章的内部组织与构造方法、表达方式和语体特征。如实用文的文体一般具有表述性、程式性和应用性等。格式,即规格样式,是指文章的各个要素在文面上所处的位置或书写的结构样式,也是从形式上区分文章类别的重要标志。如行政公文的文面格式就由规定的17个要素组成,不可擅自增减;而新闻消息的书写结构一般由标题、导语、背景、主体和结尾组成。实用文的文体和格式,一旦法定或约定俗成,就应该人人遵守,不宜随意更改。这样做的好处是,便于掌握,适合推广,易于交流,提高效率,方便处理。尤其是现代信息社会迅猛发展,办公自动化的程度越来越高,"地球村"的相互交流越来越频繁、广泛,强调规范实用写作的文体格式更有必要了。

四、语言通达平实

实用性文体主要用于解决问题、处理事务、传递信息、沟通交流,其对象主要是广大干部和普通民众。这些特点决定了实用写作的语言除了具有一般文章的共同要求外,特别强调通达平实。

开门见山,直陈其事,鲜明具体,准确达意,是谓通达;质朴自然,心平气和,言之有物,言之有理,是谓平实。如果言辞绚丽多彩,慷慨激扬,多有华而不实,意气用事,容易造成受众的误判,误导受众的价值取向;如果言辞过于抽象,深奥艰涩,势必曲高和寡,不知所云,再好的政策、理论,也难以理解执行,更谈不上推广普及。

强调通达平实,并非显示实用写作的语言枯燥无味、苍白乏力。我们知

---

① 参见石义彬、聂祎:《"以偏概全":一种隐蔽的新闻失实》,黑龙江新闻网,2008年5月8日。

道,实用写作的语言来自于生活,取之于大众,又作用于生活,作用于大众。生活中的大众是创造鲜活和新鲜语言的大师:越鲜活新鲜的语言越平易近人,越准确达意;越鲜活新鲜的语言越简洁明了,越意向鲜明。用这种语言去宣导民众的共同心愿,用这种语言去说明民众所关心的事项,用这种语言去释解民众的时艰困扰,广大民众只会感到明白晓畅、欢欣鼓舞怎会枯燥无味、苍白无力呢?可以说,通达平实的语言是生活的语言、大众的语言,而大众生活的语言是"通达平实"的基础,是"通达平实"的源泉。只有认真向大众的生活语言学习,发掘、提炼其中恰当生动的元素,又反哺、运用于大众,才能真正做到语言的通达平实。

【导学训练】

一、学习建议

本章要重点了解和掌握实用性文体的特性、功用及其作者应有的素养和能力,并通过问题研讨和思考题,从本质上弄清实用性文体与其他类文体的区别。

二、思考题

1. 实用写作的真实性与文学创作的真实性有哪些区别?
2. 实用写作与应用写作是一回事吗?如果不是,有何区别?

【研讨平台】

写作文体分类

提示:分类,是指按照穷尽性、互斥性等科学方法,将具有相似性的不同个体集合归类的工作。目前,写作文体尚无统一的分类。具有代表性的有"二分法"和"三分法"两种。这一问题仍值得我们去探讨。

1. "二分法"选录

实用写作相对非实用写作而言,就广义来说,它概括了文学写作以外的各类文章的写作。或者说,不属于文学写作范围的其他写作,都可把它归入实用写作。

(江少川:《实用写作教程》,武汉:华中师范大学出版社2006年版,第1页。)

2. "三分法"选录

大学文科的写作教学,一般由基础写作、文学创作和应用写作三部分组成。

(陈子典、李硕豪:《应用写作教程》,广州:暨南大学出版社1993年版,第1页。)

我们将全部文体现象概括为实用(认知)性文体、析理性文体、审美性文体三大类别。

(张杰、唐铁惠:《写作》,武汉:武汉大学出版社2005年版,第102页。)

【拓展指南】

推荐书目

1. 司有和:《科技写作简明教程》,合肥:安徽教育出版社1984年版。
2. 郭长才、余国瑞:《经济写作系统与技法》,北京:科学出版社1998年版。
3. 何宗诚:《实用写作方法大全》,呼和浩特:内蒙古文化艺术出版社2000年版。
4. 张杰、唐铁惠:《写作》,武汉:武汉大学出版社2005年版。
5. 江少川:《实用写作教程》(修订本),武汉:华中师范大学出版社2006年第3版。

第十三章 新 闻

第一节 新闻的性质

新闻是一种实用性文体。新闻写作,指记者通过采访,搜集新近发生事情的信息和资料,并写成报道文章。新闻写作既不同于文学创作,也与其他应用文章写作有别,其写作规律由其性质决定。因此,理解认识新闻的性质于新闻写作很有必要。真实性、新闻性、政策性、知识性、可读性是新闻的主要性质。

一、真实性

真实性是新闻最重要的性质。新闻的真实性有两层意义。首先,新闻的内容必须实有其人,实有其事,这是生活的真实。新闻陈述的事实必须是真实的存在。新闻就是将这些真实的人、事和生活情景再现给受众。新闻不能杜撰、虚构。真实性体现了新闻的应用文章属性,是新闻写作与文学创作相区别的关键。但仅写真人真事还不够,新闻还必须满足真实性的第二层含义,那就是,新闻不仅要写事实,还要写事实的真相,即新闻事实能反映客观事物发展变化的规律。这是本质的真实。反映事实的真相是新闻真实性的根本要求。它需要记者具有较高的思想文化素质。记者要站在尽可能高的思想高度观察事物,看待问题,才能更加深入、全面、准确地理解和把握客观事物。正如美国麦尔文·曼切尔所言,"只是如实地报道事实已经不够了,现在需要的是报道事实的真相"①。总之,真实性要求新闻兼备生活的真实和本质的真实。

强调新闻的真实性,有两个方面的意义。第一,杜绝假新闻。目前,新

---

① 〔美〕麦尔文·曼切尔:《新闻报道与写作》,艾丰等编译,北京:广播出版社1981年版,第55页。

闻行业竞争激烈,某些记者编造假新闻,欺骗受众,造成不良的社会影响。因此,新闻的真实性原则,一直是国内外新闻行业非常关注的问题。1997年第二次修订通过的《中国新闻工作者职业道德准则》第四条明确规定:"维护新闻真实性。"《美国职业新闻工作者协会章程》第一条规定:"真实是我们的最终目标。"《联合国国际新闻信条》第一条说:"报业及其他新闻媒介的工作人员应尽一切努力,确保公众所接受的消息绝对准确,不能任意扭曲事实,也不可以故意删除任何重要的事实。"①第二,要求尽可能做到客观公正。记者在写作新闻时当尽可能克制表达个人思想感情或个人见解等主观性色彩强烈的写作欲望。在新闻、受众和记者三者之间,记者要站在公正、客观立场上,直接将新闻事实呈现在受众面前。新闻作品是今日的新闻,又是明日的历史。在写作新闻时,记者当有历史使命感,新闻写作要有历史学家的"实录"精神。

新闻写作如何做到真实客观呢? 第一,以客观事实为基础。新闻所写的内容,在时间、地点、人物、事件、原因、结果六个方面,都必须与事件发生的原始状况相符。新闻写作以事实说话,禁止"合理想象"。描述细节时,必须认真、准确,不能编造,不得添油加醋、移花接木、夸大缩小;使用引语时,不得对原话进行歪曲、增删,更不能断章取义。第二,事实与意见分离。记者在写作中不直接、不随意发表自己的意见和评论,尽可能用事实说话,这是新闻写作需要特别记住的原则。记者需要解释有关新闻事实的时候,可采用提供背景事实的办法加以"客观地解释"。在报道一些重大或复杂新闻时,常常需要对事实的因果关系或事件的性质意义作出解释,以使读者更深入、更全面了解或认识新闻事实,这就是新闻背景写作。需要指出的是,运用于分析和解释的背景材料必须真实、准确,所运用的判断、推理等思维形式必须合乎逻辑。新闻背景写作是新闻写作很重要的一个组成部分,具体内容将在第二节详述。第三,公正全面。社会生活中的人和事都复杂多变,自然界也还存在很多有待进一步认识的奥秘,这就决定了新闻写作不能拘于一隅而片面看问题,不能就事论事而局限于事实的表象,要防止"片面的客观"。记者必须站在公正和宏观的角度关注事实,尽可能准确、全面地把握事实的真相,做到"公正的客观"。记者要有较高的思想能力和认知水平,所谓"当代记者更少作为记录者出现,而是更多地作为具有批判的理

---

① 转引自刘明华、徐泓、张征:《新闻写作教程》,北京:中国人民大学出版社2002年版,第16页。

解力和全面能力的人出现"①。新闻写作的公正全面,与记者开阔的视野、远大的眼光、渊博的知识、丰富的阅历、鞭辟入里的分析思考问题的能力等综合素质是分不开的。记者的这些素质对新闻写作影响甚大。

新闻写作切忌失实。造成新闻失实有多方面原因,政治、经济等新闻写作的外部环境可能导致新闻失实,如1958年"大跃进"时期,1958年10月1日《天津日报》报道,"毛主席视察过的天津市东郊区新立村公社新立村水稻试验田获得高额丰产","经过严格的丈量,过磅和验收","亩产124329.5斤"。在商品经济发展的新时期,受经济利益驱使,一些新闻记者和新闻机关或者制造新闻、歪曲事实迎合读者,或者自觉不自觉受经济实力财团的影响和制约,而导致新闻片面失实,改革开放以来出现的"有偿新闻"是其代表。新闻媒体或记者的主观方面也可造成新闻写作的失实,这种失实可分为故意失实和非故意失实两种。故意失实是指媒体或记者明知报道内容不符合客观事实,但受非新闻写作要素的制约和影响,有意弄虚作假。一些记者出于不正当的动机或需要,捕风捉影,捏造事实,虚构情节,甚至颠倒黑白,影响极差。还有一些记者分不清新闻与宣传的界限,出于各种宣传的需要,不顾客观事实,或者刻意制造宣传之典型,或者有意掩盖事实,知情不报,或者只报喜不报忧等,都属于故意失实,性质恶劣。非故意失实是指记者受主客观条件的限制或影响,未能如实报道出客观事实。非故意失实或者源自记者的思想认识片面,不能准确认识和把握事物的真实客观性;或者源自记者的知识和生活阅历不足而出差错,闹笑话;或者源自记者采访写作作风不严谨、不认真,粗心马虎而失实。

新闻写作如何避免失实?首先,记者要有高尚的思想境界。记者要保持独立思考的精神,坚守自由高贵的人格,遵守惟是惟真的写作原则,避免写作上的盲目"跟风"行为,做到从客观事实出发,实事求是。其次,记者要有较高的认识水平。记者要能一分为二地看待事物的好与坏、是与非、先进与落后、成绩与问题等等,还要认识到事物是普遍联系和发展变化的,不是孤立和静止不变的,其变化具有多样性特点等等。落实在新闻写作实践中,布局谋篇要力求全面平衡,注意给予多角度、多侧面、多层次的立体报道。最后,记者要有严谨的写作作风:叙述细节切忌想当然的随意发挥;引用资料要核实;遣词造句等语言表达要准确,等等。

---

① 〔美〕麦尔文·曼切尔:《新闻报道与写作》,艾丰等编译,北京:广播出版社1981年版,第56页。

二、新闻性

新闻性是新闻的独特性质，它是记者的新闻敏感或新闻判断力在新闻写作中的体现。记者要善于在平常生活中发现不寻常之事。具体而言，将事物通过空间上的横向比较和时间上的纵向比较更容易发现新问题、新动向、新现象等。周立方先生认为，事物的新鲜程度与新闻价值往往取决于时间上的纵向对比，如，"有史以来的第一次"、"百年不遇的事情"、"近十年来最大的灾害"、"三天来第十次交火"、"阿以冲突开始以来伤亡最多的一次战斗"等等[1]，这在新闻写作中具有可操作性。能否做出这种横剖纵贯，与记者综合素质高低大有关系。一般说来，广博的知识，丰富的阅历，关心天下大事，留心周围事物，仔细观察动向，认真思考问题，这些均有助于记者判断什么是真正新鲜的事物。新闻性具体表现在时效性、重要性、特殊性和关联性等方面。下面试分别论述。

时效性。新闻是新近发生或发现的事实，新闻的价值与迅速及时地报道有关，这决定了新闻的时效性。新闻史上"抢新闻"趣闻大多源自新闻的时效性。如1963年，美国总统肯尼迪在达拉斯被暗杀的当天，合众国际社记者史密斯和美联社记者贝尔都在现场随行采访，两人搭乘同一辆新闻采访车。当暗杀总统的子弹炸响的时候，史密斯首先抓起车内唯一的一部电话，不停地向合众国际社口述暗杀现场的事情经过，在汽车驶向医院的途中，尽管他被贝尔打得鼻青脸肿，却始终没有放弃电话。他因此成为肯尼迪被暗杀消息的第一发布人。当天晚上，史密斯还写成了一篇6000余字的长篇报道《历史就在我们眼前爆炸了》，他获得了1964年美国新闻最高奖项——普利策新闻奖。就时效而言，史密斯具有良好的新闻素质。当然，这样的头号新闻毕竟可遇不可求，更多的新闻还是处理日常化的各种事物，那么，普通新闻，尤其是发生在一段时间的非事件性新闻的时效问题该如何处理呢？有两点建议：

第一，善于寻找新鲜独特的写作切入角度。请看下面两种写作切入点：

1. "我们到金属物理学家李林在北京西郊的舒适的家里访问了她。"
2. "'我的父亲很爱我，对我的要求很严格。'物理研究所金相学家李林说。她的父亲是中国已故著名地质学家李四光。"

第二种写法在一系列事实中，突出了最新鲜的内容。李四光在中国科

---

[1] 周立方：《新闻写作研究》，北京：新华出版社1994年版，第43页。

学史上的重要地位决定了,李林与李四光的父女关系是这条科教文卫新闻的"新闻眼"。"新闻眼"可以使新闻事实的众多内容显得精神而灵动。

第二,善于寻找报道的最近点。在新闻写作中突出新闻事实在"今日"报道的依据,如通过采访当天某个具体场景的描绘,使其成为一条现在进行时的新闻。这是非事件性新闻写作常用的手法。美国的《华尔街日报》和中国的《南方周末》是这类新闻写作的典型代表。

重要性。新闻的重要性有两层含义,一指本身重大的新闻;二指事情本身不大,但能反映一个较大地区的形势,或能揭示某一方面的问题的新闻。第一种新闻的重要性容易判定,第二种新闻的重要性需要记者有较强的判断能力。将事物放在一定的时空背景里加以对比,是判断事物重要性的有效方法。如"全省最大""全国最优""超过发达国家同类成果"等。

特殊性。大凡具有鲜明的特点、特色或特性的事物,更容易引起受众的好奇心,我们称其为新闻的特殊性。异常、超常、首次发生、首次披露等与众不同的事物,或与自身相比发生了显著变化,或具有地方特色的事物,都具有新闻性。

关联性。又称接近性,指新闻事实与受众在地理位置或心理感受上关联或接近的程度。从心理学角度而言,越是与个体切身利害相关的事物越能引起注意。因此,写作新闻时要尽量找出与受众关联性强的内容,作为报道的"新闻眼"。

三、政策性

新闻的政策性是指新闻既要介绍、解释政府各方面的政策、方针、措施等,又要使新闻报道符合政策。清楚解释政策,使读者明确了解各种政策的具体内容,是我国新闻报道的主要内容之一。从政策性角度而言,新闻写作要注意三个方面的问题。第一,掌握大局,着眼全局,准确定位报道的性质和程度;第二,把握时机,审时度势,确定报道的最佳时机;第三,把握政策与公民权益之间的紧密关系,在介绍、解释政策的同时,注意下情上达,做好双向交流的报道。

四、知识性

新闻的知识性是指报道新鲜知识和提供有用的知识两种。这在科技、学术、文艺、卫生等领域的新闻报道中尤其明显,当代许多最新知识,如计算机、电子技术、宇宙航行、核能、生化技术、文学艺术创作、各类学科研究的最新动态等,都可通过新闻媒介报道传播。其实,除了这些新鲜知识以外,知识还包括历史文化、古代文明、风俗习惯、山川名胜、自然资源、典章制度以及科学常识、卫生常识等,这些都是新闻写作很好的素材,值得记者关注,在写作新闻时灵活运用。

五、可读性

新闻的可读性既指新闻报道生动有趣的内容,如珍闻、趣闻等,又指写作上的生动活泼、引人入胜。这里所言主要针对后者。新闻内容的具体明确和语言表达的通俗质朴,能使新闻生动鲜活。内容的具体明确包括事件的细节与情节、人物的语言、具体的数据等,总之,写作时尽可能使用形象、具体的事实,避免抽象、笼统的毛病,概要叙述要简略得当。新闻语言表达以通俗朴素为主,新闻表达的最高境界是化繁为简、化难为易,做到深入浅出、明白如话,但要避免空话、套话。新闻语言将在第二节详细讨论。

总而言之,新闻写作既受写作学规律的制约,又受新闻学规律的影响。认识新闻的这些性质特点,是学习新闻写作的基础,这样才能有针对性地学习和训练新闻写作技巧。

第二节 新闻的主要类型及其特点

新闻的类型,若按照新闻报道的样式划分,主要是消息和通讯两大类,至于像专访、暗访纪实、采访札记、记者述评这一类的新闻文体,我们将其作为广义的通讯加以处理;若按照新闻报道的内容性质划分,可分为消息报道、调查性报道和解释性报道三个层次。我们这里主要以消息和通讯这两种最为普通的类型作为新闻写作的讨论对象。

一、消息

消息是用简明的文字及时地报道新闻事实的一种新闻体裁。狭义的新闻就是消息。它在各种新闻体裁中使用最多、最活跃,在新闻报道中占有重要地位。"消息头"是消息的标志。"消息头"有本报讯、电头、本台消息等,本报讯相对报纸而言,电头是电讯稿的标志,广播、电视用本台消息。

消息种类多样。按照消息的长短来分,有简讯(Brief)、短消息(Short News)和长消息(Long News);按照消息的内容划分,有单元素消息(Single Element News)、多元素消息(Multi-element News)和综合消息(Wrap News);

按照报道事件的特性划分,有事件性消息(Event News)、非事件性消息(Non-event News)、动态消息(Timely News)、非动态消息(Postpone News)等。① 事件性消息,指报道单一新闻事件的消息。多数消息都是事件性消息。它是对最新发生或变动的事实所作的迅速、及时、简明的新闻报道,是消息中最常见、最有代表性的方式。它侧重报道事实的最新状态,文字简短,讲求时效性和客观性。其文字表述主要以事实说话,不议论,少形容。非事件性消息是相对于事件性消息而言的一个概念,它是报道延缓变动的事实的消息,如一段时间以来某些方面的情况、某些社会问题或社会现象,或者某些可供参考的信息、方法或经验等。它要求概括反映一段时间以来某方面工作、某地区面貌、某一社会问题、某一社会现象、某一重大事件的总体性情况。1997年5月出版的《新闻学大辞典》这样解释非事件性新闻:"即对一段时间内或若干空间里发生的诸多事实、情况、事件的综合反映,揭示带有分析性、启发性的总体性情况、倾向或经验等。"这类新闻的特点是:(1)重在反映某些新闻事件在一定阶段内呈现相对稳定状态时的状况,反映其总体情况、规律性或经验性。(2)新闻容量较丰富,一般要有两个或两个以上的新闻事件,或某些情况的综合归纳。(3)对新闻事件的时效性要求不严,而注重新闻本身的透视性与概括性的高度统一,重在对新闻事件的分析指导和对主题思想的挖掘。因为非事件性新闻报道所依托的事实不是单一独立的事件,而是时空交错、繁杂无序、丰富多元的新闻事实素材的"富矿",并且这类报道又要求阐释背景,揭示本质,预示趋势,在传达事实的同时还要传达观点,要求多层面、多角度地挖掘深层信息,展示其新闻价值。

消息的一般结构为标题、导语、主体三个部分。消息写作中,重要的材料都在开篇,次要的材料放在后头,这种特殊结构形式被称为"倒金字塔"。消息的标题、导语和主体分三步递进表达新闻事实:第一步,标题使用一句话报告事实,起索引作用;第二步,导语将消息中最重要的内容率先呈现给读者,补充解释标题,并吸引读者;第三步,消息主体进一步展开事实原委,完成整个报道。这种结构方式被称为"三度反复"。②

制作标题是消息写作的关键之一。标题必须简明、准确地概括消息内容,向读者提供报道的根本内容。消息标题有单行、双行和三行三种。单行

---

① 黄晓钟:《新闻写作思考与训练》,成都:四川大学出版社2002年版,第4—13页。
② 参考刘明华、徐泓、张征:《新闻写作教程》,北京:中国人民大学出版社2002年版,第145页。

标题指正题,概括与说明主要事实和思想内容;双行采用引题与正题或正题与副题,引题用来揭示消息的思想意义或交待背景,说明原因,烘托气氛等,副题用来提示报道的事实结果,或作内容提要。三行标题指同时使用引题、正题和副题。

导语是消息正文的开头部分。写好导语很重要。写作导语有两大要求,一要抓住事情的核心,二要吸引读者。要做到第一条,记者必须具备训练有素的分析能力;要做到第二条,则要有相当的写作技巧。在写作导语之前,记者需要首先将下面五个问题考虑清楚:①什么事情是已经发生的事件中最重要的?②什么人参加进去了?——谁干的或谁讲的?③是用直接性导语,还是用延缓性导语?④有没有什么吸引人的词汇或生动形象的短语要写进导语中?⑤主题是什么?什么样的动词能最有效地吸引读者?

导语分为直接性导语和延缓性导语两种。直接性导语是直接写出事实核心的导语。延缓性导语多用于综合消息、非事件性消息或非动态消息等"软"消息。延缓性导语通常用来设置一种现场情景或营造某种气氛。美国的《基督教科学箴言报》《华尔街日报》,中国的《南方周末》是喜欢使用这种导语形式的代表性刊物。

消息主体承接导语具体展开导语点出的新闻事实详情。它是消息内容的主体部分。消息主体写作要围绕导语提出的新闻要点,用具体事实材料展开叙述,充实报道,还要揭示报道的意义,有针对性地设想并回答读者关心的问题,或补充背景材料,以介绍、解释或说明新闻事实。消息主体的结构方式主要有倒金字塔结构(内容重要性递减原则)、并列结构(多适用于多重主题、多种元素的新闻)、逻辑顺序结构(多适用于问题新闻的报道)。消息主体写作多用短句,一句话里不能有一个以上的主题和形象;多用短段落,分段可以平静地转换结构,能迅速地从另一个角度展示新闻的内容;尽量避免内容、语词的简单重复等。

消息的结尾以"止于不可不止"为佳。元代作家乔吉总结"乐府"的写作结构为"凤头、猪肚、豹尾",意思是开篇要精巧别致,主体要丰富充实,结尾要简短有力。这可作为消息结构的通用模式。

新闻背景也是消息写作的重要内容之一。上一节我们已经介绍和解释了新闻背景的性质与作用,这里重点谈新闻背景的写作。任何事物的存在与发生都不是孤立的,单独地讲述一件事情,说了等于没说。消息若要全面报道事情的真性,必定需要背景材料。新闻背景写作成功与否,取决于充分交待背景与巧妙地穿插和安排背景材料。背景内容可长可短,背景写作没有固定格式,其性质非常活跃,哪里有需要,它就在哪里出现。背景可以穿插在导语中,可以在导语之后插入以背景材料为主的段落,还可以分散穿插在消息主体部分等。总之,娴熟地写作新闻背景是把消息写得出色、出彩的关键性因素。

麦尔文·曼切尔曾列出消息写作的十条规则①,它们是:

1. 在你没有理解事件本身之前,不要动笔去写。
2. 在你不知道你要说些什么以前,不要动笔去写。
3. 要表现,不要陈述。
4. 把精彩的引语放在消息的前头。
5. 把精彩的实例或轶事放在消息的前头。
6. 运用具体名词和富于动作色彩的动词。
7. 尽量少用形容词,不要动词上再用副词。
8. 尽量避免自己去作判断和推理,让事实说话。
9. 在消息中不要提那些你回答不了的问题。
10. 写作要朴实、简洁、诚实、迅速。

这涉及消息写作要注意的一些根本性问题。掌握并娴熟使用这些规则,是提高消息写作水平的有效途径之一。

二、通讯

通讯也称通信。早期的新闻报道,较短的新闻使用电报传递,被称为"电讯";较长的新闻以书信方式传递,被称为"通信"。后来,随着电报技术的发达,较长的新闻也使用电传,为了与"电讯"区别开来,"通信"便改为"通讯"。通讯是采用叙述、描写等多种表达方式,将具有新闻价值的人物或事件及时、详尽、生动地予以报道的新闻体裁;相当于西方新闻界所言的"特稿""特写"等体裁。通讯与消息的区别主要有两点:第一,消息是简明传递新闻,通讯是详尽、深入、形象报道新闻,大多属于深度报道;第二,消息要求报道与事实之间的时差尽量缩小,时效性是衡量消息价值的重要标准,通讯发稿时间通常在消息之后。

通讯主要有以下几种:

人物通讯,主要报道现实生活中那些能引起人们关注和兴趣的新闻人

---

① 〔美〕麦尔文·曼切尔:《新闻报道与写作》,艾丰等译,北京:广播出版社1981年版,第148页。

物。从真善美角度而言,主要指社会各界的特色人物,或有突出成就与贡献的杰出人物;从假丑恶角度而言,重点是违法犯罪、危害社会的反面人物。

事件通讯,详尽报道现实生活里新近发生或即将发生的新闻事件的通讯。主要有突发性事件和预知性事件两种。突发性事件指矛盾冲突事件、重大责任事故、自然灾害、刑事犯罪案件等各种突然发生的事件;预知性事件指事先预知的事件,如香港回归、三峡截流、重大研究成果问世等等。

工作通讯,指以当前实际工作中不同领域、各行各业突出的新情况、新办法、新经验、新矛盾、新问题等为主要内容的通讯。交流社会生活中各行业之间的信息逐步成为工作通讯的主要任务。

风貌通讯,是采访者以旅行见闻的视角反映社会生活的今昔变化、风土人情的通讯,也称概貌通讯、旅游通讯。报刊上常见的"见闻""纪行""巡礼""散记"均属此类。风貌通讯能记录更为广阔的时代生活,黄晓钟说它是"以社会学的目光透视人的生存现状,以历史学的视野穿越人的今昔,以美学批评的心灵感悟人生活的神韵"[①]。风貌通讯自由灵活,是可以充分展示记者个性才情的一种新闻体裁。

除此之外,还有一些其他类型的通讯,如采访札记、记者述评、特写、暗访纪实、专访等等。

通讯具有真实性、新闻性、政策性、知识性、可读性等新闻的基本性质,此外,它还具有自身的文体特点:1. 注重情节和细节等故事性描绘。通讯需要相对完整、具体地报道人物或事物的过程。通讯要详尽、具体地报告事件的经过,刻画人物的心灵、性格,充分展开情节,甚至描写情节、细节和场面。因此,通讯写作要有讲故事的意识和本领。2. 通过"形象"再现人类社会生活。新闻故事由真实的具体人物和情景构成,通讯的这些素材内容在写作中以人物形象、事物形象和情景形象表达出来。通讯写作的形象性与文学创作的形象性类似,只是通讯的"形象"是生活的真实再现,文学的"形象"是艺术的真实再现。3. 文体自由。与消息较为固定的文体格式相比,通讯文体类似于散文体,比较自由。通讯可以反映广阔时空背景下的社会生活,其文章结构不拘一格,表现技法可变化多样,为新闻记者"建构了一个可纵横恣肆、飞转腾挪的创作舞台"[②]。

主题是通讯要表达的中心思想,它是通讯的灵魂。通讯的主题要能反

[①] 黄晓钟:《新闻写作思考与训练》,成都:四川大学出版社 2002 年版,第 370 页。
[②] 张征:《新闻写作教程》,北京:中国人民大学出版社 2002 年版,第 323 页。

映客观事实的真相,这样的主题才深刻、全面,才能深化读者对通讯报道事实的认识。通讯的主题能否反映客观事实的真相,往往与记者认识事物的宏观意识、历史意识、人文关怀意识等有关。优秀的记者往往具有较强的认识能力、独抒己见的自由批判精神和高尚的思想境界。例如,20 世纪 20 年代末,英、美各界人士对意大利法西斯主义者墨索里尼表示敬仰,称法西斯主义"重建了社会精神",但思想深邃的美国记者李普曼却指出法西斯主义的实质是独裁政权,他说:"我们不信任墨索里尼,因为我们认为,他的政府是对欧洲和平的最大威胁。意大利法西斯政权是独裁的,它掌权的时间越长,就会越发独裁。"①1929 年 3 月,墨索里尼在罗马和蔼可亲地热情接见了李普曼,但李普曼没有被其表面现象迷惑,对墨索里尼在实质性问题上的含糊其辞非常不满。李普曼是美国早期反对墨索里尼者之一。历史证明李普曼认识正确,欧洲法西斯独裁政治于 1939 年挑起了第二次世界大战。

选材是指围绕主题选择表现主题的客观事实材料。选材要考虑材料的真实性、个性和典型性等。真实性是第一位的,个性展示通讯报道的特殊性,典型性展示所报道事物的共性,当然,同性质者优先考虑新颖、生动、有趣的材料,也是选材的重要原则。

结构指通讯围绕主题组织材料,安排表达内容,布局首尾贯通、层次分明。通讯的结构主要有纵式结构、横式结构、递进式结构等,纵式结构以时间先后顺序为结构线索,横式结构以内容的并举或事件发生的空间位置转移为结构线索,递进式结构以由表及里、由此及彼的推进对事物层层深入的认识为结构线索。娴熟掌握并灵活运用这三种主要结构方式是通讯写作的基本功。需要指出的是,内容众多、时空跨度大、矛盾纠缠的新闻通讯通常集多种结构方式于一体。

通讯的开头和结尾在通讯写作中也很重要。开头和结尾的方式可以多种多样,但是,开头做到吸引读者,结尾做到深化主题和启发思考是表达的基本原则。

第三节 新闻写作的基本技法

本节主要从新闻角度与新闻背景、新闻语言和新闻表现手法等三个方面,谈谈新闻写作的基本技法,不同新闻体裁的写作将在下一节介绍。

---

① 〔美〕罗纳德·斯蒂尔:《李普曼传》,于滨等译,北京:新华出版社 1982 年版,第 386—388 页。

一、新闻角度与新闻背景

新闻角度是指确立新闻写作的主题与意义。新闻角度的选择在于追求新闻价值,新闻价值的大小与对新闻主题意义的挖掘深浅有关。新闻写作的最佳角度能充分揭示出新闻报道的意义。

选择新闻角度有一些常规方法,徐泓先生总结出七种方法,它们是以旧见新找角度、以小见大找角度、虚中觅实找角度、逆向思维找角度、发散思维找角度、统摄思维找角度、全局高度找角度。①

新闻背景是指用事实材料拓宽新闻事物的背景或解释新闻的有关事实,其目的或者在于帮助读者理解新闻涉及的纷繁复杂的事物,或者源于记者需要运用背景材料来加大新闻表达的深度和力度。美国麦尔文·曼切尔解释新闻背景的三重含义为:一、它显示出记者的知识宝库;二、它是为了解释新闻事件的来龙去脉并增加消息人士没有提供的事实而在写作中增加的材料;三、消息来源不愿出面提供,但为了读者理解又必须提供的材料。这可帮助我们进一步理解新闻背景。新闻背景写作的产生,与新闻报道内容的广泛性有关,古今中外,天文地理,政治、经济、文化、教育、科技等等,无所不包,读者的知识贮备和知识结构是有限的,新闻写作有必要帮助读者认识理解新闻所涉及的事物,新闻背景写作由此产生。

新闻背景的写作是新闻写作的重要组成部分,也是记者写作新闻的基本能力之一。新闻背景写作的功能主要有如下两点:

第一,交代新闻事物以外的有关而又有助于说明新闻事物的信息,这种信息又称为背景材料。简单的背景材料通常用来交待与新闻事实相关,且有特色和个性的信息,使平板的叙述增添生动形象的气息,例如,西安是我国历史上的九朝故都;建立退休制度,废除干部职务终身制是邓小平在1982年9月党的十二大中央全会上提出的,等等。背景材料还有多种用途,如说明新闻事实的来龙去脉,烘托新闻报道的主题,说明事物的特性、可能性等。

第二,解释或说明新闻事物本身,这是解释性背景。一种解释性背景是用来帮助读者读懂新闻,如解释新闻中的特别术语、理论学说、名词概念或不常见的特殊事物等;另一种解释性背景通常用作分析新闻事件,如阐明新闻的意义、性质,说明新闻事件的影响、前景等,使读者更加深刻地

---

① 刘明华、徐泓、张征:《新闻写作教程》,北京:中国人民大学出版社2002年版,第101—108页。

理解新闻;还有一种是暗示性的解释,旨在通过客观事实传达记者的主观判断。

二、新闻语言

新闻写作的语言表达有自身的要求和特色。新闻主要是准确传播信息和报道事实,其语言表达方式以叙述、说明、白描为主,议论和抒情的使用当慎重。新闻语言表达要求做到:准确具体,忌浮词赘语;简洁明快,忌晦涩难懂;通俗大方,忌矫揉造作。当然,新闻语言还应具有时代感,也因报道内容的差异和体裁的不同而呈现多样性风格等。下面重点介绍几种新闻语言的表达技巧。

第一,化抽象概念为具体内容。例如,不说"某人神经紧张",而说:"在一次40分钟的飞行途中,他嚼了21根口香糖,他洗了一副牌,数了数,又洗了一遍。他看了看头上和脚下的云彩,系紧安全带,又把它松开了。"不说"已经采取了许多有效措施来控制通货膨胀",而说:"银行已经将贷款利率提高了多少个百分点,并且规定贷款者必须首先取得政府的批准,从而有效地控制了信贷的发放。"不说"中国人民有能力在航天等高科技领域创造奇迹",而说"自从1970年成功发射首枚人造卫星以来,中国的航天业已经发射了多少枚卫星和多少枚实验性运载火箭,成功率达百分之多少以上"等。具体内容主要体现在以下几个方面:(1)表达具体的时间、空间、形态、色彩内容;(2)准确描述事物的属性、特征;(3)精确无误记录事物的数量、程度;(4)排除臆断和以偏概全的主观意见;(5)避免使用可能产生歧义的词语。

第二,锤炼动词的使用。新闻文体被视为"简洁而注重动词的文体"。动词表达人的行为动作和事物的运动变化等,它是句子中最重要的词。新闻语言的准确生动与动词的使用关系密切。新闻写作通常使用及物动词,并采用主动语态。主观性色彩较浓的形容词、副词尽管能使文章富有文采,但新闻写作的客观真实性要求新闻语言客观冷静,因此,尽可能少用形容词和副词也是新闻语言的技巧之一。明末清初的散文作家张岱(1597—1684)被誉为"三百年前一位出色的'新闻记者'"[①],其小品文冷静与客观的叙述技巧十分高超,如《扬州瘦马》写道:

---

① 黄裳:《绝代的散文家张宗子》,见《晚明文学思潮研究》,武汉:湖北人民出版社2002年版,第197页。

扬州人日饮食于瘦马之身者,数十百人。娶妾者切勿露意,稍透消息,牙婆驵侩,咸集其门,如蝇附膻,撩扑不去。

黎明,即促之出门。媒人先到者,先挟之去,其余尾其后,接踵伺之。至瘦马家,坐定,进茶,牙婆扶瘦马出,曰:"姑娘拜客。"下拜曰:"姑娘往上走。"走。曰:"姑娘转身。"转身向明立,面出。曰:"姑娘借手睄睄。"尽褪其袂,手出、臂出、肤亦出。曰:"姑娘睄相公。"转眼偷觑,眼出。曰:"姑娘几岁了?"曰几岁,声出。曰:"姑娘再走走。"以手拉其裙,趾出。然看趾有法,凡出门裙幅先响者,必大;高系其裙,人未出而趾先出者,必小。曰:"姑娘请回。"一人进,一人又出。看一家必五六人,咸如之。

看中者,用金簪或钗一股插其髻,曰"插带"。看不中,出钱数百文赏牙婆,或赏其家侍婢,又去看。牙婆倦,又有数牙婆踵伺之。一日二日,至四五日,不倦亦不尽。然看至五六十人,白面红衫,千篇一律,如学字者,一字写至百至千,连此字亦不认得矣。心与目谋,毫无把柄,不得不聊且迁就,定其一人。

"插带"后,本家出一红单,上写彩缎若干,金花若干,财礼若干,布匹若干,用笔蘸墨,送客点阅。客批财礼及缎匹如其意,则肃客归。归未抵寓,而鼓乐盘担、红绿羊酒在其门久矣。不一刻,而礼币、糕果俱齐,鼓乐导之去。去未半里,而花轿花灯、擎燎火把、山人候相、纸烛供果牲醴之属,门前环侍。厨子挑一担至,则蔬果、肴馔汤点、花棚糖饼、桌围坐褥、酒壶杯箸、龙虎寿星、撒帐牵红、小唱弦索之类,又毕备矣。不待复命,亦不待主人命,而花轿及亲送小轿一齐往迎,鼓乐灯燎,新人轿与亲送轿一时俱到矣。新人拜堂,亲送上席,小唱鼓吹,喧阗热闹。日未午而讨赏遽去,急往他家,又复如是。

全文694个字,写尽了明朝末年扬州地区买卖姑娘市场的始末。张岱使用白描手法把挑选、付费、送"货"上门的全过程叙述得清楚明白,叙事如画。作者没有直接就此议论,但其反感的态度依然表现在客观叙述之中,如"如蝇附膻,撩扑不去"一句暴露牙婆驵侩的丑陋嘴脸、可恶行径,又如"日未午而讨赏遽去,急往他家,又复如是"一句描绘送"货"者的麻木不仁等等。这是一篇出色的客观新闻报道。

第三,多使用简单句,少用复合长句。新闻语言的简洁明快与句子长短有很大关系。麦尔文·曼切尔说:"使新闻报道可读的关键之一是用短句子。"①美国合众国际社为记者提供了一个"句子用词的平均长度"表格②：

最易读的句子	8个词以下
易读	11个词
较为易读	14个词
标准句子	17个词
较难读	21个词
难读	25个词
很难读	29个词以上

一般读者阅读标准句子没有什么困难。写简单易读的句子，是新闻语言值得关注的技巧。当然，新闻报道的长短句使用也不是绝对的，记者应当首要考虑良好的表达效果。

第四，使用标准纯净的大众语言，使表达通俗易懂。这主要针对专业性、技术性、理论性较强的新闻报道而言，要求记者将报道涉及的深奥难懂的专业理论术语转化为通俗易懂的大众化语言。一位美国新闻学教授评论一条艰深难懂的科技新闻说，要读懂那条新闻，需要一个本行业的博士，加上一位语言学家和一位诺贝尔奖金获得者的帮助才能办到。这种说法虽然有些夸张，但我们经常读到深奥难懂、不知所云的各种专业报道也是事实。

三、新闻的表现手法

(一)"用事实的真相说话"。这比"用事实说话"的要求更进一层，某些"事实"是片面和表面的，"事实的真性"是全面和深刻的。"用事实的真性说话"是用反映事物特点的典型事实说话。作者的倾向性通过事实自然地显示出来，而不是特意将它指出来。"客观报道"、纯新闻、硬新闻等新闻学概念均与此有关。

(二)平衡。平衡的写作要求与客观性要求相类似，但客观性偏向记者的认知能力和水平，而平衡偏重于记者的人格。平衡是新闻写作的一个道德信条。一般而言，对普通人物和事件比较容易做到，而对拥有权利的政府官员或拥有经济实力的商界人物，以及与其相关的事件时，新闻写作要做到

---

① 〔美〕麦尔文·曼切尔：《新闻报道与写作》，艾丰等译，北京：广播出版社1981年版，第136页。

② 同上书，第136—137页。

平衡会有很大压力。而且,记者自身也是有感情、有立场的人,他们在新闻报道中会不自觉地有所偏向。但是,记者有责任记住新闻写作的平衡要求与公正有关,平衡写作是为了守住新闻的公正原则。平衡手法的具体运用是,在报道一个引起争论的问题时,必须把两相对立和两相对照的不同观点都表达出来。此外,将一个事物的今昔、正反等不同的事实组织在一起,也是新闻写作的平衡手法。

(三)言必有据。新闻所写的客观事实必须都有依据。相对而言,记者现场目击或口述实录的新闻,比较容易做到言必有据。因此,我们这里强调言必有据,主要是针对新闻记者想表达自己的观点这种情形。如果记者自己出面评论新闻事实,就是主观的议论;但是,在新闻写作中,若能借别人的嘴说出记者想说的内容,则是允许的。借有关人员的话评论事实,仍是客观报道。需要注意的是,新闻所引别人的语言,必须是真实的、准确的,不得歪曲原话,不得断章取义。

(四)点面结合。"点",指发生在特定时间和空间中的具体事实;"面",则是指新闻事件的整体面貌。"面"虽然是事实,但需要归纳概括,不像"点"那样具体客观。新闻写作要想充分体现"用事实说话"的原则,集"点"成"面"是一个行之有效的方法。

(五)要言不繁。新闻写作提倡"用事实说话",并不是一味地排斥议论。相反,适当时候那种言简意赅、一语中的的议论,能够使事实更清楚、更完整。在仅仅叙述事实不能准确传达意蕴,或者事实的内蕴过于隐蔽,不在一定程度上予以提示容易引起误解的时候,适当的议论与新闻报道的客观性并不矛盾。不过,在新闻中议论要注意以下两点:首先,议论必须是从新闻事实中自然而然引发出来的,不是离开事实的任意发挥,也不是在事实之外硬贴上一张理性的标签。其次,议论必须要言不繁、精练到位。

【导学训练】

一、学习建议

新闻写作的学习要从新闻学、写作学、记者的素质三个方面入手,认识影响新闻写作成败的多方面因素,了解新闻写作的性质、基本技法和主要类型及其写作特点。

二、关键词释义

新闻:新闻是最近发生的事实的报道。

新闻性：新闻性是指新闻价值。决定新闻价值大小的因素主要有时间性、重大性、关联性、冲突性、异常性。新闻写作的成功与否与记者对事物新闻价值的深入挖掘和准确把握有关。

导语：导语是消息正文的开头部分。写好导语很重要。写作导语有两大要求，一要抓住事情的核心，二要吸引读者。导语分为直接性导语和延缓性导语。直接性导语是直接写出事实核心的导语。延缓性导语多用于综合消息、非事件性消息或非动态消息等"软"消息，这类消息报道的事件多不是正在发展中、变化中或突发性的。延缓性导语通常用来设置一种现场情景或营造某种气氛。

新闻背景：新闻背景是指用事实材料拓宽新闻事物的背景或解释新闻的有关事实，其目的或者在于帮助读者理解新闻涉及的纷繁复杂的事物，或者源于记者需要运用背景材料来加大新闻表达的深度和力度。新闻背景的写作是新闻写作的重要组成部分，也是记者写作新闻的基本能力之一。

客观报道：客观报道一要准确地反映事物的客观实际，二要通过事物本身说明问题，避免由记者自己抒发感情和议论。但是，客观不等于有闻必录的自然主义。在新闻报道的体裁、内容鉴别和选择、新闻角度的确立等方面，记者融入了自己的主观性；只是，记者的主观性思想和情感需要借助客观事物表现出来。

平衡：平衡的写作要求与客观性要求相类似，但客观性偏向记者的认知能力和水平，而平衡偏重于记者的人格。平衡是新闻写作的一个道德信条。新闻的平衡写作要求是为了守住新闻的公正原则。

新闻语言：新闻主要是准确传播信息和报道事实，其语言表达方式以叙述、说明、白描为主，议论和抒情的使用当慎重。新闻语言表达要求做到：准确具体，忌浮词赘语；简洁明快，忌晦涩难懂；通俗大方，忌矫揉造作。新闻语言还具有时代感，也因报道内容的差异和体裁的不同而呈现多样性风格等。

消息：消息是用简明的文字及时地报道新闻事实的一种新闻体裁。狭义的新闻就是消息。它在各种新闻体裁中使用最多、最活跃，在新闻报道中占有重要地位。

通讯：通讯是采用叙述、描写等多种表达方式，将具有新闻价值的人物或事件及时、详尽、生动地予以报道的新闻体裁。它相当于西方新闻界所言的"特稿""特写"等体裁。通讯与消息的区别主要有两点：第一，消息是简明传递新闻，通讯是详尽、深入、形象报道新闻，大多属于深度报道；第二，消息要求报道与事实之间的时差尽量缩小，时效性是衡量消息价值的重要标准，通讯发稿时间通常在消息之后。

三、思考题

1. 试述新闻写作的语言特征。
2. 怎样理解消息写作的"倒金字塔"结构含义？
3. 试比较通讯讲述的新闻故事与文学讲述的虚构故事之间的联系与区别。

四、可供进一步研讨的问题

1. 新闻写作与文学写作的关系

提示:有位作家挪揄记者说:"我们作家是吃草拉奶,你们记者是吃草拉草。"记者反唇相讥说:"假如要我承认你说的对,那么,我要补充一句:有的作家是吃草拉奶,而有的作家恐怕是吃草拉屎。"新闻写作与文学写作都反映社会生活,都是语言的艺术,这些决定了二者在语言表现技巧方面有相同之处。美国著名作家海明威的文学创作借鉴了新闻写作技巧,表明了新闻写作和文学写作的相通之处。但两种写作的性质不同,真实是新闻写作的生命,虚构是文学艺术的特征。真实使新闻写作受到限制,虚构使文学写作拥有更大自由。

2. 新闻写作与语言学的关系

提示:新闻写作需要运用语言的艺术。记者能否写出好作品与其运用语言的能力和语言境界密切相关。使用准确、明晰、优美的语言,展示朴素大方的文风,表达真实动人的情感,应当是新闻记者的职业道德之一。新闻写作涉及的字词句法、文风和色彩等都是语言学的基本内容。记者的语言学修养是新闻写作的基本要求。浮词赘语、陈词滥调、语病丛生的语言表达,矫揉造作、空洞笼统的文风,会损害新闻作品的表现力。

3. 记者的主观性与新闻事实的客观性之对立统一关系

提示:新闻写作注重客观事实真相的报道原则,但新闻作品仍然是记者主观性与客观事实的结合体。增强记者的业务素质,提升记者的思想境界,加强记者的道德修养,是实现客观事实真相报道的根本。

【研讨平台】

一、理解新闻写作的真实性或客观性

提示:新闻写作是一种个性鲜明的应用文写作。客观报道是新闻写作的显著个性。新闻不仅要如实报道客观的事实,还要报道事实的真相。

1. 艾丰说:"新闻真实性是新闻的生命。"

(《新闻写作方法论》,第79页)

2. 麦尔文·曼切尔说:"客观新闻可能受到局限,因为它提倡被动。……客观新闻,虽然报道警察部门的通报和各种方案,但很少检查这些情报中所涉及的问题产生的后果。客观新闻不能使公众警惕地注视贫穷、种族主义、不平等和冷战的国内后果等。它看来宁可被各种机构所利用,而不为人民所利用,并且存在着固有的对有关当局的偏见,认为这些当局是懂道理的、无私的和关心人民的。客观新闻导致一种无能为力的感觉,一位勇敢的广播记者爱尔默·达维斯在五十年代指出了客观新闻的局限性。他讲述了这样一类记者的失败,他们知道官员在说谎,但是不能把这一点直接写

进报道中去。所以他劝告记者,他们必须在不负责任的客观性和主观性之间走钢丝。"

(《新闻报道与写作》,第54—55页)

二、新闻写作与宣传稿、文件报告的联系与区别

提示:我国的新闻强调舆论宣传引导作用,政策性较强的新闻写作如何与宣传、文件报告区别开来,这是需要新闻写作认真对待的问题。

1.《中国大百科全书新闻出版卷》解释新闻是"宣传的一种重要形式。宣传者运用新近发生的事实的报道,阐述一定的观点和主张,以达到吸引受众和争取受众的目的",解释宣传是"运用各种符号传播一定的观念以影响人们的思想和行动的社会行为";《牛津词典》解释新闻是"新的或新鲜的信息以及关于新近发生的事情的报道",解释宣传是"散步信息、主张、观念(的手段与措施)"。

2. 周立方说:"新闻毕竟不能等同于宣传,因为它们各有其自身的规律,彼此不能混同。新闻是关于新近发生的有新闻价值的事物的客观报道,而宣传则是传播宣传者的主张、意见等的活动。新闻的客观性较强而宣传则主观性较强。新闻必须以客观事实为依据,而宣传则侧重以宣传者的主观见解为内容。一般说来,新闻对受众并无约束力,他可以接受也可以拒绝,而宣传往往具有约束力,在某些情况下非接受不可。新闻必须通过引人入胜的采写技巧、客观的手法、含而不露的方式达到传达某种信息以影响受众的目的。宣传当然也需要高超的技巧,但方式上则可以直截了当、理直气壮地播扬自己的观点和立场。……新闻事业如果不按新闻规律去办,就会出现种种问题而难以取得理想的效果。"

(《新闻写作研究》,第3页)

三、新闻写作与记者素养之间的关系

提示:新闻写作的成败与记者的人文素养有关。新闻史上的优秀记者都具有很高的人文素质。优秀记者不仅具有很强的写作能力,而且具有很强的认识事实真相的能力、独抒己见的自由批判精神和高尚的思想境界。

1. 艾丰说:"记者的素养,包括理论素养,能力素养,道德素养,业务素养,知识素养。在新闻写作中,严肃认真的写作精神,反复修改的态度,特别是乐于自己动手反复修改的精神,是值得提倡的。"

(《新闻写作方法论》,第302页)

2.周立方说:"在新闻工作者应当具备的诸多基本素养中,宏观意识是十分重要的一项。宏观意识这个词在不同的情况下可以有不同的解释。其中之一就是:从大的方面或者从全局看问题。另一个解释则是:按照事物本来的相互关系或者相对重要性来观察或认识事物。而不论就哪一个方面来说,它都要求新闻工作者视野开阔,眼光远大,而且具有广博的知识,丰富的阅历,纵横驰骋的思考能力和深邃精微的分析本领。"

(《新闻写作研究》,第22页)

3.麦尔文·曼切尔说:"他们(记者)都好奇。""记者有能看到准确细节的眼力。""记者要有勇气面对事实,勇于正视报道了与他自己的信仰相矛盾的东西产生的后果。""记者要有勇气在竞争的通讯社施加压力的局面中坚守自己的信念。""记者必须掌握事实,并且在收集事实时敢作敢为。""新闻记者是正直诚实的人。"

(《新闻报道与写作》,第21—23页)

【拓展指南】

一、重要文献资料简介

(一)理论书籍

1. 〔美〕麦尔文·曼切尔:《新闻报道与写作》,艾丰等编译,北京:广播出版社1981年版。

简介:作者麦尔文·曼切尔是美国新闻教育中心之一——哥伦比亚大学新闻学院的教授。这本书1977年第一次出版,是美国新闻教育的基本教材。它比较系统地介绍了美国记者采访与写作方面的基本原理、原则、经验与实践。其写作建立在"责任感、同情和良心的新闻学"和记者是"不轻信的、独立自主的、敏感的和坚韧的"等指导思想基础之上。

2. 〔美〕杰克·卡彭:《美联社新闻写作指南》,刘其中译,周立方校,北京:新华出版社1988年版。

简介:作者杰克·卡彭曾是美联社特稿部主任,他是名记者,也是英语语言大师。好新闻必须优美,为读者所喜闻乐见,本书作者特别强调新闻作品的语言优美,他甚至把写好新闻当做记者的职业道德,这是作者写作本书的动机。作者提出了许多新闻写作的精辟见解,还阐明了使用新闻语言的原则和方法。作者通过实例告诫读者"不该如此如此",而不是通常写作课本那样的"应该如此如此"。

3. 周立方:《新闻写作研究》,北京:新华出版社1993年版。

简介:这本书有针对性地研究了我国新闻报道写作的成败得失、经验和教训。它不是通常的从建构新闻写作理论出发,而是从实际存在的问题出发,对新闻写作提出了许多富有启发性的见解,例如通过区分新闻与宣传、新闻稿件与文件报告等揭示出新闻报道与写作有其自身的规律,写好新闻与对新闻写作自身规律的认识、尊重和运用是分不开的。作者高度的新闻素养和深厚的语言功夫使这本书深入浅出、自然大方。

4. 艾丰:《新闻写作方法论》,北京:人民日报出版社1993年版。

简介:《新闻写作方法论》是我国较早系统地探讨新闻写作规律的一部研究著作。作者认为,新闻写作有其特殊规律,新闻写作学是一门独立的学问。这是作者写作此书的基本点。作者探讨了新闻作品的特点、类型,新闻写作的基本表现方法,记者的新闻素养等多个内容,内容丰富且全面。作者在20世纪80年初期主持翻译了美国麦尔文·曼切尔的著作《新闻报道与写作》、《新闻写作方法论》颇受其影响。

5.〔美〕罗伯特·M.奈特：《最佳写作要领》，北京：新华出版社1999年版。

简介：作者奈特既是新闻报刊的自由撰稿人，又是大学新闻写作学教授。这种双重身份使他在理论联系实际方面有更多的优势。作者认为新闻写作的学习在于掌握简洁明了的表达技巧，这种技巧使事实、概念、思想和感情的表达变得清晰晓畅、水到渠成。作者还认为，新闻写作的基本规律对其他各种写作都适用。

(二) 名记者传记

1.〔美〕罗纳德·斯蒂尔：《李普曼传》，于滨、陈小平、谈锋译，陈立水、蒋正豪校，北京：新华出版社1982年版。

简介：沃尔特·李普曼(1889—1974)是美国最富盛名的专栏作家。他先后发表在《先驱论坛报》和《新闻周刊》上的"今日与明日"专栏持续了36年(1931—1967)，是20世纪美国报刊史上历史最久、内容最广、影响最大的专栏，被美国及世界各国的200多家报刊转载，受到美国政府以及各国首脑和外交机构的高度重视。他是20世纪最伟大的新闻记者。

2.〔美〕威·安·斯旺伯格：《普利策传》，陆志宝、俞再林译，北京：新华出版社1989年版。

简介：约瑟夫·普利策(1847—1911)是美国著名的新闻学家和报业巨子。他提倡新闻的趣味性、刺激性和教育性。趣味性是指用简洁、精练、通俗的文风增强新闻的可读性；刺激性是指用耸人听闻的新闻手段刺激读者感官；教育性是指向公众揭露社会弊端和丑闻，伸张正义，提出改良社会的方向。普利策是美国新闻理论的开创者，他发动新闻改革运动，捐赠创办了美国第一所新闻学院——哥伦比亚新闻学院。以他的名字命名的普利策新闻奖是美国最高新闻奖。

(三) 优秀新闻作品选读

1.〔美〕罗·彼·克拉克编：《美国优秀新闻写作选》，魏国强、陈鹤高、陈章鸿、康家林译，北京：新华出版社1986年版。

简介：这本书选编了1981年和1982年六位美国记者的优秀新闻作品。编者克拉克在每篇作品后写了评语，着重指出文章的写作特点，并提出思考题和练习题。克拉克还采访了这些作者，详尽介绍了作品的构思过程、采访写作技巧和获奖者的新闻思想等。

2. 时统宇编著：《深度报道范文评析》，北京：新华出版社2001年版。

简介：深度报道是一种系统反映重大新闻事件和社会问题，结合其实质，追踪和探索其发展趋向的报道方式。深度报道表现出超越时空、谈古论今、规模宏大、纵横捭阖的思辨力和穿透力，越来越被新闻界所重视。这本书收录了1985年以来的深度报道佳作17篇，涉及社会生活的多个方面，每篇后面附有编者评析，说明作品的写作背景，分析作品的成功之处等。

二、一般相关研究资料索引

1. 樊凡、单波:《中西新闻比较论》,武汉:武汉出版社 1994 年版。
2. 李良荣:《西方新闻事业概论》,上海:复旦大学出版社 1997 年版。
3. 高宁远:《现代新闻采访写作教程》,北京:新华出版社 1998 年版。
4. 刘明华、徐泓、张征:《新闻写作教程》,北京:中国人民大学出版社 2002 年版。
5. 黄晓钟:《新闻写作思考与训练》,成都:四川大学出版社 2002 年版。

第十四章 公 文

国家行政公文是国家机关在行政管理过程中形成的具有法定效力和规范体式的文书。在国家政治管理与经济建设中,党政机关、企事业单位以及群众团体用国家行政公文传达贯彻党和国家的方针、政策,颁布法律法规,发布行政措施,部署任务,指导工作,报告情况,交流经验,记录公务活动。因此,国家行政公文是依法行政和进行公务活动的重要工具,是国家政令统一、工作协调一致的重要准绳,是国家机器健康运行、社会和谐繁荣的重要保证。

公文写作是国家各级行政机关工作的重要组成部分,代表着机关的政策水平、业务水平乃至整体领导水平。作为国家行政工作人员,必须充分认识公文在国家管理活动中的重要作用,不仅领导干部要亲自动手起草重要公文,而且广大机关工作人员也要了解、学习行政公文的基本知识,掌握行政公文写作的基本技能。公文撰写能力已成为国家机关工作人员的一项必备的基本素质。

第一节 公文的含义

一、公文的含义

公文,即公务文书的简称,是相对于私人文书而言的一种文体类别。

公文有广义和狭义之分。广义的公文泛指行政机关、企事业单位、公共团体在公务往来活动中所形成的一切书面文字材料;狭义的公文专指党务性公文和行政性公文。本章所要讲述的公文指狭义公文中的后者,即国务院办公厅2000年8月24日发布的《国家行政机关公文处理办法》(以下简称《办法》)规定的现行十三类十三种公文,以下简称行政公文。

行政公文的含义

国务院《办法》第一章总则第二条对行政公文的含义有明确规定："行政机关的公文(包括电报,下同),是行政机关在行政管理过程中形成的具有法定效力和规范体式的文书,是依法行政和进行公务活动的重要工具。"

行政公文的含义可以从以下几个方面理解:

公文形成的主体是法定的行政机关。这一点包含两方面意义,其一说明这些行政机关都是依据宪法和有关法律、章程、决定建立起来的,具有法定的地位。只有具有这种法定地位的机关,才有权依照自己的职责范围,制定和处理行政公文。其他任何组织和个人擅自制发行政公文都是违法行为,都将受到法律制裁。其二说明行政公文的作者是法定的行政机关。这种"法定作者"的限定,是指行政公文必须以"机关的名义或其法定代表人的名义制发"。在公务活动中,有时需要以国家领导人或机关领导人的名义发文,这也是以机关的法定代表人的身份行事,并非个人行为。而起草公文的部门领导或机关文秘人员,也只是"奉命"写作的公文撰稿人,而非行政公文的作者。

行政公文是行政机关在行政管理过程中形成的。行政管理产生行政公文,一方面是说行政机关在行使职权和公务管理时,往往通过公文体现自身的意志,传达办事的意图,这是公文形成的必要条件;另一方面要求,在公文的形成中,不要"无病呻吟",随意行文,也不要"小题大做",滥发文件,以免造成"文山会海",贻误工作。也就是说,行政机关在行使职权和实施管理的过程中,要注重效用,只有确有必要时,才使用行政公文。

行政公文具有法定效力和规范体式。这是行政公文区别于其他公务文书的要义之一。"法定效力"是指行政公文一经发布,便在其职权范围内具有法定的权威性和公权力,对所有受文机关产生法定的行政约束力和强制执行力。"规范体式"是由行政公文的法定效力这一特性决定的,体现了行政公文的严肃性和规范化。它要求每个机关和个人都必须认真按照国家统一规定的文体和格式制作和使用行政公文,不得擅行其是。

行政公文是依法行政和进行公务活动的重要工具。任何行政机关都是通过行政公文来表达自身的意志,贯彻工作意图,办理公务往来,实施有效管理的。所以,行政公文是依法行政、令行禁止的有效工具。

第二节　行政公文的沿革

新中国成立六十年来,我国行政公文的种类和体式随着历史的进程历经了七次调整与变革。以1978年改革开放为界,这七次调整与变革可分为两个阶段。

一、第一阶段

第一阶段为1949年至1978年,我国政府发布了三次行政公文使用规定:

1951年9月,中央人民政府政务院颁布了《公文处理暂行办法》,将国家行政机关公文分为七类十二种,即(1)报告、签报;(2)命令;(3)指示;(4)批复;(5)通报、通知;(6)布告、公告、通告;(7)公函、便函。

1957年10月,《国务院秘书厅关于对公文文种和体式的几点意见》将公文文种调整为:(1)命令、令;(2)指示;(3)报告、请示;(4)批复、批示;(5)通知、通报;(6)布告、通告;(7)函。仍为七类十二种。

1964年2月21日,国务院将公文文种改为十类十三种:(1)命令、令;(2)指示;(3)批转;(4)批复、答复;(5)通知;(6)通报;(7)报告;(8)请示;(9)布告、通告;(10)函。

这三次调整,取消了签报、公告和便函,增加了令、请示、批示和批转,后将批示改为答复,还将报告和请示分开各作一类。这使得行政公文的分类更加清晰,上下职责更加明确,沟通更加通畅。

二、第二阶段

第二个阶段为1978年至今,我国政府又接连发布了四次行政公文的使用规定:

1981年2月,国务院办公厅颁布了《国家行政机关公文处理暂行办法》,将公文文种改为九类十五种,顺序依次调整为:(1)命令(令)、指令;(2)决定、决议;(3)指示;(4)布告、公告、通告;(5)通知;(6)通报;(7)报告、请示;(8)批复;(9)函。

1987年2月18日,国务院办公厅发布了《国家行政机关公文处理办法》。这是一次正式规定。公文种类变动为十类十五种:(1)命令(令)、指令;(2)决定、决议;(3)指示;(4)布告、公告、通告;(5)通知;(6)通报;(7)

报告、请示;(8)批复;(9)函;(10)会议纪要。

1993年11月21日,国务院办公厅经修订后,重新发布了《国家行政机关公文处理暂行办法》(自1994年1月1日起施行),将公文种类论为十二类十三种:(1)命令;(2)议案;(3)决定;(4)指示;(5)公告、通告;(6)通知;(7)通报;(8)报告;(9)请示;(10)批复;(11)函;(12)会议纪要。

2000年8月24日,国务院发布了新的《国家行政机关公文处理办法》(2001年1月1日执行),现行的公文种类为十三类十三种:(1)命令(令);(2)决定;(3)公告;(4)通知;(5)通知;(6)通报;(7)议案;(8)报告;(9)请示;(10)批复;(11)意见;(12)函;(13)会议纪要。

这四次调整与变革,取消了了批转、答复、指令、指示、决议、布告六个文种,恢复了公告;增加了决定、意见、议案、会议纪要四个文种,并将报告与请示、公告与通告在类别上区分开来。这一阶段的调整,种类之多、频率之高,是前所未有的。同时,也给了我们一些重要的启示。首先,说明了这阶段的行政公文,既是领导、促进改革开放健康发展的有效工具,又是为改革开放保驾护航、与时俱进的重要体现。其次,不仅在体式结构上进行了诸多调整,适应时代,与国际接轨,而且在行政公文种类的实质上进行了适时的变革,顺应了市场经济,突显了社会主义的民主政治、民主管理,如新增了议案、意见,取消了决议、指令、指示等,使现行的行政公文更富有时代感,更具有权威性。

第三节 行政公文的行文规则

行政公文的行文有着一套严格、规范、完整的程序。这些特定的要求,是公文在国家机关之间,按照一定组织关系有序地正常运转的需要,也是行政公文适应国际化、自动化、标准化办公的需要。

所谓行文,根据语境的不同,一般有两种含义:一种指起草文件、撰写文章的写作行为;一种指公文处理过程中的发送、传递行为,它是公文处理过程中的一个重要环节。这里讨论的是后一种行文。

一、行政公文的行文关系与行文方向

(一)行文关系

行文关系是发文机关与收文机关之间的工作关系在行文中的具体体

现,也直接关系到公文的运行方向。只有正确地把握了行文关系,才能确定行文方向,从而发文机关才能正确选择行文对象、选用合适的文种,文件才能有序传递,发挥应有的效用,发文目的才能得以实现。因此,弄清行政机关的相互关系,明确职权范围,确立正确的行文关系,是正确行文的保证;否则,公文无法正常运转,直接影响行政效率,甚至贻误工作。

我国行政机关之间的相互关系目前主要有四种类型三种关系:

同一系统中的领导与被领导的隶属关系。如国务院与各省、自治区、直辖市人民政府之间的关系;同一系统中的上级与下级之间的业务指导与被指导的关系,如国家工商总局与各省、自治区、直辖市工商局之间的关系。这两类关系,均属于上下级关系。

同一系统中的同级机关之间属于平行关系。如国务院所属的各部委之间、各省级人民政府之间、各省工商局之间的关系。

不同系统的机关之间,不论级别高低,均属不相隶属关系。如不同省份的工商局与教育厅之间、同一省份的工商局与教育厅之间、省工商局与县民政局之间的关系。

(二)行文方向

行文方向,是指公文自发文机关向受文机关传递、运行的方向。不同的相互工作关系,就有不同的行文关系;不同的行文关系,又决定了不同的行文方向。

上述行政机关之间的四种类型三种关系,决定了行文的三个基本方向,它们分别是:

上行文,是指下级机关或下级业务部门向上级领导机关或上级业务主管部门发送的公文。

下行文,是指上级领导机关或上级业务主管部门向下级机关、下级业务部门发送的公文。

平行文,包括同级机关之间和不相隶属机关之间发送的公文。

二、行政公文的行文方式

行文方式是指根据行文关系、工作需要,在机关的层级之间确定并使用的文件制发与传递的方式。在行政公文制发的过程中,行文方向确定后,还需要按照发布的目的与传递层次的不同,选择行文方式。比如,在下行文中,有三种行文方式可供选择:逐级下行文、多级下行文与直达基层组织和群众的下行文。公文的制发者可根据公文的目的、工作的需要选择适合的发布、传递的层级,充分发挥公文的作用。

行政公文的行文,一般有逐级行文、多级行文、越级行文和平级行文四种方式。

(一)逐级行文

逐级行文是指按组织系统,每次向一个直接机关层级制发公文的行文方式。它也是一种最基本、最普遍、最常用的行文方式,主要用以维护正常的领导与被领导关系,加强领导与被领导的工作关系。逐级行文分为逐级下行文和逐级上行文两种。逐级行文一般只能有一个主送机关,即发文机关只向其直属的上一级机关或者下一级机关行文。

(二)多级行文

多级行文是指发文机关根据需要,同时向两个或两个以上机关层级制发公文的方式。多级行文省去了逐级传递或层层转发的环节,有利于迅速而及时地传递文件,提高办文时效。多级行文也分为多级下行文和多级上行文两种。

多级下行文可根据需要选择若干层级,甚至可以直达基层组织和群众。这种直接与基层组织和群众见面的多级行文方式,能让基层组织和广大群众及时地、真实地了解并掌握文件的精神和内容,最大限度地组织和动员群众。

多级上行文则是在特殊情况下才予以采用的一种行文方式,即当所涉及的问题比较重大或比较重要,确需直属的上级机关和更高的上级领导机关了解、指示和解决。行文往往采用"并报"的方式,如市人民政府行文给省人民政府并报国务院。

(三)越级行文

越级行文是指在非常必要时,发文机关越过直接的层级机关,向更高或更低的层级机关行文的方式。越级行文打破了正常的制发程序和行文方式,是一种非常态的行文方式,只能在特殊必要的情况下才可以采用。确有必要越级行文时,一般应同时抄送被越过的机关。越级行文亦分为越级上行文和越级下行文两种。

适用于越级上行文的特殊情况主要有:经多次请示,直接上级机关长期未予解决的事项;更高层级的上级机关直接交办并指定将办理结果直接越级上报的事项;只有更高层上级机关才有解释权的具体事项;检举、揭发直接上级机关违规违纪的有关事项;重大突发事件或群体事件等。

适用于越级下行文的特殊情况主要有：直接向非直接下级机关下达紧急任务、交办带有密级的事项、查询对口的专业事项、核实亟待澄清的问题事项、回复越级上报的公文等。

(四) 平级行文

平级行文即同级机关之间或不相隶属机关之间、不受系统归属制约与层级级别限制而直接向对方机关行文的方式。这种行文方式，可以不分系统，不论级别，不限地区，直接发函，平等往来，主要适用于根据相关的立法规定，平行机关或不同系统的分属机关必须共同处理有关问题，或者查询核实有关事项，联系相关工作。这样就可以免除不必要的文件传递、运转层次，节省公务时间和资源，提高公文效率。

第四节 行政公文的格式

行政公文的格式即公文书面的外观规格样式，是指构成公文的结构要素及其在文面上所处的位置和书写要求。这一含义中所说的"结构要素"，指的是公文结构的各个组成部分，即公文结构的"零件"；"文面上所处的位置"指的是构成公文的"零件"在文面上的排列顺序和标识规则及其摆放的具体方位；而"书写要求"则是指在文件制作时，关于各个"零件"字体、字号及排版规格的规定。

国务院 2000 年颁布的《国家行政机关公文处理办法》（以下简称"新《办法》"）和 1999 年实施的《国家行政机关公文格式》（以下简称"新《格式》"）对公文的结构要素作了明确规定，公文一般由公文份数号、秘密等级和保密期限、紧急程度、发文机关标识、发文字号、签发人、标题、主送机关、正文、附件说明、成文日期、印章、附注、附件、主题词、抄送机关、印发机关和印发日期 17 个要素组成。

同时规定，公文的各要素划分为眉首、主体、版记三大部分。置于公文首页红色反线以上的各要素统称眉首；置于公文首页红色反线（不含）以下至主题词（不含）之间的各要素统称主体；置于主题词以下的各要素统称版记。

这种固定的格式，是行政公文区别于其他公文的一个显著标志。统一和规范行政公文的文面格式，制定公文结构要素的标识规则，是为了维护公文自身的严肃性、公权性，方便迅速地制发、传递、存贮、查询，也是为了提高公文处理的效率，以适应办公的国际化、自动化、标准化。

以下分别介绍行政公文格式的眉首、主体、版记三大部分。

一、眉首部分

眉首部分,置于公文首页红色反线的上方,占三分之一的位置,也称作文头,由公文份号、秘密等级和保密期限、紧急程度、发文机关标识、发文字号、签发人六个要素组成。

其中,发文机关标识、发文字号是必备基本要素,其他则属于条件选择要素。

(一)发文机关标识

发文机关标识由发文机关全称或规范化简称后加"文件"组成,体现了该文件制发文件作者的法定地位和权限,以及行政公文的严肃性、庄重性。

发文机关标识又称版头,它是眉首的核心部分,位于眉首的正中央,套红印刷。

发文机关标识的字体,《国家行政机关公文格式》推荐使用字体庄重的小标宋体字。其他带有书法艺术成分的字体如黑体、楷体、隶书、魏碑等,均不适用于代表国家行政、具有执法职能的机关标识。

发文机关标识的字号的大小,则应根据发文机关名称字数的多少,以醒目美观为原则酌定。但不能等于或大于"国务院文件"的字号22mm×15mm(高×宽),"以显示国务院作为最高国家行政机关的地位"。

民族自治地区,可以所属民族文字与汉字并用印制发文机关标识。

联合行文的发文机关标识,排列的顺序应遵循三点,一是党的机关排列在前,政、军、群排列在后;二是主办机关排列在前,协办机关排列在后;三是同级机关则依照部、委、厅、局、办以及当地行政机关排序惯例排列。"文件"置于联合行文的发文机关右侧,上下居中排布。

上行文时,发文机关标识的上边缘到版心上边缘应为80mm(不含天头的高37mm)。

这项预留的空白区,称为"批示域",作用是供上级机关的负责人,在阅读下级机关上报的请示、报告或者意见时进行批示。其他方向行文时,发文机关标识的上边缘至版心上边缘为25mm(不含天头的高37mm),以备标识条件选择的公文要素之用。

(二)发文字号

发文字号简称文号,是发文机关编排的文件代号,其作用是便于公文登记、识记和查询、引用时指代。

发文字号由机关代字、年份和序号三者组成。

1. 机关代字。发文机关代字一般由三部分组成。

其一是行政区域代字,即行政区域的规范化简称。如上海用"沪"、湖北用"鄂"。

其二是机关代字,即行政机关及其职能部门系统内通用的规范化简称。如政府用"政"或"府"、政府办公部门用"政办"或"府办"、新闻出版部门用"新"、教育厅职称办公室用"教职"等。

其三是发文形式或发文类型代字。目前除了信函式公文在机关代字后标注"函"以外,其余发文一般都用"发"作为总的发文类型代字。有的地区则以"发""呈""函"三字分别作为下行文、上行文、平行文的发文类型代字。

以上三个部分合起来,就组成了机关代字。如"鄂教发",就是"湖北省教育厅"制发文件的代字。

2. 年份。年份用阿拉伯数字标全公元纪年,并用六角括号"〔〕"括入,如〔2009〕。不能使用方括号(中括号)"[ ]"如[2009]或圆括号(小括号)"( )"如(2009)进行标识。因为,根据《办法》"引用公文应当先引标题,后引发文字号"的要求,引用发文字号时是要用圆括号括起的。如果年份用中括号括起,就违反了低级符号中不得包含高级符号的原则;如果年份用圆括号括起,又会造成圆括号套圆括号的重复。

3. 序号。序号是发文机关同年的文件按时间顺序编排的流水号。行政公文按年编排序号。序号也用阿拉伯数字标识,不编虚位(即1不编为001),不加"第"字。

发文字号的目的,就是用简约的标识来识记、指代文件,所以,每一组成部分都应规范、实用、简明。

每份公文只有一个发文字号,联合行文只标明主办机关的发文字号。

发文字号用3号仿宋体字,一般置于发文机关标识下空2行居中标注。上行文的文号则调整到左边缘距版心空1字标注,这样做,既腾出右侧标注"签发人",又美观对称。

最后,发文字号之下4mm处印有一条与版心同宽的红色反线。这条红色反线,是眉首的有机组成部分,也是眉首部分区隔主体部分的显著标志。

依照《中国共产党机关公文处理条例》的有关公文格式规定,党的文件的红色反线正中置有一颗实心五角星。从这个意义上说,红色反线又是区分党政文件的一个重要标志。

文头部分由于发文机关标识与红色反线都是套红印刷的，格外庄重醒目，因此这种文件又有"红头文件"之尊称。

（三）公文份数序号

公文份数序号简称"份号"，是指依据同一公文印制的顺序编号。

公文标注了份数序号，就使同一公文的每份文件都有了自己独一无二、相互区别的编号，便于特殊公文的管理，利于查清责任。《办法》中规定，绝密、机密文件必须标明份数序号。也就是说，只有具有密级的文件或需要如数收回的文件，才需要标注份号。

份号要求用阿拉伯数字顶格标注在公文首页版心左上角第 1 行。份号可编虚位，所编制的位数应根据同一公文印制的份数来决定，但至少不能少于两位，即"1"应编为"01"，以示强调。

（四）秘密等级和保密期限

秘密等级是指公文秘密程度的等级，简称密级。凡是涉及党和国家秘密的公文都应当标明密级。

《中华人民共和国保守国家机密法》第九条规定："'绝密'，是最重要的国家秘密，泄露会使国家的安全和利益遭受特别严重的损害；'机密'，是重要的国家秘密，泄露会使国家的安全和利益遭受严重损害；'秘密'，是一般的国家秘密，泄露会使国家的安全和利益遭受损害。"我国现行的行政公文秘密等级依此分为三级，从高到低依次为：绝密、机密、秘密。发文机关要根据保密法的规定，慎重准确地划分文件密级，以确保文件内容的安全。

《中华人民共和国保守国家秘密法》第十四条规定："机关、单位对国家秘密事项确定密级时，应当根据情况确定保密期限。"《国家秘密保密期限的规定》（国家保密局 1990 年第 2 号令）规定，"凡未标明或者未通知保密期限的国家秘密事项，其保密期限按照绝密级事项三十年、机密级事项二十年、秘密级事项十年认定"。

准确地标明密级和保密期限，是为了警示密级文件的传递安全，控制密级文件的阅读对象和传播范围，确保密级文件正确处理与保存，从而达到严守国家秘密、维护国家安全和利益的目的。

秘密等级用 3 号黑体字顶格标注在版心右上角第 1 行，两字之间空 1 字的距离。

如未标注保密期限，行政公文的保密期限亦按照绝密三十年、机密二十年、秘密十年认定。保密期限届满，文件自行解密。

如需标注保密期限,则在秘密等级后标注"★",再标注具体的保密期限。标注保密的具体期限时,其期限应在密级所规定的期限内,不能低于或等于下个级别,也不能等于或高于上一个级别。正确的标注如"机密★八年"、"绝密★二十五年"。

(五)紧急程度

紧急程度也称"缓急程度",是对公文传递和处理的时限要求。标注紧急程度是要提醒有关人员特别注意,传递环节要先行快送,处理环节要先阅先办,严守时限不得延误。

公文的紧急程度从高到低分为两级:特急、急件。紧急公文应当根据紧急的程度分别标明"特急""急件"。一般来说,"特急"的送达时限为1~2天,"急件"的送达时限为3~5天。

紧急程度用3号黑体字顶格标印在首页版心右上角第1行,两字之间空1字的距离。

如果文件需要同时标注秘密等级和紧急程度,那么紧急程度顶格标印在版心右上角顶格、秘密等级的下一行。

(六)签发人

即代表机关审核并批准公文生效,并对该公文负责的领导人姓名。签发人只适用于上行文。

在行政公文发文办理的程序中,有两个环节涉及签发人。

一个是在公文办理程序的签发环节。签发指的是机关领导人对公文文稿进行最后的审定并批准印发。公文的决定文稿一经签发即成定稿。定稿是已经产生法定效力的文稿,是制作公文正本的依据。

签发环节的签发人,是机关领导人行使职权的一个重要体现。他可以是机关主要领导人,如尚需送机关主要领导人审阅的,要写明"请某某同志审阅后发";也可以是受领导委托代行签发职责的。

另一个是在公文办理程序的上行文核发环节。核发是指在公文印发之前,对经领导签发的文稿进行复核并确定发文字号、特殊标注(如密级、紧急程度、签发人等)、分送单位和印制份数的工作。

核发环节的签发人,是机关领导人对该文件负责的一个重要承诺。他只能是机关的主要负责人。

眉首签发人的标注位置,是在红色反线之上4mm处,平行排列于发文字号右侧。发文字号居左空一字,签发人姓名居右空一字;"签发人"用3

号仿宋体字,后标全角冒号,冒号后用3号楷体字标注发人姓名。

联合行文时,会签后就有多个签发人,主办单位签发人姓名置于第一行,其他签发人姓名从第二行起按发文机关标识的顺序依次顺排,下移红色反线,使发文字号与最后一个签发人姓名处在同一行。

二、主体部分

主体是公文的核心部分,由标题、主送机关、正文、附件说明、成文日期、印章、附注、附件八个要素组成。其中,标题、主送机关、正文、成文日期、印章为必要基本要素,附件说明、附件、附注为条件选择要素。

(一)标题

标题指概括公文主要内容的名称。公文标题一般由发文机关、事由和文种三要素构成。如《国务院关于做好促进就业工作的通知》,发文机关是"国务院",事由是"做好促进就业工作",文种是"通知"。

发文机关:使用全称或规范化简称。发文机关有时可以省略,如《关于支持创新型科技园区建设的若干意见》(津政发〔2008〕92号)。但需要强调发文机关的权威性或行文的重要性时,发文机关就不宜省略,如前例《国务院关于做好促进就业工作的通知》。

事由:事由即公文的主要内容或公文办理的主要事项。公文标题通常在事由前加上介词"关于",在文种前加上助词"的"构成介词结构"关于……的"作为文种的定语。

文种:即公文的种类。文种是公文行文目的、行文关系的综合体现,拟写标题首先要选准文种,不得混淆,更不能用错。

标题在红色反线下两行,用2号小标宋字居中排列,两边不顶格,留出适当空白。根据字数多少,可排列成一行或多行。回行时,要做到词义完整,不要将发文机关名称和事由中的固定词组、专有名词及实词、虚词拆割分行。

公文标题中除法规、规章名称加书名号和缩略语、专有名词加引号外,一般不用标点符号。

(二)主送机关

主送机关又称抬头或行文对象,指公文的主要受理机关,即负责主办、答复的收文机关。选择主送机关的依据是行文目的、职权范围和隶属关系。正确选择主送机关,就为公文事项的贯彻执行奠定了基础;选择不当,便会责任不明,相互观望,或者互相推诿,贻误工作。

公文的主送机关的标注形式,往往取决于行文方向、主送机关的种类和层级、主送机关名称的长短等多种因素,一般说来,有以下几种要求:

主送机关要求使用全称或规范化简称、统称。

多级下行文时,各层级机关由上至下顺序排列。

下行普发文件时,同级不同类的若干种机关通常采取"先外后内"的排列顺序。如国务院的下行文常用"各省、自治区、直辖市人民政府,国务院各部委、各直属机构"的排列方式,即把所属的同级各地方政府放在前,所属的职能部门放在后。

党政联合行文时,必须遵循"先党后政"。如中共中央办公厅、国务院办公厅联合行文常用"各省、自治区、直辖市党委和人民政府"的排列顺序。

主送机关采用3号仿宋字置于标题之下空1行、正文之上,靠左顶格书写,回行时仍顶格,在最后一个主送机关名称后标全角冒号。

如主送机关名称过多而使公文首页不能显示正文时,应将主送机关名称移至版记中的主题词之下、抄送之上,以"主送"单独列行,标识方法同抄送。

(三)正文

正文是公文的核心部分,是制发机关行文意图的反映、公文具体内容的文字表达。

一般来说,正文的结构可分为导语、正文主体和结束语三个部分。正文的具体写法,现行的十三类十三种行政公文都有各自不同的格式和要求,拟在下一节详细讲述。

总的来说,公文是国家机关实施领导与管理的重要工具和手段,公文写作就是理解政策、依靠政策、表达政策、执行政策的过程。因此,正文的拟写要求符合党和国家法规、政策,熟悉本职业务,内容实事求是,宣事说理,表情达意,主题鲜明,观点正确,逻辑严密,文字简练。

公文正文采用3号仿宋字置于主送机关名称下一行,每自然段左空2字,回行顶格。数字、年份不能回行。

为了防止公文正文因排版的不规范留下"变造公文"、篡改公文内容的隐患,公文正文在版式规范上提出了两点要求:

一是"公文首页必须显示正文"。公文首页有时因联合发文机关过多,公文标题过长或主送机关过多,导致文件标题置于前页下方,正文文首转于次页上方。这种公文首页未显示正文、文题分离的情况俗称"背题"。公文排印时,可以采取缩小发文机关字号、缩小行距或转移部分主送机关等方法,确保公文首页显示正文。

一是务使正文与印章同处一面,不得采取标识"此页无正文"的方法解决。当公文正文在某页正好排完,印章部分需另转页,出现正文与印章不在同一页的状况时,不能采取在印章页的上方标识"此页无正文"的方法,而应采取调整正文的行距、字距的措施予以解决,以使正文与印章同处一面。

(四)成文日期

成文日期指文件正式形成的时间,也是表明公文正式发挥效用的时间。公文如果没标注时间,就失去了时效性,也就失去了现实意义。因此,明确公文生效日期是公文的一项重要内容。

公文生效日期的确定原则与标注方法有以下几种:

一般的文件,以机关领导人在定稿或"公文拟稿单"上的签发日期为生效日期。

联合行文,以最后一个签发机关领导人的签发日期为生效日期。

会议讨论通过的文件,以会议通过日期为生效日期。

法规性文件,以批准日期为生效日期。当其发布时间与实施时间不一致时,以实施时间为生效日期。

会议讨论通过的文件的生效时间、法规性文件的实施时间在标题的正下方加括号进行标注。

其他公文的成文日期标志在正文下方,右距版心边缘空4字。用汉字将年、月、日标全,"零"写为"〇"。

(五)印章

印章又称公文生效标识,它是体现发文机关权力的标志,是发文机关对公文生效负责的标识。

印章在公文中的作用,可分为使用印章的要求和加盖印章的要求两个方面。

新《办法》规定,公文除会议纪要和以电报形式发出的以外,都应当加盖印章。联合上报的公文,由主办机关加盖印章,其目的是简化办文手续,提高办事效率;联合下发的公文,发文机关都应当加盖印章。

新《格式》规定,加盖印章总的要求是:印章用红色。当印章下弧无文字时,采用下套方式,即仅以下弧压在成文时间上;当印章下弧有文字时,采用中套方式,即印章中心线压在成文时间上。这种规定,既防止了出现空白印章,又保证了印章和成文日期的清晰可辨。前者适于带有国徽图案和印章内下弧线没有文字的印章采用;后者则适于印章内下弧有文字、中间相对较空的印章采用。

新《格式》强调,联合行文的印章,各机关均只能采用同一种加盖方式,即要下套都下套,要中套都中套,不可例外,以保证印章排列整齐。

在制发行政公文的实践中,加盖印章还有单一发文和联合下行文两种情况,具体要求分别如下:

单一机关制发的公文在落款处不署发文机关名称,只标识成文时间。成文时间右空4字;加盖印章应上距正文1行之内,端正、居中,下压成文时间。

联合下行文又分为两个机关联合下行文和多个机关联合下行文。

两个机关联合行文需加盖两个印章时,应将成文时间拉开,左右各空7字;主办机关印章在前;两个印章均压成文时间。两印章之间不相交或相切,相距不超过3mm。

多个机关联合下行文需加盖3个以上印章时,为防止出现空白印章,应将各发文机关名称(可用规范简称)排在发文时间和正文之间,一一对应加盖印章。盖印时,主办机关印章在前,每排最多排3个印章,两端不得超出版心;最后一排如余一个或两个印章,均居中排布;印章之间互不相交或相切,在最后一排印章之下右空2字标识成文时间。

(六) 附件说明

附件说明只适用于有附件的公文,是用来说明附属于公文正件之后的有关文件材料的名称、件数和顺序等。

"附件说明"与下一个要素"附件"是既有联系又有区别的两个要素。它们的联系表现在,公文是先有了附件,才有附件说明;而阅文者则是先看到"附件说明",才会去关注"附件"。它们的区别在于,"附件"是附在主件之后的文件材料,其作用是与正文一起组成文件,具有同等效力;"附件说明"则是通过对附件相关要素的标注,提请阅文者对附件关注、检阅。

附件说明用3号仿宋字,在正文下一行左空2字标注"附件",后标全角冒号和附件名称。如有两个以上的附件,则用阿拉伯数码标注序号,分行排列。附注名称后面不加标点符号。

(七) 附件

附件是附属于公文正文的相关文件或文字材料,是公文的重要组成部分。

公文附件有两类：一类是被主件所转发的文件或被发布的法规规章。在这类公文中，附件比主件重要。另一类是作为补充说明公文正文的文字、图表、数据或印证材料、参考资料。此类公文，主件比附件重要。

对于上述的前一类附件，有两点需要提示：其一，此类附件一般不用附件说明进行标注，也不必在附件的首页左上角标注"附件"。因为如前所述，此类附件比主件重要，主件只起批准、发布或按语的作用；而被转发、被发布的附件才是行文的真正目的和实质内容。若标注附件说明和附件，则从某种意义上会降低和削弱附件的主要作用与同等效力。其二，由此类附件共同组成的文件，其版记一般要放在附件之后，以示此类附件是公文的重要组成部分，同时强调公文的完整性。如果将附件置于版记之后，也会降低和削弱附件的主要作用与同等效力。

附件应与公文正文一起装订，并在附件左上角第一行顶格标志"附件"。有序号时应标注序号，且应与附件说明所标注的序号和名称相一致。

如附件与公文正文不能一起装订，应在附件右上角第一行顶格表示公文的发文字号，同时在其后标识"附件"二字及其序号。

(八) 附注

附注是指对公文的传达范围、使用的注意事项及应当说明的其他事项给予的说明。这一规定，说明公文的附注不是用来解释公文中名词术语的（这种解释一般采用文内夹注），而是对在文中不宜表述但又需要说明的事项加以注明的文字。

这些需要说明的事项，大致分为两种情况。

一是对文件的发放传达范围、使用方式及注意事项的说明。例如，明确阅读传达范围的有"此件发至县团级""此件传达到××（层级）"等；说明文件使用方式及注意事项的有"此件可见报"、"此件可自行翻印"、"此件不公开报道"等。

二是制发机关联系人及联系方式的说明。新《办法》规定："'请示'应当在附注处注明联系人的姓名和电话。"这一规定，是对上行文首页标注签发人姓名的关联呼应与要求，便于上级机关与请示机关签发人的沟通联系，以加强责任性，提高办文效率。

公文如有附注，用3号仿宋字在成文日期和印章之下、版记之上，居左空两字并加圆括号标注。回行应顶格。

三、版记部分

版记部分包括主题词、抄送机关、印发机关和印发说明等部分。其中主题词、印发机关和印发说明为必要基本要素,抄送机关为条件选择要素。

(一)主题词

主题词是指能够准确表明公文主题内容、便于公文检索管理的规范化名词或名词性词组。主题词是现代办公自动化的产物。它的主要作用,就是实现文书档案管理的规范化、系统化、科学化,从而提高文件的检索、调阅速度,提高机关文档工作的效率。

主题词表是标引主题词的依据。1997年12月修订发布的《国务院公文主题词表》,分为主表和附表两大部分,由15类1049个主题词组成。此外,中共中央办公厅、国务院其他政府部门和一些省市也分别编制了适于本系统、本地区工作需要的主题词表。

标注主题词原则是简要、准确、规范,必须依据《国务院公文主题词表》以及各部门、各地区根据实际情况编制的具有系统性、地方性的公文主题词表进行标注,不能随意而定。以《国务院公文主题词表》为例,其标注的规范和要求主要有下面几点:

主题词由名词或名词性词组组成,除专用名词外,每个主题词2~4个字。

主题词表中不同类的主题词可进行组配标引。

先标类别词,再标类属词。主题词表分为三级:第一级是划分主题词区域的标题,用黑体印刷,只供检索,不作主题词使用。第二级是类别词,即划分主题词的具体类别,如"计划""财政、金融""公交、能源、邮电"等共15类。第三级是类属词,如"计划"项下有"规划""统计""调拨"等6个类属词。第二级和第三级均用于文件标引主题词。如《关于印发天津市促进高校毕业生就业意见的通知》(津政发〔2009〕12号)的主题词是:劳动 就业 学生 通知。其中类别词"劳动"在前,类属词"就业 学生"随后。这种按照主题词语义外延从大到小的排序,体现了表达的层次性和逻辑性。

先标反映文件内容的词,后标反映文件形式的词。如《印发天津市引进创新创业领军人才暂行办法的通知》(津政发〔2009〕7号)的主题词是:人事 人才 办法 通知。其中前面的"人事、人才"反映的是文件内容,后面的"办法、通知"则反映的是文件形式。这种从内容到文种的标注顺序,使人对文件的主要内容和文种一目了然。

一份文件最多标引5个主题词。一般来说,文件最少应标注两个主题词,一个用来标注文件内容,一个用来标注文件形式;但有些特殊的文种如命令(令)、公告、通告等或文件内容比较具体、事项单一的通知、函等,则只需标注一个主题词。凡只需标注一个主题词的,必须标注文种。

主题词表中若无准确反映文件主题内容的类属词时,可只标引类别词。

一份文件有两个以上的主题内容,应按主题内容依次标引。如《国务院关于在若干城市试行国有企业兼并破产和职工再就业有关问题的通知》①的主题词是:经济管理 企业 破产 劳动 就业 通知。其中,类别词"经济管理"和类属词"企业""破产"标注的是第一个主题 "在若干城市试行国有企业兼并破产"的内容;而类别词"劳动"和类属词"就业"标注的是第二个主题 "职工再就业有关问题"的内容。最后标注公文形式"通知"。

使用《国务院公文主题词表》和各系统、各地区公文主题词表的基本要求是:上报的公文须以上级机关的公文主题词表标引主题词,下发的公文以发文机关确定的公文主题词表标注主题词。

主题词的标注位置在版记部分的首行,"主题词"三字用3号黑体字,居左顶格标注,

其后加冒号。词目用3号小标宋体字标注,词目之间空1字距离,不加标点符号。

(二)印发机关和印发日期

印发机关和印发日期是指制发公文的必要说明和相关记载。

主要包括印发机关、印发日期和印制份数。

印发机关是指印制公文的责任部门,即各机关的办公厅(室)或文秘机构。标注时应使用全称或规范化简称。

印发日期是指文件付印制作的日期。其作用是可以检视印发机关的发文效率和公文的传递效率。

印制份数是指公文印制的总数量,包括文件发出的份数和存档的份数,以便有关方面掌握文件的印制和发放情况。

印发机关与印发日期标注在主题词之下,用3号仿宋字,印发机关居左,距版心左空1字;印发日期居右,距版心右空1字,年月日用阿拉伯数字标识,其后标注"印发"二字。

---

① 转引自饶士奇:《公文写作与处理》,辽宁:辽宁教育出版社2004版,第79页。

印制份数用阿拉伯数字标注在印发机关与印发日期下一行的右下角，标为"共印××份"。

(三)抄送机关

指除主送机关外需要执行或知晓公文的其他机关。这就是说，有的公文内容，除主送机关必须执行以外，还有一些相关的机关也需要协助执行或者知悉，这些相关的机关即属抄送机关。

确定抄送机关的规则有：

抄送机关名称要用全称或规范化简称、统称。应控制抄送的范围和数量，既要防止漏抄漏送，又要防止滥抄乱送。

抄送机关要注意排序：不同级别的机关，从上至下依次排列；同级不同类的机关，按党、政、军、群顺序排列；同级机关，依部、委、厅、局、办顺序排列；人大办公厅、政协办公厅、法院、检察院，在政府机关之后，另起一行排列；各民主党派的相应机构，单独起行，列于最后。

上行文，不可同时抄送下级机关；重要的下行文，可抄送直接的上级机关。

受双重领导的单位制发上行文时，应根据文件内容准确选择其中的主送机关和抄送机关；上级机关向受双重领导的单位发文时，若有必要，可抄送收文单位的另一个上级机关。

如有抄送机关，应标注在主题词下，印发机关与印发日期之上，用3号仿宋体字左空1字标识"抄送"，后标冒号，抄送机关之间用逗号隔开，回行时要与冒号后的机关名称对齐，在最后一个抄送机关后标句号，以防被私加抄送机关。

如主送机关被移到版记部分，则应标注在主题词之下、抄送机关之上，标识方法与抄送机关相同。

版记部分位于公文最后一页的下部，其最后一个要素应标注在版心的最后一行。

版记各个要素之间都标有一条与版心同宽的黑色反线，以示间隔。

第五节 行政公文的类型及其写作要求

一、命令(令)

命令，简称令，是行政领导机关发布的带有明显强制性的指挥性公文。

它位列行政公文之首,是一个使用权限严格、强制性最显著的文种。

命令适用于依照有关法律公布行政法规和规章,宣布实行重大强制性行政措施,嘉奖有关单位及人员,撤销下级机关不适当的决定。

命令常用的可分为发布令、行政令、任免令、嘉奖令四类。颁布令是依照有关法律规定,发布行政法规与规章时使用的命令;行政令是发布施行重大强制性行政措施时使用的命令;任免令是发布政府新任主要领导人时使用的命令;嘉奖令是奖励有突出贡献的人员或集体时使用的命令。

在国家行政系统中,国家主席、国务院及其各部委、乡级以上地方各级政府,才具有命令的发布权。

命令一般由标题、编号、正文、签署四部分组成。

命令(令)的标题有三种书写方式:发文机关加文种;发文机关领导人职务加文种;发文机关、事由加文种。如《国务院 中央军委关于授予武警江西省总队吉安市支队井冈山市中队"井冈山爱民模范中队"荣誉称号的命令》(国函〔2006〕36号)。

命令的编号有两种,一种是令号,即发文机关发布命令的顺序号。中央政府和国家主席的命令均不以年度,而是按任期内的流水号编排令号。若领导人换届,则重新按任内流水号编号。一种是使用公文发文字号,如地方政府的行政令、嘉奖令一般要标注发文字号;很少使用命令的地方政府,也可以使用发文字号。

命令的正文一般内容单一,篇幅较短。主要由命令根据、命令事项、执行要求三部分组成。

命令的签署包括生效标识和发文日期。命令的生效标识是签发人的职务和签名章。

发文日期是指签发的日期,一般来说,即为生效日期,标注在签发人之下。如有生效(施行)日期时,文内应说明。

二、决定

决定是上级机关对重要事项、重大行动作出议决和安排的具有指导性和约束力的公文。

决定属于议决性公文,往往是经过会议讨论或集体研究才形成的文件。对于下级受文机关来说,具有相当的权威性和实施的指导性。

决定适用于对重要事项、重大行动作出安排,奖惩有关单位及人员,变更或撤销下级机关不适当的决定事项。按照其内容和作用的不同,可分为法规性决定、指挥性决定、知照性决定、奖惩性决定和变更性决定五种类型。

决定一般由标题、题注、主送机关、正文、签署五个部分组成。

决定是一种权威性很高、指导性很强的下行文,其标题应是完全式标题,即由发文机关、事由和文种组成,一般不省略发文机关,以突显制发机关的公权力。如《国务院关于加强市县政府依法行政的决定》(国发〔2008〕17号)。题注是议决性公文的显著标识。凡经过正式会议通过或批准的,应在标题下方居中位置,用圆括号括注通过日期及会议名称。没有题注的决定应标注文件的发文字号。

决定一般是周知性或普发性的公文,由于标题中的发文机关已显示了其行政的责权范围,可不必标识主送机关。有些需要设置阅读级限或者需要指定主办及执行机关的决定,才有必要标识主送机关。

一般由决定的根据、意义,决定事项与执行要求,结语三部分组成。其中,决定事项与执行要求是决定的主体部分,如对某项工作确定原则,制定措施办法,提出具体要求;对某一法规条例予以批准或进行修改;对某人某事表明态度并作出决定、安排等等。要做到决定的事项准确清楚,执行的要求明确可行。

凡标注有发文字号的决定,应在正文的右下侧位置分行标注发文机关和发文日期。

三、公告

公告是国家机关向国内外宣布重要事项和法定事项的告知性公文。公告这种发布范围的广泛性规定和内容的特别性规定,实质上就是一种"国家事项"的公开告示。诸如国家机构的选举、事关外交内政的应对、重大突发事件的声明、国家首脑的重要出访等。由此,"国家事项"的性质使公告对制发机关提出了严格的限定。一般来说,国家最高权力机构(全国人大及其常委会)、国家最高行政机关(国务院及其所属部委)、省级行政机关以及经国家机关授权的权威新闻机构如新华社等有权发布公告,如《天津市人民政府关于试鸣防空防灾警报的公告》(津政发〔2008〕71号)。

公告一般由标题、文号、正文、结尾、签署等几部分组成。

标题有四种写法:一是完全式标题,即由发文机关、事由和文种组成,如《中国人民银行关于国家货币出入境限额的公告》;二是省略事由;三是省略发文机关;四是只写文种,如《公告》。

公告不属版头格式文件,一般不必标注发文字号,但必须标注公告的流水序号,即文号。文号在标题下方正中位置标注"第×号",用圆括号括起。如需标注年号,则用六角号括住年份。

公告的正文一般由发布缘由、发布事项、结语三部分组成。公告缘由要写明发布公告的目的、根据、背景;公告事项是公告的核心内容,内容单一的要求条理清楚,内容较多的可分条列项;结语要求另起一行,用公文尾语作结,如"现予公告""特此公告"等。

签署标注在正文的右下方,一般包括两个部分。一个是标注发文机关,也可以签署制发机关领导人的职务和签名章。另一个是标注发布时间。另外,重要的公告签署后还要标注发布地点。

四、通告

通告是用于公布社会各有关方面应当遵守或者周知事项的告知性文件。各级人民政府及其职能部门都可以发布通告,因此,通告具有专业性比较强、使用范围较宽的特点。通告除采用行政发文、登报公布的形式外,还可以张贴。

通告一般由标题、文号、正文、签署等部分组成。

通告的标题有三种写法:一是完全式标题,即由发文机关、事由和文种三部分构成,如《重庆市人民政府关于在全市开展机动车非法营运专项整治行动的通告》(渝府发〔2009〕32号);二是省略发文机关;三是直接标出文种。

通告一般直接标注文号,标注的方式有两种:政府机关发布通告,要标注发文字号;职能部门发布通告,文号可在标题下方正中位置标注"第×号",用圆括号括起。

通告正文由通告缘由、通告事项、结语三部分组成。通告缘由是要写明发布通告的目的、意义,法规性通告还要写明法律依据;通告事项是正文的主体,要分条列项地写明大众应该遵守或周知的事项,或者说明某项新规定的措施、做法及其违规罚则。结语一般用"特此通告"作结或以"本通告自发布之日起施行"说明生效日期。

签署部分包括发文机关和发文日期。标题中标注了发文机关的签署可以省略。通告是向一定范围内发布的周知性文件,一般不必标注主送机关。

五、通知

通知是一种传达性和告知性的公文,适用于批转下级机关的公文,转发上级机关和不相隶属机关的公文,传达要求下级机关办理和需要有关单位周知或者执行的事项,任免人员。

通知是应用范围广泛、使用频率较高、种类较多的一个文种。通知的种类主要有:用来对所属的下级机关布置工作的指示性通知、将现有的文件转给下级机关了解与执行的转文性通知、直接用于发布或废止行政法规或政策的发布性通知、用于要求下级机关了解或办理某些事项的事项性通知、用于告知有关单位需要周知而不需要直接执行或办理的事项的知照性通知以及任免通知、会议通知等。其中转文性通知在实际运用中常常容易混淆,值得关注。

转文性通知分为批转性通知和转发性通知两种。

批转性通知适用于上级机关批转下级机关公文的通知。所谓"批转"包含先批准、后转发两个程序。如"国务院同意国家税务总局《工商税制改革实施方案》,现转发给你们,请认真贯彻执行"。引文中的"同意"即是批准,然后才是"转发"。这类通知有两种用法:

其一是下级职能部门经过"申请"而获得上级机关的批转。新《办法》规定,职能部门"一般不得向下一级政府正式行文",但职能部门主管的业务工作的方案、意见有时需要下一级政府贯彻、执行,在这种情况下,职能部门只能将方案、意见通过呈转性报告,以征得上级领导的同意与批转。如《国务院批转国务院抗震救灾总指挥部关于当前抗震救灾进展情况和下一阶段工作任务的通知》(国发〔2008〕16号)的全文是:

> 各省、自治区、直辖市人民政府,国务院各部委、各直属机构:
> 　　国务院同意国务院抗震救灾总指挥部《关于当前抗震救灾进展情况和下一阶段的工作任务》,现转发给你们,请认真贯彻执行。
>
> 国务院
二〇〇八年五月二十八日

文件中的"国务院抗震救灾总指挥部"是一个隶属于国务院的临时职能部门,无权向全国省级政府和国务院各部委行文通报"当前抗震救灾进展情况"和布置"下一阶段的工作任务",故通过呈转性报告,由国务院批准后即向全国省级政府转发,最终实现了"国务院抗震救灾总指挥部"的行文目的。

其二是下级机关的呈文"赢得"上级机关的批转。当上级机关"发现"下级机关上报的某一文件对全局工作具有普遍指导意义,而且该文件方案周全、措施得力,不需另外行文,就可将该文件通过批准并转发给其他下级机关,以供参照执行。

转发性通知适用于转发上级机关与不相隶属机关的文件。当上级机关与不相隶属机关的文件对本地区、本系统具有直接指导意义和参照执行作用时,本级机关即可将该文件转发给所属下级单位。如《关于转发国家安全监管总局关于做好烟花爆竹经营许可工作的通知》(津安监管危〔2008〕88号)

通知一般由标题、正文、结语三部分组成。

通知的标题一般采用完全式标题,即由发文机关、事由和文种三部分组成,如《国务院关于做好免除城市义务教育阶段学生学杂费工作的通知》(国发〔2008〕25号)。也可省略发文机关,有的还由四个部分组成,即在文种前加上"种类"部分:如"联合"通知、"紧急"通知、"重要"通知、"补充"通知等。例如《国务院批转发展改革委关于坚决制止电站项目无序建设意见的紧急通知》(国发〔2004〕32号)。

不同种类的通知其正文的写法各有不同。一般来说,通知的正文主要包括通知的缘由、通知事项和通知要求三部分。

通知的正文已含要求部分,一般不用结语。如确有必要,可采用要求式或强调式结语。

六、通报

通报是用于表彰先进、批评错误、传达重要事项的告知性文件。通报可分为表彰性通报、批评性通报和情况通报三类。必要时,涉及面广的通报可以通过登报晓谕大众,也可以在一定的范围内张贴公布。

通报一般由标题、主送机关、正文三部分组成。

通报的标题一般采用完全式标题,即由发文机关、事由和文种三部分组成,如《国务院办公厅关于违规修建办公楼等楼堂馆所案件调查处理情况的通报》(国办发〔2007〕41号);有时也可以省略发文机关,如《关于贯彻落实全市依法行政工作会议情况的通报》(津政办发〔2008〕70号)。

通报的主送机关要根据文件内容涉及的范围选定受文单位。如是机关内部拟让全员周知的通报,可以不标注受文对象。

通告的正文主要由导语、事实、决定、要求四个部分组成。

导语,要求用简明扼要的文字陈述制发通报的原因、主要事实或内容概况及其结论。

事实,是通报的主要内容,要求写明有关事项。对于表扬性通报,要把先进典型的突出事迹、主要经验、社会评价、现实意义等介绍清楚;对于批评性通报,要写出错误事实、个案性质、危害程度、社会影响等;对于情况通报,则要写清事项具体内容、主要精神、发展态势、简要分析等。

决定,是表彰性通报和批评性通报的核心内容之一。表彰决定把授予何等荣誉称号、给予何种奖励写清即可。批评决定则要把处理的政策依据、行政惩戒的类别、经济处罚的数额等明确无误地写清楚。这部分内容虽然简要,但它充分体现了政纪民心的相背、惩恶扬善的情理,同时也是正文上下结构的内在关联、通报前因后果的逻辑承接。

要求,是通报的主要目的。针对不同的通报种类,或弘扬先进,阐明学习的要义,或警戒大众,力避同类行为,或提高认识,关注相关事项。总之,通过希望与要求,让人们进一步重视通报所反映的内容和意义。

需要说明的是,通报除了在传达时另有要求外,一般不用结语部分。

七、议案

议案,是有议案提出权的机构和人民代表向国家权力机关提请审议有关国计民生重要事项的建议性公文。

我国的国家权力机关是全国人民代表大会和地方各级人民代表大会;能够提出议案的是具有法定提案权的国家机关、会议常设机构或临时设立的机构和组织,以及一定数量的人民代表。具体规定为:全国人民代表大会主席团、全国人大常委会、全国人大各专门委员会、国务院、中央军事委员会、最高人民法院、最高人民检察院,可以向全国人民代表大会提出属于全国人民代表职权范围内的议案;一个代表团或者30名以上的代表,可以向全国人民代表大会提出属于全国人民代表大会职权范围内的议案;地方各级人民代表大会举行会议的时候,主席团、常务委员会、各级人民政府和5人以上附议的代表都可以提出议案。

议案一经全体代表过半数通过或由常务委员会成员过半数通过,就具有法律效力,并由此形成国家法律、地方性法规文件等。

议案按其内容和作用来划分,有法律案、地方性法规案、任免案、质询案等。

立法议案一般由标题、受理机关、正文、签署、附件五个部分组成。

议案的标题要醒目。通常采用完全式标题,即由提议案人、议案内容、和文种三部分组成,如《国务院关于提请审议设立重庆直辖市的议案》。

议案的受理机关即主送机关，只能标注一个受理机关。

议案的正文应一事一案。一般包括案据、方案、结尾三部分：案据指提出议案的根据理由，要简明、详实、充足；方案是指议案中提出请求审议的具体建议、措施和办法，除了重大议案需阐明意义外，一般不需深入分析说明；结尾是指议案正文结束时所用的公文祈使性用语，比如"请审议""请予审议""请审议决定"等。

议案的签署包括提案人和议案日期。提案人可以是提交议案的机关，也可以是政府行政首长，如《国务院关于提请审议设立重庆直辖市的议案》签署的就是"国务院总理 李鹏"。签署的日期是议案提出的日期。

制定、修订法律、法规、条例等议案，都有附件。这类附件都是议案不可或缺的重要组成部分，视同议案正文的"方案"部分。如有附件，应按公文格式标注附件说明和附件名称。

值得注意的是，议案一般没有发文号。这是议案与其他行政公文办理程序不同所决定的。按照规定程序，提议案人将议案直接提交会议专门机构，由会议专门机构将收到的议案分类、编号、填写并附上议案审议表格。议案审议表格一般包括编号、案由、提议案人、议案内容、审议结果等部分。

八、报告

报告是下级机关向上级机关汇报工作、反映情况以及答复上级机关的询问时使用的一种陈述性公文。

按不同的标准，报告可分成不同的种类。若按内容划分，可分为工作报告、情况报告、自查报告、报送性报告和上复报告五种。

工作报告是将以往或现阶段的工作经验、工作进展、今后打算向上级汇报的报告。

这类报告一般是阶段性的工作总结汇报，要求做到善于总结归纳，由感性认识上升到理性认识；做好综合分析，分析情况要有法律观念和政策水平。从而找出规律性的东西，以利于今后的工作。

情况报告侧重于当前情况的反映，或者是处理当前工作的意见，或者是所属工作中出现的新动向、新问题。这类报告通常是一事一报，要及时地把事项的起因、过程、现状、性质以及单位的意见倾向逐一清楚陈述，供上级领导掌握情况，便于处理。

自查报告是对照有关政策、上级的工作安排，重点检视本单位的工作是否违规、有无失误，并将自查的结果和认识有一说一、实事求是地向上级报告。

　　报送报告是向上级机关报送计划、总结、重要资料等文件或物件时的随件附文。它的作用仅是对所报送的文件、物件予以说明。

　　上复报告是答复上级机关的询问的报告。它内容单一,问啥答啥。

　　报告一般由标题、主送机关、正文、签署四部分组成。

　　标题通常采取省略发文机关的写法,即"事由+文种"。如《关于报送〈天津市 2008 年度植树造林工作总结〉的报告》。

　　报告通常只有一个主送机关。必要时,可多头主送。

　　正文一般由开头、主体、结语三部分组成:开头主要采取交代报告产生的原因、背景或概括报告期内的工作情况,作为发文的依据,后用"现将情况报告如下""现将主要问题报告如下"等提示句,过渡下启正文;主体,多采用综合分类,观点统帅材料,纵横结合,逐项报告事实的结构布局,一般与典型相印证,叙述与分析相结合;结语,常用"特此报告""以上报告,请审阅""以上报告,如有不妥之处,请指正"等公文式结语来收束全文。

　　签署按行政公文的格式标注。

　　行文时,报告中不得夹带请示事项。

九、请示

　　请示是下级机关向上级机关请求指示或请求批准事项的呈请性公文。

　　适用于请示的主要情形:工作中出现新情况、新问题,无章可循,难以把握的事项;对现行法律、法规或上级机关的方针政策、决定指示不甚理解,难以执行的事项;工作中的困难超出本单位能力或权利范围,需要上级予以帮助的事项;机关内部或机关之间工作中出现重大分歧,无法统一,需要上级协调与裁决的事项;制发法规性的文件,请求上级领导机关审核批准的事项;本级机关无权决定,须经上级机关批准方能办理的事项;其他根据规定,必须履行审批程序的事项。

　　请示一般由标题、主送机关、正文、签署四部分组成。

　　为了便于上级机关在批复中引述,请示的标题通常省略发文机关,采用"事由+文种"的写法,如《关于调整佛山市防震抗震救灾工作领导小组成员的请示》(佛震〔2003〕20 号)。必要时,才会采用"发文机关+事由+文种"的写法,如《重庆市民政局 重庆市财政局关于建立城镇义务兵家庭优待金自然增长机制的请示》(渝民文〔2008〕128 号),该标题由于要标注两个联合发文的机关,就必须采用完全式标题。

请示一般只写一个主送机关,如需同时送其他机关,应当用抄送形式;除领导直接交办的事项外,"请示"不得直接送领导者个人。

请示"应当一文一事"。其正文包括请示理由、请示事项、请示要求和结语四个部分,缺一不可。

请示的理由要充分、可行,要写明情况和依据;请示的事项要单一、明了,不能"一文多项"或表述不清;请示的要求则要有全局观念,合情合理,既不能夸大自己的困难,也不能侵害他人的利益,更不能超出上级机关的权利范围和承受能力。

请示结语要另起一行,用"以上当否,请批示""特此请示,请批复""如无不妥,请批转有关单位执行"等公文敬语作结,以示尊重。

有的请示,事项的内容比较庞杂,如物质采购计划、资金使用计划、人力资源计划以及需审核的本机关制定的规章、条例等,均以附件形式随文附呈。

签署按行政公文的格式标注。

十、批复

批复是上级机关答复下级机关请示时所使用的一种带指示性和决定性的公文。

批复是一个特点鲜明的文种。首先是被动性,先有请示,后有批复,没有请示就没有批复;其次是针对性,请示是"一文一事",批复是"一事一批",批复的事项、对象很明确;再次是权威性,不论是指示性批复,还是表态性批复,上级机关的意见下级请示机关必须认真领会,贯彻执行;最后是时效性,请示都是事前行文,亟待上级的意见才能开展工作,因此,应尽快研究,及时批复。

批复一般由标题、发文机关、正文、签署四部分组成。

批复一般采用完全式标题,以示郑重。这种标题由发文机关、事由和文种组成,如《国务院关于拉萨市城市总体规划的批复》(国函〔2009〕27号)。有些批复的事项比较小,则可以省略发文机关,如《关于义务教育阶段公办学校作业本费有关问题的批复》(津价费〔2008〕294号)。

由于请示主送机关的单一性,决定了批复对象的单一性,即批复通常只有一个主送机关。但也有例外:当下级机关联合行文请示时,批复的主送机关就不止一个了,其主送机关的数量应与联合行文请示的单位数量相一致。

批复的正文内容比较单纯,主要包括引语、批复内容和结语三个部分。

引语是批复的根据。引语通常包括两方面的内容：一是引述下级机关请示来文的标题、发文字号(用圆括弧括起)，二是简要引述来文所请示的事项的内容要点，以作为具体批复的依据。然后用"现批复如下"过渡到下文的批复内容。

批复的内容常有三种情况：1. 肯定性批复。表示"同意"的批复，内容简洁，通常只需表明态度，作些简单的指示，或提出希望要求。2. 否定性批复。这类批复必须准确说明否定的理由和根据，然后再表明否定的态度。3. 限定性批复。即对所请示的问题有条件的同意，或部分同意、部分不同意。这类批复则要分别说明同意和否定的理由，然后对同意的部分提出希望要求。4. 结语部分。批复作出的指示或提出的希望要求即是结语。没有这些内容的，可以"特此批复""此复"作结。

十一、意见

意见是发文机关对重要问题提出见解和处理办法的公文。"意见"成为正式行政公文时间较晚，2001年1月1日起，新《办法》才把"意见"列为法定行政公文。随着我国改革开放的深入发展，市场经济的建立完善，"意见"在政治、经济领域中的使用越来越广泛，起着越来越重要的作用。

根据行文的方向，意见可分为三类：

1. 指导性意见。属于下行文，是指上级机关对下级机关的工作提出的意见。它往往对重要的工作提出指示性的要求或指导性的处理办法和执行意见，下级机关应遵照执行；有些上级机关对下级机关的"意见"若未明示要求，下级机关可参照执行。

2. 建设性意见。属于上行文，是指下级机关对工作中的问题有了新的认识、新的举措、新的创见，所提出来的建设性意见和处理办法，报请上级机关认定核准。上级机关必须对其作出反馈或决定。

3. 交流性意见。属于平行文，是平行机关或不相隶属的机关之间，就工作中的某些重要问题提出方案性意见或可操作性方法，供对方参考。这类意见多用于平行职能部门或不相隶属的机关之间。由于意见的这种用法尚未被普遍认识，所以较少使用。

总而言之，行政公文中以"意见"取代"指示"，虽然减弱了日常工作中指挥的强制性，却将更多的权力下放给了基层，同时，下级机关又多了一条重要而有效的与上级沟通的行政渠道，增强了下级机关的责任心和主动性，释放了工作中的创见性，进而推进了社会主义的民主政治与法制建设。

意见一般由标题、主送机关、正文、签署四部分组成。

意见的标题一般采用完全式标题,由发文机关、事由和文种组成,如《国务院关于推进重庆市统筹城乡改革和发展的若干意见》(国发〔2009〕3号)。标题也可省略发文机关。

意见的标题中,常常在文种前面冠以"若干""指导""实施"等字样,它们是"意见"内容类型的一种标识。"若干意见"是指多项工作或多方面工作的意见,如上例,由于重庆市集大城市、大农村、大库区、大山区和大民族地区于一体,国务院关于重庆的"意见"必然涉及重庆"五大"方面的工作,故如此标识;而"意见"则是指单项工作或某方面工作的意见,如《国务院关于落实〈政府工作报告〉重点工作部门分工的意见》(国发〔2009〕13号),其"意见"仅仅是对"部门分工"而言。"指导意见"是指其意见多是宏观上的、原则性的见解,没有明确的规定性和强制性。"实施意见"是指其意见内容比较具体且可以直接操作。

下行文一般有多个主送机关;上行文和平行文一般只有一个主送机关。

正文一般由缘由、见解与办法、结语三部分组成:缘由说明行文的目的、意义、背景、依据等,以利于受文者加强理解,贯彻执行;见解与办法是正文的核心部分,一般采用分条的叙述方式,阐明工作的基本见解、详尽意见的具体内容。文中提出的措施、办法要具体、明确,便于理解执行;撰写的内容要条分缕析,层次分明,不宜穿插交织;结语部分通常提出贯彻执行的总的目标和要求。

十二、函

函是机关之间相互商洽工作、询问和答复问题的公文。

函除了它自己本身所规定的功能之外,还具有以下功能:

下级机关向上级机关请示、询问比较小的事项,可以用"函"代替"请示";上级机关对此作出答复,也可用"函"代替"批复"。

上级机关对下级机关周知有关事项,或催办报送材料、统计资料,或通知召开一般性的会议等,均可以"函"代替"通知"。

上级政府部门可以用函向下一级政府行文。如《国务院办公厅关于批准无锡市城市总体规划的通知》(国办函〔2009〕36号)。此例是国务院办公厅用函向江苏省人民政府行通知文,符合新《办法》第十五条规定:"政府各部门……除以函的形式商洽工作、询问和答复问题、审批事项外,一般不得向下一级政府正式行文。"

函的功能多种多样,灵活简便,使用频率高。

按内容与作用,函主要可分为四类:商洽函,适用于机关之间商洽工作,解决问题;问复函,适用于机关机关询问情况,答复询问;请批函,适用于向没有上下级关系的有关主管部门请求批准;知照函,适用于机关之间相互告知事项。

函一般由标题、主送机关、正文、签署四部分组成。

标题一般采用"事由+文种"的写法,如《关于请做好2008年"城考"结果报送工作的函》(环办函〔2009〕57号)。当需要强调发文机关时,则采用完全式标题,如《国务院办公厅关于同意南昌市承办2011年第七届全国城市运动会的函》(国办函〔2007〕40号)。

函必须标明主送机关,可根据需要选定。

正文一般由发函正文、签署两部分组成。

主动发函与复函的正文写法不同:主动发函是向有关机关商洽、询问事情,开头交代发函的原因、理由、根据、目的;然后写明发函事项,即询问或商洽的内容,要叙述具体、条理清楚;结语则提出希望,常用"即请函复""请函复(为盼)"等公文祈请用语。复函的开头,先引来函文件名和文号,然后用"经研究,函复如下"或"经请示上级批准"等引入下文;内容则是针对来函所商洽或询问事项,予以明确答复;结语常用"此复""特此函复"等公文用语作结。

签署按照行政公文格式标注。成文日期即发函的日期。

十三、会议纪要

会议纪要是记载重要会议基本情况、主要精神和议定事项,并通过传达、公布,要求有关单位共同遵守、执行或者周知的纪实性指导公文。

独立行文的会议纪要,它所通过的议定事项是经过会议共同协议的,应予共同遵守和执行,对于与会单位均具有一定的约束力。同时有些事关全局的会议纪要,可以通过媒体公布周知。

向下属单位传达会议精神或会议的决定事项要求贯彻执行的会议纪要,应作为"通知"或"函"的附件发送。

向上级机关汇报或请允的会议纪要,则可作为"报告""请示"的附件呈送。

新《格式》中增加了"公文的特定格式",其中一种即"会议纪要格式"。在这种格式中,"会议纪要标识由'××××××会议纪要'组成……用红色小标宋体字,字号由发文机关酌定。会议纪要不加盖印章"。

根据新《格式》的上述规定,会议纪要一般由标题、正文、签署三个部分组成。

会议纪要的标题即文头。一般由会议名称加"纪要"组成,如2008年6月27日的《第八次粤港澳防治传染病联席会议纪要》;2009年3月4日的《KG点火药安全性能研讨会会议纪要》等。也有的标题采用完全式标题,如2008年3月8日的《铁道部广东省人民政府关于进一步加快广东铁路建设有关问题的会议纪要》。

会议纪要不用发文字号,有的在标题下标注会议日期,如:

全国拥军优属拥政爱民工作会议纪要
(二〇〇四年一月九日)

正文包括会议概述、内容纪要和结语。

会议概述即正文开头,概要介绍会议时间、地点、召集单位与主持人,与会范围与出席人员(身份),以及会议宗旨与讨论的主题等。

内容纪要即正文的核心内容,主要包括会议主要精神与议定事项。所谓主要精神,是指会议议题经过会议充分讨论后形成的指导思想,是会议的成果之一。所谓议定事项,是指会议为了解决具体问题,共同议定的方案措施和执行要求,这是会议的主要成果。因此,可以用"会议认为""会议指出"或"会议要求"这类词语,将纪要内容按讨论的事项、会议形成的一致看法、观点及其具有约束力的意见和要求,分段分层地阐述。阐述时可采取以下方式:发言记要式,即按照会上发言的顺序,将发言者的主要观点、意见及主要内容的要点整理出来;观点分类式,即将与会者讨论的事项分类整理、归纳,然后提炼观点,用观点式小标题来统领每类材料;整体综合式,即将观点分类式和发言记要式进行结合,以标题观点统领会议讨论及议定事项的归纳分类,每类以发言者的观点、意见、内容作为依据,分层表述。

结语一般是比较重要或内容比较复杂的会议才需要写结语。有的是正文部分的纲要总结,有的是提出希望和要求。

会议纪要由会议主持机关撰写,正文中写明主持机关的,可不另署名。签署的时间,一般是会议纪要形成的时间,也可标注会议结束的时间。会议纪要的时间一般标注在标题下方的居中位置,首尾加圆括号;文尾标注机关名称的,也可随机关名称标注日期。

【导学训练】

一、辨析、修改下例《关于结束保持共产党员先进性教育活动的申请报告》的文种和正文。

    关于结束保持共产党员先进性教育活动的申请报告
  省××委党委保持共产党员先进性教育活动领导小组：

  在省××委党委先教办的领导和第一督查组的具体指导下，××省国旅党委先进性教育活动严格按照省××委党委的统一部署和进度要求，已经顺利地完成了各项工作任务，取得了较好效果。现将经省××委党委第一督导组审查同意的《××省中国国际旅行社保持共产党员先进性教育活动总结报告》等有关材料一式10套上报给你们，请予审核，并批准我社结束此次保持共产党员先进性教育活动，并召开总结大会。

  特此报告

                    ××省国旅党委
                    2005年×月×日

二、辨析、修改下例《××市人民政府常务会议纪要》的格式。

         ××市人民政府常务会议纪要
时 间：2006年×月×日上午 地点：市政府电视电话会议室
出 席：××× ××× ××× ××× ××× ×××
列 席：××× ××× ××× ××× ××× ×××
记 录：×××
            讨论事项
一、讨论镇江市被征地农民基本生活保障实施细则（略）
二、讨论市区集体土地房屋拆迁管理暂行办法（略）
发：市委常委，市政府各副市长、秘书长、副秘书长，办公室主任、副主任，市委办公室，
  市人大办公室，市政协办公室，市政府研究室、法制办，市监察局、发改委、财政局、公安局、建设局、国土局、劳动局、物价局、工商局、农林局、编办。
                      共印×份

【研讨平台】

函及信函式格式的用法

  提示：新《办法》、新《格式》对函的使用范围及函的行政公文格式和信函式格式

作出了规定。但在实际使用中,对函的适用范围、使用方法,以及如何正确使用两种格式,仍然存在一些疑惑乃至误用。弄清这些问题,准确选择函的格式,对充分发挥函的效用、简化公文程序,无疑有着重要的现实意义。

(参见王凯编著:《最新法定行政公文写作与范例解析》,北京:中国纺织出版社2008年版,第375—379页)

【拓展指南】

一、重要文献资料简介

1. 《国家行政机关公文处理办法》(国发〔2000〕23号)

简介:该《办法》规定了现行的十三类十三种行政公文。内容包括总则、公文种类、公文格式、行文规则、发文办理、收文办理、公文归档、公文管理、附则等九章五十七条。

2. 《国家行政机关公文格式》(GB/T9704—1999)

简介:该《格式》内容主要包括公文用纸幅面及版面尺寸、公文中各要素标识规则、公文的特定格式和样式等12个方面的具体规定。

3. 《国务院公文主题词表》(1977年12月修订发布)

简介:该《词表》自1994年6月1日起执行。1997年12月修订发布,由15类1049个主题词组成。

4. 《中华人民共和国国家标准标点符号用法》(国家技术监督局1995年12月13日批准发布,1996年6月1日实施)

简介:《标准》主要有基本规则、用法说明和标点符号的位置等6个方面的规定。

二、一般相关研究资料索引

1. 程学兰:《大学实用写作》,武汉:武汉大学出版社2002年版。
2. 饶士奇:《公文写作与处理》,沈阳:辽宁教育出版社2004年版。
3. 江少川:《实用写作教程》(修订本),武汉:华中师范大学出版社2006年第3版。
4. 古岭新:《公文写作新规范》,广州:中山大学出版社2007年版。
5. 王凯:《最新法定行政公文写作与范例解析》,北京:中国纺织出版社2008年版。

第十五章 调查报告

调查报告是用书面的形式反映调查结果、带有一定研究性的一种实用性文体。

调查报告是日常行政工作、市场经济工作最常用的文体之一。顾名思义,它是"调查"与"报告"两种特性的有机结合体。所谓调查,是针对具有重大意义的事件、工作中亟待解决的问题或将要发生的可能性,按照既定的对象、范围,运用相应的科学方法,深入到现场或实地,收集、掌握大量真实确凿的客观事实和具体数据,对基本情况作全面、系统的梳理和归纳的过程;所谓报告,则是将调查的主要过程、主要的事实和发展的趋势及其调查结果,从理论上、本质上以书面的形式向受众进行的阐述与说明。有的调查报告还要进行全面、深入、缜密、系统的分析研究,透过表层现象揭示事物内在的本质、规律,提示观点倾向、经验教训或思路对策、方案措施,供决策者修订政策或选择决断。

第一节 调查报告的概念、种类和作用

一、调查报告的概念

调查报告是通过直接、系统地收集有关事实、情报、资料,并对其进行整理和分析后,科学地阐明事件状况及本质特性,提出调查结论,揭示发展规律,供有关决策者使用的书面报告。

调查报告的形成过程是由"调查"和"报告"这两个阶段有机地构成的。调查阶段是选择合适的方式、有效的方法,客观、准确、全面地搜集事实材料,以获得感性认识;报告阶段则是通过对真实材料的厘清归纳、综合分析,从而上升到理性认识。有的调查报告还要求在感性认识与理性认识的基础上,进行深入、系统的研究,形成研究成果,供决策者使用。

需要强调的是,调查报告不是"调查"与"报告"的简单相加,也不是二

者单纯的有机结合,而是在调查报告的全过程中,自始至终都贯穿着"研究"的成分。这里所说的研究,是指对调查到的素材进行加工,寻找因素之间的相互关系和作用,掌握影响事件发展的要素和规律。比如,在实施调查之前,通过研究,确定调查的课题项目、意义、价值和对象、范围、起止时间,以及调查的方法、手段和技术的运用等;在调查过程中,只有通过研究,才能去粗取精、去伪存真、吹糠见米、披沙烁金;在撰拟调查报告时,更需通过研究,才能由浅入深、由表及里、由感性认识上升到理性认识。由此可见,在调查的准备阶段,"研究"是"调查"的前提条件;在调查的实施阶段,"调查"是"研究"的事实基础;在调查报告的撰拟阶段,"研究"又是"报告"的理论依据,而"报告"则是"调查""研究"的具体表现。可见,"研究"贯穿于调查报告的始终。如果说"调查"是骨骼,"报告"是血肉,"研究"则是联通骨骼与血肉的经络,是显现精神的气脉。所不同的是,根据调查报告主旨的要求,有的调查报告偏重于事实与过程,以供进一步研究;有的调查报告偏重于分析与研究,以供决策。而后者,常常被强调为"调查研究报告"。

二、调查报告的特点

作为当今行政工作和经济工作广泛使用的文种,调查报告具有鲜明的特点。这些特点,有的学者将其归纳为"广泛的社会性""鲜明的针对性""用事实说话""语言言朴实,夹叙夹议"四个方面[1];有的学者则将其归纳为"有明确的目的性""有理论依据性""系统性""客观性""中介性""能量化"六个方面[2];而有的学者提出,调查报告具有"情报性","文章性""研讨性"三性[3]。撮其要,其特点应包括以下五个方面:

1. 明确的针对性。大凡调查研究,总是要事先明确其目的性。目的性主要包括调查对象、调查课题和报告受众。关于调查对象,是要确认选择一个点、一条线还是一个面;关于调查课题,是要明确本次调查是为了了解情况还是提供资讯,是为了解决问题还是预测走势;关于报告受众,则要明确是上级领导、定向群体还是广大读者。目的不明确,就不可能获得有价值的调查研究成果,不会形成真正科学的调查报告。

调查报告的针对性还要求事件单一、主题集中。每次调查,不论是

---

[1] 陈子典、李硕豪:《应用写作教程》,广州:暨南大学出版社 1993 年版,第 144 页。
[2] 洪威雷:《应用文写作学概论》,武汉:湖北科学技术出版社 1994 年版,第 186—190 页。
[3] 江少川:《实用写作教程》,武汉:华中师范大学出版社 1998 年版,第 118 页。

"点""线"还是"面",也不论是一个单位、一个行业还是一个地区,都是对某一事件进行专项调查,具有明显的单一性。若有多项事件需要调查,则应分门别类,分别形成调查报告。有的事件比较复杂,导致多项主题或主题的多重性,这就需要根据调查的目的,通过缜密研究,条分缕析,抓住主要矛盾,分清主次,突出中心主题。切忌胡须眉毛一起抓,旁枝斜出,伯仲不分。

2. 翔实的情报性。一般来说情报就是知识,情报就是信息。具体而言,情报具有知识性、实用性、传播性和反馈性四个属性。其中,知识性、实用性是指情报中的知识和信息可被吸收利用,能产生社会效益和经济效益;情报的传播性和反馈性则是一个动态概念,知识经过传播才成其为情报,经过反馈才能真正发挥效用。这也是情报与一般知识的主要区别之所在。

调查报告来源于社会生活,又反馈作用于社会生活,是能够产生社会效益和经济效益,进而推动社会发展的科学知识和信息,因而具有明显的情报性。例如,在《中国人的"世界观"》[①]的调查中,用文字和图表提供了大量的关于中国人看世界的数据和信息,如国家实力、影响力评价的项下有:"经济强国"(国家/指数,下同):美国/59,中国/24,日本/28,英国/21;"具影响力的国家":美国/55,中国/23,日本/6,英国/15;"最和平的国家":美国/9,中国/47,日本/6,英国/9。再如国家产品、竞争力评价的项下有:"高科技产品之国":德国/30,美国/60,日本/38,法国/10,意大利/6;"奢侈品之国":德国/12,美国/27,日本/11,法国/60,意大利/26;"优质产品之国":德国/38,美国/33,日本/26,法国/14,意大利/12。再比如国际文化评价的项下有:"引领潮流的国家":美国/34,英国/9,法国/18,中国/15,日本/19,韩国/14;"流行音乐的国度":美国44/,英国/21,法国/10,中国/20,日本/14,韩国15/;"一流学府之国":美国/55,英国/39,法国/12,中国/14,日本/12,韩国/6,等等。这些知识和信息,反映了中国人对世界的认知及中国与世界的差距。一经传播,会引起广大受众的共鸣和思索,必然会加深国人的认识,从而形成合力,加速改革开放。

调查报告除了具有上述情报的一般特征外,还具有情报的优质化和情报的限密性两大特征。情报的优质化要求在调查过程中,广泛收集信息,重视处理信息,通过"去伪存真,去粗取精",使信息成为具有采用率、满意率和转化率的"三率"优质情报,为受众所采用并转化为生产力。在实践中,多数调查报告可以直接面向受众,而有些调查报告所包含的知识和信息,因

---

① 《南方周末》2007年9月17日第B7版,张一君编辑。

为涉及单位的内部秘密或商业秘密、商机,就需要限定受众的范围,设定发布的时限。这种出于情报保护目的的安全措施,我们称为限密性。

3. 鲜活的文章性。调查报告不属于格式规范、程式严格、表述严肃的行政公文,也不同于结构约定俗成、表达因袭陈规的普通事务文书,而是随着主题、内容的不同基调,展示着"浓淡总相宜"的色彩。在以事实说明为前提,理性认识为旨归的基础上,调查报告的主题可大可小,风格亦庄亦谐,结构或顺理成章或缘事生发,表达则讲究逻辑、修辞,缜密丰富,可读性强,具有鲜活性。

例如,在《城市灰霾天年夺命三十万　专家吁严防雾都劫难重演》[①]这篇关于广州地区空气污染的专题调查中,采用了古典章回小说式的标题。在标题和正文之间,用两个醒目的重点符号,对比标引出文中引用的"中国现行的严重落后的空气检测标准"与"国际现行的空气检测标准",提纲挈领,引人阅读。在文章结构上,先从当年3月10日至11日广东气象部门发布灰霾预警信号说起,然后逆推上溯,予以垂直比较;接着从珠三角写到长三角再到四川盆地、京津冀地区,点面结合,进行横向对比;再从昔日伦敦雾写到当今中国霾,中外对举、今昔观照。在语言表达上,仅以小标题为例:如"世界工厂的代价",归纳陈词;"是雾还是霾",析理究穷;"每个人都是吸尘器",寓庄于谐;"违法比守法划算",缜密机警,等等。这些不胜枚举的鲜活的文章性要素,契合主旨,融为一体,发掘了主题的深度,开拓了素材的广度,加强了说理的强度,使文章更有活力张力,发人深思。

4. 准确的研判性。研究和判断是调查报告最显著的特点。调查报告不仅要反映客观事实,还要对事实进行分析研究,发表见解,作出判断,提出应对措施。当然,根据不同的目的,调查报告有的止于报告事实,分析原因;有的侧重分析研究,推断结论;有的还在前者基础上,遴选对策,制定措施。

例如,2009年年初发生的"躲猫猫"事件。事件起因于1月29日,大年初四,云南玉溪北城镇24岁的李乔明为了筹集婚资,上山砍树卖钱被刑拘。2月12日因"重度颅脑损伤"在医院死亡。2月13日,属地晋宁县公安局初步调查表示,李乔明与同监室的狱友在玩"躲猫猫"时,眼部被蒙而不慎误撞墙壁,最终不治身亡。该事件立即引起了社会和广大网民的不满,在云南

---

① 《南方周末》2008年4月3日第1版。

省委宣传部副部长伍皓的促成下,由省委政法委、省检察院和昆明市公安局代表4人、云南信息报等媒体代表3人、网络和社会各界人士代表8人组成调查委员会,进行独立调查。

据中新社2月22日电:"云南'躲猫猫'事件的调查委员会调查报告于21日凌晨出炉。但云南省委宣传部副部长伍皓却表示不认可这份调查报告。""伍皓22日说:'从我的角度,至少要把你们委员会的结论判断出来。就像现在之所以在网上引起这么大的舆论疯炒,就是因为你们没有结论,你们只是把整个过程像记流水账似的记下来。如果我要审查调查报告,我会建议你们有一个明确的结论,要不怎么会引起这么大的争议。'"①

以上事例说明,关乎国计民生、万人瞩目的重大事件,调查报告仅仅陈述事实是远远不够的,调查者必须经过认真细致的分析研究,作出准确的结论判断,揭示事实蕴含的意义和真理。那些没有研判性的调查报告,领导通不过,广大受众也不会接受。

5. 定向的中介性。调查报告的中介性包括两个方面:

首先,就内部功能而言,调查报告是客观世界与主观世界之间的中介。世界的万事万物是独立于人的主观世界之外的客观存在,人们要正确认识、了解这个客观世界,必须通过调查研究这个中介环节,才能达到主观与客观的统一。毛泽东根据中国革命成功的经验,曾谆谆告诫我们"不许不做调查研究工作。绝对禁止党委少数人不作调查,不同群众商量,关在房子里,作出害死人的主观主义的所谓政策"②,进而提出了"一切从实际出发""没有调查就没有发言权""实事求是"等著名论断。理论的产生来自于社会实践,实践不仅是检验理论是否正确的唯一标准,而且还是发展理论、创造理论的主要源泉。而从实践升华到理论,调查研究的中介性起到了不可替代的重要作用。

其次,从外部功能来看,调查报告还是资讯与决策者和受众之间的中介。调查报告将实践所获得的信息、资料上升为理论,形成了最新的具有社会价值或经济价值的资讯,然后定向提交给同级领导或上级领导,提供给某些预先设定的受众或广大读者,供其分析、选择、判断、决策。调查报告的这种中介作用,往往可以产生直接的、巨大的社会价值和经济价值。

---

① 《武汉晚报》2009年2月23日第36版。
② 转引自洪威雷:《应用文写作学概论》,武汉:湖北科学技术出版社1994年版,第189页。

三、调查报告的种类

不同的调查主旨,不同的调查对象,不同的写作目的,写出来的调查报告也就不同。关于调查报告的分类,写作界尚无一个统一的"说法"。有的采取三分法:典型经验的调查、重大事件的调查、新生事物的调查;有的采取四分法:介绍经验的调查报告、关于事件的调查报告、揭露问题的调查报告、关于发展状况的调查报告;有的采取五分法:社会情况的调查、典型经验的调查、现实生活中新生事物的调查、揭露问题的调查、对历史情况的调查。这些传统的分类方法都是计划经济的产物,而且局限于社会情况调查的分类。

随着我国市场经济的建立和健全,党和国家中心工作"政治、经济两手抓"的确立,调查报告的视野更加广阔,主题更加丰富,题材更加多样,应用更加广泛,其种类因而更加丰富多彩。为了叙述简便,仅从实际应用范围来看,我们将调查报告分为两大类。

第一类是社会情况调查报告,简称为社情调查报告。这类调查报告主要是为各级行政部门、企事业单位和新闻媒体所使用,适用于调查社情民意,处理突发事件,制定政策措施。具体说来,可细分为社会情况的调查、典型经验的调查、新生事物的调查、突发事件的调查、调研报告、考察报告等。

第二类是市场经济调查报告,简称为市场调查报告。这类调查报告主要是为各类经济实体、智囊研究机构和经济类媒体所使用,适用于各种市场调查、市场分析研究和市场预测。按照其使用功能,可细分为市场调查报告、市场分析报告及市场预测报告。

四、调查报告的作用

调查报告的作用概括起来主要包括如下几个方面:

1. 认清事物矛盾,解决现实问题。

何谓"矛盾"?"矛盾"即"问题"。按心理学家简而言之的解释,就是现实所处的位置与理想目标两者间的"空隙"[①]或"距离";所谓解决问题,就是认清"空隙"与"距离",找到切实可行的方法,架设现实与目标两者间的桥梁。现实所处的位置与理想目标二者的"合一"或统一,即为解决问题或曰解决矛盾。

---

① 参见段轩如、杨杰:《写作学教程》,北京:中国人民大学出版社2008年版,第36页。

社会问题与市场问题是调查研究的出发点,解决社会问题与市场问题则是调查研究的目的。任何具体的调查研究都是为了解决某一社会问题、市场问题而进行的。要解决这些问题,首先要对社会问题、市场问题所涉及的客观现实进行观察、感知、解释,通过抓住主要矛盾来揭示社会及市场现象的本质和发展规律,从而获得一种正确的方法,使问题迎刃而解。

2.为管理、决策者提供信息和依据。

社会改革日新月异,经济建设突飞猛进,新情况、新动向、新生事物不断涌现,处处充满着机遇与挑战。邓小平同志为我们的改革制定了基本方略:"摸着石头过河"。调查报告的作用就是帮助我们摸索那个"石头",找寻那个"石头",让我们的工作尽量减少些失误,让前进的脚步更加扎实稳健。对于从事市场经济工作的人来说,市场竞争不但是资源的竞争、商品的竞争和科技生产力的竞争,同时也是市场信息、科技信息的竞争。以收集市场信息、科技信息为直接目的的市场调查,越来越受到各行各业的重视,也为企业的成功经营发挥着越来越重要的作用。调查报告通过运用先进的调查方法和技术,提供精确的统计资料和新鲜的社会、经济资讯,并通过科学的分析研究,对市场现状和发展作出正确的判断,以供相关的受众依此制定出竞争、发展的战略和策略。

3.提高社会效益、经济效益,促进社会进步,市场繁荣。

人类社会是在发现矛盾、解决矛盾中不断发展的。调查报告就是为人们认识社会矛盾、市场矛盾,解决社会与市场问题,提供社会信息、市场信息和决策依据,引导人们去解决社会与市场的问题,进而提升社会效益,建立和谐社会,并实现经济利益的最大化,使市场经济朝着有利于社会主义的方向蓬勃发展。

第二节 社会情况调查报告

一、社会情况调查报告的含义和种类

社会情况调查报告又称为社情调查报告。这是调查报告中重要的一类,主要是各级行政部门、企事业单位和新闻媒体用来调查分析社情民意,研究制定政策措施,解决工作实际问题,处理社会突发事件。其反映的情况往往含有普遍意义或涉及关键性问题,内容比较丰富庞杂,具有一定的深

度和广度,可以是向领导机关如实汇报情况的材料,作为确定方向路线、方针政策和指导工作的依据,也可以在报刊杂志公开表,用以宣传党的路线、政策,引导社情民意,扶植新生事物,推广先进经验。归纳起来,这类调查报告一般可分为社会基本情况的调查、典型经验的调查、新生事物的调查、突发事件的调查、调研报告、考察报告等。

社会基本情况的调查报告反映的内容比较广泛,包括社会上的政治、经济、文化、教育以及各行各业的状况。作为上级机关或上级领导,除了有计划、有重点地亲自调查研究外,更多的是靠调查报告等文字材料了解"面"上的情况。这种"情况"与自己亲自调查的"情况"结合起来,才能如实地了解党政国策是否贯彻落实、深入人心,才能真切地掌握社会舆情、民意背向,真正做到勤政为民、领导有方。广大人民群众也能通过这些"面"上的情况,领会党的大政方针,解读国家的方略政策,心中才有底,干事才有劲。目前,政府部门和有关报刊通过民意测验、抽样调查、问卷调查后写成的报告多属于此类,如《中国员工敬业度调查》①、《涨不涨价? 种不种粮?》②等。

典型经验的调查报告往往充分列举先进单位或先进个人在推进改革开放、落实大政方针、开展科学管理、提高生产效率等实践活动中所取得的突出成绩,通过分析,概括出一些成功的经验和有效的办法,给人以垂范、启发和引导,起到推动和指导实际工作的作用。如《穷山沟飞出了金凤凰——夏刘寨村科学发展调查》③。这类调查报告具有示范性、引导性和推广性,能发挥典型引路、以点带面的积极作用。

人民是助推社会前进的动力,新生事物则是引领社会发展的风向标识。反映新人新事的调查报告不仅能及时地反映现实生活中不断涌现的新人、新事、新思想、新创造与新经验,反映社会新貌,体现时代精神,而且能揭示其萌生的背景、成长的过程、发展的规律,阐明其现实作用和深远意义,以期得到扶持促进,发扬光大。如《十九岁女大学生的乡村政途》④的调查,通过一个 19 岁女大学生回乡参选,"意外"高票当选村长的事实,说明了新时代新农村需要新血液,当村官也是大学生一条大有作为的就业之路,同时又坦陈了这条"新"路的艰辛、坎坷与挑战,提示人们给予足够的关注、理解和

---

① 参看韬睿:《中国员工敬业度调查》,载《当代经理人》2006 年第 7 期。
② 参看谢鹏:《涨不涨价? 种不种粮?》,载《南方周末》2008 年 9 月 11 日第 C13 版。
③ 参看安徽省"三个代表"重要思想研究中心:《穷山沟飞出了金凤凰——夏刘寨村科学发展调查》,载《求是》2007 年第 19 期。
④ 《南方周末》2009 年 2 月 26 日第 A6 版。

扶持。

突发事件可被广义地理解为突然发生的事情。根据我国2007年11月1日起施行的《中华人民共和国突发事件应对法》的规定,突发事件是指突然发生,造成或者可能造成严重的社会危害,需要采取应急处置措施予以应对的自然灾害、事故灾难、公共卫生事件和社会安全事件。这一规定,除了界定突发事件的种类之外,还阐明了突发事件的具体含义:第一层含义是事件发生、发展的速度很快,出乎意料;第二层含义是事件难以应对,必须采取非常规方法来处理。

突发事件的调查报告分为现场调查报告和事件调查报告。前者要求"快"与"准",即力争在第一时间快速、准确地进行调查、报告,尽可能真实、准确地提供事发背景、事件过程和危害程度,为决策者和救援者提供处置依据,以便及时应对,也为广大群众提供事实真相,稳定民心,避免恐慌。后者则要求"全"与"深",即尽量多层面、多角度地进行调查,深度分析突发事件的发生原因、发展规律,归纳经验教训,警示未来。如《大旱背后》①这篇新闻调查,其背景是:2009年春节前后的3个月里,一场50年一遇的特大旱灾袭击了中国中部和北部15个省市区,持续时间之长、受害范围之广、程度之重为史上罕见。作者沿着母亲河黄河繁衍的足迹,实地探访中原大地,揭示大旱之下、焦渴之后,那些更为令人担忧的现实,促决策者反省,使大众深思。

调研报告是根据上级领导的指示或工作的需要,以明确的课题研究为目的,按照切实可行的调研计划,主动地深入到社会第一线,有意识地探索和研究新情况、新问题,变被动的调查写作为自觉的写作实践,变只叙而不议为夹叙夹议,变只重调查结果为更看重分析价值的一种调查研究报告。调研报告的作用主要是通过确凿的事实、研究的结论,为决策者制定政策、拟制方案、解决问题、提供理论依据及经验、方法。如《中国企业国际化经营:初步观察和思考》②一文,调查研究了中国大企业国际化经营和跨国经营乃至全球化经营的程度,初步分析了中国企业在实力尚弱情况下开始跨国并购的三个主要原因,为中国企业"走出去"的战略思考和战略结构调整提供了具有一定价值的理论依据和设想。

---

① 《南方周末》2009年2月12日第1版。
② 国务院发展研究中心企业研究所"中国企业国际化研究"课题组,载《中国经济时报》2006年9月4日。

考察报告是政府部门和企事业单位为了了解和学习某种先进经验,根据事先选定的考察对象和制定的考察方案,深入实地,运用多种调查手段,有目的地广泛收集资料,并加以整理归纳而写成的一种调查报告。考察报告与一般的调查报告不同,它在收集"点"上资料的同时,更注意收集"面"上的资料,在关注微观成果的同时,更关注宏观的经验;考察报告与调研报告也不同,它在整理归纳资料时,既注重理论分析,又注重主观感悟,既体现理性研究,又侧重切身的体验。这类调查报告往往以"第一人称"出现,设身处地,现身说法,给人以身临其境的亲切感及感同身受的升华。如《大学制度建设:加拿大、美国高教考察与启示》①。

二、社会情况调查报告的指导思想和调查方法

调查报告是一种实用性很强的独立文体。这种实用性不仅体现在调查报告的社会功能上,更重要的是体现在调查报告写作的实践过程中,也就是说,调查是报告的事实基础,调查实践的正确与否,决定了写作结果的正确与否,进而也决定了其社会功能的有效与否。因此,调查是形成调查报告的一个重要环节。

这个重要的环节包含两个内容,即端正调查的指导思想和选择正确的调查方法。

(一) 端正调查指导思想

端正调查指导思想,首先要正确地确定调查的目的、意义、范围、方案等问题。具体而言,主要包括:确定调查的课题项目,论证课题的价值取向,明确调查的目的、意义,研究调查的对象、范围,确定调查的方法、手段和步骤,预测调查中可能出现的问题、困难,研究应急的方案、对策等。事先明确上述这些问题,有利于调查人员把握全局情况,避免调查的盲目性,缩短主观认识与客观存在之间的距离,以获得丰富、可靠的材料。

正确的指导思想还决定了正确的立场和端正的态度。

立场不同,调查报告所反映的内容和观点就不同,得出的结论也就不同。如前所述的"躲猫猫"事件,云南晋宁县公安局的调查结论、网络和社会各界人士调查组的结果以及云南省、市公安局的最终调查结论就大相径庭。

---

① 参看范文曜、刘承波:《大学制度建设:加拿大、美国高教考察与启示》,载《理工高教研究》2007年第6期。

端正的态度是要求调查者本着实事求是、"眼睛向下""不畏浮云遮望眼"精神,对于有争议、有研讨价值的问题,敢于说实话,敢于说真话,敢于冒犯"权威",敢于拨乱反正。对于揭露性的调查,要勇于披露确凿的事实真相,勇于指出其严重性、危害性,勇于提出解决问题的建议和办法。如《外资审批腐败窝案调查》①一文中,在调查分析商务部高官邓湛、郭京毅腐败窝案,业已形成了一个把握外商投资审批领域、中饱私囊的利益圈子的同时,深入揭露了商务部、国家工商总局、外汇管理局等少数高官相互勾结所形成的外商投资审批腐败链,以及在官员和企业之间牵线搭桥,让腐败行为更加隐蔽的律师事务所腐败圈子,最终剑指造成"有审批就有腐败"的不合理制度。

(二)选择正确的调查方法

深入细致的调查工作,是写作调查报告的重要保证;正确选择调查方法,往往能获得事半功倍的效果。社会情况调查报告的调查方法多种多样。

开调查会又称座谈会,是一种集体访问的调查方法。毛泽东说:"开调查会,是最简单易行又最忠实可靠的方法,我用这个方法得到了很大的好处,这是比什么大学还要高明的学校。"②这种调查方法"很大的好处"主要表现在三个方面:一是简便易行,丰富多样。它不受时空条件的限制,随时随地都可以召开;可以分层次地召开,也可以多层次同时召开;可以一次一个主题,也可以一次多个主题。不拘一格,行之有效。二是真实可靠,新鲜生动。与会的被调查者都是工作、生活在生产、管理第一线的各方代表,他们提供的材料多带有时代的鲜活和社会的体温,有真情实感,亲切新颖。三是深入浅出,良性互动。座谈会是一个访问者与被访问者之间、被访问者与被访问者之间的互动过程,这种多向的、多层面的互动交流,常常能激发大家的思维,开启人们的心扉,言由心生,畅所欲言,调查者往往能从中收获意想不到的宝贵资料。

开调查会前,调查者要事先明确调查会的目的,确定方法步骤,并把调查的主要意图、内容和要求事先告知被调查者;与会者不宜多,但要有代表性。会上要善于提问,善于引导,善于化解访谈的定式思维、从众心理,使调查会开得情舒言畅、轻松自然。

---

① 王小乔:《外资审批腐败窝案调查》,载《南方周末》2008年10月30日第C13版。
② 转引自李和中、龚贻洲、郭正林:《社会调查研究通论》,武汉:武汉大学出版社1992年版,第186页。

个别访问是一种直接访谈的调查方式。这种访问方式可让被调查者在不受他人影响或其他因素干扰的情景下,进行独立思考,深入详谈。这样获得的材料,一般都具有个性和代表性,也更细腻、更真实。调查时,建立一种互相信任的关系是访谈成功的关键。为此,调查者要放下身段,平等待人,先从生活上、感情上入手,再从工作上、思想上切题。真情的循循善诱,才能赢得真心的娓娓道来。

间接访问就是从不同的侧面调查与调查对象有关的人和事,亦称侧面访问。我们在调查时,有时因某些特殊原因无法与主要调查对象进行直接交谈或直接接触,有时根据调查的需要,除了对主要调查对象进行直接访问外,还需要从不同侧面了解情况,广泛收集材料,这时就需要采用间接访问方法。这种调查方法的作用是可以多层次、多角度、多方面地了解调查对象,以获得对人或事更真实、更完整的认识。

微服私访的"微服"是指不事先透露调查者的身份和意图,"私访"是指无需当地官员安排、组织而进行的直接调查活动。这种调查方法是一种调查者在事先不通知各级干部或有关人员的情况下,深入基层,随机采访当事人的方法。这样做的好处是,在不受各种主观因素干扰与客观因素制约的情形下,调查者有目的地对调查对象进行随机访问调查,以获取自然状态下事物的真实属性与客观规律。

蹲点调查是指调查者在一段时间内到被调查的单位扎下根来,一面与调查对象同吃、同住、同劳动,一面开展广泛、深入和全面的调查。采用这种调查方法,不但可以通过"三同"获得当地或当事人大量的第一手材料,还可以获得切身的感受并进行体验检证。在蹲点调查时,还可以同时运用座谈会、个别访问等调查方法,扩大信息来源,广泛收集资料。

三、社会情况调查报告的结构与写作要求

社会情况调查报告一般由标题、导语、主体和结尾四个部分组成。

社会情况调查报告的标题一般有公文式标题和文章式标题两种形式。

公文式标题一般由调查单位、调查对象、调查主题和文种四个部分组成,如《××市房地产协会关于2008年全市房地产市场的调查报告》。有时可省略调查单位,如《中国员工敬业度调查》。

文章式标题比较灵活自由,可以由调查内容、对象和文种构成,也可以根据调查的情况和结果概括、提炼成标题;可以是单行标题,也可以是双行标题。如《大旱背后》《种不种粮?涨不涨价?》,以及《穷山沟飞出了金凤

凰——夏刘寨村科学发展调查》、组合新闻调查《冬天里的征途——农民工就业调查》①等。

社会情况调查报告的导语也称前言,即开头部分。常见的开头写法有三种,可根据报告的主旨和结构安排的需要合理选择:概述调查的基本情况,一般用于介绍调查的目的、背景、地点、范围、参加调查的人员情况,调查的经过和方式,调查对象的概况等,即简要进行总体概括;概括调查的基本观点,将文章的主旨、要点提炼出来,以引起读者的关注;采用或结论、或描述、或评论、或对比、或引文等新颖独特的形式开头,增强可读性和吸引力。

写前言的目的是让读者对调查什么、为什么调查、调查的结果有一个初步的了解,因此可根据主题和内容的需要,选用上述一种或几种方法,力求做到提纲挈领,简明扼要。

主体是市场调查报告的主干,也是写作的重点。其内容主要由调查的主要事实、分析判断和结论三大部分组成。总体上要求做到观点明确、事实清楚、主次分明、详略得当、逻辑性强、结论公允。

主体的结构方式有以下三种:

1. 顺序展示法。这是一种纵式结构。这种方法主要有依序列述和分层展开两种方式。依序列述式是指以时间先后为序或按事情发展的阶段来安排文章的结构。其特点是脉络清晰、叙述连贯,利于读者了解前因后果。揭示事件、介绍风云人物的市场调查报告多用此法。分层展开式则按照文章内容一定的逻辑程序,逐层铺陈,通常包括陈述事实、情况分析、调查结论三个层次。其特点是层次清楚、重点突出,方便读者把握整体,适用于专题社会情况调查报告。这三层内容的展开不能平均用墨,要根据调查的目的有所侧重。

2. 观点排列法。这是一种以纲带目、纲举目张式的横式结构,通常将主要事实按性质、类别的不同进行分类,采用夹叙夹议的写法,以观点为纲目,带动具体材料的陈述。每个观点之间都是并列关系,其特点是畛分界明、条块清楚。经验式的社会情况调查报告多采取这种写法。

3. 综合结构法。这种方法或总体为观点排列法的结构,而并列的某个部分采用纵式的顺序展示法;或总体为顺序展示法的结构,某个承接的层次则根据内容的需要向横的方向展开。这种纵中有横、横中有纵的结构具有

---

① 陈新焱等:《冬天里的征途——农民工就业调查》,载《南方周末》2009年2月19日第C13—C17版。

概括力大、综合性强的特点,适用于揭露问题的社会情况调查报告、情况复杂或内容丰富的宏观社会情况调查报告。

社会情况调查报告的结尾可有多种方式,或是全文的归纳,或是主题的深化,或是前景的展望,也有的直接用主体尾部的评议、结论作为结尾。

第三节 市场经济调查报告

市场经济调查报告是一类比较新的调查报告。随着我国社会主义市场经济的建立和发展,市场经济调查报告也应运而生并得到了广泛的普及和应用,逐步形成了自己的体系和特点。在实际运用中,市场经济调查报告通过多层次、宽领域、全方位地搜集资料,进而分析问题、研究对策、预测前景、建议未来,活跃了市场经济的思维,提升了国民经济的素质,推动了社会主义市场经济的发展。因此,学习和掌握市场经济调查报告的主要内容和写作技巧就显得尤为重要了。

一、市场经济调查报告的种类和作用

(一) 市场经济调查报告的种类

市场经济是一个界定十分广阔、现象纷呈繁杂的领域。市场经济调查报告虽然只是市场经济写作林林总总中的一类,但它的写作内容却涉及市场经济的方方面面,其种类也是繁杂多样。本节我们就一些常用的种类予以介绍,其中包括市场调查报告、经济活动分析报告、市场预测报告等。

(二) 市场经济调查报告的作用

第一,为决策提供依据。市场经济调查报告是以市场经济活动为调查分析对象,以全面准确地反映经济的矛盾变化和发展规律为旨归的。只有通过对事物矛盾和规律的调查分析,才能有助于经营管理的决策者全面观察和了解市场经济的发展状况,权衡利弊,选择最佳方案,拟定发展计划;也只有通过对市场经济进行充分、准确的分析和预测,才能让经营管理的决策者把握市场的变化规律,察悉业内的动态走势,明了未来的经营方向,规避失误,提高决策的正确性。

第二,提高企业的竞争力。有人说,操纵市场经济的是那双"无形的手"。但是,经济市场同任何事物一样都有一定的发展规律。一个企业要

想在变化无常、竞争激烈的市场中站住脚,就必须对千变万化的市场经济进行及时的了解和准确的分析,从中找出影响本行业、本企业的主要因素和提高经济效益的潜在要素,廓清本企业的优势和劣势,进而根据客观的经济规律,及时调整经营策略,改革经营管理,改善产业结构,完善销售方略,以增强企业的活力,掌握竞争的主动权。

第三,为繁荣市场经济服务。随着社会主义市场经济的发展,市场经济调查报告跳出了指令性和被动性写作的窠臼,已成为经济工作的从业人员经常的、自觉的一种专业写作方式。他们以专业的眼光、职业的敏感,通过经济活动的分析,表达对经济活动分析的科学认知,交流经验、传递信息,使市场经济调查报告的成果成为越来越广泛的共享资源,从而促进我国市场经济的完善和繁荣。

二、市场调查报告

(一) 市场调查报告的概念

市场调查报告是通过直接、系统地收集有关市场情报、资料,并对其进行整理和分析后,科学地阐明市场状况及市场发展规律,提出调查结论,供有关决策者使用的书面报告。

市场调查报告是社会调查研究的一个重要内容,除了要遵循社会调查的一般性原则外,还具有自身的一些特点:

第一,客观性原则。客观性原则是市场调查的基本原则。根据这一原则要求,调查必须做到具有客观性;以客观事实为依据来作分析判断;结论也要实事求是、客观公正,不迎合权势,不弄虚作假。

第二,科学性原则。科学性原则是市场调查的重要原则,它要求市场调查必须遵循认识的一般程序和辩证逻辑,由点到面,由表及里,把握事物的各个方面和相互联系,防止认识的片面性和僵化;力求从事物的发展变化中去观察事物,按事物的内在逻辑来解释事物。

第三,专业性原则。专业性原则是市场调查的特性原则,它要求市场调查在调查阶段要恰当地运用科学的调查方法和科学的观察程序,全面地搜集资料;在研究阶段充分地运用经济学、市场学和统计学等科学学科的原理,准确地分析、解释市场经济现象。

第四,系统性原则。一切事物都不是孤立的,而是互相影响、相互制约和相互作用的。因此,市场调查在调查分析的过程中,要考虑整体与局部、共性与个性、一般与特殊、宏观与微观的关系,多层次、多角度、多方法地进行分析研究。

(二) 市场调查的主要方法

市场调查是撰写市场调查报告最基础、也是最重要的一项工作。选择合适的调查方法,拟定正确的调查程序,往往是实现调查目标的关键所在,也能节省人力、财力,起到事半功倍的效果。市场调查方法多种多样,各有所长,在实际调查中,可根据调查的对象、环境、目的,灵活地选择一种或将几种调查法结合起来使用。下面介绍四种主要的调查方法:

1. 问卷调查法。问卷调查法是根据调查的项目和目的,运用统一设计的问卷向调查者了解情况的调查方法。问卷调查法是通过设计问卷、发放和回收问卷来收集资料的一种方式。这种方式具有节省时间、人力与物力,不受时间、场合限制,匿名性强,便于量化分析等优点,特别适用于较大范围、较大规模的市场调查。在现代社会调查中,问卷调查法的应用范围已越来越广泛,正如美国社会研究的著名学者艾尔·巴尔所言,问卷调查已成为"社会调查的支柱"。

2. 抽样调查法。抽样调查是从总体中抽选部分样本单位作为观察对象进行调查研究,并以此来推断总体状况特征的调查方法。抽样调查法属于非全面调查。这种"一叶"而知"秋"的调查方法,具有节省人力财力、快速及时、准确度较高、应用范围广泛的特点,常用于人口、社会心理、民意测验、消费市场、家庭收支、住房、就业、教育、健康、环境资源等方面的调查。

3. 访问调查法。访问调查法是调查者根据调查的项目和目的,有计划地与被访问者直接或间接地交谈以获取相关资讯的方法,是直接感知社会、了解市场的最基本的方法之一。访问式调查方式比较多,可分为程序式访问与非程序式访问、一次性访问与跟踪式访问、直接访问与间接访问、个别访问与集体访问、一般访问与典型访问等。其主要特点在于:既可用于定量研究,也可用于定性研究;既可获知当地当前的事实,也可获取过往和异地的情况;既可获得语言性的资料,又可获得非语言(肢体语言)性的信息;而且收集资讯成功率较高,生动深刻。

4. 观察调查法。观察调查法是指调查者根据研究课题,通过感觉器官或借助科学仪器等辅导手段,有目的地对研究对象当前正在发生的现象进行考察,以获取在自然状态下的事物属性与规律的一种方式。客观性是观察的首要原则。观察所获得的信息称为"经验事实",又称第一手材料。当然,观察既然是人的一种感受和感知,不能不受各种主观因素的干扰与客观因素的制约,这就要求观察者更全面、更合理地运用多种方法,力求使观察结果符合客观实际。观察的主要类型有:参与观察与非参与观察;直接观察与间接观察;质的观察与量的观察;系统观察与随机观察等。观察调查法的适用对象是当前正在发生的处于自然状态下的社会现象,而不适用于对过去的或不便于直接感知的社会现象进行考察。

(三)市场调查报告的结构和写作要求

市场调查报告的结构可参见社会情况调查报告的结构。

市场调查报告的写作要求主要有以下三点:

第一,必须真实地反映事物的面貌。这就要求在写作中充分运用综合材料反映事物的整体概貌,运用典型材料反映事物的代表特征,运用数据材料反映事物的真实状况。在运用事例和数据时,要注意它们之间的关联性、动态性,惟此,才能去粗取精、去芜存菁,做到全面、准确地反映事物的真实。

第二,必须真实地反映作者的判断。在整理鉴别调查材料的基础上,作者一方面要对材料进行分析和理解,透过种种纷繁的表象去认识事物的本质意义;另一方面要认真地从材料中提炼观点,只有在正确观点的统帅下,分散的材料才能向系统性转化,基本事实才能向主题性转化。把握住了这两个方面,作者的判断才能得到真实的表达,也才能为读者的抉择提供可靠的信息和依据。

第三,必须具有文章的丰富性。市场调查报告应一改传统的公文式的面孔,既要说明事实,思辨分析,还要注重文章的丰富性,力求做到主题鲜明、观点新颖、布局严谨、逻辑缜密、修辞讲究、语言丰赡,以展现更强的可读性。

三、经济活动分析报告

经济活动分析报告是以经济活动的有关资料为依据,运用经济理论和科学的分析方法,对经济活动的过程及其结果进行分析研究和评价,揭示出经济活动各种因素的变化规律和经济发展特点的文书。它是了解、掌握经济动态的重要手段,对有关部门和行业的决策、制订计划、调整策略以及促进国家经济的稳定和发展都具有重要的意义。

(一)经济活动分析的主要方法

分析研究是经济活动分析报告写作过程的关键一环,选择和运用合适的分析方法,是研究经济规律、揭示分析结果、说服读者的重要保证。经济活动分析方法常用的有如下几种:

1. 定性分析法。定性分析是凭借经验和判断能力,根据研究对象的前因后果、内涵外延、性质特点、质量优劣、状况好坏等宏观特征,进行逻辑推论的方法。这种方法具有较好的适应性和较广的使用范围,适用于"可能性"或"趋向性"的结论。

2. 定量分析法。定量分析是在调查和统计资料的基础上,运用数学的概念、理论和方法,对研究对象进行数量、结构方面的计算和推导,以深入揭示事物的内在联系。定量分析不仅可以用来判断事物量的变化,也可以用来判断由量的渐变而导致的质的飞跃。比如,我们可以根据对各种经济数据的计算,推导出国民经济现状达到了"通缩"指标还是"通胀"指标,以便决策者在经济出现危机之前进行积极的调控。

3. 定向分析法。定向分析也称为历史分析法,是指根据某一事物(地区、行业、企业)的发展历史和发展过程,分析各历史阶段的因果关系和矛盾关系通过抓住主要因果关系和矛盾关系,揭示结果的方法。一些经验教训型的经济活动分析多采用此方法。

4. 因果分析法。因果分析法又分为内因分析、条件分析和典型分析等三种。

其一,内因分析,适用于发展历史不长或无其他可参照资料的新兴产业和新兴技术的分析。

其二,条件分析,即外因分析,它是对经济发展的诸种条件进行分析,揭示各种条件的影响作用和相互关系,为相关的产业或企业提供有益的借鉴。

其三,典型分析,选择一种或几种具有参考价值的同一类型事件,通过对发生的地点、时间、原因、状态、过程、结果和影响七方面的分析,从中找出主要因素或共同要素。

5. 比较分析法。比较分析法又称指标分析法,是将同一事物或相同事物在同一基础上的可比数字资料进行比较后,根据比较的结果来分析事物发展原因的方法。事物间的差异性和同一性是比较的客观基础,而比较则是确定事物之间差异和共同点的逻辑方法。比较分析包括:计划与完成情况对比;本期完成数与上期(或历史同期)完成数对比;本企业与国内外同类企业对比;局部发展与整体发展对比;甲事物与乙事物的综合对比,等等。

(二)经济活动分析报告的结构和写作要求

经济活动分析一般包括标题、导语、正文、结尾四个部分。其标题、导语、结尾部分可参见社会情况调查报告的相应介绍,这里着重介绍正文的写作。

经济活动分析报告的正文一般由市场现状、分析研究、结论与建议三个部分组成。

市场现状主要是陈述分析对象的发展概貌和现实状况,重点突出分析对象的规模、特点和主要数据,揭示对象的主要矛盾,以引起读者的关注,为分析研究提供基础。

分析研究是写作的核心部分,根据调查、搜集得来的资料和数据,运用多种科学的研究方法,进行定性、定量分析和逻辑论证,进而获得对事物本质的认识。这部分的写作结构常见的有三种:一是并列式结构,即将数据和资料根据其内在的联系分门别类,继而对这些不同类别的资料逐一解构、分析,然后根据经验和逻辑作出判断。这种结构适合于对宏观事物的定性分析。二是推导式结构,即将数据的资料按照因果关系进行排列,运用数学的理论和方法,逐步显示出事物发展的具体程度,这种结构适合于对微观事物作定量的分析。三是综合式结构,即将宏观的研究与微观的研究结合运用,对分析对象既作定性的分析,也作定量的分析,以求更全面地把握事物的本质。

结论一般分为两种,一种是宏观的结论,主要描述事物的"可能性"和"趋向性";一种是微观的结论,主要通过具体、精确的数学描述,判断事物量的变化以及由量的渐变而导致的质的飞跃。例如《2006:全国楼市看京沪》①的调查分析一文,在结论部分认为,"作为调控漩涡的上海房地产市场,度过了风云变幻的 2005 年","不管成交量多少、房价涨跌情况如何,2006 年上海楼市一定是理性、正常发展的一年";与此同时,"2005 年,北京房价的坚定上涨虽然仍然招致骂声一片","目前北京的两级市场联动正朝着理想的状态发展,而 2006 年的存量房交易量和存量房交易价格都会呈现稳步上升的趋势"。

建议部分可以是肯定式建议,也可以是或然式建议。肯定式的建议是指当事物的发展目前只有一种可能的趋势时,建议的重点要放在应该注意的问题上,如对上海购房者,由于宏观经济面的利好依然存在,刚性需求依然旺盛,所以 2006 年的房价可能会低位盘整一段时间,最迟在 2006 年底会恢复,建议"还可以再等等"②。或然式的建议是指当事物的发展有几种可能的趋势时,建议部分先要将几种可能一一列出,然后根据利益最大化的原

---

① 王其明、李乐北:《2006:全国楼市看京沪》,载《中国经营报》2006 年 1 月 2 日。
② 同上。

则给予导向式的说明。如对北京的购房者,建议"经济实力较强的人可以通过买旧买新实现房产的梯级置换,而无力承受新房价的人,则可通过三级市场解决自身的购房问题"①。

(三) 经济活动分析报告写作的要求

第一,数据准确、全面。数据是经济活动分析中最精确、最有说服力的资料,也最能反映事物量的变化和质的特征。对调查收集来的资料要进行筛选,将那些最有特点的数据挑选出来,并根据分析的要求进行分类,使数据更加精确化、系统化,以突显事物的本质和特征。如《2006:全国楼市看京沪》中所提供的数据有:"您对 2005 年整体房价走势满意吗?"不满意 84.63%,基本满意 12.42%,满意 2.95%;"您认为 2005 政府出台的宏观调控措施____"成效一般 51.75%,成效显著 5.63%,效果与目标背离 42.62%。这两组数据精确、有力地突显了京沪全国房地产市场风向标的指标意义,也显示了"全国楼市看京沪,京沪楼市看全国"的民意及期待。

第二,分析深入,论证严密。分析论证是经济活动分析报告的主要任务。所谓分析,就是将复杂的事物整体分解成若干简单因素和简单关系,通过多种科学的分析方法,找出其中的主要因素和主要关系,进而认识事物的本质特征。只有对占有的资料进行分析思考、演绎推理和归纳综合,才能准确地说明已经认识的现象,认知潜藏的规律。

第三,发挥科学的想象力和创造性。在理解抽象的经济观念、枯燥的数据资料以及发展旧概念、判断新问题时,都需要丰富的想象力。只有运用创造性的想象力,才能让枯燥的数据变成鲜活的论据,让隐藏的规律变成新颖的结论。

四、市场预测报告

市场预测报告是以经济理论为指导,综合市场经济的历史资料、目前状态以及相关信息,进行统计归纳、分析研究后,对市场经济的变化规律及其发展趋势作出科学估判的一种前瞻性报告。经济预测报告是市场经济活动中常用的文体,也是促进市场经济建设有序发展的重要手段。

(一) 市场预测方法

市场预测方法多种多样。预测方法的选择往往根据预测的范围、预测

---

① 王其明、李乐北:《2006:全国楼市看京沪》,载《中国经营报》2006 年 1 月 2 日。

的对象和预测的期限予以确定。常用的预测方法有以下几种:

1. 经验判断预测法。这是以预测者的专业经验为基础,结合统计资料与相关资讯进行预测的方法。它适合对比较成熟、比较稳定的某些行业或某类商品作出近期预测。

所谓经验,就是被市场经济多次证明的较为有效地解决某种问题的模式或模型。经验模型通常反映了某种经济现象之间一种相对稳定的关系和结构,反映了某种经验现象循环往复的规律。预测者通过把握经济现象的稳定性和规律性,结合收集到的新数据、新信息进行分析研究,进而作出有效的预测。

经验判断预测法具有预测时间短、节省预测成本、易于把握的优点,较适合于企业根据自己的特点和规律进行市场预测。

经验判断预测法还具有差异性的特点。经验是一种没有统一规则、没有固定标准的思维活动,又由于各人经历、感受和知识结构的不同,从而形成经验的差异性。经验的差异性往往造成预测结果的多向性。为了避免差异性的偏差,经验判断预测法常辅以集合概率法和特尔菲法。

2. 集合概率法。集合概率法就是集合各部门、各类人员的经验、数据和预测意见,运用概率原理归纳分析判断,确定出预测值的方法。所谓概率原理即从数量的角度来研究随机出现的经济现象,并从中发现这些随机出现的经济现象所服从的规律。这种预测法较适合对近期和中期的预测,其预测值也较为接近客观实际。

3. 特尔菲法。特尔菲法又称专家预测法。特尔菲为古希腊的城市,系著名的阿波罗(太阳守护神)神庙的所在地,因此特尔菲就被人们用来比喻专家们所具有的神祗般的高超预见能力。这种预测方法就是将专家们的预测意见经过综合归纳后,条分缕析地表述出来。在表达时,要注意保留专家们预测的原创性和差异性,为决策者提供客观、灵活的选择。

4. 时间序列分析预测法。时间序列分析预测法也称时间序列预测法、引申法,或简称时序预测法。它是利用预测目标的历史时间序列的发展变化过程及其规律性,通过建立数学模型进行外推延伸、定量分析的预测方法。

时序预测法将观察、统计得来的历史数据按时序排列,以连续性原理为依据,以假设事物过去到现在的发展变化趋向会延伸至未来为前提,忽略事物发展变化的相互作用等因素,从时序数列统计的演变轨迹中得出定量数据,进而直接外推出预测目标的未来发展趋势。

虽然,任何事物的未来绝不会是历史的简单重复,但运用这种方法预测时,收集的时间序列资料越准确、越完整,预测的准确性就越大。

(二) 市场经济预测报告的格式与写作要求

经济活动分析的结构一般包括标题、导语、正文、结尾四个部分。

市场预测报告的标题一般由预测范围、预测时限、预测目标和文种四要素组成。文种常用"预测""展望""动态""趋势""分析""研究"一类词语作标识。如《中国高清产业未来五年发展趋势》《内地民营医疗器械未来发展研究》。标题中的预测范围、预测时限也可以缺省,如《3G市场的营运模式与前景展望》《收藏品市场投资方向分析》。

为了吸引读者,增强可读性,面向公众的市场预测报告的标题越来越倾向于文章式。如《空调举步维艰 何处是拐点?》《手机市场 明天的秘密武器》《乳业狼烟骤起 谁将入主中原》等等。这类标题或以设问、暗示等修辞手法制造悬念,或借用成语典故、史实文化来渲染预测报告的主题、内容,以期吸引读者眼球,扩张影响力。

市场预测报告的正文一般分为基本依据、预测结论和对策建议三部分:分析依据是预测报告的基础,先要概括叙述预测对象的历史、现状,然后对其历史、现状的典型资料、数据进行分析研究,以显现出预测对象的发展态势;预测结论是全文的写作目标和核心部分,要求在依据部分研究分析的基础上,选择合适的预测方法,进行定量、定性的预测分析,还可用引证的方法增强预测值的可信度,然后对预测对象未来市场的发展趋势作出最终估判;预测的结论可以是唯一性的,也可以是多向性的,不论是哪一种结论,预测结果都要力求做到客观而又独到、大胆而又严谨;对策建议是市场预测报告的备选部分,一般有两种情况,一种是针对多向性的预测结论作倾向性建议,一种是针对唯一性的预测结论作多向性建议,总的要求是,对策建议必须紧紧围绕预测结论展开,其设想要务实,措施具体可行。

市场预测则报告的导语和结尾部分可参见社会情况调查报告的相关部分。

写市场预测报告要求做到:

第一,把握宏观形势。写作市场预测报告,要具有宏观的眼光,既要熟悉本地市场、地区市场,还要了解国内、国际市场;既要熟悉市场诸多的经济因素,还要了解党和国家的方针政策以及社会风尚、消费心理等非经济因素。只有从客观上把握了这些信息,才能更准确地预测未来。

第二,准确收集资料。数据是分析研究的基础,是预测未来的依据。对收集来的数据资料,要进行认真的甄别、遴选、核对、补充,保证数据资料的真实性、本质性和系统性,以便建立完整的数学模型,进行严密的推算、科学的预测。

第三,选择合适方法。分析的方法和预测的方法多种多样。要根据预测对象的范围、特点、时限来选择分析和预测的方法。适合对路的方法能有效地克服研究中的偏差,从而获得全面、深入的资料分析和客观准确的预测结果。

第四,敢于大胆预测。如前所述,预测是一种创新,创新需要自信和勇气。谨小慎微和瞻前顾后的保守思维是不可能产生独到创见的。当然,大胆的预测应该是建立在反复的分析评价、严密的数学推算的基础之上的。有了这个科学的基础,就要敢于大胆地作出预测,大胆地说出自己的独特见解。只有这样,预测的结论才会更有价值,也才会产生更大的社会效益。

【导学训练】

一、学习建议

调查报告是日常行政工作、市场经济工作最常用的文体之一。调查是行政工作者、市场经济工作者必须掌握和具备的重要基本技能。学习者要详细了解社会情况调查报告与市场经济调查报告的含义和适用范围,仔细区别二者功能特征和写作特点,以及市场经济调查报告、分析报告、预测报告的写作重点;了解并掌握各种调查方法。

二、实践训练

1. 以教学班为单位,自选一个调查课题,并设计一份"调查问卷"进行调查实践。
2. 以回收的调查问卷统计数据为基础,撰写一篇调查报告,不少于 1200 字。

【拓展指南】

阅读一份特殊的调查报告:赖福荣《三个历史时期的〈兴国调查〉》(《读书文摘》2009 年第 3 期)。